公共基础课教学改革成果教材

应 用 写 作

第 3 版

主　编　王　杰
副主编　冯　杨　武雪梅
参　编　吴　敏　于敬龙　刘伟琳
主　审　周宪芝

机 械 工 业 出 版 社

本书共分 8 章，系统地阐述了应用写作的一般原理和写作规则，并联系实际分门别类地介绍了常见的应用文体，包括公文类文体、事务类文体、新闻类文体、书信类文体、经济类文体、法律类文体和科技类文体的写作技巧，具有广泛的适用性。每章前有学习目标、本章问题，提示学生应达到的学习目标，引发学生对所学内容的兴趣和思考；每章内的各个文种介绍后都有典型的例文供学生学习、参照；每章后有综合训练题和写作实践题供学生训练，以培养、考查学生的写作能力。本书结构严谨、层次分明、深入浅出、可操作性强。

本书既可以作为本、专科院校中文、文秘专业的专业基础课教材，又可以作为其他专业的公共基础课及成人高校教材，还可以供文秘工作者及其他读者自学参考。

图书在版编目 (CIP) 数据

应用写作/王杰主编. —3 版. —北京：机械工业出版社，2020.5（2022.8 重印）
公共基础课教学改革成果教材
ISBN 978-7-111-65251-9

Ⅰ.①应⋯ Ⅱ.①王⋯ Ⅲ.①汉语－应用文—写作—教材 Ⅳ.①H152.3

中国版本图书馆 CIP 数据核字（2020）第 052857 号

机械工业出版社（北京市百万庄大街 22 号 邮政编码 100037）
策划编辑：宋 华 责任编辑：宋 华 王 慧
责任校对：刘宏艳 封面设计：马精明
责任印制：孙 炜
北京雁林吉兆印刷有限公司印刷
2022 年 8 月第 3 版第 2 次印刷
184mm×260mm・20 印张・482 千字
标准书号：ISBN 978-7-111-65251-9
定价：49.80 元

电话服务 网络服务
客服电话：010-88361066 机 工 官 网：www.cmpbook.com
　　　　　010-88379833 机 工 官 博：weibo.com/cmp1952
　　　　　010-68326294 金 书 网：www.golden-book.com
封底无防伪标均为盗版 机工教育服务网：www.cmpedu.com

第 3 版前言

本书第 1 版、第 2 版在全国各相关学校的使用过程中都获得了广泛赞誉，说明了本书的质量和社会价值。为了适应时代的发展和科技的进步，进一步提升本书的水平和质量，我们根据国家最新标准和规范，并结合应用写作的新特点、新理论和新方法，以及教学的实践经验，对本书进行了第二次修订。佳木斯大学武雪梅编写了本书第 6 章。其余章节由原作者修订。

本修订版继续本着以本、专科学生为主要读者对象，兼顾文秘工作者和自学者的定位原则，从培养学生能力出发，进一步强调理论与实践的紧密结合，突出实用性强、操作性强、重点突出、通俗易懂的特点，更加有利于培养学生的实际应用能力。

由于编者水平有限，书中难免有错漏之处，恳请读者批评指正。

编　者

第1版前言

随着社会政治、经济的发展，科技、文化的进步，以及教育改革的深入，社会对学生的综合素质，尤其是对学生应用文写作能力的要求越来越高。无论什么层次、什么专业的毕业生，都应该具备一定的应用写作能力。那些没有受过系统的应用写作培训的学生，在走向社会后，面对各种应用写作时往往力不从心。所幸的是，教育主管部门的领导、专家们已经意识到了这个问题并迅速采取措施来扭转这一局面。各级各类院校纷纷把应用写作课作为一门公共基础课来开设，把应用写作能力作为一项基本技能来培训。正是基于这种需要，我们编写了本书。

应用写作能力作为一项基本技能，对于本科生和专科生来说，不是孰生孰巧、孰深孰浅的问题，而是要掌握多少文种的写作方法以及课时、训练量多少的问题。同样一篇公文，不能因为是本科毕业生拟写的就应该深刻一些，专科毕业生拟写的就可以肤浅一些。也就是说，无论什么人，对于同样的文体，都要具备同等水平。基于这一点，我们把本书的使用对象定位为本、专科学生。本科生可系统学习应用写作理论，全面掌握其写作技巧，学全或学完本书中包含的绝大部分文种；高职高专学生则可以根据实际需要、各自专业的特点和课时安排挑选最常用的和最必要的文种，以"必需、够用"为原则，有重点地进行学习和训练，以培养相应的写作技能，而把其他文种作为自学内容或未来工作的参考；其他类型的学习者，则可根据自己的实际需要进行学习和训练。应用写作能力是一项实践性很强的技能，为此，我们把培养学生的写作能力作为出发点：一方面，努力从理论与实践的结合上，系统扼要地阐述写作的一般原理和写作规则；另一方面，联系实际分门别类地交代日常工作中常用的各种应用文体的概念、特点、种类及写作技巧。此外，我们还精心选取了典型的例文，以便学生参照；对于一些容易混淆、出错的地方加以特别说明，以强化理解。每章后设计和选编了足量的练习题，以强化训练学生的应用写作能力，也便于检验学生的学习效果和应用写作能力及水平。

本书结构严谨、层次分明、深入浅出、可操作性强。在编写的体例上，为了更有针对性和实践性，我们主要介绍了公务文书写作、事务文书写作、新闻文体写作、书信文体写作、经济文书写作、法律文书写作和科技文体写作七大部分，具有广泛的适用性。

本书由长期从事应用写作课教学和研究工作的专家、教授和讲师编写，是编者们心血的结晶。

本书由王杰主编。第1章、第2章、第3章第9节和第8章第5节由王杰编写，

第3章第1~8节、第10节、第11节由冯杨编写，第4章由吴敏编写，第5章由于敬龙编写，第6章由王晓莉编写，第7章和第8章第1~4节由刘伟琳编写，由王杰负责统稿、定稿。

本书在编写过程中借鉴了不少应用写作领域专家、学者的研究成果，选用了一些机关文件、报纸杂志及有关网站上的范文作为例文。入选的例文未能一一征求原作者的意见，特此说明，在此一并深表我们对各位专家、学者的敬意和谢意。

由于编者水平和经验所限，书中难免有错误和疏漏之处，祈望批评和指正。

编　者

目 录

第 3 版前言
第 1 版前言
第 1 章　绪论 1
 1.1　应用文的概念与特点 1
 1.2　应用文的种类与作用 3
 1.3　应用文的历史沿革与现实意义 6
 1.4　应用文写作的基本理论 10
 本章小结 15
 练习题 15
第 2 章　公务文书写作 16
 2.1　公务文书概述 16
 2.2　命令(令) 32
 2.3　决定 37
 2.4　通知与通告 39
 2.5　公告 46
 2.6　通报 49
 2.7　报告和请示 55
 2.8　批复 64
 2.9　纪要 66
 2.10　议案 71
 2.11　意见 75
 2.12　函 78
 2.13　决议 82
 2.14　公报 85
 本章小结 88
 练习题 88
第 3 章　事务文书写作 92
 3.1　事务文书概述 92
 3.2　计划 94
 3.3　总结 99
 3.4　简报 103
 3.5　调查报告 107
 3.6　规章制度 112
 3.7　声明 126

 3.8　启事 128
 3.9　对联 129
 3.10　述职报告 134
 3.11　会议材料 137
 本章小结 148
 练习题 149
第 4 章　新闻文体写作 153
 4.1　新闻文体概述 153
 4.2　消息 155
 4.3　通讯 165
 本章小结 170
 练习题 171
第 5 章　书信文体写作 173
 5.1　书信概述 173
 5.2　申请书 177
 5.3　倡议书 179
 5.4　感谢信 181
 5.5　慰问信 183
 5.6　求职信 186
 5.7　简历 189
 本章小结 192
 练习题 192
第 6 章　经济文书写作 194
 6.1　经济文书概述 194
 6.2　合同 196
 6.3　市场调查与预测报告 203
 6.4　经济活动分析报告 205
 6.5　意向书与协议书 210
 6.6　招标书和投标书 214
 6.7　广告 220
 6.8　产品说明书 226
 6.9　审计报告 228
 本章小结 233
 练习题 233

第7章 法律文书写作 … 236
7.1 法律文书概述 … 236
7.2 起诉状 … 240
7.3 上诉状 … 244
7.4 申诉状 … 248
7.5 答辩状 … 251
7.6 书证 … 255
7.7 判决书 … 259
7.8 授权委托书 … 261
本章小结 … 264
练习题 … 265

第8章 科技文体写作 … 267
8.1 科技文体写作概述 … 267
8.2 科技论文 … 269
8.3 科技报告 … 278
8.4 专利申请书 … 285
本章小结 … 302
练习题 … 303

附录 … 305
党政机关公文处理工作条例 … 305

参考文献 … 311

第 1 章　绪　论

 学习目标

通过本章的学习，掌握应用文的概念、特点和作用；了解应用文的种类、历史沿革、现实意义；掌握应用文写作的基本理论。

 本章问题

1. 什么是应用文？
2. 应用文和文学作品有什么区别？
3. 应用文是如何产生和发展的？

1.1　应用文的概念与特点

应用文不是一种文章样式，而是一些文章的统称。应用文与我们的日常生活和工作有着密切的关系。

1.1.1　应用文的概念

应用文是国家机关、企事业单位、社会团体或个人在工作、学习和日常生活中处理各种事务、沟通信息所使用的具有实用价值和某种惯用格式的文体。

我们要了解国家大事，就要读新闻、看报纸、收听广播、收看电视、上网查询信息和资讯；政府要实行依法治国、有效管理，就要有各种法规文件等诸多公文；机关单位要正常运转，也要有许多的计划、总结、报告等事务文书；企业之间要进行商务往来、信息沟通等，也都需要签合同、发函等。至于个人自身的发展，更离不开应用文，如写求职信、毕业论文和学术论文等。随着社会经济的发展、公共关系的活跃、日常交流信息的增加，应用文的使用将越来越多、越来越广泛。应用文写作不同于一般的文学创作。一般的文学创作是在生活的基础上运用虚构的方式和形象思维的方法，通过对生活的加工提炼以及典型化等文学创作手段，叙述故事情节和塑造人物形象，以此来反映生活和满足人们的审美需要，其语言可以华丽，可以夸张。而应用文写作则不同，其根本目的在于应用，即实用，是为了解决实际问题，为了处理工作、学习和日常生活中的各种事务而进行的一种信息交流活动。应用文的内容必须真实准确，不得有半点虚构的成分，它的语言也要求准确、简明，忌夸张和修饰的词语。

1.1.2　应用文的特点

1. 价值的实用性

实用性是应用文的突出特点之一，这也是它和文学创作的重要区别之一。与文学作品相比，应用文没有诗歌的激情、小说的形象、戏剧的冲突、散文的风采，表面上看平实无华。但是，机关团体、企事业单位、社会团体及广大人民群众的工作、学习和日常生活却离不开它。实用性，既是应用文的根本特点，也是应用文写作的根本目的。它的产生、发展和变化，都是以实际应用为目的，为人们的实际工作和日常生活服务的。如行政公文，《国家行政机关公文处理办法》在第一章的总则就明确指出了："它是行政机关在行政管理过程中形成的具有法定效力和规范体式的文书，是依法行政和进行公务活动的重要工具。"这里的"重要工具"就是在强调它的实用性。无论哪种类型的应用文都是针对现实生活中需要解决的问题而制作和使用的。一份通知可能是为了批转下级机关的公文或传达要求下级机关办理的和有关单位需要周知的事项；一份请示可能是为了在工作中遇到无权或无力解决的问题而向上级请求指示或帮助；广告的制作则是为了扩大自身的知名度或推销新产品，等等。虽然应用文有很多种类，而且行文目的各有不同，但都是据以办事、解决实际问题的。

2. 内容的真实性

真实性是应用文的又一突出特点，这也是它和文学创作的重要区别之一。文学创作可以虚构，文学创作追求的真实性是艺术的真实，其中的人物不等于现实生活中的真人，其故事情节也并非完全照搬生活，它们是源于生活而又远远高于生活的，而应用文的真实性则是为了追求或者要求事实的真实。应用文无论篇幅长短、简单复杂，都要求内容真实可靠，即要求材料真实、数据准确、证据确凿、过程清楚，来不得半点的夸张修饰或杜撰。事实的真实，即现实生活中存在的事实，包括时间、地点、人物、事件，以及资料、数据等，都必须准确无误。否则就会影响我们的工作，甚至会损害党和政府在人民群众中的形象以及个人的诚信，在社会上造成浮夸风，假、大、空文章满天飞，干扰和破坏社会秩序。

3. 格式的规范性

格式的规范性也是应用文的主要特点之一。文学创作讲究独创性，提倡标新立异，反对格式雷同、程式化。而应用文是为了实现处理公私事务的，要求按照一定的模式写作，在格式上讲究规范性、程式化。如书信文体写作，一般由称谓、问候语、正文、署名、日期五个部分构成；写信封也有固定的格式，而且要考虑是发往国内还是国外，因为国内、国外的信封写法不同，不按规定的格式写收信人和寄信人的邮编和地址，就会造成投递困难，甚至无法投递。而有的文种，特别是行政公文、司法文书中的文种，则是"法定使成"，是由权力机关以法规的形式对文种的格式加以规定的。如 2012 年 7 月 1 日起施行的《党政机关公文处理工作条例》就对公文的格式做了严格的规定，任何单位或个人必须遵照执行，不得任意改动；《中华人民共和国经济合同法》以法规的形式规定了经济合同的主要条款，只有遵照这些条款写作的经济合同才具有法律效力。非法定公文，如计划、总结、调查报告等，也在长期的使用过程中形成了约定俗成的、相对稳定的格式，同样具有规范性，也不能自行其是。

应用文的规范性不但指格式的规范性，也指文种的规范性。文种的规范性，是指办什么事就用什么文种，不能串换更改或随意创造。例如：该用"请示"就不能用"报告"；该用"通告"就不能用"通知"；此外，"通告"和"通报"也是两回事。

应用文虽然种类很多，但无论是哪一类应用文，都在其长期的使用过程中，逐渐形成了程式化的特点，都有一定的格式要求、习惯用语等。无论这些格式是在实践过程中约定俗成的，还是由国家统一规定、统一贯彻执行的，其根本目的都是为了应用。它的好处：一是便于学习和写作，便于作为工具为人们所掌握；二是便于阅读理解，节省时间，提高办事效率；三是便于分类、归档和查寻，满足现代化办公需要。另外，应用文在语体方面也有一些相对稳定的公文用语和惯用语等。

当然，任何一种文体都不是一成不变的，随着时代的发展、现实生活的需要，应用文体的程式也会有相应的调整。

4. 时间的限定性

时间的限定性也是应用文的一个显著特点。文学创作通常没有严格的时间限定性，既可以灵机一动、触景生情，也可以"二句三年得"或"批阅十载"。而应用文却不同，它要据以办事，是服务于生活或工作的实际需要，为解决实际问题而写的，所以要求在一定的时限内完成。例如：一份请示，一定要在事前写好并送往上级机关，不允许边干边请示，更不允许把事情干完了再写请示，即所谓的"先斩后奏"。而一则会议通知如果在会议召开以后才书写或者送达到与会者的手中，那还有什么意义呢？可见，没有时间的限定性，不讲时效，就会错过时机，贻误工作，妨碍信息的交流，影响工作效率，给工作、学习和生活带来严重的影响。

应用文时间的限定性不仅指应用文的写作要讲究时效，如公务文书写作、新闻文体写作要迅速及时，不能延误写作时间；也指应用写作作品的功用和效力要受到时间的限制，如合同中规定条款的有效期，超出规定时间就会失效。"通知""通告"的时间效力非常强，"简报""计划"等的时效性也是如此。

当然，不同种类应用文的时间限定性是不一样的，不能一概而论。

5. 语言的准确性、简明性与平实性

应用文的语言要求与文学创作也不尽相同。文学创作也讲究语言的准确性，但文学创作语言的准确性是体现在语言的表现力上，即用最准确的语言写景、叙事和表达人物的思想感情。而应用文语言的准确性则体现在使用严格的合乎语法规范的书面语言，在不使用艺术手法和修辞手段的基础上的表意确切、恰当。甚至在必要时使用有关的政治术语和专业术语以及精确的数据。

应用文语言的简明性，是指应用文写作时要简单明了、言简意赅。能用一个词表达清楚的，就不用两个词；一句话能说清楚的，也不用两句话来说明。这样有利于节省时间和精力，便于操作，从而提高办事效率。同时，应用文忌讳使用模棱两可、易产生歧义的语言。

应用文语言的平实性，是指语言的自然朴实，而且不绕弯子、不曲折，以便阅读理解和贯彻执行，不需要堆砌什么华丽的辞藻和虚话。总之，把文章写清楚、说明白就可以了。

1.2 应用文的种类与作用

应用文广泛应用于各种不同的社会领域。这种使用范围的广泛性决定了其内容的丰富性、形式的多样性。相应地，各种类型的应用文在相应的社会领域中发挥着特定的作用与功能。

1.2.1 应用文的种类

应用文的分类，就是将各种各样的应用文体，按照一定的标准划分为不同类型。由于人们对应用文的理解与看法不同、研究的视角不同和划分的标准不同，加上所处的时代不同，使得应用文的分类历来就十分复杂，并且产生了很多分类方法，至今也没有统一的定论。实际上，应用文体涵盖面广、种类繁杂，也很难用某种统一的标准做明确的划分，所以只能做一个大体的划分。目前，应用文中除公文国家有明确的规范外，其他种类的划分尚无统一标准。本书根据通常的分类方法和实际工作需要，把应用文体划分为公务文书、事务文书、新闻文体、书信文体、经济文书、法律文书和科技文体七大类，每大类又分为若干小类和若干文种。本书试图通过对每一大类中的每一小类文种的概念、特点和种类进行系统论述与分析，对每一文种写作格式与方法进行介绍，使广大学生和业余爱好者从根本上掌握应用写作的基本规律和写作方法，并通过不断的写作训练提高应用写作能力。下面简要介绍一下七大类应用文体。

1. 公务文书

公务文书是指行政机关、人民团体、企事业单位在处理各种公务活动时所使用的具有特定格式的应用文，它通常具有法定效力和规范体式。中共中央办公厅、国务院办公厅2012年4月16日发布的《党政机关公文处理工作条例》的规定，公务文书共十五类，它们是决议命令、决定、公报、公告、通告、通知、通报、议案、报告、请示、批复、意见、函、纪要。

2. 事务文书

事务文书是指行政机关、社会团体、企事业单位在日常的行政事务活动中所使用的应用文。它们在长期的使用过程中也形成了约定俗成的、相对稳定的规范格式，实用性强，使用范围广，使用频率高，如计划、总结、调查报告、简报、规章制度、会议记录等。

3. 新闻文体

新闻文体是为了配合一定时期的政治经济形势、中心工作或某一重大特定活动，通过报道某人、某物、某事而对公众进行宣传、教育和鼓励的应用文，如消息、通讯等。

4. 书信文体

书信文体是人们日常生活中经常需要使用的应用文体，如感谢信、慰问信、求职信与简历等。

5. 经济文书

即为经济文体的应用文，是行政机关、人民团体以及个人在从事经济活动时所使用的文体。它同样具有很强的实用价值和规范性，如经济合同、市场调查与预测报告、广告、说明书等。

6. 法律文书

法律文书的应用文是案件的当事人或其他参与诉讼的人在从事与诉讼有关的法律活动时，依法所使用的应用文，如起诉状、上诉状、申诉状、答辩状等。

7. 科技文体

科技文体是人们在从事学术活动时为总结科技活动的研究成果，传播科技信息，进行科技管理所撰写的具有一定学术价值的应用文，如科技报告、毕业论文等。

1.2.2 应用文的作用

应用文作为管理国家、处理政务、安排生产、交流信息、发展科学以及人们在社会交往和沟通思想中必不可少的工具，在人们的工作、学习和日常生活中，发挥了巨大的作用。具体表现在如下几个方面：

1. 规范、指导作用

应用文是国家进行管理的一种重要工具。党和政府的各项方针政策主要是靠行政公文与行政法规等应用文来贯彻实行的。应用文中有不少法律文件以及根据宪法和各种法律制定的规章制度。它们经过一定的法律程序通过后，就具有了法律约束力，如条例、规定等。它们一经颁布就具有了法律作用，对一定范围内的人员具有约束作用。领导机关所制发的公文，如命令、决定、意见、批复、公告、通告、通知等，虽然它们多数不属于法规性公文，但也同样具有法定的权威，具有规范和指导作用。即使是事务文书，如计划、总结、简报等，也都有很强的规范指导作用，使人们在工作中有章可循，能够顺利有效地开展各项工作。

2. 沟通、商洽作用

现代社会的社会分工越来越细，人们之间的合作和联系也变得越来越重要。任何机关、团体、企事业单位和个人都无法孤立生存，都需要不断地与外界交流信息、沟通情况、商洽业务，加强合作与联系。应用文作为一种社会普遍使用的交际工具，正好可以发挥这种沟通与商洽作用。例如，发一个会议通知，可以使有关人员聚集在一起交流信息，商量解决问题的办法；一封公函，可以与陌生人建立业务联系；一则广告，则可以把生产厂家、商家和广大的消费者联系在一起，使消费者获得利益的满足，为商家和厂家带来利润。应用文就像纽带一样把人们联系起来，为促进社会发展、经济繁荣起到了积极作用。

3. 宣传、教育作用

与其他文体一样，应用文也有很强的宣传教育作用，而且比其他文体更直接、更具有权威性，如广告、通告、通知等。有时为了更好地开展宣传教育活动，直接用专文形式，如奖惩决定、通报等，弘扬正义、正气，抨击劣行、劣迹，惩恶扬善，帮助人们明辨是非，统一认识，提高觉悟，促进社会的和谐与进步。需要注意的是，应用文的宣传教育作用与文学创作的作品不同。文学作品通过塑造人物形象以美感形式表现教育意义。而应用文需要用真人真事给人以宣传教育，不能虚构事实和人物，当然也包括数据的真实准确。

4. 依据、凭证作用

在现实生活中，无论是公务联系还是私人往来，常常需要书面凭证，以备日后查寻，如合同、协议书是确定、变更或终止签约各方相互间权利义务的一种凭证。应用文常常记载了机关、团体、企事业单位在不同历史时期、不同地点、不同事件中的具体情况，具有显著的凭证作用。各种应用文在完成其现行的效用之后，还可以转化为档案，有的还可以成为重要的历史资料供后人取证查阅。

1.3 应用文的历史沿革与现实意义

"应用文"一词最早出现在宋代。大文学家苏轼在《答刘巨济书》中说："向在科场时，不得已作应用文，不幸为人传写，深为羞愧。"这篇"应"考试之"用"的文章题为"为政之宽严"，是一篇策论，但不同于今天的应用文。宋代的应用文还有很多采用骈体的形式，也与今天的应用文的形式大不相同。

应用文在我国源远流长，迄今大约已有三千多年的历史。从产生、发展到逐步走向成熟，应用文经历了漫长的演变过程。由于历史的变迁、经济的发展，应用文从文种到格式，从内容到风格都在不断地发展变化着。有的从无到有，有的则从有到无。文种的庞杂加上资料的有限性，致使要想对整个应用文的发展变化做出全面系统的论述几乎是不可能的。下面我们按照社会历史发展的大致阶段，对应用文的演变做一粗线条的描述。

1.3.1 应用文的产生

应用文是社会发展到一定历史阶段的产物。原始社会，因为没有产生文字，人们相互间的交流只能靠口耳相传，交流的范围极其有限，随着生产的发展和人类社会生活的日益丰富和复杂，先人们发明了"结绳记事"的方法，后来又发明了"图画记事"。可以说，这些就是应用文的萌芽，它们曾在我们祖先的生活中发挥过重要作用。但显而易见，它们也是很不方便的。"上古结绳而治，后世圣人易之以书契"便是自然而然的事情。但"书契"的产生必须有赖于文字的产生。

随着生产的发展，生产力水平的提高，人们日常交流的需要日益增加，原来的"结绳记事"已远远不能满足时代的要求了。我们聪明的先民们创造了在中国最早的文字——甲骨文，一种刻在龟甲和兽骨上的文字。文字的产生是人类文化发展的重要里程碑。因为有了文字，语言的书面形式才成为可能。我国应用文的真正诞生，是在甲骨文字产生以后。清朝末年陆续在河南安阳小屯殷墟遗址出土了大量的甲骨文，因为上面刻满了占卜之辞，因而被称为甲骨卜辞。这些卜辞，最长的有一百多字，短的则只有几个字，却真实地记载了殷商后期祭祀、征讨、王事等几大类公务活动或管理活动，可以说是殷代王室的档案、公务文书，是我国最早的应用文。

周代盛行在铜器上篆刻文字，被称为钟鼎文。钟鼎文的内容比甲骨文丰富了很多，既有记载帝王命令，颂扬帝王文德、武功、征战胜利的，也有记载法律条款的，还有物资交换契约等，这些都是应用文。现存最古老的文献典籍《尚书》里的文章有很多是应用文，记载了上至尧舜下至秦穆公这一段历史时期的大量史料。其篇章结构已相当完整，有条理和章法，可以作为我国古代应用文形成的标志。

先秦时代的文种由少变多，除了诰、命、誓、典外，还出现了上书、檄文，甚至出现了《法经》。

诰：本义"告"，是天子对臣民进行训诫的文告。到了隋唐以后，就专用于赐爵授官，与"制"没有区别。

命：上古时代凡是君王命令都称为"命"，有的用于封爵，有的用于传遗嘱，汉代以后都用"策书"代替，"命"的名称就很少用了。

誓：是古代用兵征战的誓词。
典：用于记载上古的典章制度。
上书：凡是写给帝王的书均称为"上书"。
檄文：是一种军事文书，一般用于军旅征伐时发布的文告。
《法经》：是战国时魏文侯相李悝编纂的法典。

1.3.2　应用文的发展

1. 秦汉时期

秦统一中国后，实现了"书同文"。秦王朝为了巩固自己的统治，把应用文作为管理国家的工具之一，专门制定了公文程式，对公文的写作做了一系列规定，如明确规定上行下行的文种。皇上下行的指挥性公文称"制""诏"，臣子上奏的公文称"奏"等，使得公文的名称、内涵和使用范围确定下来。秦朝还建立了避讳制度、抬头制度、用印制度等公文制度。这些都极大地促进了应用文体制的成熟。这一时期书信也相当流行了。

汉袭秦制并使应用文有了新的发展，增加了篇、表、驳议、策书、疏、状等文种，明确规定，皇帝对臣下用诏、制、策、敕，臣下对皇帝则用章、奏、表、议等，在表述上也规定了相对固定的格式，并把应用文的写作列为选拔人才的考试内容。这个时期的法律文书、经济文书及书信等也都有了极大的发展，出现了很多名篇佳作，如贾谊的《论积贮疏》、晁错的《论贵粟疏》等。

秦汉时期可以说是应用文文体分类制度正式确立的时期。其间的一些文种一直被沿用到清代末年，对后世有很大的影响。

2. 魏晋南北朝时期

魏晋南北朝时期约四百年，在应用文的发展历史上占有重要地位，是应用文进一步发展的时期。一是新的应用文体的大量出现，如贺表、列辞、签、令、启、笺等。二是对应用文理论的研究也得到了发展。三国时期的曹丕堪称是中国研究应用文最早的人。他在《典论·论文》中指出"文章乃经国之大业，不朽之盛事"，高度评价了文章的社会作用和价值。他还将文章分为四类八科，对各类文章的特点也都做了论述："盖奏议宜雅，书论宜理，铭诔尚实，诗赋欲丽"。曹丕的这些观点在古代文体学的研究中，具有开创意义，一直被后世推崇。此后，晋代陆机的《文赋》，南朝刘勰的《文心雕龙》等，也都对应用文做了系统的研究与阐述，对应用文的发展做出了巨大的贡献。值的一提的是，曹操大力提倡应用文并亲自写了不少简明规范的应用文，如《求贤令》等，曹丕有《吴质书》，曹植有《与杨祖德书》等应用文名篇。

3. 隋唐宋时期

隋唐宋时期是我国古代应用文进一步发展并走向高峰的时期。

隋的统一为文化的发展创造了条件，也为应用文成熟期的到来奠定了基础。唐代开明的政治统治，更为应用文写作创造了宽松条件。唐代涌现了大批的应用文写作高手和大家。韩愈等人倡导的"古文运动"对应用文的发展及文风的转变，都产生了巨大的影响。宋代应用文水平达到了前所未有的高度。北宋文坛领袖欧阳修大力倡导应用文，提出"信事言文"的主张，对应用文的发展做出了卓越的贡献。王安石的《答司马谏议书》成为千古名篇，家喻户晓。

宋代大文学家苏轼，不但诗、词写得好，应用文同样是文质兼优、结构严谨、文辞优美。宋代还有岳飞、辛弃疾、司马光、杨万里等人，都有应用文名篇流传后世。

唐宋时期的应用文，无论从数量上还是质量上，都达到了历史上的一个高峰期。公文文种的名称也发生了一些变化。如下行文有册书、制书、发敕、御扎、诰命等；上行文有奏弹、表、状、扎子等；平行文有关文、移、咨报等。此外，还有一种君主用以答复臣下奏疏的批，也称批答，后世的批复就是由此而来的。唐宋时期，公文的格式逐渐变得完善、固定和严格，如一文一事，并对公文的用纸与折叠，公文的贴黄与编号，公文的拟制与纂写，甚至书写文字的大小、每行的字数、年日、件数等，都做了详尽的规定。在这些程式中，等级观念得到了进一步的强化，行文表达也变得越来越铺排烦琐了。

4. 元明清时期

这是我国古代应用文的稳定发展时期。应用文在经历了唐宋时期的辉煌之后，逐渐趋于定型。元承宋制，公文没有什么大的变化，但宋代兴起的繁杂文风，却愈演愈烈，到明清时期已发展到极其严重的地步，公文的种类多达几十种，繁文缛节、陈词滥调已成当时公文的通病。明代朱元璋曾屡禁繁文，崇祯年间明政府还实行过"贴黄"制度，即大臣上的奏章，必须有自己写的百字以内的内容提要贴在上面，以便皇帝查阅。因当时的纸是黄色的，故称"贴黄"。"贴黄"制度对提高办事效率确实起到了一定的作用，但也没能从根本上制止繁文。而且，这一时期统治阶级大力提倡发展深奥的文言文，加强了应用文体制的凝固化。

这一时期在应用文写作理论的研究方面有新的发展，如明代吴讷的《文章辨体》、徐师曾的《文体明辨》、清代姚鼐的《古文辞类纂》及刘熙载的《艺概》等，都从不同侧面对应用文理论加以概括。尤其是刘熙载在《艺概·文概》中对应用文的性质和行文方向做了重要的论述。他指出："辞命体，推之即可为一切应用之文。应用文有上行，有平行，有下行。重其辞乃所以重其实也"。从而把应用文作为一种文体确定下来。这一时期也涌现了大量的应用文名篇佳作，如海瑞的《治安疏》、杨继盛的《弹严嵩书》等。这一时期的书信文体也得到了很大的发展，如宗臣的《报刘一丈书》、顾炎武的名篇《与友人书》等。太平天国立国虽短，但从它诞生之日起，便对传统的公文和其他的应用文进行了重大改革，对以后的应用文发展有很大的影响。

5. 辛亥革命以后至中华人民共和国成立

1911年的辛亥革命以后的历史时期，也是应用文发展、革新的划时代变革时期。辛亥革命，不但推翻了几千年的封建统治，也推翻了几千年的封建公文制度。1912年，当时的南京临时国民政府颁布了第一个《公文程式条例》，彻底废除了旧的公文体式，建立了新的公文体式。当时规定的文种有令、咨、呈、示、状等。要求用白话文写作公文，用新式标点符号。用语上不许用"大人""老爷"等封建称呼，官吏之间互称职务，民间相互称先生。

1927—1928年间，国民党政府先后颁布了三个公文条例，以加强管理。与此同时，中国共产党从诞生之日起，就有了自己的公文。如下行文的命令、指令、指示、决定；上行文有报告，平行文有信电，对外宣传有布告、通告等。解放战争时期又增加了训令、批复、通知、通报、公函等。可以说，在建国前，我们党为自己建立了一套新的公文制度，进行了一系列的创新改革，为中华人民共和国成立后的机关公文工作的健全和发展奠定了基础。另外，根据实际需要，当时的革命根据地人民还创造了倡议书、决心书、挑战书、应战书、喜报、慰问信等其他应用文形式。

6. 中华人民共和国成立以后

中华人民共和国成立以后，党和政府十分重视应用文的建设和改革，尤其是公文方面。1951年，规定了公文文种为七类十二种，为中华人民共和国公文体裁的确立奠定了基础。1964年，国务院办公厅颁发的《国家行政机关公文处理办法(修改稿)》，把七类十二种改为九类十一种。为适应现代化建设的要求，国务院办公厅于1981年2月发布了《国家行政机关公文处理暂行办法》规定了公文文种为九类十五种，明确了公文体制，简化了办文手续。以后，又在1987年2月和1993年11月对这个办法进行了两次修订。2000年8月24日，国务院发布了新的《国家行政机关公文处理办法》，宣布从2001年1月1日起执行。新的公文处理办法是以国务院的名义发布的，更具有权威性，对提高机关公文质量和公文管理水平起到了重要的作用，使我国公文走上规范化、系统化、科学化的道路。2012年4月6日，中共中央办公厅、国务院办公厅联合印发了《党政机关公文处理工作条例》，自2012年7月1日起施行。这使我国公文写作在规范化的道路上又迈进了一大步。

不仅是行政公文，其他各类应用文在中华人民共和国成立以后，也都得到了迅猛的发展，为适应社会主义社会的发展和社会主义建设的需要，出现了许多新的应用文文种，如科技、经济、法律、军事、外交等方面的应用文文种不断地涌现。自20世纪80年代以来，全国各高等学校纷纷开设了应用写作课程，也使得会写应用文的人越来越多，为应用文的写作繁荣和理论研究也打下了一个良好的人才基础。

7. 应用文的未来发展趋势

随着新世纪的到来，社会变革的加剧，现代科技的日新月异，全球政治、经济一体化的趋势日益显现出来，应用文写作无论是内容还是形式，都在发生着巨大而深刻的变化，呈现出一种全新的趋势。

(1) 内容多样化、专业化和经济化　内容的多样化源于社会政治、经济生活的日益丰富多彩，与之相适应的应用文内容也呈现多样化的特点，几乎涉及人们工作、学习和生活的方方面面。由于现代社会物质文明与精神文明越来越发达，社会分工越来越精细，各行业的专业特点也日益凸显出来，应用文内容也呈现各自的鲜明特点。又由于经济的发展，尤其是我国加入世界贸易组织以后，与世界各国经济贸易往来日益频繁，经济文书在整个应用文家族中所占的比重越来越大，如合同、合约、章程、广告、专利申请书、招投标书等。

(2) 书写技术现代化，格式更加标准化　随着科技水平的迅速提高，计算机打字、电子信箱、图文传真、多功能复印机等的普及使应用文的写作、复制和传递都发生了空前的变化，这就要求应用写作的文本格式也要跟上现代化的步伐，具有高度的规范化和标准化，以加快传播速度，从而提高办事效率。

(3) 表达多语化　随着我国的改革开放，对外往来的增多，尤其是中国加入世贸组织以后，应用文写作也需要与国际惯例接轨，借鉴世界通行的应用文文本格式。同时，在对外交往的应用文中使用汉语或多语表达，这既是现实的需要，更是一个必然的发展趋势。

1.3.3 学习应用文的现实意义与方法

1. 学习应用文的现实意义

学会写应用文，是创新型人才培养的需要。社会的发展，科技的进步，都需要有创新型的人才。学会写并且写好应用文，便是对创新型人才的基本要求之一。因为创新涉及社会的各个领域、生活的方方面面，如科技工作者要会写科技论文和研究报告，要会写专利申请书；经济工作者要会写市场调查报告和经济活动分析报告，会写合同、广告等；法律工作者要会写起诉书、判决书等。可以说应用文写作已成为各类人才尤其是创新型人才必备的基本素质和技能之一。这在国外的很多国家也都有共识，美国、英国、法国、日本等国的高校，均把应用文的写作作为培养人才的基础课之一。我们国家伴随着社会的进步，科学技术和经济的发展，对创新型人才要求的增加，对应用文写作的学习也越来越重视。而且从某种意义上说，应用文的广泛普及与繁荣发展也标志着一个国家管理的规范，社会的和谐与文明进步。

2. 学习应用文的方法

首先应从思想上引起高度重视。现实中，有很多人认为应用文格式简单，枯燥无味，没什么学头，这是非常片面的认识。应用文格式看似简单，但规范化要求却很高，写作时，容不得丝毫的差错，就连公文制作中的盖章，都必须"压年盖月露日"。在内容上，也同样要有认真的态度，马虎不得，如发一个通知，时间地点交代不清楚，都可能在工作中犯大错误。其次，要努力提高政治理论水平和政策水平。一篇应用文写作质量的高低，除了受文字表达能力的影响外，最重要的是政治理论水平和政策水平。作者的政治理论和政策水平对应用文的写作，具有特殊意义，因为它直接决定着应用文的立意。一个人要想学好应用文，必须在政治理论水平和政策水平上下功夫。平时要加强政治理论的学习，不断加深对党和国家方针、政策的理解，才能在写作时深刻认识、分析各种社会现象和社会问题，并透过现象看本质，写出高质量的应用文。只有掌握应用文写作的基本理论及基本写作方法和技巧，在写应用文时才能目的明确，避免盲目摸索，从而获得事半功倍的效果。最后，要注意读书借鉴，多练笔。杜甫的名言"读书破万卷，下笔如有神"，充分说明了要提高写作能力，必须多读名篇佳作，并从中学习写作技巧与方法。当然，光学不练也不行，要学好应用文写作，还必须多练笔，持之以恒，才会熟能生巧、得心应手。练笔过程中，还离不开修改，只有多读多写，多练多修改，才能学好应用文写作。

1.4 应用文写作的基本理论

正确掌握应用文写作的基本理论，有助于把握好主题，准确运用材料，选择合适的文体结构，以准确简明的语言写出正确得体的应用文。

1.4.1 应用文的主题

1. 什么是应用文的主题

"主题"一词，原指音乐的主旋律，后被用到文章写作中，并在不同的文体中冠以不同的名称，如中心思想、中心论点、主题思想等，其基本含义，即是一篇文章所表达的基本思想，与之相当的词在我国古代被称为"主旨"，现在很多写作书都沿用此叫法。无论用什么文体写作，人们都有自己的主题，应用文也不例外。那么，什么是应用文的主题呢？应用文的主题就是在应用文中，作者对所要处理的事务，所要解决的问题的基本看法、观点或主张。

2. 应用文主题的作用

应用文的主题是应用文的灵魂和统帅。之所以将应用文的主题称为应用文的灵魂，是因为主题统领着全文的内容，指导着文章的写作过程，也决定着一篇应用文价值的高低。而之所以将应用文的主题称为应用文的统帅，是因为它制约着全文材料的取舍、谋篇布局、技巧运用，甚至制约着标题的拟订和遣词造句等。每次写应用文的时候，都会有很多的材料，写作时不可能把所有的材料都用上，这时就要根据表现主题的需要选取那些主要的、更有意义的、更能表现和突出主题的材料来用。又如在结构的安排方面，也要根据主题的需要来安排，不能随心所欲。总之，主题是统率一切、调动一切的，没有统帅的文章就如"乌合之众"。主题是灵魂，没有灵魂的应用文如同"行尸走肉"。

3. 应用文主题的要求

（1）主题要正确　主题正确是指行文的目的、提出的主张，必须符合党和国家的方针、政策，合乎有关方面的法律、法规、法令，能够反映客观事物的本质，遵循事物的客观发展规律。主题正确还指作者在应用文中的主张、观点和基本思想，要符合社会主义道德规范和健康向上的风俗习惯及民族传统，这就要求作者站在正确的立场，用正确的思维方法，得出正确的结论，写出正确的主题。

（2）主题要鲜明　主题鲜明是指一篇文章的主题、态度要明确，赞成什么，反对什么，什么是对，什么是错，都要旗帜鲜明，不能模棱两可、似是而非，更不能藏头露尾，让读者去猜去想。与文学创作不同，应用文写作通常落笔入题，开门见山点题或在显著位置把主题明确地表达出来，使读者能清晰地知道主题。

（3）主题要集中　主题集中是指一篇应用文的主题必须集中于一点，即只能有一个基本观点或一个中心思想，贯彻始终，统领全文，而不能多主题，不能分散，不能杂乱。这也和文学创作不同，应用文必须坚持一文一事一主题，这样才能使文章的中心明确、重点突出，从而提高办事效率，解决实际问题。

（4）主题要实际　主题实际是指一篇应用文的主题必须有助于问题的解决，具有应用价值。这也不同于文学创作，应用文的主题一旦失去实际意义，也就失去了存在的价值和生命，就等同于废纸一张。所以，要根据现实生活的需要，从实际情况及要解决的问题出发所确立的主题才是有意义的。

4. 应用文主题的确立

应用文主题的确立通常有两种途径：①通过对有关材料的分析研究，形成对所要处理的事务和所要解决的问题的基本看法，如通报、调查报告、科技论文等。使用这种分析研究方法的前提，是要掌握有关事实和问题的丰富材料，然后对材料进行"去粗求精，去伪存真，由此及彼，由表及里"的分析研究，透过现象看本质，选取那些能够反映事物本质的、正确的、精华的材料，由感性认识上升到理性认识，找出事物的内在联系和规律，从而正确地确立主题。②直接受命于机关领导或实际工作需要，受命于机关领导的应用文主题，写作时只要认真领会机关领导对公务活动的基本目的、基本要求和基本主张，在领导交代撰写任务时，认真听、记、想，对不明确的问题及时和机关领导沟通，很快就能确立主题，如一些公文文体、法律文书和科技文体等。至于根据实际工作需要而确立的主题只要目的明确，按着主题要求去写就可以了。

5. 应用文主题的表达

应用文主题的表达方法很多，常见的有以下几种：

（1）利用标题点明主题　这是应用文中最常见的一种方法，一些应用文的标题，也就是该文的主题，如"关于增加取暖经费的请示""××市人民文明公约"。这种方法的好处是主题鲜明、醒目，给人以深刻印象。

（2）开门见山点明主题　很多应用文在正文的开头就直接用一个能够表明主题的句子来点明主题，并常以介词结构"为了……"或"根据……"作为特征，如通知、通告、规章制度等。这种方法能够使读者很快切入主题，领会文章要点。

（3）篇末点题　一些应用文的主题在篇末点明，如学术论文、经济分析报告、市场预测报告等，主题往往显示在结尾处的结论、建议或意见中。这种方法的好处是自然流畅、令人信服和易于接受。

（4）首尾呼应突出主题　这种写法通常在文章的开头点明主题之后，结尾处再加以强调。这样首尾呼应会令人印象深刻，使主题更加突出，从而达到写作目的。

（5）利用小标题揭示主题　有的作者在写作应用文时，会把主题分解成几个部分，每个部分用一个小标题来显示主题，如学术论文、调查报告等。这种方法使主题丰满、深刻，便于读者理解和掌握。

必须说明的是，应用文主题的表达方法还有很多，而且在写作时，还可以将上述方法综合使用，以使主题更加突出、鲜明。

1.4.2　应用文的材料

1. 应用文材料的含义

俗话说，"巧妇难为无米之炊"，应用文也是一样。那么，什么是应用文的材料呢？一是事实材料，即现实生活中具体事件的真实情况、实物和现象，数据与图表等。二是理论材料，即党和国家的方针、政策、法规、道德准则，社会科学和自然科学的概念、原理、学说和定理等，是用来为表现主题服务的。

2. 应用文材料的搜集

不同的材料要通过不同的途径搜集。对于事实材料，要以调查、观察、实验等途径去获得，这就要求应用文的作者在工作中有"甘当小学生"的精神，多听、多看、多记、多思，无论有无特定的目的，都要做一个有心人，尽可能多地搜集材料，占有第一手材料，并且能够持之以恒，这样写作时才有选择余地。对于理论材料，则要依据平时对党和国家的路线、方针、政策、法规的学习和理解，对一些基本科学知识、原理和定理的掌握。这方面的途径很多，如阅读文献、看电视、读报纸、听广播、上网等。理论材料的搜集不仅有利于表现主题，而且能够提高写作者的理论水平和思想觉悟，使材料的选择和使用更有利于表现主题。

3. 应用文材料的选择

应用文的材料选择有严格的要求。具体为以下几个方面：

(1) 要选择真实的材料　真实是应用文的生命。应用文材料的真实，是指应用文中所写的应是真人、真事、真数据，不仅整体真实，细节也应真实，决不允许虚构、夸大或缩小，不能以个人的意志或好恶来任意断章取义。只有材料真实，才能保证主题的正确，进而保证应用文的真实可信。

(2) 要选择能够表现主题的材料　要围绕主题选择材料，和主题无关的、不能很好地说明主题的材料要坚决舍弃。具体地说，凡是能反映事物本质和规律的材料，能揭示社会人生价值和真谛的材料，以及真实、典型、新颖而又时效性强的材料，都是能有效地支持和表现主题的材料。写作时，在详尽地占有材料的同时，只有选取最能表现主题的材料，才能使主题突出。

(3) 要选取典型的材料　典型材料是指那些具有普遍意义的，具有代表性的，最能表达主题、揭示事物本质及共性的材料，而不是那些特殊的、个别的材料。典型材料因其具有典范性和代表性，能够增强文章的深刻性、鲜明性和生动性。它能够由个别见一般，由局部到整体，增加文章的说服力和表现力，如调查报告和总结中常见的典型事件、经济文书中的确凿数据等，都属于典型材料。

(4) 要选取新颖的材料　新颖的材料是指那些具有时代意义的，能够表现客观事物的最新发展变化趋势，反映客观事物最新面貌的材料，以及现实生活中的新人、新事、新情况、新思想、新经验等。即使使用旧材料，也要有新意，这样才能使文章与时俱进、突出主题，才具有现实意义和指导意义。

4. 应用文材料的使用

写作应用文时要根据表现主题的需要，按照一定的思路合乎逻辑地、和谐地组织材料，使材料与观点统一，真正做到材料为主题服务。常见的材料使用方法有下面几种：

(1) 先点题，后用材料证明　这是应用文中最常用的材料使用方法，即作者在标题或正文开头揭示出主题或带出主题后，用大量的事实材料或理论材料来支持和说明主题。用这种方法安排材料的优点是观点鲜明，可增强文章的表现力。

(2) 先列举材料，后点题　这也是应用文中常用的材料使用方法，即在文章中先列举事实、数字或说明根据等，通过分析论证，然后推导出结论、归纳出主题。用这种方法安排材料的优点是由事到理，水到渠成，使主题自然呈现，文章说服力强。

(3) 边摆材料，边亮观点　这是在写作夹叙夹议的应用文时常用的材料安排方法，即在写作时，边摆事实边讲道理。这种方法的优点是层层入理，使主题的得出合情合理，富有说服力和感染力，便于理解和接受。

1.4.3　应用文的结构

1. 什么是应用文的结构

仅有主题和材料，并不能成为完全意义上的文章，还必须有一个框架，也就是结构，才能撑起一篇文章。如果说主题是文章的灵魂，材料是文章的血肉，结构就是文章的骨骼。那么，什么是应用文的结构呢？应用文的结构就是应用文的组织方式和内部构造，即文章的总体布局谋篇。写作应用文，在明确了主题、选定了材料后，就要设置一个能把主题和材料有机地结合在一起并能合理有序地呈现材料的框架，这个框架就是文章的结构。

2. 应用文结构的安排要求

应用文文体种类多并且格式化、程式化的特点，决定了它的结构安排与文学创作中的结构安排有很大不同。应用文不能像文学作品那样在结构上讲究曲折离奇、柳暗花明等，而是注重平实、清晰、规范化和程式化，尤其是公文，更加讲究结构的规范化和程式化。由于每个文种的写作下面都会进行详细的结构介绍，这里只涉及一些原则性的要求。

（1）结构要服务于主题　结构是表现主题的形式和手段，结构的安排要服从于表现和突出主题的需要。例如，哪些材料放在前面，哪些材料放在后面，哪些材料详写，哪些材料略写，怎样分层设段，按什么线索组织材料等，都要考虑是否能鲜明、突出、有力地表现主题。

（2）结构要符合文种要求　应用文不仅文体众多，而且每个文体里面又有很多文种，而每一个文种在结构上又各有自己的特点，如公文文体和法律文体的结构就很不相同。即使是公文文体里的文种，如请示、报告的结构也有差异，所以在安排结构时，要认真把握各文种的规范，按照文种的要求安排结构。

（3）结构要反映事物的本质联系和规律　这是因为应用文要处理的社会事务和要解决的问题都属于客观存在的事物，而客观事物总有它自己的内在的本质联系和规律，安排结构时，就要把它们体现出来，使结构的逻辑性与客观事物的规律性统一起来。例如，任何事物都有其发生、发展和结局的过程，任何观点的确立，都要有材料的支持，任何结论的得出，都应有严密的论证。

（4）结构要完整，层次要清楚　尽管应用文的结构类型各异，但都必须完整，缺一不可，如科技论文，必须有绪论、本论和结论；公文中请示的结尾必须有惯用的结语等。另外，要注意层次必须分明，一是便于表现主题，二是便于读者阅读理解和抓住主题。划分层次的方法有很多，有按事物发展的时间顺序来划分的，有按空间顺序来划分的，也有以材料的性质、类别来划分的，还有以作者的认识过程来划分的等。

1.4.4　应用文的语言

1. 应用文语言的要求

应用文由于其内容和功能的特点，在长期的写作中形成了自己独特的特点：

（1）准确　准确对于应用文语言的应用非常重要，只有准确的语言，才能把作者的观点、目的和要求表达清楚，使人更加理解与掌握文章的主题，这就要求概念、判断、叙事说理用语、语气等都准确、恰当。

（2）简洁　简洁是指在写作应用文时，能一句话说清楚的，不说两句。不说空话、废话，应简明扼要、言简意赅。

（3）朴实　朴实是指写文章时要通俗易懂，遣词造句平正朴实，拒绝华而不实、装腔作势、刻意修饰。

（4）庄重　这一要求在公文写作中表现得最为明显。这是由公文的性质所决定的，是受权威性和约束性的要求所制约的。它包括要严格使用规范的书面用语、专业用语、规范简称等。

2. 应用文语言的表达方式

（1）说明　说明是用简明的语言对有关的人及有关的事物、事理进行解说和介绍的表达方式。常见的说明方法有：定义说明、分类说明、介绍说明、诠释说明等。说明时要求科学客观、准确清楚、朴实无华、言简意赅。

（2）叙述　应用文中的叙述不同于文学创作，它的重点是要叙述清楚事情的基本情况、人物背景的基本情况，为主题提供事实及证据。叙述时要求情节清楚、线索明确、主次分明。

（3）议论　议论是作者对客观事物进行分析评价，表明自己观点和态度时的表达方式，是应用文中应用广泛的方法之一。议论时要具备论点、论据、论证三要素。要求观点鲜明正确，论据充分确凿，论证严谨周密，符合逻辑，做到以理服人。

本章小结

- 应用文是国家机关、企事业单位、社会团体或个人在工作、学习和日常生活中处理各种事务、沟通信息所使用的具有实用价值和某种惯用格式的文体。
- 应用文的特点有价值的实用性，内容的真实性，格式的规范性，时间的限定性，以及语言的准确性、简明性与平实性。
- 应用文的种类有公务文书、事务文书、新闻文体、书信文体、经济文书、法律文书和科技文体七大类，每大类又分为若干小类和若干文种。

练习题

1. 概念解释

应用文　公务文书　应用文书　应用文主题　应用文材料

2. 填空题

（1）应用文通常分为＿＿＿＿、＿＿＿＿、＿＿＿＿、＿＿＿＿、＿＿＿＿、＿＿＿＿、＿＿＿＿七大类。

（2）"应用文"一词最早是由＿＿＿＿代的文学家＿＿＿＿提出来的。应用文是一种具有实用价值和＿＿＿＿的文体。

（3）应用文的特点有＿＿＿＿、＿＿＿＿、＿＿＿＿、＿＿＿＿、＿＿＿＿等。

3. 简答题

（1）应用文的主题要求有哪些？

（2）应用文主题的表达方式有哪些？

（3）应用文材料的常见使用方法有哪些？

第 2 章　公务文书写作

 学习目标

通过本章的学习，掌握公文的概念、特点和作用；掌握公务文书的种类及其各文种的特点和写作方法。

 本章问题

1. 什么是公务文书？它有哪些特点？
2. 通知与通告有什么异同？报告和请示有什么区别？

2.1　公务文书概述

公务文书简称为公文，是与"私人文书"相对的一种应用文，具有鲜明的特征与特定的用途。

2.1.1　公务文书的概念、特点

1. 公务文书的概念

公务文书是指党政机关、人民团体、企事业单位在处理各种公务活动时所使用的具有特定格式的一种应用文。它是传达、贯彻党和国家的方针、政策，发布行政法规和规章，请示和答复问题，指导和商洽工作，报告情况，交流经验的重要工具。

公文有广义和狭义之分。广义的公文是指所有反映公务活动的文书，通常划分为非法定公文和法定公文两大类。非法定公文又被分为常用公文和专用公文两种。常用公文也被称为事务文书，是指在处理机关各种事务时经常使用的各种公务文书，包括计划、总结、简报、调查报告等。专用公文是指外交、军事、司法、财经和行政法规等方面的公务文书。法定公文，专指行政公文，是国家行政机关制发的公务文书。狭义的公文则是专指行政公文。本书所述的公文即是狭义的行政公文。

行政公文是行政机关的公文（包括电报，下同），是行政机关在行政管理过程中形成的具有法定效力和规范格式的文书，是依法行政和进行公务活动的重要工具。

公文的这一概念包括两层含义：

（1）行政公文即公文的作者是法定的　这是指国家机关、企事业单位或人民团体等一切合法存在的组织和机构。有时国家领导人和一些机关首长也可以制发公文，但必须是在代表国家行使职权的情况下才能施行。所以，公文的作者是法定的，普通公民不能随意撰写公文，而且法定作者也只能在法定职权的范围内行文，公文才可以生效。

（2）公文是进行公务活动的重要工具　公文是行政机关在行政管理中最频繁、最大量

使用的一种工具。无论是上级机关制定方针政策、发布指令部署工作,下级单位请示和汇报工作,还是部门之间协商事务和传递信息等都要借助于公文办理。行政管理的方式方法很多,而最正规、最科学的方法之一就是利用公文这一重要工具。

2. 公文的特点

公文与其他文章相比,有其鲜明的特色。主要表现如下:

(1) 政治性　政治性是公文的鲜明特色。因为公文的内容直接反映政党、国家政权机关的政治意向和根本利益,是政党、国家政权机关的指挥意志和行动意图的最集中体现。机关、团体、企事业单位的公文与政党和国家的经济事务,与人民群众的社会生活密切相关,是传达党和国家的方针、政策、法律、法令,处理行政事务不可缺少的重要工具。

(2) 权威性　公文法定的权威性是指公文在时间与空间范围内能对受文者的行为产生强制性的影响,如必须贯彻执行和予以答复等。公文的权威性是由公文作者的法定性决定的。公文是由法定机关或组织制发的,代表着法定机关或组织的意图,在法定机关或组织的权限范围内,具有法定的权威性和约束力。所谓法定机关或组织,是指依据有关法律规定而设立的各级机关、团体和机构以及各企事业单位。公文代表法定机关发言,因而具有行政领导的法定权威。公文的权威性是保证机关职能运行、公务管理、正常工作和生活秩序的重要手段。

(3) 时效性　任何公文的制作和发布都是为了处理现实公务活动中的问题,而公务问题的处理必须迅速、及时。所以,对公文的制发和公文内容的具体落实都有严格的时间要求。同时,对每一份具体的公文而言,又有它特定的效用,它代表着制发机关赋予的具体使命,要求受文机关及时贯彻执行,或者予以答复。当一项工作完成之后,与它相关的公文的作用也便随之结束。不过,失去现实效用的公文,仍然具有考察的价值。

(4) 规范性　制发公文是一件极其严肃的工作。为了维护公文的严肃性、权威性、准确性与时效性,我国规定了统一的公文格式,原国家技术监督局(现为国家质量监督检验检疫总局)于1999年12月27日发布了《国家行政机关公文格式(GB/T 9704—1999)》,现已废止,2012年7月1日发布的《党政机关公文格式(GB－T 9704—2012)》是最新的关于行政机关公文格式国家标准。任何机关、单位等都要照此格式制发公文。从公文名称到行文关系,从制发程序到文体体式都有严格的规定,任何机关、单位都不能自行其是。

2.1.2　公文的种类、作用

1. 公文的种类

公文的种类划分方法有很多,最主要的有两种。

(1) 中共中央办公厅、国务院办公厅规定的公文种类　中共中央办公厅、国务院办公厅2012年4月16日发布,2012年7月1日起实行的《党政机关公文处理工作条例》(中办发〔2012〕14号,以下简称新《条例》)规定行政公文为十五种。即:

1) 决议。适用于会议讨论通过的重大决策事项。

2) 决定。适用于对重要事项做出决策和部署、奖惩有关单位和人员、变更或者撤销下级机关不适当的决定事项。"决定"的使用没有级别限制,但决定的事项必须是"重大"或"重要"的,不能滥用。

3) 命令(令)。适用于公布行政法规和规章、宣布施行重大强制性措施、批准授予和晋升衔级、嘉奖有关单位和人员。命令公文限于国家领导机关使用。《中华人民共和国宪法》规定，只有县级以上政府依照法规规定的权限可以发布命令。这类公文的发文机关具有权威性，其贯彻执行具有强制性，涉及的事由往往重大而又严肃。有时国家或地方领导人以个人名义并冠以职称发布命令，如"中华人民共和国主席令"等，其实并不代表个人，而是以一个组织法定代表人的资格行使职权。

4) 公报。适用于公布重要决定或者重大事项。

5) 公告。适用于向国内外宣布重要事项或者法定事项。党和国家领导机关宣布重大事项时常用公告。但是，随着社会的发展，现在，很多机关、企事业单位在遇到重大事项时也常常面向社会发出公告。

6) 通告。适用于在一定范围内公布应当遵守或者周知的事项。

7) 意见。适用于对重要问题提出见解和处理办法。意见是党政机关颁布方针政策的一种形式，适用于党政各级机关。

8) 通知。适用于发布、传达要求下级机关执行和有关单位周知或者执行的事项，批转、转发公文。通知是公务活动和处理日常事务中使用频率最高、适用范围最广、时效性最强的公文。

9) 通报。适用于表彰先进、批评错误、传达重要精神和告知重要情况。通报侧重于报道和评价事实，一般不具体布置任务，属于宣传教育性公文。

10) 报告。适用于向上级机关汇报工作、反映情况，回复上级机关的询问。报告不需要上级回复。

11) 请示。适用于向上级机关请求指示、批准。其行文目的是为了解决现实中急需解决的问题，上级机关必须给予答复。请示属于期复性公文。

12) 批复。适用于答复下级机关请示事项。其行文的前提是要在收到下级机关的请示后，针对下级机关的请示事项做出回复，因而具有被动性和针对性。

13) 议案。适用于各级人民政府按照法律程序向同级人民代表大会或者人民代表大会常务委员会提请审议事项。议案是政府机关与人大及其常务委员会之间联系工作时的例行公文。政府各级部门和党群机关不使用该文种。

14) 函。适用于不相隶属机关之间商洽工作、询问和答复问题、请求批准和答复审批事项。函是一种行文灵活、适用范围较广泛的公文。

15) 纪要。适用于记载会议主要情况和议定事项。

（2）从不同角度对公文进行的分类

1) 按公文的行文方向划分。行文方向是指公文根据内容的需要，以发文机关为中心，向不同级别的机关传递的方向。根据行文制度规定，机关之间的行文分为上行文、下行文和平行文。上行文是指下级机关向所属的上级机关发送的文件，如报告、请示等；下行文是指领导机关对下属机关所发的文件，如命令、决定、批复等；平行文是指同级机关或不相隶属机关之间来往的文件，主要是函、议案、通知等。

2) 按公文的紧急程度划分。公文依此可分为特急件、急件和平件三类。特急件是指内容特别紧急，必须随到随时优先迅速传递处理的文件；急件是指内容紧急，必须打破工作常规优先迅速处理或传递的文件；平件是指无特殊的时间要求，按工作常规传递处理的文件。电报则分"特提""特急""加急"和"平急"四种。

3) 按公文的秘密程度分。公文的秘密程度按等级要求划分为绝密公文、机密公文、秘密公文和普通公文。绝密公文是指含有最重要的国家秘密，保密期30年；机密公文是指含有重要的国家秘密，保密期20年；秘密公文是指含有一般的国家秘密，保密期10年；普通公文是指可以向人民群众公开发布或在机关组织内部使用的公文。

2. 公文的作用

公文在治国理政上发挥着巨大的作用，具体表现在以下几个方面：

（1）联系和沟通作用　凡是公文都起着联系公务、沟通信息、上情下达、下情上报的重要作用。公文的使用过程，就是上下级机关以及平行机关之间相互沟通联系的过程，这种沟通和联系作用保证了机关工作正常顺利地进行。

（2）领导和指导作用　上级机关通过发文部署工作，传达意见和决策，对所属的下级工作进行具体的领导与指导，从而保证各方面的管理工作协调一致，实现预定目标。

（3）法规和准绳作用　国家机关制定的各种法律法规，都是通过公文的形式来发布的。这些法律、法规一经发布，便成为规范全体公民行为的准则，并以强制力来保证贯彻和实施，从而使国家各项管理活动有法可依、有章可循，实现法制化、规范化。

（4）宣传教育作用　公文是宣传党和国家的方针政策的重要工具。通过公文的宣传，广大的人民群众可受到教育、提高认识、统一思想，提高行动的自觉性，使各项工作顺利进行。

（5）依据凭证作用　公文因为具有法定的效力，受文单位可以此作为处理工作、解决问题的依据。公文又是各级机关联系工作事项、开展公务活动的书面凭证。公文在完成了它的现实作用后，立卷归档成为文书档案，可以对以前的公务起记载、凭证作用，具有史料价值和查考价值。

2.1.3　公文的格式与结构

【公文的标准格式样本】

000001（份号）

机密　★一年（密级和时限）

特急（紧急程度）

（文件版头）
××市人民政府文件
×政发〔2018〕××号（发文字号）

××市人民政府
关于××××××的通知（标题）

各县(市)、区人民政府，市政府各直属单位：（主送机关）

　　××。（正文）

附件：1. ××××××××××
　　　2. ×××××××××

　　　　　　　　　　　　　　　　　　　　××市人民政府（印章）
　　　　　　　　　　　　　　　　　　　　2018年3月5日（成文日期）
（此件发至厅、局）（附注）

抄送：×××，××，×××。
××市人民政府办公室　　　　　　　　　　　　　　　2018年3月5日印发

　　　　　　　　　　　　　　　　　　　　　　　　　共印120份

1. 公文的格式

公文格式指公文的外观形式，包括公文的用纸、用字、排版、制版、印刷、装订及文面结构等。公文有着严格、特定的格式要求。新《办法》规定我国通用的公文格式如下：

（1）公文用字　从左至右横写、横排。少数民族文字按其习惯书写排版。正文用3号仿宋体字，小标题用3号小标宋体字或黑体字。

（2）公文用纸　采用国际标准A4型，左侧装订。张贴的公文用纸幅面尺寸，可依据实际需要确定。公文纸又分为可用来书写、印刷文字、图形等符号的图文区和不允许出现任何符号的白边区两个区域。并要求上白边（天头）宽于下白边（地脚）；左白边（订口）宽于右白边（翻口）。

（3）公文的文头、正文和文尾三大部分，每一部分的项目内容和区域位置，都必须按规定的标准安排。机关正式文件用固定的套红版头，标明机关的全称或通用简称，后面加上"文件"二字，并用间隔红线将文头与正文部分隔开（有的间隔红线中间加红五角星）。

2. 公文的结构　公文的结构指公文的组织构造，即公文各要素在公文文面上所处的位置和书写形式。公文各要素划分为版头、主体和版记三部分，下面对公文的各要素做具体介绍。

（1）版头　也称文头。版头部分一般占文件页的1/3～2/5，用横线与正文部分隔开，版头包括公文份数序号、秘密等级、保密期限、紧急程度、发文机关标志、发文字号、签发人等项。

1）公文的份号，也称编号，指印制公文份数的顺序编号。一般公文不用标注份号，只有绝密、机密的公文应当标注份号。用阿拉伯数字顶格标注在版心左上角第一行，以6位数码标注，不足6位数时用"0"补齐。

2）秘密等级和保密期限。涉及国家秘密的公文应当标注密级和保密的期限，密级分为绝密、机密、秘密三种。绝密保密时间为30年，机密保密时间为20年，秘密保密时间为10年。保密时间一般不用单独标注。如保密时间与密级规定的保密时间不同可单独标注。秘密等级和保密期限用"★"隔开。如"绝密★3年"，顶格标注在版心左上角第二行。

3）紧急程度，指公文送达和办理的时限要求，以强调公文的时效，避免延误。紧急公文根据其紧急程度应分别标明"特急""急件"。其中，电报应当分别标明"特提""特急""加急"或"平急"，紧急程度顶格标注在版心左上角的第二行。如需同时标注密级和紧急程度，密级标注在第二行，紧急程度标注在第三行。

4）发文机关标志，即公文发文机关名称，可使用发文机关全称或规范化简称，后加"文件"二字构成，用醒目、整齐、庄重的大号字体套红印刷，位于文头上部正中央、发文字号之上。两个以上机关联合行文，主办机关应排列在前，也可以用一个主办机关的名称。

5）发文字号，简称文号，由所属行政区域代字、发文机关代字、文种代字、年份和序号五部分组成。位于发文机关下空两行，居中排布。行政区域代字、发文机关代字用规范化简称；文种代字一般用"发"和"函"（平行文、下行文）；年份、序号用阿拉伯数字标志，年份应标全称，用六角括号"〔〕"括入，序号不编虚位（即1不编为001，而编为1号）。联合行文，标注主办机关的发文字号，如黑政发〔2018〕1号。

6）签发人。上报的公文需要在公文首页标注签发人。"签发人"是指批准发出公文的机关领导人。签发人姓名位于发文字号右侧空两个字的位置，写上"签发人"并加冒号，后写其姓名。一般只有上行文才需要标注签发人。其中，"请示"应当在附注处注明联系人姓名和电话，其作用是表明公文的具体责任者，督促各级领导者认真严肃地履行职责，提高公文质量和办事效率。

（2）主体 公文的主体部分有标题、主送机关、正文、附件、落款和成文日期、印章六部分。主体部分是公文最重要的部分。

1）标题。标题是公文的具体名称。其作用一是为了概括揭示公文的内容，二是为查找与管理公文提供检索标志。公文标题一般由发文机关、事由和文种三部分组成，被称为标题的三要素。发文机关名称一般用全称或规范化简称。事由用"关于……的"介词结构，揭示公文的基本内容，并修饰限定中心词文种。一般情况下，公文标题要求"三要素"完备，称为完全式标题，如"××市人民政府关于×××问题的通知"。省略式标题，即省略其中一两项的标题。有的可省略发文机关，如"关于召开森林防火工作会议的通知"，有的可省略事由，如"××××大学通报"，有的可只写文种，如"通告"等。

公文标题应当简要地概括公文的主要内容，一般应当标注发文机关并准确标明公文种类，其位置在发文字号的下方。标题中除法规、规章等名称加书名号外，一般不用标点符号。

公文标题拟制应注意的事项：

第一，要明确制发公文的目的。只有目的明确，才能正确选好文种，提炼好主题，从而在标题中准确地概括出公文的主要内容。

第二，正确使用文种。要明确各个文种的使用范围，适合的内容和行文关系。如向上级机关请求批准应该用"请示"文种而不能用"报告"文种。

第三，语言要贴切、简洁。所用文字应尽可能地少，做到言简意赅。

2）主送机关，也称受文机关，是指公文的主要送达、受理机关，即负责办理公文或答复的机关。主送机关名称要用全称或规范化简称，其作用是表明公文效力所涉及的机关和人员范围。

明确主送机关是为了明确办事的责任。一般公文都需要写明主送机关。上行文一般只写一个主送机关，下行文可以有若干主送机关，可以写通称，如"各县（市）、区人民政府，市政府各直属单位"。普发性公文如命令、公告、通告等，可以不写主送机关。主送机关的书写位置在标题之下、正文之上左端顶格书写，并加冒号。

3）正文。正文是公文的具体内容，是公文主体中的主体和核心。不同文种的主体有不同的写作方法和要求，而共同的总体要求是：准确、清晰、简洁地表达公文内容。

4）附件。附件是公文正文的说明、补充或者参考资料，可分为两类：其一，附件是正件的有机组成部分，附件和正件同样具有法律效力。如发布、批转、转发性通知所带的附件，是和正文不可分割的、同样重要的；其二，附件为具体材料，本身不具法律效力，但对正件起说明、印证、参考作用，以帮助受文者了解正件。公文如有附件，应当注明附件顺序和名称。应在正文之后、发文机关之前空两格标明附件标题、件数、份数等。具体附件应当另面编排，并在版记之前，与公文正文一起装订，页码与正文连续编排。

5）落款和成文日期。落款也称署名，是指发文机关，即公文的法定作者，位于正文下方空3~5行的右侧。成文日期位于落款下一行，用阿拉伯数字标注，不标虚位。成文日期依下列具体情况而定：一般公文以机关领导人的签发日期为准；法规、规章等公文以依法批准的日期为准；纪要等公文以会议正式通过的日期为准；张贴、公布、告示等公文以张贴、公布之日为准；联合行文以最后一位负责人的签发日期为准。

6）印章。印章是机关职权的象征，是公文合法性、真实性及效力的标志。公文除会议纪要和以电报形式发出的以外，应当加盖印章。联合上报的公文，由主办机关加盖印章；联合下发的公文，发文机关都应加盖印章。印章要端正、清晰地加盖在正文的右下角成文日期的中间，要求"压年盖月露日"。

(3) 版记　版记是公文的结尾部分，也叫文尾，是文件的附件部分，对文件印发情况加以说明，包括附注、抄送机关、印发机关和印发日期、印制份数等内容。

1）附注。附注是对正文有关内容或有关事项的注释或说明，应当加括号标注，如（此件发至县、团级）。通常标在发文时间之下，并用括号括起来。一般普通公文或下级机关对上级机关行文，不必标注阅读范围。附注一般比较简单。

2）抄送机关。抄送机关指除主送机关之外需要执行或知晓公文的其他机关。抄送机关的选择十分重要，既要防止漏抄漏送，又要防止乱抄乱送，以免给本机关和对方机关增加不必要的工作负担。抄送机关应当使用全称、规范化简称或同类型机关统称。抄送机关之间用逗号隔开，最后一个抄送机关后标句号。

3）印发机关和印发日期。印发机关不是指公文的发文机关，而是指公文的印制部门。印发日期不同于发文时间，是指公文开始印刷的时间。

4）印制份数。印制份数应根据公文的发放范围和实际需要确定，如"共印200份"，位置在印发机关及日期横线右下一行处。

2.1.4　公文写作的基本要求

公文写作是一件非常严肃的事情。要写好公文，除了遵守基本的写作原则，如文从字顺、观点与材料统一、层次分明、结构合理等外，还必须遵循以下基本要求。

(1) 合法性　合法性是对公文的最基本的也是最重要的要求。一篇公文，无论收发机关级别高低，重要性大小，都要符合国家的有关法律、法规及其他有关规定。公文的合法性，既是指内容的合法性，也是指公文的收发机关权限的合法性。公文不合法，就失去了公文的生命力和法律效力及使用价值，就会给人们的工作和生活造成不良影响，给社会造成混乱，使政府机关失去公信力。另外，在公文制发时还要注意的问题是在遵守国家各项大法的前提下，公文的内容还要符合本系统、本机关主管业务方面的方针政策和有关法规、规章。因为各系统内部、各部门所主管的业务都有各自的特点、规律和工作要求，需要有符合本部门、本机关业务特点的方针政策和具体的法规政策，因而所制发的公文不能脱离本系统、本行业的法规要求。如果在公文中提出新的方针政策，要切实可行并要加以说明，以减少不必要的矛盾冲突，从而使公文的作用得以顺利发挥。

(2) 实事求是，讲求实效　实事求是是指公文的内容一定要真实，符合实际情况。内容真实，要求真人真事，数据真实，提出解决问题的原则与方法符合客观实际、切实可行，使公文具有真实性与可行性。讲求实效，一是指行文确有必要，确实会收到实效；二是指公文写作要及时迅速，紧密结合行政管理的需要，以便尽快实现公文的效用，提高工作效率。

(3) 主题明确，结构完整，格式规范　公文的主题一定要明确，一般应一文一事，并且鲜明而直接地表达出来，不能迂回含蓄，令人猜测、费解，也不能让人产生歧义。应当围绕主题，合理安排层次，做到条理分明、层次清晰、结构完整、格式规范。

(4) 用词庄重严谨，简明通顺　公文语言不同于其他应用文的语言表达方式。一定要选用含义明确，范围限定准确的词语，正确表达概念的内涵与外延，正确揭示事物的本质，做到用语庄重、格调严肃、简单明了、文通字顺、便于遵照执行；不必形象描写，更不要堆砌华丽辞藻或采用任意夸张修饰等文学表现方法。下面是对一些常用公文词语的解释，引述在此，以便于读者理解和掌握。

公文常用词语例释

(1) 案：处理公事的记录，查考，事件或涉及法律的事件。

在案：在处理公事的记录里。【例】该厂部分房屋产权，上次会上，我们曾声明在案。

备案：以备查考。【例】各地、州、市和省级有关部门批准授予记者职称的人员，应将《专业干部确定与晋升业务职称呈报表》抄送省委宣传部和省人事局备案。

议案：供讨论的事件。【例】此次会议共有五项议案。

(2) 颁：发下，多用于庄严、隆重的场合。

颁布：庄严地发布，多用于公布重要的法律、规定、条例、命令。【例】1979年7月4日全国人民代表大会常务委员会颁布了《中华人民共和国全国人民代表大会和地方各级人民代表大会选举法》。

颁发：隆重地发给。一般指领导机关，通过一定的仪式发给个人或单位奖状、奖品、奖金或荣誉证书等。【例】我市将于12月下旬召开治安工作总结表彰大会。会上，将对有功人员和单位颁发奖状、奖品和奖金。

(3) 不：否定。

不日：不多天、不久。【例】该批机器设备，不日即可运抵你厂。

不时：随时。【例】各医疗卫生单位应储备一定的急救药物，以备不时之需。

不宜：不能，不应当。常用来指出不得或不应实施的行为。

不当：不合宜，不适合。常用于要求上级批复或批转的上行文的结语部分。【例】以上意见如无不当，请批转各地各有关部门执行。

不法：违法。【例】对投机倒把、扰乱市场的不法行为，应予以坚决打击。

(4) 查：清点，了解，调查，清查的意思，其确定意义要根据具体语言环境而定。

查收：清点收下。【例】兹送去科技展览入场券80张，请查收。

查复：了解后予以答复。【例】国务院关于节约成品油的通知，兹已印发各地，你县是否收到？请速查复。

追查：追问调查研究。【例】关于你县大量中药材霉烂变质一事，应立即追查原因，迅速上报。

查询：了解询问。【例】你局急需了解的情况，经多方查询，已有线索。

查对：清查核对。【例】1996年度的行政经费收支账目，业经查对，全部正确无误。

(5) 此：这个。【例】你厂7月份的生产任务完成较好，应在此基础上，再接再厉，争取获得更大的成绩。

此令：就这样命令，多用于命令的正文末尾。【例】经省人民政府第××次常务会议讨论，批准任命×××同志为××市××局长，此令。

此复：就这样的内容向你做出答复，多用于复函的正文末尾，表示终了，意为此作为复信。

特此：特地这样。【例】纪念"五四"青年节电影晚会提前于5月3日晚7时举行，特此通知。

(6) 大：十分，很。【例】商店实行企业经济包干责任制的管理方法，大受职工欢迎。

大有：很有。【例】农工商联合企业大有发展的余地。

大肆：十分放纵。【例】对少数坏人大肆盗窃国家财产的不法行为，必须坚决依法制裁。

大力：十分尽力。【例】该项水利工程业已竣工，对你市在人力、物力上的大力支援，特电表示感谢！

(7) 度：次。【例】该案经几度调查，现已得出结论，不日即可上报。

再度：再一次。【例】两县接壤地区的林权纠纷，经再度协商，仍未取得一致意见。

一度：一段时间。【例】由于洪水灾害的影响，我省远途铁路交通运输曾一度中断。

(8) 否：不对，不。【例】现将我局1996年度工作总结送上，如有不妥，请予指示。

当否(妥否)：是不是恰当。【例】兹送去我室1996年度工作计划，当否(妥否)，请批示。

可否：可不可以。【例】由于工业人口急剧增加，当前，我市蔬菜供应十分紧张。为缓和蔬菜供需矛盾，可否在市郊增划部分蔬菜生产用地，以应急需，请批示。

能否：能不能。【例】你局借调来我处的工程技术人员，能否于4月底前赶赴施工现场，望告。

(9) 函：信。【例】来函收悉。所询各事，答复如下……

函告：通过信件相告。【例】你厂托运的机器部件已于7月8日运抵××，请速派人去八里庄提货站提取，特此函告。

函复：通过信件答复。【例】我局拟于 9 月 30 日晚借用你厅礼堂召开国庆联欢晚会，可否，盼速函复。

（10）即：当时，当地，立刻。

即日：当天。【例】农业参观团即日来××，望速派干部做好接待工作。

即席：当场。【例】省政府领导同志即席发表谈话。

即可：立刻就可以。【例】我市供水工程扩建计划，业经上级主管部门批准，明日起即可动工。

须即：必须立刻。【例】为夺取今年的农业丰收，对水稻病虫害，须即抓紧防治。

当即：当时立刻就。【例】我局接全力防洪的紧急通知后，当即施行了一系列具体防洪措施。

（11）鉴：审察，考虑，教训。

鉴别：审查、辨别。【例】各地对所收集到的情况，要注意鉴别真伪，予以核实。

鉴于：由于考虑到。【例】鉴于今年财力较紧，扩建体育场的项目，拟待明年财政状况稍宽裕后再行安排。

鉴戒：可以使人警惕。【例】该厂由于不重视对职工进行安全生产的教育，致伤亡事故连续发生。各厂矿企业应引为鉴戒。

（12）接：接到。【例】顷接上级指示，各企业所欠税款，必须于年底前一次交清。

接洽：联系商量。【例】关于去××化工厂参观一事，已同该厂接洽妥当。

接待：迎接招待。【例】全国少数民族参观团，定于明日来我市参观，请即做好接待准备工作。

（13）经：经过。【例】来函收悉。关于普通高等学校毕业生的工资待遇问题，经研究，仍按国发〔1980〕121 号文件的规定执行为宜。

业经：已经经过。【例】你厅报送的《关于压缩国有企业管理费的具体规定》，业经省府第 50 次常务会议讨论批准，请即按此执行。

均经：都已经过。【例】代表们所提的全部提案，均经大会秘书处汇总完毕，并已交有关部门研究办理。

并经：并且经过。【例】××水库工程施工计划，经省府同意研究并经水利部审查批准，请即按此执行。

后经：后来经过。【例】该厂生产管理混乱，产品质量低劣，后经停产整顿后，情况有所好转。

未经：没有经过。【例】该林区的树木，未经县人民政府批准，任何单位和个人不得擅自砍伐。

（14）径：直接。

径向：直接向。【例】有关年度计划的制订情况，请径向计委反映。

径与：直接同。【例】关于你州在××设办事处的有关事宜，请径与××市人民政府联系解决。

径报：直接送报。【例】安全生产大检查的有关情况，请径报省安全生产办公室。

（15）就：靠近，从事。

就地：在原地。【例】此类问题应尽可能就地解决。

就业(就学)：从事某项职业(从事学习)。【例】必须采取措施，于短期内解决这批待业青年的就业(学习)问题。

就绪：已经安排好。【例】经全体同志的努力，大会的筹备工作已经全部就绪。

(16) 谨：敬辞，恭敬地，小心谨慎地。

谨电：恭敬地去电。【例】欣闻××水利工程胜利建成，谨电致贺。

谨启：恭敬地陈述，用于下款末尾的敬辞。【例】……××公司谨启。

(17) 免：去掉。

免去：免除(有关人员某种职务)。【例】兹决定免去××同志行政科长职务。

(18) 拟：打算，起草。

拟于：打算在。【例】我局拟于下周星期三召开大会进行动员。

本拟：本来打算。【例】这次会议本拟于2月7日举行，后因故延期。

拟稿：起草文稿。【例】有关征地问题的复文，由建委负责拟稿。

拟订：起草制订。【例】关于加强集市管理问题，建议由工商行政部门拟订具体办法，报经当地人民政府批准后执行。

(19) 批：写上字句，判定是非、优劣、可否，多用于上级对下级。

批示：对下级请示的问题表示意见。【例】兹送上我局1996年度工作计划，当否，请批示。

批复：对下级机关来文的批示答复。【例】你局7月6日《要求增加行政经费的请示》收悉，现批复如下……

批转：把下级机关的来文批示转给其他有关单位执行或参考。【例】××县人民政府批转省人事局、省科委关于安排使用闲散在社会上的科学技术人员的意见的通知。

(20) 期：希望，日期。

以期：以此希望。【例】在思想工作中要注意进行疏导，以期在教育青年的问题上取得良好效果。

定期：规定日期。【例】各级人民政府对所属各部门的工作，要定期进行检查。

如期：合乎预定的日期。【例】该厂订购的首批机械设备，已如期运到。

限期：限定日期。【例】你局所属企业的基建任务，必须限期完成。

(21) 切：务必、千万。

切勿：千万不要。【例】加固沿江堤防，是保证安全度汛的重要措施。沿江各地、县都要特别重视并抓紧这一工作，切勿等闲视之。

切切：千万注意。【例】此系高压电杆，触及有生命危险，万勿靠近，切切此告。

切实：务必实实在在。【例】县五届人民代表大会定于明年2月召开，请各有关单位切实做好会前准备。

(22) 顷：刚才。

顷闻：刚才听到。【例】顷闻×××同志不幸病逝，特电致哀并向家属表示慰问。

顷接：刚才接到。【例】顷接来函，所询各事答复如下……

顷奉：刚才接到，多用于下级对上级。【例】顷奉上级指示，每星期三下午进行业务技术学习，概不对外接待。

顷据：刚才根据。【例】顷据××中心气象台预报，××地区明晨将有暴雨，望即做好防洪的有关准备。

（23）任：担负，使用。

任用：给予职务。【例】人事部门将根据每个干部的实际情况量才任用。

任命：颁布命令或书面通知，任用有关人员担任某种职务。【例】兹任命×××同志为××县副县长，免去其××区区长的职务。

（24）审：检查核对。【例】我厅1996年度决算已于今年2月送审。

审定：审查决定。【例】此报告可否下发，请领导审定。

审批：审查批示。【例】兹送上1996年度排水工程施工计划一份，请审批。

审发：审查决定。【例】该《报告》我们已在文字上进一步做了修改，现送上请审发。

（25）时：时令、时候、时间。【例】时值早春，气温骤降，希望各地认真做好防寒保苗工作。

届时：到时候。【例】兹定于7月8日上午8时在会议室召开抗洪救灾工作会议，请届时参加。

（26）事：事情，事项。

事由：公文的主要内容。【例】为提高公文处理效率，请在来文前扼要注明事由。

事宜：事情的安排和处理。【例】来函悉。关于征地的有关事宜请与××市人民政府联系解决。

（27）望：希望。【例】我县拟于今年3月派农业技术人员去你区学习杂交水稻育秧技术，可否，望即函复。

尚望：还希望。【例】生产所需原料，除由当地自力更生解决一部分外，尚望你县大力支持。

（28）为：为了，作表"目的"的介词。【例】为庆祝"八一"建军节，特定于7月31日晚7时在××大礼堂举行军民联欢晚会。

为此：为了这个。【例】要完成全年工业生产任务，必须加强运输力量，保证能源供应，为此，交通、电力、煤炭等部门，要采取得力措施，相应做出安排。

为使：为了使得。【例】为使全厂职工能尽快掌握此项新技术，决定举办业余技术培训班，加强在职培训。

（29）为：当作，是。

引为：引来当作。【例】该地区由于一贯忽视生产安全，致使近年来重大人身伤亡事故一再发生，给国家和人民造成了巨大损失，对此，希各级领导要高度重视，引为教训。

为要：是重要的。【例】正确执行物价政策和广开就业门路等方面的问题，事关安定团结的大局，望认真研究解决为要。

为宜（为妥）：是适应的，是妥当的。【例】业余文化学习班招收学员，以自愿报名的方式为宜（为妥）。

为盼：是所盼望的。【例】现将我厂征用土地的报告及全部附件报上，请迅予批复为盼。

为荷："承受别人的恩惠"叫"荷"，可引申为"接受别人的帮助"的意思。"为荷"即"感谢你们的帮助"的意思。多用于介绍信的末尾表示感谢。【例】兹介绍×××同志去你局学习档案管理经验，请予大力协助为荷。

(30) 悉：知道、了解。

收悉：收到后就知道了。【例】9月10日来函收悉，经研究答复如下……

已悉：已知道了。【例】你县3月7日来文已悉。

阅悉：看过后知道了。【例】来函阅悉，所托之事，均已照办。

电悉：通过电报(电话)了解到。【例】电悉你县遭遇特大洪灾，省委、省政府领导对此极为关怀，特电表示慰问。

谨悉：恭敬而谨慎地了解到。【例】来函谨悉。

(31) 系：是。【例】王若飞同志系贵州省安顺市人。

确系：的确是。【例】经技术鉴定，此次大桥垮塌事故，确系施工质量低劣造成。

显系：显然是。【例】此次大火，显系坏人有意纵火造成。

果系：果然是。【例】经反复调查，此次车祸事故，果系司机酒后开车酿成。

(32) 行：实行，就要。【例1】现将财经纪律大检查实施计划送上，是否可行，请批示。【例2】特大洪峰行将到来，希沿江县抓紧做好防洪、抢险准备。

另行：另外。【例】兹介绍×××同志去你处另行分配工作，请接洽。

暂行：暂时实行。【例】合作商店职工的退休、退职，应按《××县商业集体所有制企业职工退休、退职暂行办法》的规定处理。

试行：试验推行。【例】该《办法》可先试行一段时间，针对试行中发现的问题，再行修改、补充。

自行：自己进行。【例】兴办农工商联合企业，应由各地自行筹集资金。

(33) 须：必须。【例】《校对须知》原稿已修改。

还须：还必须。【例】造成这一事故的原因，还须进一步调查。

亦须：也必须。【例】企业领导除应集中主要精力抓生产外，对职工的生活和教育，亦须妥善安排。

均须：都必须。【例】关于对青少年的教育工作，无论学校、家庭、社会，均须引起足够的重视。

务须：一定必须。【例】汛期将近，各地各单位务须于4月底前做好防洪抢险的准备工作。

(34) 严：严格。

严防：严格防范。【例】提高警惕，严防坏人破坏。

严禁：严格禁止。【例】油库重地，严禁吸烟。

严守：严格遵守。【例】严守国家机密，防止失密、泄密。

严加：严格加以。【例】对蓄意破坏国家财产的犯罪行为，要严加惩处。

(35) 以：用。【例】我们决心以超额完成生产任务的实际行动，来迎接省第七届人民代表大会的召开。

以资：用来作为。【例】该厂职工通过技术革新，提前一月全面完成了全年生产任务，特予通报表扬，以资鼓励。

以此：用这个。【例】每个厂每天节约原煤一吨，一年可节约365吨，以此推算，全市200个厂，一年即可节约原煤7.3万吨。

以利：用来有利于。【例】各乡、村要根据当地的实际情况和群众的意愿，继续实行各种形式的联产承包责任制，以利调动广大群众的生产积极性。

以其：用他(她、它)。【例】该同志一贯以其勤奋好学、埋头苦干的精神，影响和带动群众。

(36) 应：应该。【例】企业的管理体制应继续进行深化改革。

应即：应该立即。【例】目前，正是小麦生长的关键时节，应即抓住有利时机，加强田间管理。

应将：应该把。【例】各级计委应将乡镇企业生产，统一纳入地方工业生产计划。

应以：应该用。【例】该《操作规程(草案)》应以班、组为单位，进行讨论修改。

均应：都应该。【例】凡保存有旧政权档案的单位，均应按规定的时间，将档案移交指定的单位统一保管。

本应：本来应该。【例】该同志由于粗心大意，造成责任事故，给工作带来很大损失，本应从严处理，但鉴于事故发生后，本人尚能认真检查，并能积极工作，将功补过，为此，决定给予该同志记大过处分一次。

(37) 用：使用。

滥用：胡乱地、过度地使用。【例】行文滥用方言，滥用职权。

乱用：该用于甲项的资金，擅自用于乙项。【例】该厂违反财经纪律，乱用基建经费购买高档商品。

挪用：移作他用。【例】要严格遵守财经纪律，任何人不得挪用公款。

概用：一律用。【例】各单位在填报生产进度统计表时，概用规定表格，不得任意更换。

(38) 于：在。【例】为不误农时，请于2月底前将库存水稻良种运交我县。

限于：限定在。【例】你县棉花收购任务，限于10月底前完成。

定于：决定在。【例】兹定于5月4日晚7时，在文化宫举行"五四"青年节联欢晚会，请准时参加。

应于：应该在。【例】××电站扩建工程即将开工，施工所需的全部器材，应于4月底前运抵工地。

希于：希望在。【例】明年5月起，将在我县进行土壤普查，希于4月底前做好有关准备。

业于：已经在。【例】该厂基建工程业于8月上旬竣工，不日即可投产。

准于：准定在。【例】我局出席会议的人员，准于5月12日上午8时到达北京。

拟于：打算在。【例】为解决能源紧缺的问题，我县拟于今年内自筹资金，新建小型水力发电站一座。

(39) 予：给予。【例】各处室调资名单，业经考评委员会审查并报请上级批准，现予公布。

应予：应该给予。【例】各级领导必须充分发扬民主作风，接受群众监督，对来自群众的批评应予鼓励。

希予：希望给予。【例】兹介绍经委×××同志去你厂了解社会统筹试点情况，希予协助。

定予：一定给予。【例】对蓄意破坏沿江水利设施者，定予严惩。

准予：准许给以。【例】你处×××同志遗失工作证一事，鉴于本人已做深刻检讨，并登报申明作废，经研究，准予补发。

特予：特地给予。【例】该厂大搞改革挖潜，成绩显著，特予通报表扬。

不予：不给以。【例】新建企业中凡不符合本规定者，不予登记。

(40) 与：做动词，是"参加"的意思；有时可做连词，意思相当于"和"，多用于文件标题。【例】《民主与法制》。

与会：参加会议。【例】这次大会，与会代表共1230人。

参与：参加进去共同工作。【例】关于我市环境污染情况的调查工作，去年你局曾参与其事。

(41) 兹：现在。【例】兹定于7月8日晚7时在209会议室召开学习交流会，希各学习组长准时参加。

兹有：现在有，多用于介绍信或便条的开头。【例】兹有我局×××同志去你处联系借用运输车辆事宜，请予接洽。

兹派：现在派，多用于介绍信或便条的开头。【例】兹派我厂总工程师×××同志去你局参加产品设计会议，请接洽。

兹介绍：现在介绍，多用于介绍信或便条的开头。【例】兹介绍我厅×××同志去你厂了解新产品试制情况，请予协助。

兹将：现在把。【例】兹将我县《农业生产情况统计表》一份，随函附上，请查收。

兹就：现在对。【例】兹就改进当前轻工业生产问题，提出以下几点意见，供参考。

兹因：现在因为。【例】兹因北楼即将动工维修，即日起，改在南楼办公。

公文常用词语

(1) 标题用语：关于、发布。

(2) 起首用语：为、为了、为着、查、接、顷接、根据、据、准照、依照、按照、按、鉴于、关于、兹、兹定于、今、随着、由于、悉、接、顷接、据、收悉、经、业经、已经、兹经。

(3) 结尾用语：为盼；为荷；为要；为宜；为妥；特此函达；特此证明；尚望函复；希遵照执行；特此通知；此复；为……而努力；现予公布；当否，请批示；可否，请指示；如无不当，请批转；如无不妥，请批准；特此报告；以上报告，请批转；以上报告，请审核；此致敬礼。

(4) 称谓用语：我单位、本人、本公司、敝单位；你局、贵公司、贵方；该公司、该项目。

(5) 递送用语：报、呈；送；发、颁发、颁布、发布、印发、下达。

(6) 拟办、审批用语：责成、交办、试办、办理、执行；同意、照办、批准、可办、原则同意、原则批准、可行、不可。

(7) 过渡用语：鉴于、为此、对此、为使、对于、关于、如下。

(8) 期请用语：请、恳请、拟请、特请、报请；务请、如蒙、即请、切盼；希、望、尚望、尚希、希将、希能、切望、请于、勿误。

(9) 谦敬用语：承蒙惠允、不胜感激、鼎力相助、蒙、承蒙、大力支持、大力协助。

(10) 表示意见用语：应、拟应、责成、同意、支持、反对、不妥、照办、请核查、暂停、取消、取缔、禁止、作废。

（11）征询用语：当否、妥否、可否、是否妥当、是否同意、如无不当、如无不妥、是否可行、意见如何。

2.1.5 公文行文规则

行文规则，是指机关（单位）之间行文所必须遵守的具体规定和要求。国务院《国家行政机关公文处理办法》对公文的行文规则做了非常明确的规定以控制行文数量、行文方向和行文方式，对确保公文能够迅速而准确地传递、避免行文紊乱、防止公文"旅行"、提高机关办事效率，具有重要的指导意义。其具体内容可归纳为以下几个方面：

1. 行文应确有必要，注重实效，坚持少而精

可发可不发的公文不发，可长可短的公文要发短文。尤其是在现代社会通信手段已经十分发达和迅捷的情况下，能用一个电话、一个多媒体手段解决的问题，就不必用发文的形式，以提高办事效率，节省人力、物力。

2. 根据组织关系准确行文

组织关系通常有4种情况：隶属关系，指同一组织系统中的上下级机关之间领导与被领导的关系；指导与被指导关系，指同一专业系统中的上级主管业务部门与下级业务部门之间的关系；平行关系，指同一组织系统中的同级机关之间的关系；不相隶属关系，指非同一系统任何机关之间的关系。机关之间的组织关系决定了公文的传递方向。各行政机关的行文方向要根据组织关系和职权范围确定。

党委、政府的办公厅（室）根据本级党委、政府授权，可以向下级党委、政府行文，其他部门和单位不得向下级党委、政府发布指令性公文或者在公文中向下级党委、政府提出指令性要求。需经政府审批的具体事项，经政府同意后可以由政府职能部门行文，文中须注明已经政府同意。党委、政府的部门依据各自部门职权可以向下一级相关部门行文；除以函的形式商洽工作、询问和答复问题、审批事项外，一般不得向下一级政府正式行文。部门内设机构，除办公厅（室）外，不得对外正式行文。

3. 联合行文要协商一致

同级政府、同级政府各部门、上级政府部门与下一级政府可以联合行文；政府与同级党委和军队机关可以联合行文；政府部门与相应的党组织和军队机关可以联合行文；政府部门与同级人民团体和具有行政职能的事业单位也可以联合行文。联合行文时，要明确主办机关，主办机关要主动和有关联合的机关单位协商，取得一致意见后再发文。没有取得统一意见时，不能联合发文或各自向下行文。

4. 行文方式要合适

正常情况下具有隶属关系或业务指导关系的机关应采取逐级行文的方式。必要时，为提高办事效率，加快办事速度，可采取多级行文的方式。如需要全体人民知晓的公文，也可直接面向公众行文，如公告、通告等即直接行文。同级或其他不相隶属机关之间可直接行文。在一般情况下应避免越级行文。只有在极其特殊的情况下才可采取越级行文的方式，并应抄送被越过的机关。

5. 主送机关与抄送机关要正确

除普发性公文外，一般公文应有主送机关，而且通常只选择一个机关。这个主送机关要选准，否则，将贻误工作。如果需要抄送的，要注意抄送的范围，受双重领导的机关向

上级机关行文，应当分清和写明主送机关与抄送机关。上级机关向受双重领导的下级机关行文时，必要时应当抄送其另一上级机关；向下级机关或者本系统的重要行文，应当同时抄送直接上级机关；上行文不得抄送其下级机关。

2.1.6 公文写作的基本程序

1. 明确目的，选好文种

写作公文，首先要明确行文目的。行文目的通常由机关领导核心确定，所以，要正确领会好领导的意图，并在写作中体现好领导意图。然后，要准确地选择文种，按照选定的文种格式开始写作。

2. 确定好主题

公文主题一是来自机关领导的授意，二是来自对客观情况的分析研究。无论哪一种确定方法，都应该主题明确，即赞成什么，反对什么，主张什么，都应使受文者一目了然，便于其执行或合作。

3. 准备好材料

公文材料的基本要求是真实、准确、新颖、典型、充分。这就要求公文作者积极收集材料，充分占有材料，并且会分析材料，把最能表现主题的材料写进公文。

4. 拟好写作提纲

拟提纲的过程，就是一个构思过程。先写什么后写什么，用哪些事例、哪些数据，都应列出。拟制提纲的最大好处是不容易遗漏公文所要表达的内容。

5. 拟好公文

提纲拟好后，就可以按照公文的写作要求拟制公文了。总的要求是观点正确、主题突出、材料真实、结构完整、格式规范、用语符合公文要求。

6. 审核修改

公文正式印之前，一定要送负责人审核签发，履行必要的审批手续。如有不妥，一定要认真修改，修改后的文稿还应经过复核、复审、签发，以保护公文的严肃性与权威性，使公文的作用能够正常地发挥出来。审核的重点是：是否确需行文；行文方式是否妥当；内容是否合法；格式是否规范；语言是否准确、恰当等。

2.2 命令（令）

命令（令）属于下行文。习惯上，"令"多用于公布法律、法规和规章，嘉奖有关单位和人员；"命令"多用于施行重大的强制性措施。

2.2.1 命令（令）的概念，特点

1. 命令（令）的概念

命令，简称令，是依据有关法律公布行政法规和规章，宣布施行重大强制性行政措施，嘉奖有关单位及人员所使用的公文。

2. 命令（令）的特点

作为下行文，命令有自己的突出特点，具体表现在如下几个方面：

（1）作者的限定性　不是任何机关、领导人都能够发布命令的。只有全国人大常委会委员长、国家主席、国务院总理、国务院各部门行政首长、地方县级以上国家机关及其领导人，才可以在宪法和法律规定的权限内发布命令。党派、企事业单位、人民团体以及基层部门不能使用命令。

（2）高度的权威性　命令出自高度权威性的机关、高度权威性的领导人，所以具有高度权威的内容，具有绝对高度的权威性。

（3）绝对的强制性　命令的强制性大大高于其他下行文，是最具有权力象征的公文。命令（令）一经发出，有关的下级机关和人民群众必须无条件地严格服从和执行，做到"令行禁止"；任何单位和个人都不得干扰和延误，否则，有关责任人员要受到严肃的处理，甚至法律制裁。

（4）制发的严肃性　命令主要用于颁布各种法律、法规和规章，以及实行强制性行政措施等，一经发出，就不能随意更改或变通，除非原发文机关或依据法律有权撤销或更改该命令（令）的上级机关做出了取消或更改该命令（令）的决定。所以，对命令的制发一定要审慎，不可轻发；否则，命令将失去其权威性。

2.2.2　命令的种类

根据命令（令）的不同适用范围，可以将命令划分为以下几种：

1. 发布令

发布令是国家领导机关和有关部门用来发布法律、发布重要行政法规和规章制度的命令。在这类命令后，通常要附上相应的法律、法规条文，即所谓"令随法出"。

2. 行政令

行政令用来发布重大的强制性行政措施。行政令如果要发布到全体人民，一般称为通令。它的适用范围比较广泛，在国家的政治、经济、文化等各个领域中，凡政府领导机关采取的重大强制性措施都以行政命令的形式予以发布。如国务院1987年4月25日发布的《关于发行新版人民币的命令》规定了新版人民币的面值和发行办法，并对干扰破坏新版人民币发行的做法做出了要依法惩处的警告。

3. 任免令

任免令适用于国家高级干部和其他重大人事的任免事项，如国务院总理、各部部长、各委员会主任、驻外国全权代表的任免等。一般党政机关任免干部多用通知，不用任免令。

4. 嘉奖令

嘉奖令适用于表彰和嘉奖有重大成就和突出贡献的有功人员、先进集体、单位等。嘉奖令可由国家行政机关、权力机关单独发布。但目前多以表彰性的"决定"和"通报"代替。

此外，还有动员令、特赦令和戒严令等。这些命令因极具特殊性而很少使用。

2.2.3　命令的结构及写作注意事项

1. 命令的结构

命令（令）一般由标题、发文字号、正文、落款四部分构成。

（1）标题　命令的标题通常由发文机关、事由、文种三部分组成。其类型主要有以下几种：

1）发文机关＋事由＋文种，如"国务院关于进行第四次全国人口普查的命令"。

2）发文机关＋文种，如"××市人民政府令"。

3）发布命令的领导人职务＋文种，如"中华人民共和国主席令"。

4）文种，即单独写文种"命令"或"嘉奖令"等。

（2）发文字号　命令的发文字号有两种形式：

1）普通公文发文字号形式，即由行政区域代字、机关代字、文种代字、年号、序号组成。

2）编号，政府或国家领导人所发的命令单独编号，即从任职开始，不受年度限制，按顺序编排，一直到任职期满为止，如"中华人民共和国主席令"（第58号），"中华人民共和国国务院令"（第299号）。

（3）正文

（4）落款，包括发布命令的机关或发令人的职务、姓名和成文时间。

2. 命令的写法

不同类型的命令（令）写法要求不同，下面仅就几种常用的命令（令）写法分别进行阐述。

（1）发布令　它用于发布法律、行政法规和规章。其正文通常只有一句话，包括发令原因、命令决定和执行要求三部分。而把所要发布的法规作为发布附件随后。

1）发令原因，写明发布的法律、法规和规章的名称和发布的依据，即发布对象是在什么会议、什么时间通过或批准的。

2）命令决定，一般用"现予公布""现予颁布"表示，紧接于发令原因之后。

3）执行要求，指发布的法律、法规和规章生效的时间。一般用"自发布之日起施行"或"自××××年××月××日起施行"。如果正文未写施行日期，发布之日即为施行日期。

例文2-1　发布令

中华人民共和国主席令
第七十七号

《中华人民共和国反不正当竞争法》已由中华人民共和国第十二届全国人民代表大会常务委员会第三十次会议于2017年11月4日修订通过，现将修订后的《中华人民共和国反不正当竞争法》公布，自2018年1月1日起施行。

中华人民共和国主席　习近平

2017年11月4日

（2）行政令　它用于颁布采取重大行政措施或某一重要紧急事项做出强制性规定。其正文多由发令原因、命令内容和执行要求三部分组成。

1）发令原因，概括发令的目的、依据或原因，一般用"根据……""为了……""鉴于……"作为开头，用惯用语"特发布命令如下""现决定"引起下文。

2）命令内容，即行政措施的具体内容部分，是全文的主体部分，多采用分条列项式陈述，要求有针对性、具体、严谨。

3）执行要求。

例文 2-2 行政令

中华人民共和国国务院令

第 268 号

为了适应经济发展的需要，进一步完善我国货币制度，提高人民币的防伪性能，现决定：

一、责成中国人民银行自 1999 年 10 月 1 日起陆续发行第五套人民币。第五套人民币有 100 元、50 元、20 元、10 元、5 元、1 元、5 角和 1 角八种面额。

二、第五套人民币与现行人民币的比率为一比一，即第五套人民币 1 元和现行人民币 1 元等值，其余类推。

三、第五套人民币发行后，与现行人民币混合流通，具有同等的货币职能。任何单位和个人，均不得以任何理由拒收其中任何一种人民币。

四、第五套人民币各种类别的发行时间，责成中国人民银行陆续发布。

五、凡破坏第五套人民币发行或借发行新版货币之机，扰乱金融秩序者，均依法惩处。对上述违法行为，每个公民均有权向当地人民政府和司法机关检举揭发。

国务院总理　朱镕基

1999 年 6 月 30 日

（3）任免令　它用于颁布高级领导机关主要领导的人事任免事项。其正文通常由任免依据和任免内容两部分组成。

1）任免依据，写明做出任免决定的机关名称和会议名称、时间等，以表明任免命令符合法定程序。

2）任免内容，写明被任免者的姓名与所任免的职务。

现在，很多省级以下领导机关一般不使用任免令，而改用"决定"或"通知"等文种形式公布人事任免事项。

例文 2-3 任免令

中华人民共和国国务院令

第 678 号

依照《中华人民共和国香港特别行政区基本法》的有关规定，根据香港特别行政区行政长官选举委员会选举产生的人选，任命林郑月娥为中华人民共和国香港特别行政区第五任行政长官，于 2017 年 7 月 1 日就职。

总理　李克强

2017 年 3 月 31 日

（4）嘉奖令　它用于发布国家、政府表彰有卓越贡献人员的命令。正文由嘉奖缘由、嘉奖决定、希望与号召三部分组成。

1) 嘉奖缘由，是嘉奖的依据，要着重写明被嘉奖者的突出事迹、成就与贡献，并做出适当的评价，指出其性质和意义。

2) 嘉奖决定，写明嘉奖令颁发的机关、会议嘉奖的内容，这一部分要写得直截了当、言简意赅。

3) 希望与号召，是嘉奖令的结尾部分，应切合实际，有号召力。也有不写希望与号召的，可视具体情况而定。

例文2-4　嘉奖令

××市人民政府关于对市住建局等单位的嘉奖令

×政发〔2018〕3号

各乡、镇人民政府，城区街道办事处，经济开发区管委会，市政府各部门：

继2015年启动国家园林城市创建工作后，2016年我市全面实施"五城同创"，全市上下紧紧围绕创城目标，全民发动、攻坚克难、坚持不懈，富有成效地开展了一系列工作。2017年集中冲刺，戮力攻坚，我市成功获得了国家园林城市、省级文明城市的光荣称号，进一步振奋了人心，鼓舞了士气，提升了城市形象，为我市经济发展和社会进步提供了一张更加靓丽的名片。

为表彰先进、推动工作，市政府决定对市住建局、市城管执法局、市食药监局、市文旅局、市文明办、××街道办事处、××街道办事处、市政园林局8家在创建国家园林城市和省级文明城市工作中作出突出贡献的单位和陈浩等27名个人予以通令嘉奖。

希望受嘉奖的单位和个人珍惜荣誉，再接再厉，再创佳绩。各地各部门要以受嘉奖单位为表率，继续发扬积极进取、开拓创新、顽强拼搏的精神，为推进我市"五城同创"和"三个城市""五个石首"建设作出更大的贡献。

附件：创建国家园林城市、省级文明城市嘉奖单位和个人名单

××市人民政府
2018年2月27日

3. 命令写作的注意事项

命令不是任何机关都可以随意使用的公文文种，所以使用时必须注意下面几点：

1) 按权限发文，不能越权行文。必须严格按照《中华人民共和国宪法》及其他法规所规定的权限制发文件，不能越权发文。如发布行政法规，只限于中央人民政府和国务院。发布强制性行政令，只限于县级以上人民政府，嘉奖令也仅限于具有重大影响的人或事，普通表彰不用嘉奖令。

2) 发文字号使用时有特殊性，即以领导人发布的命令不按年度编号，而是从任职到卸任为止依次排号。政府机关也有按次序编号的。

3) 语言应庄重、质朴、条理清晰、结构严谨、层次分明。语言要简明扼要，不做详细解释说明。

2.3 决定

决定对下级机关的工作或某项活动具有强制和约束作用，因而安排的必须是"重大事项"或"重大行动"。

2.3.1 决定的概念、特点和种类

1. 决定的概念

决定是党政机关、社会团体、企事业单位对重要事项或者重大行动做出安排，奖惩有关单位及人员，变更或者撤销下级机关不适当的决定事项时所使用的一种指挥决策性公文。

2. 决定的特点

决定和命令相比，有一定的相似之处，如都涉及重大事项的安排。但决定有自己的突出特点，具体表现如下：

（1）广泛性　与命令相比，决定的应用更加广泛。涉及的领域广泛，涉及各行各业；内容广泛，多种多样；作者广泛，命令仅限于政府领导机关和领导人使用，级别低的不能使用；而决定的作者可以是任何国家机关、民主党派、社会团体、企事业单位，只要在职权范围内，上述作者都可以下发决定。

（2）权威性　决定一经做出，就对下属工作或所属机关具有强制力和约束力。决定中写明的决定事项，有关单位和个人都必须严格执行，因为决定体现了上级领导机关对重大事项或重大行动的指挥意图，其权威性有时与命令一样值得重视，如1985年1月21日《全国人民代表大会常务委员会关于教师节的决定》。

（3）指挥性　决定往往是对重大事项或重大行动做出安排，所以要确定具体的措施和实施方案，要求下级单位遵照执行，具有比较强的指示方向的作用，如《国务院关于加快发展中西部地区乡镇企业的决定》（国发〔1993〕10号）。

3. 决定的种类

根据决定的内容和用途，决定大致可以划分成如下几类：

（1）法规性决定　它用于公布权力机关制定、修订或试行的法律文件以及由政府部门制定的行政法规，如《全国人民代表大会常务委员会关于修改"中华人民共和国银行业监督管理办法"的决定》（2006年10月31日第十届全国人民代表大会常务委员会第二十四次会议通过）。

（2）决策性决定　它是用于对重大事项或重大行动做出安排的决定，如《国务院关于开征石油特别收益金的决定》（国发〔2006〕13号）。

（3）知照性决定　它用于知照重大事项，传达人事任免、机构设置或撤销等具体信息，如《全国人民代表大会关于设立香港特别行政区的决定》（1990年4月4日第七届全国人民代表大会第三次会议通过）。

（4）奖惩性决定　它用于表彰或处分有关的单位和个人，如佳木斯市住房公积金管理中心所发的《关于2006年度住房公积金工作的奖励决定》（佳住积发〔2007〕1号）文件。

2.3.2 决定的结构

决定一般由标题、主送机关、正文、落款和日期等几个部分组成。

1. 标题

决定的标题通常由发文机关、事由和文种三部分组成，如《国务院关于非公有资本进入文化产业的若干决定》；也有省略发文机关，由事由、文种构成的，如《关于2006年度住房公积金工作的奖励决定》。有些会议通过的决定，要在标题下方用括号注明某年某月某日某次会议通过的字样，如《全国人民代表大会关于设立中华人民共和国澳门特别行政区的决定》(1993年3月31日八届全国人大一次会议通过)。

2. 主送机关

普发性决定，常省略主送机关。

3. 正文

正文一般由制发决定的依据、决定的事项、执行要求与希望和号召三部分组成。

（1）开头部分　开头部分列明制发决定的依据，包括事实依据和理论依据，也包括法律依据，它是做出决定的前提条件。这一部分要写得简明扼要。

（2）中间部分　中间部分列明决定的事项，也就是决定的内容，包括具体实施原则、方法、步骤等。这一部分是决定的核心部分，由于决定所具有的权威性和指挥性，要求下级机关贯彻执行，所以决定的事项必须明确，政策界限必须清楚，措施和要求必须具体得当，以便有关单位执行。

主体部分的结构形式有很多种，形式可灵活掌握。如果内容单一、文字少，可采用一个自然段的形式；如果内容多，可采用多个自然段或分条列项式，以使决定的事项条理清楚、层次分明；也可采用分块式，即把决定事项分成几大部分，便于掌握和执行。

（3）结尾部分　结尾部分列明执行要求与希望和号召。有的决定把执行要求与决定事项连在一起写，如条款式决定，常把执行要求列在条款的最后一条。也有的分块式决定把执行要求放到最后一部分。更多的决定执行要求在最后成单独一段提出，并与希望和号召连在一起写。有的决定则会省略希望和号召。

4. 落款和日期

一般在正文右下方标出发文机关，若标题中已标明，可省略；日期通常在落款之下，会议通过的日期，需用圆括号括起，置于标题之下。

例文 2-5　决定

国务院关于取消一批行政许可等事项的决定

国发〔2018〕28号

各省、自治区、直辖市人民政府，国务院各部委、各直属机构：

经研究论证，国务院决定取消11项行政许可等事项，现予公布。另有6项依据有关法律设定的行政许可事项，国务院将依照法定程序提请全国人民代表大会常务委员会修订相关法律规定。对取消的行政许可等事项，相关部门要制定完善事中事后监管细则，自本决定发布之日起20个工作日内按规定向社会公布，并加强宣传解读、确保落实到位。

附件：国务院决定取消的行政许可等事项目录（共计11项）

国务院

2018 年 7 月 28 日

2.3.3　决定的写作要求

1. 决定的依据要充分

决定的依据及决定的理由必须充分。要通过摆事实，讲道理，甚至引经据典来说明做出此项决定的重要性和必要性。必要时可以写明制发决定的背景和意义。尤其是重大的指挥性决定，其理由更要写得具体明确、深刻透彻，以帮助受文单位正确理解决定的重要性，从而避免产生错误认识。

2. 决定的事项要详细具体

决定的事项是决定的主要内容和核心部分。写作时，要写清决定的事项。决定的事项要完整周密，表述简明扼要，用词准确，具有可操作性，便于贯彻执行。

2.4　通知与通告

通知与通告是机关部门经常使用的一种法定公文，用于告知特定事项。二者在对象与内容上存在一定的区别与联系。

2.4.1　通知的概念、特点和种类

通知是一种最为常见的公文，广泛应用于我们的日常工作与生活之中，是获取信息与资讯的一种重要方式与渠道。

1. 通知的概念

通知是发布法规和规章，批转下级机关的公文，转发上级机关和不相隶属机关的公文，传达要求下级机关办理和需要有关单位周知或者执行的事项，任免人员的一种公文。

2. 通知的特点

通知的主要特点有如下几方面：

（1）应用范围广泛　首先是通知的作者广泛，不受发文机关级别限制，上至国务院，下至乡、镇人民政府以及其他机关、人民团体、企事业单位都可以制发通知。其次是通知的内容广泛，无论是国家大事还是单位内部的具体事务，都可以用通知的形式发布。因为通知的应用广泛，使用频率极高，常用来布置工作，传达重要指示或知照一般事项。

（2）一文一事，行文简便灵活　通知的主题往往都很单纯，一文一事，即主要讲清一件工作，一个问题，一件事项。另外，对公文的写作要求也不像命令和决定那样严格。

（3）突出的时效性　通知的事项都有明确的时间要求，必须在限定的时间内完成通知的事项；否则，通知就成了废纸一张。

（4）知照性　知照性也是通知的重要特点之一。这类通知常用于通报情况、交流信息，只要受文单位了解情况而不要求执行和具体办理。

（5）指挥性　有很多通知带有指挥性特点。如一些行政法规和规章的发布及对一些工作的安排和布置等。

3. 通知的种类

根据通知的使用范围，可将通知划分为以下几种类型：

（1）指示性通知　用于发布行政法规和向下级机关布置工作事项；上级主管业务部门向下级主管业务部门对口指导业务工作；传达上级机关指示或决定等。写这类通知时，要阐明制发通知的政策依据、法规依据、行文目的、意见等，必要时要交代制发的前提或背景。

例文 2-6　指示性通知

国务院办公厅关于印发《为烈属、军属和退役军人等家庭悬挂光荣牌工作实施办法》的通知

国办发〔2018〕72 号

各省、自治区、直辖市人民政府，退役军人事务部：

《为烈属、军属和退役军人等家庭悬挂光荣牌工作实施办法》已经国务院同意，现印发给你们，请认真贯彻执行。

悬挂光荣牌是落实中央决策部署、弘扬拥军优属优良传统、推进军人荣誉体系建设的重要举措。各地区要牢固树立"四个意识"，充分认识做好悬挂光荣牌工作的重要意义，切实加强组织领导，建立工作机制，列支相关经费，周密安排部署，精心组织实施，确保悬挂光荣牌对象准确、档案齐全。各地区要于 2019 年 5 月 1 日前完成为既有全部对象悬挂光荣牌的任务，并将有关情况报送退役军人事务部。

附件：为烈属、军属和退役军人等家庭悬挂光荣牌工作实施办法

国务院办公厅

2018 年 7 月 29 日

（2）印发、转发、批转性通知　这类通知适用于发布本机关拟制的公文；转发上级机关、同级机关和不相隶属机关的公文。写作时，方法略有不同。

1）印发类通知，也称发布性通知，即国家机关以通知的形式发布行政法规、规章。这类通知的正文内容都非常简短，写明发布的法规和规章名称和要求即可，必要时可扼要说明一下规章制定的根据、意义、实施办法等，但篇幅宜短不宜长，因为主要问题规章本身已说清楚了。

例文 2-7　印发类通知

关于印发《绿色能源示范县建设补助资金管理暂行办法》的通知

财建〔2011〕113 号

各省、自治区、直辖市、计划单列市财政厅（局）、发展改革委（能源局）、农业厅（委、局），湖南省农村工作办公室，广西壮族自治区林业厅，新疆生产建设兵团财务局、发展改革委、农业局：

为贯彻落实《中华人民共和国可再生能源法》，加快农村可再生能源开发利用步伐，优化农村能源结构，推进农村能源清洁化和现代化，改善农民生产生活条件，国家能源局、财政部和农业部将组织实施绿色能源示范县建设。为规范财政资金管理，保障绿色能源示范县建设顺利进行，我们制定了《绿色能源示范县建设补助资金管理暂行办法》，现予印

发，请遵照执行。

附件：绿色能源示范县建设补助资金管理暂行办法

财政部　国家能源局　农业部
2011 年 4 月 6 日

2）转发类通知，即以通知的形式，把上级机关、同级机关、不相隶属机关发来的公文，转发到所属单位贯彻执行或参照执行。写作时，要写明转发公文的名称，对转发公文的态度或贯彻执行的要求。

例文 2-8　转发类通知

国务院办公厅关于转发文化部等部门
中国传统工艺振兴计划的通知

国办发〔2017〕25 号

各省、自治区、直辖市人民政府，国务院各部委、各直属机构：

文化部、工业和信息化部、财政部《中国传统工艺振兴计划》已经国务院同意，现转发给你们，请结合实际，认真贯彻执行。

国务院办公厅
2017 年 3 月 12 日

附：中国传统工艺振兴计划（略）

3）批转类通知，即由上级机关采用通知的形式，对某一下属机关发来的公文予以批示后转发给下属其他机关，要求遵照执行。被批转的公文通常具有普遍意义。写作时，要写明对被批转的公文的态度、评价和意义，最后写明贯彻执行的希望和要求。这类通知篇幅一般较短。

例文 2-9　批转类通知

国务院批转国家发展改革委关于 2017 年
深化经济体制改革重点工作意见的通知

国发〔2017〕27 号

各省、自治区、直辖市人民政府，国务院各部委、各直属机构：

国务院同意国家发展改革委《关于 2017 年深化经济体制改革重点工作的意见》，现转发给你们，请认真贯彻执行。

国务院
2017 年 4 月 13 日

（3）事务性通知　这一类通知所涉内容最为广泛，主要用于传达有关单位需要周知的事项，包括会议通知，任免聘用，机构的设立、更名、合并和撤销，专用印章，活动，工作安排等。这类通知要写清通知的事项、如何办理及有什么具体要求等。

例文2-10 事务性通知

国务院办公厅关于2011年部分节假日安排的通知

国办发明电〔2010〕40号

各省、自治区、直辖市人民政府，国务院各部委、各直属机构：

根据国务院《关于修改〈全国年节及纪念日放假办法〉的决定》，为便于各地区、各部门及早合理安排节假日旅游、交通运输、生产经营等有关工作，经国务院批准，现将2011年元旦、春节、清明节、劳动节、端午节、中秋节和国庆节放假调休日期的具体安排通知如下。

一、元旦：1月1日至3日放假公休，共3天。

二、春节：2月2日（农历除夕）至8日放假调休，共7天。1月30日（星期日）、2月12日（星期六）上班。

三、清明节：4月3日至5日放假调休，共3天。4月2日（星期六）上班。

四、劳动节：4月30日至5月2日放假公休，共3天。

五、端午节：6月4日至6日放假公休，共3天。

六、中秋节：9月10日至12日放假公休，共3天。

七、国庆节：10月1日至7日放假调休，共7天。10月8日（星期六）、10月9日（星期日）上班。

节假日期间，各地区、各部门要妥善安排好值班和安全、保卫等工作，遇有重大突发事件发生，要按规定及时报告并妥善处置，确保人民群众祥和平安度过节日假期。

国务院办公厅
2010年12月9日

2.4.2 通知的结构

通知一般由标题、主送机关、正文、落款和日期组成。

1. 标题

按照通知的不同性质，其标题常有三种写法。

（1）完全式（即由发文机关＋事由＋文种组成）

1）普通型标题，如"国务院关于发布《国家行政机关公文处理办法》的通知"（国发〔2000〕23号）。

2）印发、转发、批转类通知标题。需要注意此类标题是由发文机关名称加"印发"（"批转""转发"）二字、被印发（转发、批转）公文的标题和文种组成。

在实际运用过程中，也常把"印发、转发、批转"放到事由的"关于"后面，如"国务院办公厅关于印发全国打击传销专项行动方案的通知"（国办发〔2006〕60号）。

（2）省略式（即由事由＋文种或单独写文种）

1）事由＋文种，如"关于召开全国物业管理工作会议的通知"。

2）文种。有时，通知的事项比较简单，不作为正式公文发布或只在范围较小的机关、企事业单位内部的通知，可以只写"通知"文种，但在落款时要写明发文机关。如果通知的事项紧急，可在通知前加上"紧急"等文字，成为"紧急通知""特别通知""最后通知"等。

转发、批转性通知的标题往往较长，拟订时要酌情处理，力求精练，如遇到两个"关于""通知"时，要尽量省去一个，如"×××省人民政府关于转发国务院办公厅《关于做好×××工作的通知》的通知"，可以省去一个"关于"和一个"通知"，变为"×××省人民政府关于转发国务院办公厅做好×××工作的通知"或"×××省人民政府转发国务院办公厅关于做好×××工作的通知"。

2. 主送机关

在标题之下，正文之前顶格写受文机关。

3. 正文

正文是通知的核心内容部分，具体的写法应该根据通知的实际情况而定，但一般结构包括如下三个方面。

（1）通知的缘由　即通知制发的理由、根据（依据）、目的、原因等，有时，还应写出通知制发背景或意义。

通知的缘由常见的句式有："根据……精神（指示）""经……批准（同意）""经……研究决定""为了……"等。由通知的缘由到通知的事项部分，常用过渡句："现通知如下""特作如下通知"等。如果篇幅短，文字少，也可不用过渡句，直接写通知事项。

（2）通知事项　这是正文的重要部分。内容少又简单的，可只用一段或一两句话；内容多而且复杂的事项，可分条列项地写出。但无论内容多少，都应紧扣缘由，具体、明确，切实可行，让人容易理解，便于执行。

（3）执行要求　多写在结尾处，写法也很灵活。有的将执行要求与通知事项合为一段；有的另起一行，单独写一段；也有的把执行要求作为具体事项的最后一项单独写明。

有的通知用"特此通知""专此通知""望周知"等习惯用语结尾。如前面的通知缘由已经用了"特作如下通知"，结尾时的习惯用语也可省略。

4. 落款

发文机关署在正文末尾右下方，若标题中已标明发文机关了，落款时也可省略。

5. 日期

通知必须有日期，写在落款下面。

2.4.3　通告的概念、特点

通告作为行政机关经常使用的一种公开发布的周知性公文，在日常工作和生活中也能经常见到。

1. 通告的概念

通告是用来公布社会各有关方面应当遵守或者周知的事项的公文。

通告主要有两种类型。一种是政务性通告，是行政机关在自己的权限范围内对有关单位或人员发布的应当遵守的事项的通告，如某市公安局发布的"站前广场通告"。另一种是周知性通告，如"施工通告""拆迁通告"等。

2. 通告的特点

通告的特点主要表现在如下几个方面：

（1）使用广泛　一是作者广泛，如国家机关、企事业单位、社会团体；不受级别限制，只要是在自己的权限内均可；二是内容广泛，既可涉及国家大事，也可以是社会生活中的具体事务。

（2）内容的专业性和法定的约束性　政务性通告通常是就某一方面的问题，要求某一范围内的有关单位和人员严格遵守，带有明显的专业性和约束力。

2.4.4　通告的结构及写作要求

1. 通告的结构

通告的结构包括标题、正文、落款、日期。

（1）标题　通告标题有四种形式。

1）发文机关＋事由＋文种，如"佳木斯市公安局关于加强民用爆炸品、枪支弹药、管制刀具及烟花爆竹安全管理的通告"。

2）发文机关＋文种，如"上海市公安局通告"。

3）事由＋文种，如"关于维护市场秩序的通告"。

4）文种，如"通告"。

（2）正文　包括通告缘由、事项和结语三部分。

1）通告的缘由。通告的缘由即通告的原因、目的或依据，要写得简洁明了，然后用"特此通告如下"或"现通告如下"转入通告的具体事项。

2）通告的事项，即通告的主体、核心内容。要写清楚具体的事项。如内容多，可分条列项；内容少，可只写一段。但要注意写得合乎有关法律、法规和规章，在自己的权限范围之内，且内容具有可行性。

3）结语。多用"特此通告"结束全文。也有的写明具体的执行要求、执行范围或时间后结束，如"本通告自公布之日起施行""请有关市人民政府负责落实"等。也有的通告事项写完就结束，没有结语。

（3）落款　即发文机关。

（4）日期　即成文日期。

例文 2-11　通告

辽宁省人民政府关于严禁非法制售和使用"瘦肉精"等有害物质的通告

辽政发〔2011〕13 号

各市人民政府，省政府各厅委、各直属机构：

为严厉打击非法制售、使用"瘦肉精"等有害物质违法犯罪行为，保障我省畜产品安全和市场稳定，维护广大人民群众身体健康，依据国家有关法律法规，现就有关事项通告如下：

一、严禁任何单位和个人非法生产、销售或以其他方式提供"瘦肉精"等有害物质。如有违反，依照《中华人民共和国刑法》第二百二十五条规定，对当事人移送公安机关，以非法经营罪追究刑事责任。

二、严禁养殖业者在养殖过程中使用"瘦肉精"等有害物质。如有违反，依据《兽药管理条例》（国务院第 404 号令）、《最高人民法院、最高人民检察院关于办理非法生产、销售、使用禁止在饲料和动物饮用水中使用的药品等刑事案件具体应用法律若干问题的解释》（法释〔2002〕26 号）等有关规定，对当事人处以 1 万元以上 5 万元以下罚款，对经检验含有"瘦肉精"的动物及同群动物由畜牧兽医主管部门组织销毁，对畜主移送公安机关立案查处，追究刑事责任，养殖场 3 年内不得享受政府有关扶持政策。

三、可根据工作需要，依照有关规定对生猪收购贩运企业（合作社、经纪人）设立资质许可。

四、畜禽屠宰厂（点）须对屠宰的生猪、肉牛、肉羊或其产品进行"瘦肉精"检验，检验不合格的，在畜牧兽医主管部门监督下，由屠宰厂（点）负责销毁。如有违反，依照《辽宁省畜禽屠宰管理条例》，处 2 万元以上 5 万元以下的罚款，责令限期改正；逾期不改正的，责令停业整顿，对其负责人处 5000 元以上 1 万元以下的罚款。

五、未经畜禽屠宰厂（点）进行"瘦肉精"检验或检验不合格的，动物检疫人员不得出具屠宰检疫证明。

六、畜禽产品经营者须凭肉品品质检验合格证、动物产品检疫合格证销售畜禽产品，不得经营未取得检验合格证和检疫合格证的畜禽产品。如有违反，依照《辽宁省畜禽屠宰管理条例》，没收销售的畜禽产品及违法所得，并处以货值金额 3 倍以上 5 倍以下的罚款。

七、各级监管部门在屠宰厂（点）监督抽检中检出"瘦肉精"等有害物质的，依照《兽药管理条例》和《辽宁省畜禽屠宰管理条例》，由畜牧兽医主管部门负责对动物及动物产品实施销毁，并对屠宰厂（点）处 3 万元以上 10 万元以下的罚款；情节严重的，企业停产整顿，直至取消屠宰资格，并依照《中华人民共和国刑法》第一百四十四条规定，以生产、销售有毒、有害食品罪追究屠宰厂（点）负责人的刑事责任。

八、对于违反本通告的其他违法行为，按照法释〔2002〕26 号及有关法律法规处理。

九、请社会各界对非法制售和使用"瘦肉精"等有害物质的违法犯罪行为进行监督，如有发现，要向当地公安、工商、服务业和畜牧兽医等部门进行举报，一经查实，将依照有关规定予以奖励。

省畜牧局举报电话：024-23261855、23447237。

本通告自发布之日起施行。

2011 年 3 月 28 日

2. 通告的写作要求

1）通告的写作内容上，要符合党和国家的政策、法律和规章，通告的内容不能与宪法以及现行的有关法律规定相抵触，要使每一项条款都体现出党和国家以及人民的利益。

2）要正确选用文种，语言庄重、准确、通俗易懂，便于理解和遵守。

2.4.5 通告与通知的使用比较

1. 相同点

1）现实生活中，常常有通告与通知使用混淆的现象，主要因为二者都是下行文，都是在一定范围内发布一些应知的事项，都有知照性特点。

2）二者使用范围都较广泛，任何党政机关、社会团体、企事业单位都可以发布通告与通知，而且二者内容也都非常广泛，发布的事项都可大可具体。

2. 不同点

通告与通知的不同点也很明显。

（1）受文对象范围不同　通告是面向社会公布的，具有不确定性，因而常不写主送机关；而通知的受文对象一般是某一或某些机关单位或某一特定的人群，具有确指性，一般要写明主送机关。

（2）使用范围不同　通告只用来公布社会各有关方面应当遵守或周知的事项；而通知使用的范围较大，如转发上级机关、同级机关和不相隶属机关的公文，要求下级机关办理和需要周知或共同执行的事项，任免或聘用干部等，都可使用通知。

（3）要求程度不同　通告一般只是公布应当遵守的或周知的事项，不要求具体办理；通知则都要求必须遵守执行或限期办理等。

2.5　公告

对外公布重要或法定事项时，一般使用公告。

2.5.1　公告的概念、使用范围

1. 公告的概念

公告是用来向国内外宣布重要事项或者法定事项的公文。

2. 公告使用范围

公告主要用于级别较高的国家行政机关宣布有关的重大事项与重大事件。例如，宣布国家领导人的选举结果；公布国家领导人出访或外国领导人来访；公布国家重要统计数据，发射火箭、卫星消息；宣布涉外经济合作的重要决策等。公告也用于各级人民代表大会及其常务委员会宣布重大事项和重大决定，如全国人大及其常务委员会以公告形式颁布法律、法令，各省、自治区、直辖市人大及其常务委员会用公告发布地方法规、选举结果等。公告还可以由法定的有关职能部门来制发，不够级别的单位需要得到授权才能发布。

2.5.2　公告的特点、种类

1. 公告的特点

公告的突出特点有三个：

（1）发布内容的重要性　公告只适用于宣布非常重大的事件和事项，如涉及政治、经济、军事及国家领导人的行动等重大事项或法定事项，一般事项不用公告。

（2）发布范围的广泛性　一般公文只向国内一定范围发布，公告则不仅面向国内，还可面向全世界发布。向全世界发布的公告经常授权给新华通讯社。因而公告的影响也十分广泛。

（3）发文机关资格的有限性　不是任何机关、企事业单位或团体都能随便发布公告，必须是较高级别的国家机关或权力机关，如全国人大及其常委会、国务院；各省、自治区、直辖市人民政府；一定法定机关，如最高人民法院、检察院、公安部；一些特殊部

门，如航空、运输、海关、金融、财政、邮政、审计、工商、税务等管理机构。

2. 公告的种类

依据公告的作用可分为以下几类：

（1）公布性公告　它用来公布有关的法律、法规，如经中华人民共和国全国人民代表大会公告的《〈中华人民共和国宪法〉修正案》。

（2）告知消息公告　它用来宣布重大国事活动，包括国家领导人及各级人民政府领导人的选举结果或任免、逝世情况，国家领导人重要外交访问事项，也可用来公布重大科技成果等。

（3）重要事项公告　如《中国银行公告》等。

2.5.3　公告的结构及注意事项

公告由标题、正文、署名、日期组成。

1. 公告的写作

（1）标题　公告标题有四种形式：

1）发文机关+事由+文种，如"中国人民银行关于国家货币出入境限额的公告"。

2）事由+文种，如"关于侨资、外资银行清偿在华未了负债的公告"。

3）发文机关+文种，如"中华人民共和国全国人民代表大会公告"。

4）只写文种，如"公告"。

（2）正文　正文主要包括公告缘由、公告事项和结语三部分。

1）公告缘由。扼要写明发文的原因、目的和依据。也有的公告省略这部分，直接写公告事项，所谓篇段合一。

2）公告事项。或直陈重大事项，或宣布人事任免，或公布政策，或指明应当遵守和办理的事项。注意写清时间、地点或将要发生或要进行的是什么重大事项。在这一部分里，公告的事项多，可以分条列项；内容少就用一段表述。

3）结语。公告结语通常用"特此公告""现予以公告"等习惯用语作结，也可不用习惯用语而自然作结。

（3）署名　也称落款，在正文之下写发文机关名称。

（4）日期　署名下写发文日期。

2. 公告写作注意事项

1）要正确选用文种　公告是向国内外宣布重要事项和法定事项的具有法定性的告知公文，为了维护公告的权威性和严肃性，一般机关和一般事项是不能用公告的，而应使用通告、启示等，以免小题大做。要注意不能滥用文种。如果某些不该使用公告的机关想要发布公告，应得到国家特定机关的授权并在公告中注明已被授权。

2）行文要庄重严肃、文字简练。

例文 2-12　公布性公告

浙江省人民代表大会常务委员会公告
第 63 号

《浙江省人民代表大会常务委员会关于修改〈浙江省县、乡两级人民代表大会代表选举实施细则〉的决定》已于 2010 年 12 月 16 日经浙江省第十一届人民代表大会常务委员会第二十二次会议通过,现予公布,自公布之日起施行。

浙江省人民代表大会常务委员会
2010 年 12 月 16 日

例文 2-13　告知消息公告

中华人民共和国全国人民代表大会公告
第一号

中华人民共和国宪法修正案已由中华人民共和国第十三届全国人民代表大会第一次会议于 2018 年 3 月 11 日通过,现予公布施行。

中华人民共和国第十三届全国人民代表大会第一次会议主席团
2018 年 3 月 11 日于北京

例文 2-14　重要事项公告

中国人民银行　财政部公告
〔2011〕第 6 号

为进一步完善市场价格发现机制,推动债券市场健康发展,根据《中华人民共和国中国人民银行法》《全国银行间债券市场做市商管理规定》(中国人民银行公告〔2007〕第 1 号公布)等有关法律法规,现就新发关键期限国债做市有关事宜公告如下:

一、本公告所称新发关键期限国债是指新近发行的记账式附息国债中的关键期限国债,不包括记账式附息国债中的非关键期限国债和记账式贴现国债。

二、全国银行间债券市场做市商(以下简称做市商)应当对 1 年、3 年、5 年、7 年和 10 年 5 个关键期限中至少 4 个关键期限的新发国债进行做市,并且在每个关键期限最近新发的 4 只国债中至少选择 1 只进行做市。

三、新发关键期限国债做市券种单笔最小报价数量为面值 1000 万元人民币。

四、做市商确定新发关键期限国债券种之后,当日不能变更,并且应当对所选定的做市券种进行连续双边报价,双边报价累计时间不能少于 4 小时,并且在开盘后 30 分钟内报价。

五、做市商应当根据本公告和《全国银行间债券市场做市商管理规定》,积极开展做市业务,履行相关义务。

六、中国人民银行、财政部将为做市商对新发关键期限国债做市提供相关支持措施。

七、全国银行间同业拆借中心应当进一步完善交易系统,为做市商对新发关键期限国限做市提供便利。

八、中国人民银行将进一步推动做市商评价指标体系的完善,并根据考评情况对做市商进行调整。

九、本公告自 2011 年 6 月 1 日起施行。

中国人民银行　财政部
2011 年 4 月 15 日

2.5.4 公告与通告的使用比较

公告与通告都属于周知性公文，都有广泛性和公布性特点，但二者的区别也是很明显的。

1. 重要程度不同

公告公布的都是特别重要的事项或者法定事项；通告主要用于发布应当遵守的或应当周知的事项。

2. 发布范围不同

公告是告知国内外的公文，发布范围大；通告只是面向国内或某一特定区域，发布范围相对较小。

3. 发文机关级别不同

公告的发文机关级别高，通常为党和国家的高级机关及国家级特殊部门，如中国人民银行等；通告的发文机关往往不受级别限制，上至党和国家的高级机关，下到基层机关、企事业单位、社会团体都可发文。

2.6 通报

通报是一种运用范围很广的告知性公文，各级党政机关和单位都可以使用。

2.6.1 通报的概念与特点

1. 通报的概念

通报是表彰先进、批评错误、传达重要精神或者情况时所使用的一种公文。

2. 通报的特点

通报多作为一种下行文，有时也作为平行文，其主要特点表现如下：

（1）**典型性** 通报是用来传达工作中的重要情况、表彰先进、批评错误的，其目的就是让人们掌握重要情况，总结经验、教训的。所以，通报的内容不仅应该是真实的，而且应该是重要的、具有普遍意义的，是工作中的典型事件和典型人物。发布通报就是用典型事例教育大多数群众，指导各方面的工作。

（2）**倾向性** 通报绝不是单纯地叙述事实，还要在叙述结束后表明发文机关的态度。而且，在通报的标题中，有时就能让人感到发文机关的鲜明态度，如"×××机关关于表彰×××单位或×××的通报"。所以，表彰通报，要表扬激励先进，号召学习先进；批评通报，要严肃批评错误，告诫人们吸取教训，引以为戒。情况通报，也要表明发文机关的态度，如提请受文者注意、周知或告知人们应对重要情况的办法等。

（3）**时效性** 通报制发得及时，能够使重要的情况被人们及时了解和掌握，以便及时采取应对措施；能使先进单位和个人的事迹被人们迅速了解，好的经验得以传播，好的精神得以发扬，使被表彰的单位和个人及时得到鼓励，增添新的工作热情和干劲；适时地批评错误，能使错误得到及时纠正，被批评者或单位能有所觉醒，及时改正，使其他单位和个人能引以为戒，避免犯同样的错误。这些都要求通报制发得及时，讲究时效性，否则，也就失去了通报制发的意义。

2.6.2 通报的作用与种类

1. 通报的作用

通报的作用主要有以下两点：

（1）教育作用　通报的这一作用主要体现在表彰性通报和批评性通报上。表彰通报可使正气得到弘扬，先进的单位和个人得到褒奖，先进经验得以传播，从而促进社会的和谐发展，各项工作有效地开展。批评通报可使错误的做法得到纠正，邪恶的个人得到惩处，歪风邪气得到打击，其他人得到警醒，引以为戒。

（2）沟通情况、传播信息作用　重要情况的及时通报，可使有关单位或人民群众迅速掌握真实而重要的情况和信息，及时采取有效措施，搞好生产、学习和生活等。

2. 通报的种类

通报的种类按内容和性质可以分为三种。

（1）表彰性通报　主要用于表彰在工作、学习或其他活动中做出显著成绩的先进团体或先进个人，目的是通过表彰先进，树立典型，推广先进经验，弘扬正义正气，带动其他群众和单位学习先进，促进社会和谐进步、工作顺利开展，如《关于表彰2006年先进生产者的通报》。

（2）批评性通报　主要用于批评下属单位或个人在工作、生活、学习或其他活动中所犯的重大错误、重大过失，目的是通过批评错误，处理事故，处分责任者，使犯错误的人得到惩处，错误得到纠正，也使其他人从中吸取教训，如《关于对×××事故责任者的通报》。

（3）情况通报　主要用于重大情况或重要精神的传达，目的是让有关单位和广大人民群众了解情况，从容应对，避免工作的被动性和盲目性，减少不必要的恐慌，保证人民的生活和工作有序进行，如《关于最新禽流感情况的通报》。

2.6.3 通报的结构

通报主要由标题、主送机关、正文、落款和日期构成。

1. 标题

通报的标题有如下四种：

1）发文机关＋事由＋文种，如"×××县人民政府关于表彰2006年度见义勇为先进个人的通报"。

2）事由＋文种，如"关于对×××矿难事故调查的情况通报"。

3）发文机关＋文种，如"×××大学通报"。

4）文种，只写"通报"。

2. 主送机关

普发性通报或在本单位内部公开张贴的通报，可不写主送机关，但作为内部文件指定下发单位的通报，要写受文机关。

3. 正文

正文是通报的主体部分。因通报的种类不同，正文写法也略有不同。

（1）表彰性通报　一般分为通报事实、分析评价、决定号召三个部分。通常有两种顺序：

1）按通报事实、分析评价、决定号召顺序。

开头部分：介绍先进事迹概况，采用记叙的表达方式，概括叙述事件的经过，要写明时间、地点、人物、事情的主要经过及事情的结果。注意详略得当，突出重点。

中间部分：对表彰的人或事进行分析评价，指出其典型意义或概括其主要经验。这一部分文字要简洁，意在点明通报的意义。

结尾部分：表彰决定。如授予的荣誉称号、给予的物质奖励等，并提出希望或要求，号召人们向先进学习或给出一些具体的学习措施要求等。

这一顺序多用于表彰好人好事的通报，如"×××市人民政府关于授予×××见义勇为先进个人荣誉称号的通报"。

2）按通报事实、决定、分析评价、号召顺序。

开头部分：介绍先进事迹概况。有时受表彰的是一批先进单位或先进个人，不可能将其先进事迹一一写出来；有时是在评选活动结束后，用来公布评选结果，号召所属单位或全体职工向他们学习，可采用此顺序，在开头部分高度概括先进集体或先进个人的共同点，以及取得的成绩、成果。

中间部分：表彰决定，写明发文机关的态度和对先进的表彰决定。要写得具体、准确、言简意赅。

结尾部分：希望与号召或要求。

这一顺序多用于典型经验通报、评选结果通报等，如"×××市人民政府关于表彰2006年度市级国家行政机关政绩突出单位的通报"（×政发〔2007〕1号）。

（2）批评性通报　一般分为通报事实、分析评论、处理意见和要求三个部分，但写作的顺序常常有所不同。

开头部分：写明错误事实或事故发生的经过。写事故的经过，要写明时间、地点、人物、经过和造成的后果、带来的损失等。

中间部分：对错误事实或事故进行分析评议，要指出其错误的性质、原因、危害及其影响。

结尾部分：通报决定。写明对通报批评对象的处理决定，指出防止此类错误和事故再次发生的措施和要求，引以为戒。

批评性通报的正文写作顺序还有以下几种：

通报事实＋处理决定＋分析评价＋要求措施；

处理依据＋通报事实＋处理决定＋要求；

处理决定＋通报事实＋分析评价＋要求。

（3）情况通报　一般分为情况介绍或重要精神传达、情况分析、提出指导性意见三部分。（情况通报中，也有只用于单位沟通信息、传达情况、让受文者周知的通报，这里就不做介绍了。）

开头部分：情况介绍，有时需要介绍一下情况发生的背景，以及这些情况的来源，如灾情、汛情通报等。

中间部分：对情况的分析评价，必要时可分条列项说明。

结尾部分：针对通报情况，提出应对措施或今后的工作打算、要求，以及受文单位和有关人员应注意的事项。

4. 落款和日期

发文机关名称和日期一般标在正文之后右下方。标题中有发文机关的，落款中可省略，日期写在发文机关下面。

例文 2-15　表彰性通报

石家庄市人民政府办公厅
关于表彰 2010 年度安全生产先进单位和先进个人的通报

石政办函〔2011〕12 号

各县(市)、区人民政府，市政府各部门，各有关单位：

2010 年，在市委、市政府的正确领导下，全市各级、各部门和各单位，认真贯彻落实市委、市政府的工作部署，坚持"安全第一，预防为主，综合治理"的方针，以对国家和人民高度负责的精神，从查处安全隐患、建立长效机制和实现本质安全入手，强化政府监管和企业主体"两个责任"，深化安全生产专项整治，大力开展安全生产宣传教育、安全生产执法等活动，深入开展安全生产隐患排查整治，强化基层基础工作。同时，以贯彻落实国务院《关于进一步加强企业安全生产工作的通知》和省委、省政府办公厅《关于进一步加强企业安全生产工作的意见》精神为契机，认真组织开展深化"安全生产年"活动和生产经营单位法人代表安全生产承诺试点工作，深入开展打击非法生产经营建设行为百日执法专项行动，加大了集中执法检查的力度，进一步遏制了各类生产安全事故的发生，在全市整体经济平稳较快增长的情形下，全年各类事故起数、死亡人数实现了双下降，较好地完成了省政府下达给我市的各项安全生产目标任务，继续保持了全市安全生产形势的总体平稳。为树立典型，表彰先进，市政府决定对 2010 年度安全生产监督管理先进单位、个人和安全生产工作先进单位、个人及安全生产执法监察先进单位、个人予以通报表彰，并按照有关规定兑现奖励。

希望受表彰的单位和个人，珍惜荣誉，谦虚谨慎，戒骄戒躁，再接再厉，努力创造出新的业绩。全市各级、各部门和各单位要以先进典型为榜样，坚持科学发展观，振奋精神，开拓进取，奋发向上，扎实工作，全面落实安全生产各项工作要求，为进一步促进我市安全生产形势的稳定好转，为全市经济又好又快发展和构建和谐省会作出新的更大的贡献。

附件：2010 年度安全生产监督管理先进单位、先进个人和安全生产工作先进单位、先进个人暨安全生产执法监察先进单位、先进个人名单。

2011 年 2 月 23 日

例文 2-16　批评性通报

国务院安委会办公室关于
××市"4·25"重大火灾事故情况的通报

安委办明电〔2011〕19 号

各省、自治区、直辖市及新疆生产建设兵团安全生产委员会：

2011 年 4 月 25 日凌晨 1 时 10 分许，××市××区旧宫镇南小街一栋四层楼房发生火灾，死亡18人、受伤24人（其中重伤13人），30余人被安全疏散救出，过火面积约120余平方米。该起火建筑为村民自建房，其中一层至三层为砖混结构，四层为彩钢板搭建；全部用于出租，一层、二层用于服装加工和住宿，三层、四层用于住宿。

据初步调查，造成该起火灾的直接原因是停放在服装加工房内的电动三轮车充电时发生电线短路，引燃附近可燃物，引发火灾。该事故暴露出以下主要问题：一是非法违法生产经营建设行为突出。该建筑系村民自建，未经有关部门审批；住宿人员未按照有关规定办理外来人员居住审批手续；服装加工作坊未经工商注册，无照经营，并且拒不执行当地公安派出所下达的停业整改指令。二是消防安全隐患严重。该楼集服装加工和人员住宿为一体，属典型的"三合一"场所，住宿与生产区域未实行防火分隔，室外窗户均安装金属防盗网，室内只有1个楼梯通道，严重影响人员逃生和灭火救援。

依据有关规定，国务院安委会办公室已将此事故的查处列入国务院安委会挂牌督办事项，查处结果将及时向社会公布。为深刻吸取事故教训，进一步加强消防安全工作，严防类似事故再次发生，现提出如下要求：

一、深刻认识消防安全工作的长期性、艰巨性和复杂性，进一步增强做好消防安全工作的紧迫感和责任感。今年以来，全国已发生两起"三合一"场所重大火灾和多起较大火灾事故，这些场所普遍存在楼下生产经营、楼上住宿、住宿与生产区域未实行防火分隔，共用疏散出口、室外窗户安装金属防盗网、消防设施不完善等严重违法违规问题，暴露出一些地区履行消防工作职责不到位、对非法违法生产经营建设打击不力，一些生产经营单位消防安全基础薄弱、消防安全意识不强、消防安全违法违规行为突出、消防安全隐患大量存在等突出问题。对此，各地区要高度重视，进一步增强做好消防工作的紧迫感和责任感，认真贯彻落实《国务院关于进一步加强企业安全生产工作的通知》（国发〔2010〕23号）、《国务院办公厅关于进一步做好消防工作坚决遏制重特大火灾事故的通知》（国办发明电〔2010〕35号）和《国务院办公厅关于继续深化"安全生产年"活动的通知》（国办发〔2011〕11号）要求，强化管理措施，督促社会单位严格执行消防安全法律法规，提高消防安全管理水平，坚决遏制重特大火灾事故发生。

二、深入开展消防安全专项整治，狠抓消防安全隐患排查治理。各地区要按照国办发〔2011〕11号文件要求，迅速组织相关部门开展消防安全专项整治，加强对人员密集场所、高层和地下建筑、出租屋，特别是城中村、小场所、小单位等重点场所和薄弱环节的检查，一旦发现非法违法行为，要坚决按照"四个一律"严厉查处，彻底铲除"三合一"及"多合一"场所，确保隐患整改措施、责任、资金、时间和预案"五落实"，提高防控火灾事故的能力。

三、进一步加强培训教育，提高从业人员和社会公众消防安全素质和自救互救能力。各地区、各有关部门要结合社会消防安全"防火墙"建设，督促生产经营单位特别是消防安全基础相对薄弱的小单位、小场所，加强对从业人员的消防安全教育培训和灭火疏散应急预案演练，提高从业人员消防安全"四个能力"。要充分利用广播、电视、报纸、互联网等媒体，广泛宣传火灾预防、初起火灾扑救以及逃生自救知识，最大限度提高公民消防安全意识和能力。

四、严格事故调查，认真执行事故查处挂牌督办制度。各有关地区要认真组织火灾事故的调查处理工作，落实事故挂牌督办制度的各项要求。要按照"四不放过"和"依法依规、实事求是、注重实效"的原则,认真查清事故原因,严肃追究事故责任,总结吸取事故教训,举一反三,提出整改和预防事故的措施并监督落实,防止类似事故再次发生。

国务院安全生产委员会办公室
2011年4月30日

例文2-17　情况通报

关于全省医疗质量安全综合检查情况的通报

×卫医管字〔2011〕8号

各设区市卫生局、省直医疗机构:

　　为推动公立医院改革重点任务的落实,针对当前我省医院存在的医疗安全隐患和薄弱环节,2010年10月18日至11月25日,我厅在全省组织开展了医疗质量安全综合检查,现将有关情况通报如下。

　　一、医疗质量安全综合检查情况

　　本次检查采取循环检查的方式进行,通过听取抽检医院的工作汇报、现场检查、查阅资料等方式,重点检查公立医院改革4项任务、产科危重症审评制度贯彻落实情况以及医院等级评审反馈意见的整改落实情况,同步检查"围手术期质量与安全"、医疗机构"平安一号"行动(医院感染管理专项检查),共8项内容,抽检医院61家,其中省直医院12家、设区市三级医院21家、市(县、区)二级医院28家。

　　检查情况表明,绝大多数抽检医院重视医疗质量与医疗安全管理工作,认真贯彻落实卫生部《医疗器械临床使用安全管理规范》《关于改进公立医院服务管理方便群众看病就医的若干意见》《医院处方点评管理规范》《临床路径管理指导原则》,医疗器械临床使用安全管理较为规范,各项便民惠民措施逐步落实到位,处方点评工作全面开展,临床路径管理试点稳步推进,围手术期质量与安全明显提高,医院感染管理进一步加强,医院等级评审反馈意见整改基本落实,医疗服务质量持续改进。

　　各抽检医院医疗质量安全综合检查结果排名详见附件。

　　二、存在的主要问题

　　一是部分公立医院趋利倾向明显,医疗费用上涨过快。本次检查重点是合理用药以及骨科、心脏介入等高值医用耗材使用量较大的科室,一些医生过度依赖新技术、新药物,不同程度地存在过度医疗、过度检查、开大处方等现象。

　　二是少数医院管理制度落实不力,存在医疗安全隐患。如有的医院没有建立生命支持设备应急管理制度和应急备用方案,疑难危重、死亡病例等有关重要讨论不够及时认真,不能触及问题实质,术前讨论形同"表决",高危病区医院感染管理混乱等。

　　三是"以病人为中心"的理念认识不够深刻,群众可以感知的服务质量不高。一些医院病人管理模式落后,预约诊疗比例低甚至尚未开展预约诊疗服务。产科危重症审评制度贯彻落实不力,没有取得实质性进展。

　　四是一些医院第二周期医院评审后思想松懈,整改不力,工作出现滑坡。为严肃医院评审纪律,巩固评审工作成效,建立动态监管机制,经研究,决定给予1家医院黄牌警告、1家医院全省通报批评(已另文处理)。

三、下一步工作要求

（一）高度重视医疗质量安全工作。医疗质量安全，责任重于泰山。各级卫生行政部门和医疗机构要以对人民群众生命安全和身体健康高度负责的精神，结合当前开展的公立医院改革、新一轮卫生服务能力建设工程、大型医院巡查和"医疗质量万里行"等活动，全面落实医院各项工作制度和诊疗技术规范，切实加强医疗质量管理，努力提高医疗服务水平，为群众提供安全、有效、方便、价廉的服务，有效缓解群众看病难、看病贵问题。

（二）认真做好后期整改工作。各级各类医疗机构要对照本通报指出的问题，结合自身实际，本着找出问题、找出症结的原则，对照检查，全面梳理，举一反三，提出整改意见，逐一落实整改措施。我厅将适时开展医疗质量安全综合检查"回头看"行动，确保工作成效。

（三）建立医疗服务监管长效机制。各级卫生行政部门要以本次医疗质量安全综合检查为起点，按照"谁发证，谁监管"的原则，建立健全医疗服务监管档案，做到"一院一档"，并将第二周期内医疗服务日常监管情况列入下一周期医院评审结果。

附件：医疗质量安全综合检查结果排名

×× 省卫生厅
2011 年 1 月 20 日

2.6.4 通报的写作要求

（1）行文要及时准确　通报的时效性要求通报的制发必须及时，否则，不但通报失去作用，而且会贻误工作，造成不必要的损失。

（2）通报的人和事要典型　只有典型的人和事才具有普遍的指导教育作用。所以，要选配那些具有先进性和代表性，能反映事物的本质特征和时代意义的人和事进行通报。

（3）分析要深刻，评价要恰当　无论是表彰通报、批评通报还是情况通报，都应对所通报的任何事情做出一定的分析评论，以帮助人们提高认识，认真总结经验教训，掌握事物发展规律。对通报的人和事的评价要恰当中肯，既不要评价过头，任意拔高，也不能全盘否定，无限上纲上线，要把握好分寸。

（4）通报的情况一定要真实　要保证材料的真实可靠，防止通报失实现象发生，以免产生不良影响。

2.7　报告和请示

报告和请示都是上行公文，行文中都要注意陈词恳切、语气谦恭，二者有近似的一面，但又因用途不同存在明显的区别。

2.7.1　报告的概念、特点和种类

1. 报告的概念

报告是下级机关向上级机关汇报工作、反映情况、答复上级机关询问时所使用的一种公文。

2. 报告的特点

报告是机关、企事业单位和社会团体在日常工作中经常使用的一种文体，它的主要特点体现在如下两方面：

（1）汇报性　报告无论是为了汇报工作、反映情况，还是答复上级机关的询问，都是为了下情上传。即使是面向公众的报告，也是为了让公众了解情况，掌握必要的信息。所以，报告必须把掌握的有关情况如实地反映出来、汇报上去，使上级领导及时掌握真实情况，以便做出正确决策，使普通受文者了解必要的信息，行使知情权。

（2）陈述性　因为是要汇报工作、反映情况、答复询问，所以要使用叙述的方式。如果运用议论，也多是限于夹叙夹议的方式。要把事情的来龙去脉、时间、地点、人物、原因、经过、结果等交代清楚，但不是事事都详细地一一陈述。报告在采用陈述方式的同时，有时还要辅以说明的方式，但也都是概括说明。作为一种陈述性公文，报告以具体的事实、情况和确凿的证据为汇报的主要内容。

3. 报告的种类及注意事项

根据不同的标准和划分方法，报告有很多不同种类。

1）从内容上分，有工作报告、情况报告、会议报告、检查报告、问题报告等。工作报告主要用于汇报工作或反映工作进展情况，反映工作中取得的成绩及成绩取得的原因，包括做法和体会。情况报告重在反映情况，上级决策、部署的执行情况，以及本机关工作中出现的新问题、新情况，以使上级及时掌握情况、及时处理情况。会议报告是就某些重要的或特殊情况下召开的会议情况向上级汇报，如该次会议所要研究解决的问题、达成的共识、制定的措施、取得的会议成果等。检查报告是就某一专项工作检查后做出的报告。问题报告则是针对某一工作中出现的失误，以及上级责成调查了解的问题所做的汇报。因为内容不同，汇报时各有侧重。

2）从时间上分，有年度报告、季度报告、月份报告和工作进展报告等。定期进行情况报告，可使上级机关掌握工作的进展情况和出现的问题，从而以此为依据，做好决策指导工作。

3）从范围上分，有综合报告和专题报告。综合报告用来全方位地汇报一个地区、一个单位在一段时间内全面工作的进展或完成情况。这种报告内容丰富，篇幅较长。专题报告是用来集中反映某一项工作或某一个问题的完成与处理情况的。专题报告内容单一，专项性强，是典型的一文一事，在机关工作中使用频率较高，多用于上级机关部署某项工作或某一事件出现之后。

4）从用途上分，有随文报告和情况报告。随文报告是指报送文件、物件时的随件附文。情况报告是向上级机关汇报工作、反映问题时所使用的一种报告，侧重于反映情况、沟通信息。

5）从行文意图上分，有呈报性报告和呈转性报告。呈报性报告，目的只是汇报情况给上级，不需要批转。呈转性报告，除向上级机关汇报工作外，还请求上级机关批转此报告，以指导某一方面工作的开展。

2.7.2　报告的结构

报告包括标题、主送机关、正文和落款四部分。

1. 标题

常见的报告标题有两种形式：

1）发文机关+事由+文种，如"××市人民政府关于加强×××建设的报告"。

2）事由+文种，如"关于调整离退休人员待遇标准的报告"。

2. 主送机关

在标题之下、正文之前顶格写上受文单位全称。

3. 正文

各种报告的正文因性质和内容的差异在写法上有所不同，但主要都包括以下几个部分的内容。

开头部分：报告的缘由、目的、意义。这一部分要写得开门见山、简明扼要。然后一般写上常用惯用语，如"现将情况报告如下""现将有关情况汇报如下""现报告如下"等，以承接下文。惯用语后要用冒号。

中间部分：写明报告的主要情况，取得的成绩和获得的经验，存在的问题，应吸取的教训及今后的打算等。这一部分是报告的主体部分，要视具体情况和具体内容，有所侧重地汇报。通常以叙述为主，如实陈述，力戒空发议论。内容较多，可根据事情的发展脉络，认识问题由浅入深，以纵式结构安排材料；也可以按照情况、经验、教训或问题及今后的打算等几个方面，以并列的横式结构安排材料，分条列项地写，使层次更加分明。

下面介绍各类报告的正文写作要点。

（1）工作报告

1）基本情况。简要交代时间、背景和工作条件。

2）取得的成绩。要挑主要的写，把工作的过程、措施、结果和成绩叙述清楚。

3）经验或体会。主要对所做过的工作和取得的成绩的理性认识，从而概括出某些规律性的东西，以利今后在工作中继续发扬，同时也使别人用以借鉴，指导今后的工作。

4）存在的问题和今后应吸取的教训。要写明存在的问题和不足，以及问题的表现、产生的原因、根源；要指明问题发展下去的危害性和严重性，以及要吸取哪些教训，今后改进的措施、意见或建议等。

5）今后的打算。

（2）情况报告。通常报告如下几方面的情况：

严重的自然灾害、各种事故、疫情、灾情、敌情；突发的、重要的、特殊的、最新发生的涉及有关国家、社会、人民生命财产安全的情况；各种重大活动、会议情况报告，各级各类代表会议的选举报告；各项检查情况报告；对工作失误和问题的调查、反思、检讨及处理情况的报告。

写情况报告，要注意内容集中、突出重点，要抓住事物的本质、问题的关键，把情况和问题写清楚。提出的处理意见和建议要具体明确又可行。

（3）建议报告。建议报告的报告内容通常分为情况分析和意见措施两个部分。

1）情况分析部分要简明概要地介绍情况、分析问题，或说明提出建议、意见的目的、依据和原因，或肯定成绩、指出不足、总结经验教训等。然后用惯用语"特提出如下意见（或建议）""拟采取如下措施"等领起下文。

2）意见措施部分要在情况分析的基础上提出做好某项工作的意义、建议或措施。这一部分是全文的重点部分,往往采用分条列项的方法,要写得条理清楚、主次分明并切实可行、合情合理。

(4) 答复性报告 答复性报告正文写法比较简单,主要包括答复依据,即上级所提出的问题以及答复的事项。要注意表述的明确、具体,有问必答,体现针对性,以示负责。

结尾部分,一般为报告的结束语,通常用固定的呈请语,如"特此报告""专此报告""以上报告如有不妥请指示""以上意见如无不妥(或以上意见如可行),请批转有关单位执行"等,结束全文。

结束语一般另起一行,独占一行。

个别报告在事项完毕后不写结束语。

4. 落款

在正文之后右下方写上发文机关和成文日期。

例文 2-18 报告

2018 年政府工作报告
市长 ×××

各位代表:

现在,我代表市人民政府,向大会报告工作,请予审议,并请市政协委员提出意见。

一、2017 年工作回顾

过去的一年,在省委、省政府和市委的正确领导下,我们团结和带领全市人民,攻坚克难,开拓奋进,较好地完成市十六届人大一次会议确定的目标任务,保持了经济平稳健康发展、社会和谐稳定……

各位代表,成绩来之不易。这是市委统揽全局、正确领导的结果,是市人大、市政协有力监督、大力支持的结果,是各级各部门和全市人民团结拼搏、共同奋斗的结果。在此,我代表市人民政府,向全市人民,向各位代表、各位委员,向离退休老干部、民主党派、工商联、人民团体,向中省直单位、驻×部队和武警官兵以及所有关心支持本市发展的各界人士,致以崇高的敬意和衷心的感谢!

二、2018 年政府工作面临的形势和任务

2018 年,是贯彻党的十九大精神的开局之年,是改革开放 40 周年,是决胜全面建成小康社会、实施"十三五"规划承上启下的关键一年。深入贯彻落实党的十九大精神,切实把省委、省政府和市委的决策部署转化为生动实践,对政府工作提出了新的更高要求。更好更快推动新时代×××市振兴发展,需要我们进一步认清所面临的复杂形势和艰巨任务,坚定必胜信心,完成历史使命。

…………

三、2018 年工作安排

今年政府工作总的要求是:全面贯彻落实党的十九大精神,以习近平新时代中国特色社会主义思想为指导,全面深入持续贯彻落实习近平总书记对我省重要讲话精神,按照中央经济工作会议、省委十二届二次全会和市委十三届三次全会要求部署,坚持新发展理念,坚持稳中求进工作总基调,坚持高质量发展,紧扣我市发展实际,加快推动农业富民、工业强市、城市提档、开放兴市,努力在项目建设、深化改革、环境优化、生态建

设、民生改善等方面取得新成效，奋力谱写新时代我市振兴发展新篇章。

主要预期目标是：全年地区生产总值增长 6.5% 左右，固定资产投资增长 8% 左右，社会消费品零售总额增长 10% 左右，外贸进出口总额增长 10% 左右，单位 GDP 能耗下降 3.5% 左右，城乡居民人均可支配收入增长高于经济增速。

……

为实现上述目标，我们将重点做好以下工作：

（一）推进农业农村现代化，加快乡村振兴。把实施乡村振兴战略作为新时代"三农"工作的总抓手，坚持农业农村优先发展，推进农业大市向农业强市转变，争做新时代全国农业现代化建设排头兵，加快推动农业富民……

（二）加快转型升级，提升工业经济质量效益。坚持向存量要效益，向增量要发展，向创新要动力，向园区要集聚，全力做好"三篇大文章"，打好转方式调结构攻坚战……

（三）发展现代服务业，优化城市综合功能。围绕推进区域中心建设，聚焦重点，精准发力，提升现代服务业在城市经济中的主体地位，加快推动城市提档……

（四）扩大全方位对外开放，提高开放型经济水平。积极融入国家"一带一路""中蒙俄经济走廊"建设，在我省"打造一个窗口、建设四个区"中找准定位……

（五）深化基础性关键领域改革，激发内生发展动力。突出问题导向，坚持靶向原则，打好关键领域改革攻坚战，坚定不移推进改革向纵深发展……

（六）保护生态环境，依法治理环境污染。打好污染防治攻坚战，使我市天更蓝、水更清、山更绿、生态环境更优美……

（七）坚持标本兼治，持续优化发展环境。持之以恒、久久为功，打好整顿作风优化发展环境攻坚战，为经济发展提供优质的环境保障……

（八）全力保障和改善民生，不断增强群众获得感。坚持以人民为中心的发展思想，多办实事好事，多解难事忧事，使振兴发展成果更多、更公平惠及于民……

四、切实加强政府自身建设

以更加坚定的政治立场、更加进取的精神状态、更加务实的责任担当、更加执着的为民情怀，全面提升政府执行力、凝聚力和战斗力……

（一）强化"四个意识"，忠诚履职。深入学习贯彻落实党的十九大精神，坚决维护以习近平同志为核心的党中央权威和集中统一领导，始终在思想上、政治上、行动上同以习近平同志为核心的党中央保持高度一致……

（二）强化法治思维，依法行政。严格依照法定权限和程序履行职责，完善权责一致、执行顺畅、监督有力的行政管理体制……

（三）强化工作落实，务实高效。围绕适应高质量发展要求，加快提升能力素质，建设学习型、创新型、实干型的政府干部队伍……

（四）强化廉洁从政，风清气正。严格落实全面从严治党各项要求，以永远在路上的韧劲反"四风"、转作风，严厉整肃庸政懒政怠政行为……

各位代表，新时代要有新气象，更要有新作为。让我们更加紧密团结在以习近平同志为核心的党中央周围，以习近平新时代中国特色社会主义思想为指导，在市委的坚强领导下，凝心聚力，真抓实干，奋力谱写新时代振兴发展新篇章！

2.7.3 报告的写作要求

1. 报告的情况要真实、及时

报告的行文目的是让上级机关了解实际工作情况，因此必须实事求是。尤其是情况报告，更要准确、翔实和及时。这样，上级机关在掌握情况、做出决策和采取措施时才会准确无误。否则将会贻误战机，给工作和人民群众的利益带来不必要的损失。

2. 报告的重点要突出

报告时，要根据主题的要求安排材料。要分清主次，重点的、主要的，放在前面详写；非重点的、次要的放在后面略写；可写可不写的内容就不写。另外，写时要注意点和面的关系。典型的内容材料为"点"，综合性的、全局性的内容材料为"面"，写时要点和面结合起来，突出重点，使报告的中心明确、主题鲜明。

3. 报告中不能夹带请示事项

如需要请示，应另写一个请示。因为一般不对报告进行回复，如果夹带了请示事项不但不便处理，甚至会耽误工作。

4. 报告的语言文字要简练、准确

报告内容通常很多，表现方法多用概述，所以文字要简明、精练和准确，不能有过多的细节描写和详细叙述。

2.7.4 请示的概念、特点和种类

1. 请示的概念

请示是向上级机关请求指示、批准时所使用的公文。请示在机关（单位）行政管理工作中应用广泛，使用频率高。凡是下级机关（单位）无权决定、无力解决以及按照规定必须经上级机关决定或批准后才能办理的事项，都必须向上级机关请示。

2. 请示的特点

请示的特点比较鲜明，主要表现在如下两方面。

（1）单一性　请示的单一性特点又集中体现为两点：

1）内容上，必须一文一事。一文一事有利于突出重点，使问题得以尽快解决。

2）主送机关只能是一个。需要同时送其他机关的，应当用抄送形式，但不得抄送下级机关。其目的也是讲究效率，使问题得到尽快解决。

（2）请求性　从行文目的看，请示的事项常常是迫切需要解决，而本机关无权或无法解决的问题，需要上级机关予以指示、答复、批准或帮助，所以请示带有强烈而又鲜明的请求性特点。

3. 请示的种类及写作注意事项

请示的种类按内容性质可分为如下两种。

（1）求示性请示　这类请示是向上级机关要政策、要办法、要说法的请示。通常是在工作中遇到不好解决的难题、关键问题，或工作中出现了新的情况、新问题需要处理而又无章可循、无法可依，需要上级机关明确指示。这类请示的内容篇幅要依请示的事项而定。如果问题复杂，篇幅可长一点，一定要把问题说清楚，以使上级机关做出指示。如问题简短，篇幅宜短小，简明扼要。但总的要求是用语简练，把请示的原因、请示的事项说

清楚即可。

例文 2-19　求示性请示

关于《会计人员职权条例》中的"总会计师"
是行政职务还是技术职称的请示

财政部：

　　国务院 1987 年发〔1987〕××号通知颁发的《会计人员职权条例》规定，会计人员技术职称分为总会计师、会计师、助理会计师、会计员四种；其中"总会计师"即是行政职务，又作为技术职称。在执行中，工厂总会计师按《条例》规定，负责全工厂的财务会计事宜。可是每个工厂，尤其是大工厂，授予总会计师职称的有四五人，究竟由哪一位负责全厂的财务会计事宜、执行总会计师的职责与权限呢？我们认为宜将行政职务与技术职称分开。总会计师为行政职务，不再作为技术职称；比照最近国务院颁发的《工程技术干部技术职称暂行规定》，将《条例》第五章规定的会计人员职称中的"总会计师"改为"高级会计师"。

　　以上认识是否妥当，请指示。

××省财政厅

1998 年××月××日

　　（2）求准性请示　这类请示通常是下级机关要求增设机构、增加编制、上项目、列计划、申请经费、购置设备而向上级机关请求批准时所使用。另外，超出本机关本单位处理范围的事项，或因特殊情况需要变通处理的事项及按照上级规定应当请示的事项，也需要写求准性请示，如《关于增加取暖经费的请示》。实际上，这是在需要向上级机关要人、要钱、要物或在要采取某项重大措施时所使用的请示。这类请示的重点是要写好请示的原因，即请求批准的理由。只有请示的理由充分，才会得到上级的批准。另外，要写清楚请示的具体要求。

例文 2-20　求准性请示

关于省会考办更名为黑龙江省
普通高中考试评价办公室的请示

黑教人〔2008〕6 号

省编委：

　　黑龙江省高中毕业会考办公室于 1992 年由省编委批准成立，十几年来较好地完成了全省高中会考的组织管理工作，但是随着教育体制改革的进一步发展深入，以及新一轮高中课程改革的全面实施，目前原有的会考体制已逐渐不能适应新形势下的工作要求，因此拟将黑龙江省高中毕业会考办公室更名为黑龙江省普通高中考试评价办公室，其理由如下：

　　一、根据教育部《普通高中课程方案》文件精神要求，高中课改后，普通高中必须实行学生综合素质评价制度，评价结果作为高校招生录取依据；原高中毕业会考改为普通高中学业水平考试。

　　二、按照我省普通高中课程改革的构思，改革考试评价制度，实施新课程，我省必须建立统一学业水平考试和学生综合素质评价制度，以保证普通高中课程改革的顺利实施，监控和提高学校教育教学质量，促进学生全面而有个性地发展。

三、现行会考管理体制已难以适应新的工作要求，存在职能缺失、职权不清、体制不顺、管理渠道不畅等问题。

四、我厅已按照国家教育部文件精神要求并结合我省实际下发了黑教基〔2007〕215号文件，建议成立黑龙江省普通高中学生综合评价领导小组，下设立黑龙江省普通高中考试评价办公室。

综上，为更好适应我省高中教育改革的需要，全面实施素质教育，我们建议将原黑龙江省高中毕业会考办公室更名为黑龙江省普通高中考试评价办公室。鉴于2007级以前（04、05、06级高中学生）全省会考工作要持续到2011年7月才能全部完成，考虑到考试对象、管理模式、收费审批和新机构经费支持等特殊原因，建议将原省高中毕业会考办公室名称及职能暂时保留（两块牌子，一个机构），2011年7月该机构自行撤销，完全行使考试评价办公室职责。名称更改后，原隶属关系、级别、领导职数和编制数均不变。

当否，请批示。

2008年1月15日

2.7.5 请示的结构

请示包括标题、主送机关、正文、落款和日期四部分。

1. 标题

请示的标题必须写清请示的问题。主要有以下两种标题形式：

1）发文机关＋事由＋文种，如"××大学关于贫困学生贷款有关问题的请示"。

2）事由＋文种，如"关于增加取暖经费的请示"。

2. 主送机关

请示的主送机关只能写一个。因为多头请示，往往不利于问题的解决。如需同时送其他机关的，应当用抄送形式，但不能同时抄送下级机关。

3. 正文

请示的正文包括请示的理由、请示的事项和结束语三部分。

（1）请示的理由　这是正文的重要内容，也是上级机关批准后写批复的依据。请示的理由要写得充分、合情合理、清楚明白，一般放在第一部分。

（2）请示的事项　这是请示的内容，要写得明确、具体，便于上级答复。请求批准的事项要切实可行、合情合理，一般为第二部分。

（3）结束语　请示的结束语通常用惯用语，如用"当否，请批示""以上请示妥否？请批示""请批转有关部门执行""妥否？请批复""如无不妥，请批转有关部门执行"等结束全文。

请示的结束语要另起一行，占一段。

4. 落款和日期

在正文之后右下方写上发文机关和日期。

2.7.6 请示的写作要求

1. 慎用请示

请示的问题一定要是工作中亟待解决的问题，请示的理由一定要充分有力，所写的情况要真实可信，解决问题的措施也要切实可行，不能滥发请示。这样才能使上级机关容易予以批准。

2. 一文一事，内容集中、明确

在请示中，务必坚持一文一事原则，不能同时请求指示或批准两个或几个不相关联的问题。否则，不利于请示问题的解决，甚至可能贻误工作。

3. 一份请示只能有一个主送机关

这也是请示的重要原则。多头请示，容易造成互相推诿扯皮，或各上级机关批复意见有分歧而使下级机关难以执行，耽误问题的解决。还需注意的是，请示一般不能送给上级机关的领导个人，领导直接交办的事项除外。

4. 各级行政机关一般不得越级请示

因特殊情况必须越级请示时，应当抄送被越过的上级机关。

5. 请示的语气要谦敬

要注意把握分寸，不说过头话，体谅上级机关难处，不提过分要求。语气表达上要简明扼要，不拖泥带水。

2.7.7 报告与请示的使用比较

尽管新的公文处理办法已明确了报告与请示的不同使用范围，但在实际工作中，还是有人常把二者混为一谈，尤其易把请示说成报告，如"向上级打一个请示报告"或"向上级打一个报告，请求增加经费"等。所以，要搞清楚它们之间的关系，它们虽然都是上行文，但区别还是很明显的。它们的区别可以从以下几个方面认识：

1. 行文目的不同

请示是呈批性公文，是为了解决具体问题，请求上级指示或审核批准的，上级机关必须就请示的事项给予答复、回答；报告是呈阅性公文，主要作用是向上级机关汇报工作，反映情况，答复上级机关的询问，使下情上传，一般不需要回复。

2. 内容构成和含量不同

请示的正文通常由请示的理由、请示的事项和带有请求批准、批复的结束语组成；报告正文通常由报告的缘由、报告的事项和报告的结论组成，报告的结束语中不能夹带请示的内容。请示的内容单一，只能一文一事；报告的内容多而且复杂，如综合报告、专题报告等，内容比较详尽、具体，容量大。

3. 行文时间不同

请示必须在事前行文，等上级批复后才能付诸实施，不能边干边请示，更不能"先斩后奏"；报告的行文时限比较宽泛，可在工作前写调查报告、准备情况汇报，也可在工作中汇报进展情况，或在工作结束后汇报。

2.8 批复

2.8.1 批复的概念、特点

1. 批复的概念

批复是答复下级机关的请示事项时所使用的公文。

批复是属于答复性的下行文，是与请示相呼应的公文，从批复的概念可以看出，它的内容涉及面比较窄，除了直接回答请示的事项外，无须涉及其他问题。

2. 批复的特点

批复的特点主要有如下三点：

（1）指示性　下级机关发来的请示公文，是请求上级机关做出指示的，上级机关在批复中就要给予相应的指示回复。批复中提出的批准或指示的意见，就体现出了上级机关的指导思想、决策精神和政策要求，使下级机关能够据以办事，所以批复具有法定的权威性和行政约束力，下级机关要遵照执行。指示性是批复的重要特点。

（2）针对性　批复的内容都是根据下级机关请示的内容而定。下级机关请示什么问题，上级机关的批复内容就答复什么问题，表明本机关的立场与观点——同意还是反对，不涉及与请示内容无关的其他问题。针对性是批复的鲜明特点之一。

（3）被动性　批复是与请示相呼应的公文，只有在答复下级机关的请示事项时才使用，不能自己主动发文，因而具有被动性。另外，批复的内容要依请示的内容作答，也具有一定的被动性。

2.8.2 批复的结构

批复包括标题、主送机关、正文、落款和日期四部分。

1. 标题

1）批复机关＋事由＋文种，如"国务院关于全国水土保持规划纲要的批复"。

2）批复机关＋请示机关＋事由＋文种。这两种标题实际上是把请示的标题重复了一遍，不过拟批复标题时，要注意调整用词。如下级机关的请示标题可能是"四川省关于撤销涪陵地区设立地级涪陵市的请示"。引用时，如不去掉一个"关于"，就可能成为"国务院关于同意《四川省关于撤销涪陵地区设立地级涪陵市的请示》的批复"式的标题。这样的标题即冗长又不清晰、简洁。可调整为"国务院关于同意四川省撤销涪陵地区设立地级涪陵市的批复"。

3）事由＋文种，如"关于同意停办《时代××》期刊的批复"。

2. 主送机关

除批转性请示外，批复的主送机关就是呈送请示的下级机关。

3. 正文

批复的正文由批复引语、批复内容和批复结论三部分组成。

（1）批复引语　批复引语也叫批复依据，是批复的开头部分。起首语一般用一句话直接引述来文的标题和发文字号，或简要直接地引述来文请示的事项，如"你局××月××日关于×××问题的请示收悉",以说明批复的依据,然后用"现批复如下"等,引起下文的批复内容。

(2) 批复内容　这一部分是批复正文的主体部分,应当根据下级机关的请示事项给予明确、肯定的答复。这一部分要根据国家、行业有关的法律、法规和政策方针对下级机关的请示表明态度——同意或不同意,批准或不批准。一般来说,不同意不批准的,要阐明不同意不批准的理由,并提出解决意见,在此基础上,还要提出希望或要求,使下级机关有所约束,有所遵循。

批复如果内容简单,可一段式行文;如果内容多,可分条列项行文。

(3) 批复结论　批复的结论通常用"此复""特此批复"等惯用语,也可以省略结语,批复内容写完,正文就结束了。

批复结语另起一行,占一行。

4. 落款和日期

在正文之后右下方写上发文机关和日期。

例文 2-21　批复

国务院关于同意将山东省蓬莱市列为国家历史文化名城的批复

国函〔2011〕49 号

山东省人民政府：

你省《关于申请将蓬莱市列为国家历史文化名城的请示》(鲁政发〔2009〕101 号)收悉。现批复如下：

一、同意将山东省蓬莱市列为国家历史文化名城。蓬莱市历史悠久,地位独特,历史遗存丰富,城市传统格局保存较好,城市建设特色突出。

二、你省及蓬莱市人民政府要根据本批复精神,按照《历史文化名城名镇名村保护条例》的要求,正确处理城市建设与历史文化遗产保护的关系,保护好蓬莱市的传统格局、历史风貌和历史建筑。要编制好历史文化名城保护规划并纳入城市总体规划,明确保护的原则和重点,划定历史文化街区、文物保护单位、历史建筑的保护范围及建设控制地带,制订严格的保护措施。要在历史文化名城保护规划的指导下,编制好重要保护地段的详细规划。在规划和建设中,要注重体现传统文化特色和地域风貌,不得进行任何与历史文化名城环境和风貌不相协调的建设活动。

三、你省和住房城乡建设部、国家文物局要加强对蓬莱市国家历史文化名城规划、保护工作的指导、监督和检查。

国务院

2011 年 5 月 1 日

2.8.3　批复的写作要求

1. 行文慎重,及时批复

因为批复的指示性特点,在对下级机关做出指示之前,一定要对请示事项的原因、背景、条件、涉及的法律依据等,进行认真的调查研究,使批复合理合法。注意对下级的请示，都必须做出答复，而且要及时，以免贻误工作，如果超出下级机关要求的时限，应及早说明原因。

2. 态度鲜明、切实可行

不管同意与否，都应明确表态，切忌含糊其辞、模棱两可，也不能回避请示内容、答非所问。批复的意见应有一定的依据并切实可行。

3. 文字简洁、语气肯定，措辞准确、表述清楚

批复的语气要简明扼要，语气肯定，便于请示机关理解执行，忌用模棱两可或容易产生歧义的词语，以避免下级机关在具体工作中产生错误理解。

2.9 纪要

纪要是用于记载、传达会议情况和议定事项的公文。

2.9.1 纪要的概念、特点和种类

1. 纪要的概念

纪要是用于记载会议主要情况和议定事项的一种公文。纪要是根据会议的指导思想和目的要求，在会议记录和会议有关文件的基础上，将会议的基本情况及一定的事项用精练的语言加以综合整理而形成的。

纪要的内容可以是会议的情况、议定的事项，有时议而未定的事项也会反映出来，以便人们了解、思考，起到一定的参考作用。

以前纪要仅作为内部文件使用，1987年以后，才作为正式的行政公文公开发布，目前使用广泛，上呈下达都可以。纪要是贯彻落实会议精神、沟通情况、交流经验、统一认识以及指导工作、解决问题的重要工具，是传达会议信息的主要媒介之一。

2. 纪要的特点

纪要主要有如下特点：

（1）纪实性　纪要首先要如实反映会议的内容和议定的事项，这是纪要的基本特点和要求。不能脱离会议的实际情况，把执笔人自己的主观想法和个人见解加到会议纪要里去，进行人为的再加工、创造、深化或填平补齐。

（2）纪要性　一是指纪要在那些比较重要的工作会议、办公会议、研讨会议、协商会议等的会议情况和议定事项确有必要记载和传达时才使用；二是指纪要要根据会议主旨整理、概括会议重要情况、议定事项，反映会议主要和重要的成果，并做简明扼要、突出、鲜明的整体表达，切忌记流水账或面面俱到。

（3）称谓用语的规定性　纪要通常采用第三人称表述，如"会议认为""会议决定""会议要求""会议指出""会议建议""会议强调""会议号召"等。其优点和目的在于表明与会者在会议上形成的统一意见和要求。这是纪要与其他公文的显著区别之一。

3. 纪要的种类

纪要按照不同的标准可划分为不同的种类。从纪要的内容和用途方面把纪要分为如下三种：

（1）指示性纪要　这是各级各类机关、单位为解决当前工作中某些急需解决的实际问

题而召开的重要工作会议所做的纪要,主要记载和反映通过会议制定的方针、统一的认识和所要采取的措施,作为传达和部署工作的重要依据,对今后的工作具有直接的指导作用。常用于领导机关的办公会议,如市长办公会议纪要、局长办公会议纪要等。

(2) 例行性纪要　这是机关、团体和企事业单位领导在集体开会决定工作中的一些具体事项后使用的一种纪要。内容比较集中,一般有固定的版头,如"×××市人民政府第××次常务会议纪要"。常按会议第次编号,经主持人签发生效。这类纪要的及时和纪要性,具有指导作用和备忘作用。

(3) 研讨纪要　这种纪要多用于学术讨论会、理论研讨会、有关问题的座谈会、协商会等;主要记载会议情况,各方的主要观点、意见、建议;主要目的是为了互通情况、交流成果、交换认识、统一看法、协同动作,一般不具有行政约束力和权威性,只具有参考性及备忘作用。

例文 2-22　例行性纪要

2017 年第 21 次县政府常务会议纪要

2017 年 11 月 17 日上午,县长×××主持召开县政府常务会议,讨论和决定事项如下:

一、传达学习了《中华人民共和国统计法实施条例》《中共中央办公厅国务院办公厅关于印发〈统计违纪违法责任人处分处理建议办法〉的通知》和《中共中央办公厅国务院办公厅印发〈关于提高统计数据真实性的意见〉的通知》精神。

会议强调,统计是经济社会发展的"晴雨表",是党委、政府科学决策的基础,是调控经济运行的重要依据。县政府班子成员和各镇、各行业主管部门要高度重视统计工作,认真学习、深刻领会《中华人民共和国统计法实施条例》及中央有关文件精神,增强依法统计意识,规范依法统计流程,切实把统计工作抓严抓实。承担市考核指标和追赶超越任务的单位要提振精神,加大工作力度,查漏补缺,全力冲刺,确保年度各项目标任务圆满完成。同时,要积极向上级业务主管部门汇报工作,如实反映××新区托管移交后全县发展谋划和工作推进情况,争取理解和支持,确保各项工作在全市排名不落后。

二、研究了关于加快城乡居民"煤改电"工作的实施意见。

会议决定:

(一)原则同意县发改局提出的关于加快城乡居民"煤改电"工作的实施意见,要根据会议讨论情况修改完善后,以县政府办名义印发执行。

(二)县发改局牵头,各镇和相关部门要密切配合、强力推进,确保顺利完成"煤改电"年度工作任务。同时,要加大宣传力度,引导群众转变生活理念和生活方式,大力推广使用清洁能源,促进全县空气环境质量持续好转。

(三)县财政局要在工程验收符合条件后,及时拨付补贴资金。

三、研究了关于进一步加强国土资源管理工作的意见。

会议决定:

(一)原则同意县国土资源局提出的关于进一步加强国土资源管理工作的意见。

(二)县国土资源局要再征求各镇和相关部门的意见,修改完善关于进一步加强国土资源管理工作的意见,以县政府名义印发执行。

（三）各镇、相关部门要以土地例行督察为契机，进一步落实节约集约用地制度，经常组织开展联合执法活动，严厉打击违法用地行为，全力维护良好的国土资源管理秩序。

四、研究了关于加强各镇"小摊贩"管理工作的意见。

会议决定：

（一）原则同意县城管局提出的关于加强各镇"小摊贩"管理工作的意见，要根据会议讨论情况修改完善后，以县政府办名义印发执行。

（二）各镇和县城管局、市场和质量监管局、环保局等相关部门要进一步明确工作职责，全力抓好备案登记、建档管理、日常监管等重点工作；要学习借鉴外地先进经验，积极探索，创新管理方式，不断规范小摊贩的生产经营行为。

（三）各镇、相关部门要加大宣传力度，引导"小摊贩"依法有序经营，着力营造良好的市场环境。

五、研究了《×××××文化水镇战略合作框架协议》。

会议决定：

（一）原则同意县招商局起草的《×××××文化水镇战略合作框架协议》。

（二）县招商局要根据会议讨论情况修改完善《×××××文化水镇战略合作框架协议》，经县政府法制办和专业律师把关后，尽快与企业签订协议。

（三）县招商、发改、环保、行政审批、国土资源等相关职能部门要主动上门服务，积极办理项目各项手续，推动项目早日落地。

六、研究了关于县政府承接市政府下放行政审批服务事项的意见。

会议决定：

（一）原则同意县编办提出的关于县政府承接市政府下放行政审批服务事项的意见。

（二）县行政审批服务局、环保局、公安局要做好下放事项承接工作，明确审批责任、时限和程序，严格规范运行，确保无缝对接。

（三）相关部门要切实加强行政审批事项的运行监管，依法依规办事，接受社会监督。监察部门要及时跟进、跟踪问效，促进行政效能进一步提升。

七、研究了关于申请气化工程燃气及热力项目拨款的意见。

会议决定：

（一）原则同意县环保局提出的关于申请气化工程燃气及热力项目拨款的意见。

（二）原则同意拨付气化工程燃气及热力项目工程款500万元，县财政按程序研究拨付。

（三）气化工程是一项重点民生项目，对治污降霾、改善群众生产生活条件具有重要作用。各镇、相关部门要密切配合、强化举措、落实责任，推动工程顺利实施。县环保、安监部门要加强工程质量和施工安全监管，坚决防范安全事故发生。

八、研究了关于拟定县扶贫开发投资有限公司执行董事人选的意见。

会议决定：

（一）原则同意县财政局提出的关于拟定县扶贫开发投资有限公司执行董事人选的意见。

（二）县财政局要尽快按程序将人员配备到位，并报相关部门备案。

（三）县扶贫开发投资有限公司要进一步完善相关章程制度，切实增强市场运作和投融资能力，为全县脱贫攻坚工作做出积极贡献。

九、研究了关于建设用地增减挂钩指标政府采购和土地收储事宜的意见。

会议决定：

（一）原则同意县国土资源局提出的关于建设用地增减挂钩指标政府采购和土地收储事宜的意见。

（二）县国土资源局要会同县财政局，严格按照有关政策规定，尽快启动土地指标申请工作。

（三）县国土资源局要灵活运用增减挂钩等相关政策，按照节约土地、集约发展、合理布局的理念，进一步强化土地收储工作力度，为重点项目建设落地提供有力保障。

（四）县住建局要积极研究棚户区改造政策，加强与省市住建部门沟通对接，大力争取棚户区改造项目，助推××生态治理和开发利用片区、××新区、高新技术产业区开发建设。

十、研究了关于成立××县文化旅游产业投资有限公司的意见。

会议决定：

（一）原则同意县文物旅游局提出的关于成立××县文化旅游产业投资有限公司的意见。

（二）由副县长李××牵头，县文物旅游局负责，相关部门配合，借鉴县城投公司组建模式，加快县文化旅游产业投资有限公司组建工作。

（三）县文物旅游局要按程序确定公司法人，提交县政府研究。县行政审批局要积极配合县文物旅游局，加快办理公司注册相关手续。

（四）县文化旅游产业投资有限公司要完善规章制度，提升工作效能，为全县旅游开发提供融资服务。

十一、研究了关于调整财政供养人员医保缴费基数的意见。

会议决定：

（一）原则同意县人社局提出的关于调整财政供养人员医保缴费基数的意见。

（二）原则同意对财政供养人员的医疗保险费基数进行调整，从2017年1月1日起执行。

（三）县财政局要会同县人社局做好相关资金核算、拨付等工作。

十二、研究了有关人事问题。

参加：×××、××、×××、×××、××、×××、××、×××、×××、××。

列席：各单位列席名单（略）

××县人民政府

2017年12月7日

2.9.2 纪要的结构

纪要包括标题、正文、落款和日期三部分。

1. 标题

纪要的标题有三种形式。

1）机关名称+会议名称+文种，如"×××市人民政府第三次现场办公会议纪要"

或"×××县人民政府第×次常务会议纪要"。这种标题多用于例行办公会议的纪要标题。

2）会议名称+文种，如"全国物业会议纪要"。

3）双标题式。正标题为会议主题，副标题为会议名称+文种，如"以十九大精神为指导，开创社会主义新农村工作新局面——×××市长会议纪要"。

2. 正文

纪要的正文包括前言、主体、结尾三部分内容。

（1）前言部分 前言用于概括总结会议的情况，如会议的名称、时间、地点、与会人员，包括主持者、出席者、列席者、会期，会议的主要议程，有的大型或内容复杂的会议还要交代召开会议的目的、背景或依据，总结会议涉及的主要问题，呈现对会议的总体评价等，以便阅文者对会议的全貌有所了解。

（2）主体部分 这是纪要的核心部分，主要记述会议的主要情况、主要议题、主要精神、重要原则和议定的事项、完成任务的措施和方法以及贯彻会议精神的要求等。

主体部分的写作较为灵活，其表达可根据内容要求采取下面几种方式：

1）分条列项式。按议题的顺序对会议的发言、讨论的内容和决定的事项加以记述，以便了解和落实。例行办公会议常使用这种方法。

2）分类归纳式。如果会议涉及的内容多，讨论的问题多、规模大时，可以按讨论的问题、议定的事项加以归纳和分类整理，然后分几个方面来记述，以使条理清楚、层次分明、重点突出。有时，可对每个方面冠以小标题，从而确切、集中地反映会议的主要精神。

3）概括式。对于一些小型的、业务的会议，可以将有关的会议发言和讨论用概括的叙述方法加以表述，以使主题更加明确。

4）摘要式。按照会上发言的顺序，把每个发言人的主要观点和意见摘要写出来。一些座谈会和高级领导会议常用这种写法，好处是能真实地反映会议的原貌以及各位发言者不同的看法。

（3）结尾部分

结尾形式有以下几种：

1）提出希望、要求或号召，希望有关单位认真贯彻执行会议精神等。

2）写出对今后工作的安排、打算，包括具体的步骤与措施。

3）简要说明会议遗留的尚待解决的问题。

4）省略结尾部分。

3. 落款和日期

署名只用于办公会议纪要。在正文右下方写上制文机关名称和成文日期。也有的纪要的成文日期用括号括起来写在标题下方位置。一般纪要可不署名，只写成文日期。

2.9.3 纪要的写作要求

（1）真实准确地反映会议的各项内容 纪要的内容一定要真实，不管是用归纳式还是概括式或摘要式，都要如实、准确地反映会议的有关情况和主要精神、与会者的主要观点和议定的主要事项，不得随意增添内容或加以歪曲篡改。对于工作安排、具体的措施要求等，要表述得准确、具体，便于贯彻执行或检查。

（2）要突出重点 要明确会议宗旨，突出中心和重点。因此，要全面掌握会议情况，广泛搜集与会议有关的文件、材料、发言记录、会议简报等，围绕中心进行分类、筛选，以完整体现会议精神。不能充分体现会议主旨的材料，即使非常生动有趣，也不能写进纪要，这是写作时必须注意的重要问题。

（3）语言精练、准确　纪要写的时候不能面面俱到，又要求全面、真实、准确地反映会议情况和议定事项，所以要用高度概括和精练的语言准确地表达内容，做到语言精练、准确，条理清楚，层次分明，结构严谨。

2.9.4　纪要与会议记录的区别

1）纪要以会议记录为基础，是在会议记录的基础上，选择重要的东西加以表述，如主要观点、议定的事项等。而会议记录只是如实反映，具有实录性和原始性。

2）纪要是公文的文种之一，作为公文使用，在一定范围内公开发表。而会议记录只是一般文字材料，不对外发表，只做记载备查。

2.10　议案

议案即提请审议的方案。

2.10.1　议案的概念、特点和种类

1. 议案的概念

议案是各级人民政府和各级人民代表大会的代表，按照法律程序向同级人民代表大会或人民代表大会常务委员会提请审议事项时所使用的公文。《中华人民共和国全国人民代表大会组织法》规定："全国人民代表大会主席团、全国人大常委会、全国人大各专门委员会、国务院、中央军事委员会、最高人民法院、最高人民检察院，可以向全国人民代表大会提出属于全国人民代表大会职权范围的议案；一个代表团或者三十名以上的代表，可以向全国人民代表大会提出属于全国人民代表大会职权范围内的议案。"《中华人民共和国地方各级人民代表大会和地方各级人民政府组织法》规定："地方各级人民代表大会举行会议的时候，主席团、常务委员会、本级人民政府和代表（有三人以上附议），都可以提出议案。"

会议期间，人民代表提出的议案称为人民代表议案，法定机关如国务院和地方各级人民政府向同级人民代表大会或人民代表大会常务委员会提出的议案称为法定机关议案。人民代表议案和法定机关议案的性质、功能和写法大体相同。2001年实施的新的《国家行政机关公文处理办法》把由法定机关提出的议案列为公文文种之一。本书着重介绍的也是法定机关议案。

2. 议案的特点

提交议案的目的是提出比较系统、成熟的建议文本供大会审议、通过并采用，从而反映人民群众参政议政的愿望和要求，督促国家机关依法履行职责。议案具有如下突出的特点：

（1）时间的限定性　各级人民政府和人民代表的议案必须是在人民代表大会或者人民代表大会常务委员会举行会议的时候提出，过时只能做意见处理，而不能列为议案提交人

代会进行审议。

（2）制发资格的法定性　作为法定机关的议案，其制发者只能是各级人民政府，政府的职能部门无权制发议案。人民代表议案的制发者也要有法定的提案权。

（3）行文的定向性　议案只能向同级的人民代表大会或其常务委员会行文，不能向其他部门、单位行文，即主送机关只能有一个。

（4）内容的重要性和普遍性　其内容均为如国家主权、权力和利益、重要法律法规、国家机关主要领导人的任免等重大事项和带有普遍性的问题，一般问题可由国家权力机关的相应部门处理。

（5）建议的可行性　议案的内容往往事关大局，代表着广大人民群众的根本利益。要在充分调研论证的基础上提出切实可行的、比较成熟的解决问题的方案，才有可能通过人代会的审议。仅有良好的愿望和设想是不够的，这样的议案是没有意义的。

3. 议案的种类

议案从不同的角度划分有不同的种类。从使用范围上分有如下几类：

（1）法律法规议案　法律法规议案是为制定法律法规而提请审议的议案。

例文 2-23　法律法规议案

国务院关于提请审议《中华人民共和国国旗法（草案）》的议案
国函〔1990〕12 号

全国人民代表大会常务委员会：

为了维护国家的主权和尊严，增强公民的国家观念和爱国意识，国务院法制局经过广泛征求意见和调查研究，起草了《中华人民共和国国旗法（草案）》。这个草案已经国务院院务会讨论通过，现提请审议。

国务院总理　李鹏

1990 年 2 月 6 日

（2）重大事项议案　重大事项议案是用于提请审议重大的事项和重要问题的处理方案的议案。

例文 2-24　重大事项议案

国务院关于提请审议设立重庆直辖市的议案
国发〔1997〕10 号

全国人民代表大会：

重庆市是我国西南地区和长江上游最大的经济中心城市。1983 年国务院决定将重庆列入全国首批经济体制改革试点城市和计划单列城市，赋予省级经济管理权限。为了充分发挥重庆市作为特大经济城市的作用，进一步推动川东地区以至西南地区和长江上游地区的经济和社会的发展，并且有利于三峡库区建设和库区移民的统一规划、安置、管理，同时解决四川省由于人口过多和所辖行政区域过大，不便管理的问题，国务院经过认真研究、反复讨论，拟将四川省的万县市、涪陵市和黔江地区所辖的行政区域建设和划分作相应的调整。

设立重庆直辖市是加快中西部地区经济和社会发展所采取的一项重要举措。国务院于

1996 年 12 月 20 日提请全国人大常委审议。八届全国人大常委会第二十四次会议审议后，决定提请第八届全国人民代表大会第五次会议审议。现将设立重庆直辖市的议案送上，提请审议。

国务院总理　李鹏
1997 年 2 月 27 日

（3）任免议案　任免议案是用于提请审议决定政府和国家重要领导人、驻外机构的主要负责人任免的议案。

例文 2-25　任免议案

国务院关于提请邹家华等三位同志职务任命的议案

国函〔1991〕16 号

全国人民代表大会：

根据工作需要，提请任命邹家华、朱镕基同志为国务院副总理，提请任命钱其琛同志为国务委员。

请审议决定。

国务院总理　李鹏
1991 年 3 月 22 日

2.10.2　议案的结构

议案一般由标题、主送机关、正文、发文机关、落款、成文日期组成。

1. 标题

议案的标题一般有如下两种：

1）发文机关＋事由＋文种，如"国务院关于提请审议《中华人民共和国农业基本法（草案）》的议案"。

2）事由＋文种，如"关于提请审议修改后的国务院机构改革方案的议案"。

2. 主送机关

使用全称或规范化简称，如"全国人民代表大会""省人大"；也有具体表述为"第×届全国人民代表大会第×次会议主席团"的。

3. 正文

议案的正文包括缘由、事项和结束语。

（1）缘由　缘由是提出议案的理由、依据，即为什么提出议案。要充分说明此项议案的理由或政策依据、法规依据和事实依据，说明提请审议事项的意义、作用以及有关背景。

这一部分要概括准确、简明而又充分。必要时需要有一定的论证，为议案的审议通过创造条件。

（2）事项　事项是指议案中提出请求审议的具体事项。一般是什么就写什么，简洁明了，不要分析说明。有的议案要说明的东西较多，可以把说明文字作为附件附上，以备审议。如果议案属于任免议案，直接列出要求任免什么人、什么职务即可。

（3）结束语。结束语主要用于提出请求，一般用惯用语"现提请审议""请审议决定""请审议""请予以审议""现提请审议，并请做出批准的决定"等词语结束全文。

结束语可以另起一行，成一段；也可以接在议案事项的后面。

4. 落款

议案的落款与别的行政公文不同。其他行政公文落款一般为单位名称，议案则多用行政机关首长的名义签署。如用国务院名义提交的，要签国务院总理的名字，即由提出议案的组织的法定代表人签署，其姓名前还应冠以职务名称，以示庄重。

5. 成文日期

以首长的签发日期为准，写明具体的年、月、日。

6. 附件

有的议案，如法律法规议案，要附有法律法规条款正文；还有的议案需附上相关的事实材料、说明文字、图表等。附件的作用在于更好地说明问题，以利于审议通过。

2.10.3 议案的写作要求

1. 注意提案和议案的区别

提案和议案在很多方面存在不同，主要体现在以下几点：

（1）适用范围不同　议案适用于人民代表大会；提案适用于各级政协会议、人民团体代表大会和企业职工大会等。

（2）制作者不同　议案制作者必须是有提案权的人民政府和一定数量的人民代表；提案可以由单位、代表联名或个人提出。

（3）提出的时限要求不同　议案必须在人代会召开期间提出；提案可在会前、会后提出。

（4）产生的效力不同　议案经审议通过后，即产生法律效力，具有较强的约束力；而提案的效力相对弱些。

2. 坚持一案一事

议案的主题要集中，一个议案中只涉及一个问题，事项应具体、单一，不能一案数件事，以免影响议案的审议处理。

3. 熟悉国家的法律、法规和党的方针政策

由于议案的政治性、政策性强，涉及宪法事项以及重大方针政策和重大事项，所以议案必须以法律、法规、政策为依据。

4. 议案内容符合实际情况，真正做到切实可行

撰写议案时，要广泛征求各方面意见，做好调查研究和可行性论证，保证方案切实可行、合理有效。

5. 文字要求准确、精练、庄重

一般篇幅不宜太长，缘由要简明扼要、突出重点，事项清楚、条理分明。

2.11 意见

在 2001 年前，意见属于党内公文的一种，随着时代的发展、社会的变革、实际工作中的广泛应用，意见文种的作用和灵活性越来越突出。因此，在 2001 年 1 月 1 日起施行的《国家行政机关公文处理办法》中，把意见确定为国家行政机关的正式公文文种。

2.11.1 意见的概念、特点和种类

1. 意见的概念

意见是用来对重要问题提出见解和处理办法时所使用的公文。

2. 意见的特点

意见作为适应政府机关部门职能转变需要确定的文种，有几个非常鲜明的特点。

（1）行文方向的灵活性　这是意见文种特别与众不同的地方，即它可以作为上行文，向上级机关提出工作见解、建议或参考意见；也可以作为下行文，向下级机关发出指示，表明主张，阐明原则，做出计划，提出工作方法、措施和要求；还可以作为平行文发给平行机关或不相隶属机关，对有关问题提出意见，或对有关工作做出鉴定、评估和咨询。作为下行文，意见往往具有指示性质，而作为平行文，意见则具有参考性质。

（2）内容的针对性　意见的针对性非常强，它是用于对重要问题提出见解和处理办法的，是针对重要问题而发的，如上行的意见，通常是由职能部门针对现实工作中出现的较普遍而又重要的问题，或是未来可能出现又必须引起重视的问题，提出的见解和处理办法。这些意见往往具有很强的针对性和可操作性。有的上行意见，其行文目的就是想由上级机关审批后转发给有关部门实施的。而下行的意见，指示性则非常明确，就是指导下级机关做什么、怎样做或不允许做什么，或者解决有关问题的。而平行的意见，提出的见解和处理问题的方法，仅供对方参考。

（3）使用的广泛性　意见使用的广泛性特点，一是体现在使用者的广泛性上，既上级领导机关可以使用它，下级基层机关也可以使用它，党政机关、企事业单位和人民团体都可以使用它；二是意见使用内容上的广泛性，即可以用它发指示、做指导、提要求，也可以用它提建议，或用它进行批评或咨询。意见文种使用的广泛性，反映了我们国家民主化进程的加快，为完善民主政治创造了有利条件。

3. 意见的种类

按性质和用途的不同分类，意见的种类主要有如下几种：

（1）指导性意见　作为下行文时，这类意见通常在上级领导机关向下级机关传达指示、布置工作时使用，其内容多阐明原则、方法，提出执行要求或就某项工作执行时遇到的问题做出解释，下级机关必须依照执行，如教育部、建设部《关于进一步深化学校住房制度改革，加快解决教职工住房问题的若干意见》《国务院办公厅关于实施〈国家行政机关公文处理办法〉涉及的几个问题的处理意见》等。指导性意见的下达，使下级机关的工作有据可依。

例文 2-26　指导性意见

教育部等七部门关于 2011 年治理
教育乱收费规范教育收费工作的实施意见

教监〔2011〕8 号

各省、自治区、直辖市教育厅(教委)、纠风办、监察厅(局)、发展改革委、物价局、财政厅(局)、审计厅(局)、新闻出版局，新疆生产建设兵团教育局、纠风办、监察局、发展改革委、物价局、财务局、审计局、新闻出版局，有关部门(单位)教育司(局)，教育部部属各高等学校：

为认真贯彻第十七届中央纪委第六次全会和国务院第四次廉政工作会议关于继续深化治理教育乱收费工作的部署和要求，现就 2011 年治理教育乱收费、规范教育收费工作实施提出如下意见。

一、指导思想

2011 年治理教育乱收费工作要以邓小平理论和"三个代表"重要思想为指导，深入贯彻落实科学发展观，坚持"谁主管、谁负责"和"管行业必须管行风"的原则，加强组织领导，落实工作责任，完善工作机制，各司其职、协调配合、齐抓共管，着眼教育公平，着力解决群众反映强烈的突出问题，积极推进源头治理，为教育改革发展和《国家中长期教育改革和发展规划纲要(2010—2020 年)》的顺利实施创造良好条件。

二、主要任务

(一) 以农村义务教育"两免一补"资金和中职助学金、免学费补助资金为重点，加强对教育经费拨付和使用情况的监督检查，确保各项教育经费及时足额拨付到位。

(二) 大力推进义务教育均衡发展，严禁在义务教育阶段收取与招生入学挂钩的各种费用。

(三) 制定幼儿园收费管理办法，加强对幼儿园收费行为的监管。

(四) 加强中小学教辅材料管理，切实减轻学生过重课业负担和家长经济负担。

(五) 巩固义务教育阶段改制学校清理成果，加大公办普通高中改制学校清理规范力度。

(六) 严格执行并逐步调整公办普通高中招收择校生"三限"政策。

(七) 继续实行高校招生"阳光工程"，严禁高等学校以研究生培养机制改革、开办软件学院、中外合作办学等名义违规收费。

三、工作要求

(一) 进一步加强组织领导，充分发挥厅(局)际联席会议的作用。

(二) 严格执行国家教育收费政策，积极推进源头治理工作。

(三) 进一步加大政策宣传和培训力度，充分发挥社会和舆论的监督作用。

(四) 进一步加大监督检查力度，严肃查处教育乱收费行为。

全国治理教育乱收费部际联席会议将适时通报 2010 年专项督查发现问题的整改情况，并继续组织对部分省(区、市)治理工作开展专项督查。

教育部　国务院纠风办
监察部　国家发展改革委
财政部　审计署　新闻出版总署
2011 年 4 月 7 日

（2）建议性意见　作为上行文时，这类意见主要是下级机关向上级机关提出有关工作、问题的看法、建议和意见，希望得到上级机关的认同和采纳。建议性意见又分为呈报性意见和呈转性意见。呈报性意见是下级机关就某项工作或某个问题向上级机关提出的设想和建议，以供上级机关决策时参考。呈转性意见是下级机关就开展某项工作提出初步设想或打算，呈送给上级机关以期批准并转发到各个机关执行。

（3）评估性意见　作为平行文时，评估性意见由有关业务部门或专业机构就某项专门工作或业务工作，在经过认真调查研究、论证者鉴定、评审后，把鉴定、评估的结果写成意见送给有关单位或组织作为参考时使用，以增强其决策的可行性、科学性，如"关于×××市开展×××旅游景点的可行性论证意见"。

（4）批评性意见　批评性意见主要用于对政府及其职能部门、国家公务员的工作提出的书面批评，如人大代表、政协委员们对政府各方面工作中出现的问题所提出的批评和质询、质疑的"意见"就属此类。它反映了我国民主化政治的进步以及广开言路，发挥政协、人大和普通群众的监督职能作用。

2.11.2　意见的结构

意见由标题、主送机关、正文、发文机关和成文日期等四部分构成。

1. 标题

意见标题通常有两种形式。

1）发文机关+事由+文种，如"教育部关于进一步加强高等学校学生公寓管理的若干意见"。

2）事由+文种，如"关于改进会议和领导同志活动新闻报道的意见"。

2. 主送机关

意见的主送机关有三种形式。

1）作为上行文时，只写一个主送机关，需要同时送其他机关的，应用抄送形式，但不能抄送其下级机关。

2）作为下行文时，可以有多个主送机关，即文中所涉及的单位，都可以作为主送机关。普发性的意见，则可省略主送机关。

3）作为平行文时，视具体情况确定主送机关。评估性意见可省略主送机关。

3. 正文

意见的正文包括发文缘由、意见内容和结束语三部分。

（1）发文缘由　这是正文的开头部分，说明提出意见的目的、背景、原因及依据等。写依据时要具体写清楚依据的是什么，包括理论依据、科学根据、现实根据、法律根据等。这一部分要写得简明扼要而又充分。这一部分常用惯用语"为贯彻（确保）……现就……问题提出如下意见""为了贯彻落实……文件精神，进一步推动……方面的工作，现提出如下意见"等作为过渡，把文章引到下一部分。

（2）意见内容　这是意见的主体和核心部分，通常是分条列项地围绕核心部分提出见解或解决问题的办法。如果要写的内容较多，也可以把要写的内容分成几个大的部分，如按照指导原则、工作任务、措施方法与步骤等贯通式结构，逐步展开和列出，最后提出执行意见的时限和要求、注意事项或希望号召等，还可以在每部分前冠以小标题，便于阅文者理解。

（3）结束语　这是意见的结尾部分，提出希望、要求、号召等，通常有三种情况。

1）用惯用语结尾，如"以上意见，各单位要结合本单位实际情况认真贯彻执行""请认真贯彻执行""以上意见如无不妥，请批转各地遵照执行""以上意见请审批"等。

2）用一自然段结尾，即用一个小的自然段进一步强调工作的重要性或提出希望和要求、时限、注意事项等。

3）不写结尾语。在意见部分的条项写完了就结束全文，其所列条项的最后一条常常就是要求和希望的内容。

4. 发文机关和成文日期

发文机关标题中已有的，可省略，但要在日期上加盖公章。有的评估意见则写明提供咨询意见的专家组或有关单位名称。

2.11.3　意见的写作要求

1）语言简洁、准确、得体。意见的内容往往比较重要，篇幅也相对较长，要注意语句的简洁，不啰唆。注意用词准确，不生歧义，使意见的表述恰当准确。在用语方面，还要注意使用指导性、期请性语句，以体现民主精神。

2）结构的安排上，要合理安排，层次分明，语句流畅。

3）表达上，要围绕中心论题叙事或议论。所发的意见要符合国家的法律法规、社会的实际情况，符合社会的道德规范，提出的措施办法要切实可行、简便易行。

2.12　函

函属于平行文，是机关用来处理公务的信件。函主要用于平行机关之间或不相隶属机关之间，特殊情况下用于上下级之间的公务联系。

2.12.1　函的概念、特点和种类

1. 函的概念

函是不相隶属的机关之间商洽工作、询问和答复问题、请求批准和答复审批事项时所使用的公文。函有公函和私函之分，这里专指公函而言。

2. 函的特点

函的特点主要有以下几点：

（1）使用广泛，频率高　任何单位、部门、机关都可以使用函行文，平行或不相隶属的机关之间相互往来公文，也不受级别限制。在内容上，函可以商洽讨论问题，可以咨询答疑，可以请求批准，可以争取援助，使用频率非常高。

（2）具体、简便　函虽然是联系公务的，但比其他种类公文灵活简便。它可以按照公文格式拟写，按正式文种签发，也可以不受公文格式限制。纯事务性的函，还可以不使用公文文头，不编号，不归档。因而，机关对所发的函，在格式上的要求比较灵活；在内容上，也非常简便，通常一文一事，行文自由，把事情写清楚即可。

3. 函的种类及注意事项

根据不同的标准，函可以分为不同的种类。

(1) 按内容和性质划分

1) 商洽性函。商洽性函用于机关之间商量或接洽工作，联系有关事宜。商洽函是机关用函中使用频率最高的函。写作时，要先写发函的理由、所要商洽的具体事项，尤其要注意写清对对方的要求或希望。

例文 2-27　商洽性函

关于联系教师进修的函

×××大学教务处：

　　我院由中职升为高职不久，师资水平亟待提高。为提高我院教师的教学能力，拟派七名教师到贵校的电子商务专业进修一年，并望帮助解决住宿问题。有关费用、结业证书等事宜一律按贵校有关规定办理。

　　可否？请予函复。

×××职业技术学院（公章）
2012 年 5 月 20 日

2) 询问函。询问函多在机关单位之间询问问题、征求处理某一具体工作的意见时使用。这类函一般包括询问的目的或原因及询问的内容两部分。写作时，一般应内容集中，一文一事。

例文 2-28　询问函

住房城乡建设部办公厅关于征求国家标准
《海绵城市建设评价标准（征求意见稿）》意见的函

建办标函〔2018〕346 号

国务院有关部门办公厅，各省、自治区住房城乡建设厅，各海绵城市建设国家级试点城市领导小组办公室，清华大学、同济大学、武汉大学、哈尔滨工业大学，有关单位：

　　为落实《国务院办公厅关于推进海绵城市建设的指导意见》（国办发〔2015〕75 号），规范海绵城市建设效果评价，提升海绵城市建设的系统性，我部组织制订了国家标准《海绵城市建设评价标准（征求意见稿）》（下载地址：www.mohurd.gov.cn），现印送你们征求意见，请于 2018 年 8 月 10 日前将意见函告我部标准定额司。

　　请各省、自治区住房城乡建设厅组织本地区海绵城市建设省级试点城市及有关技术单位研究提出意见，并汇总反馈。

　　联系人：郭××

　　电话/传真：010-××××××××

　　邮箱：×××@ccsn.gov.cn

　　地址：北京市海淀区三里河路 9 号

　　邮编：100835

中华人民共和国住房和城乡建设部办公厅
2018 年 7 月 4 日

3) 答复性函。这是机关、单位间对来函所提出的询问和商洽事项的回函，一般应根据来函的具体内容作答，不能答非所问，回答要确切明了。

例文 2-29　答复性函

关于建造师注册执业有关问题的复函
粤建复函〔2011〕81 号

东莞市住房和城乡建设局：

你局《关于如何处理建造师执业印章过期问题的请示》收悉，现就有关问题答复如下：

一、我厅转发《住房和城乡建设部建筑市场监管司关于一级建造师延续注册及开展执业情况检查的通知》（粤建办市函〔2010〕513 号）中所指的一级建造师包括持有一级建造师临时执业证书的人员。

二、关于二级建造师延续注册问题。二级建造师临时执业证书持证人员延续注册，按省建设执业资格注册中心《关于二级建造师临时执业证书持证人员延续注册的通知》（粤建注发〔2011〕3 号）有关要求办理；二级建造师延续注册的办理时间，另行通知。

三、关于外省的二级建造师注册证书与执业印章有效期问题。根据人事部、建设部印发的《建造师执业资格制度暂行规定》（人发〔2002〕111 号）第十五条、第十九条规定，二级建造师执业资格证书、注册证书仅限所在行政区域内有效，不得跨省执业。

此复。

广东省住房和城乡建设厅
2011 年 3 月 25 日

4）请批函。用于向平级或不相隶属机关就某一方面事项行文，请求批准。这类函写作时要包括申请的理由和请求批准的事项两部分内容，要求理由充分，请求批准的事项合理、具体、明确。

例文 2-30　请批函

××市文化局关于申请拨款维修办公室的函

市财政局：

我局新搬迁进的文化局大楼，属于 20 世纪 60 年代建筑，目前许多办公室的门窗都很破烂，存在着很大的安全隐患。顶层办公室有的屋顶漏水，也急需修理。为保证我局正常办公，请拨款 10 万元修缮办公大楼。

××市文化局
2012 年 5 月 2 日

（2）按格式划分

1）公函。公函是按照正式公文的格式制作的函件，形式非常规范，要有版头、发文字号、标题、主送机关、正文、机关署名、成文日期、印章、主题词、抄送机关等公文要素。公函多用于比较正式的场合，多用于商洽、答复、请批等比较重要的事项。

2）便函。便函是处理一般事务的简便函件，没有完整的公文格式，可以不加标题，不写发文字号，用机关信笺书写，写上发文机关名称、发函日期并加盖公章就可以使用。便函可以不存档。

例文 2-31　公函

××市人民政府法制办公室关于协助做好专家联系册编订工作的函

各高校、研究机构及相关单位：

近年来，政府决策咨询工作取得了长足进展。各高校、研究机构的专家、学者积极参与政府决策咨询工作，推进了政府决策的科学化、民主化进程，为××经济社会的发展做出了积极贡献。在政府法制工作方面，各单位的专家、学者为推进××的法治进程、增强政府立法的科学性与民主性、提高政府立法质量、促进政府依法行政、改革行政管理体制和转变政府职能，提供理论上的咨询、论证，给予了很多帮助。在此，对各单位过去所给予的支持和帮助表示感谢，并希望在将来继续为××的政府法制工作提供支持和帮助。

随着时间的推移，专家的构成和个人信息均发生了一定程度的变化。为加强与专家、学者的沟通和联系，我办近期将对专家联系册予以重新编订。请各单位协助做好专家的推荐工作。所推荐的专家一般要求符合以下条件：

一、专家的所属研究领域主要为法律学、经济学、社会学、管理学、国际关系和国际政治等专业；

二、专家的专业技术职称在副教授（副研究员）或相当职称及以上；

三、专家在各自研究领域较有建树，具有较高研究水平。

请各单位及时做好专家推荐工作并督促专家及时填写专家个人信息收集表，表格请从"中国上海"门户网站政府信息公开栏中下载。请于4月20日前将填写完毕的表格寄送市政府法制办综合业务处，并将表格的电子文本发送至 jgao@shanghai.gov.cn。

请给予大力支持协助为盼。

附：专家个人信息收集表

××市人民政府法制办公室
2012 年 3 月 15 日

2.12.2　函的结构（本书指公函的结构）

函由标题、主送机关、正文、发文机关和成文日期四部分组成。

1. 标题

函的标题有以下三种形式：

1）发文机关 + 事由 + 文种，如"中国人民建设银行关于为拆迁户建房问题的复函"。

2）事由 + 文种，如"关于工伤保险提法问题的函"。

3）发文机关 + 文种，如"中华人民共和国司法部函"。

如果是答复性函，标题中应有所体现，如"关于×××问题的复函"。

2. 主送机关

此为接受函的机关，复函写来函的发文机关。

3. 正文

正文是函的主体部分，由发函缘由、事项和结束语三部分组成。

（1）发函缘由　它是函的开头部分，主要交代去函或复函依据、理由或原因。不同类型的公函发函缘由有所不同。如果是发函，因为是主动向对方询问、商洽、请批事项，在开头可直接写发函原因、目的；如果是复函，开头要先引述对方来函的标题或发文字号和日期等，如"××××年××月××日函收到"，或以文号概括来函基本情况，如"××发〔××××〕××号函悉"，然后用"经研究函复如下"等惯用语过渡到下文对来函所询问的问题或商洽工作的答复，以表示对来函方的尊重和支持以及己方负责态度。

（2）事项　即函所要商洽、询问、审批、答复的内容。这一部分是函的主体和核心。需要注意的是，询问、商洽或请批的内容要写得具体、清楚，一文一事，便于对方答复。答复函要针对来函的问题做出明确的表态；批准性复函要明确说明同意某事或不同意某事，还可以在此基础上，阐述有关意见，提醒对方注意有关事项等。

（3）结束语　这是函的结尾部分，根据内容的需要，可有不同的表达，其中心目的是向对方提出希望、要求或重申致函的目的，表明自己的态度。常用惯用语，如"即请函复""请予研究函复""盼复""此复""特此函复""特此函告"等。

4. 发文机关和成文日期

用全称或规范化简称写发文机关。日期也要写全，并加盖公章。

2.12.3　函的写作要求

1）行文要郑重其事，无论主动发函还是复函，都要开门见山，去掉一切空泛的议论和无谓的客套，直陈其事，不能像私人信函那样写作随意、个性张扬。

2）一文一事，内容简洁、明确，便于对方回复。

3）用词谦和，措辞得体。因为函是用于平行机关或不相隶属机关之间商洽工作、询问和答复问题的，所以一定要注意行文措辞谦和得体、庄重礼貌，忌用生硬、命令或恭维的语言。复函的语言要肯定确切，不能含糊笼统、模棱两可。

2.12.4　批复与函的使用比较

批复与答复函都有回复来文事项的功能，但它们是两种不同性质的公文，有明显的区别，主要体现在以下几个方面：

（1）适用范围不同　上级机关答复下级机关的请示，用批复；不相隶属机关或平行机关对询问问题、商洽工作、请求批准的事项做出答复用答复函。

（2）作用不同　批复是上级对下级机关行文，而且是专门针对请示的答复，往往具有通知和指示的作用；而函则是不相隶属的任何机关之间都可以行文，其作用也不仅仅是答复请示的事项，还有询问、商洽等作用，且函很少具有通知和指示的作用。

2.13　决议

2.13.1　决议的概念、特点和种类

1. 决议的概念

决议是适用于会议讨论通过重大决策事项时所使用的公文。

决议这一公文文种适用范围几经变化，很长时间仅限于党内使用。新条例把党政公文

合一以后，决议也被重新确定应用于行政公文的制发中，并且被放在了首条位置，体现了决议的地位。决议作为一种会议文件，须经某一级机关或组织机构的法定会议对某一议题进行集体讨论，由法定多数表决通过，然后形成正式文件，并以会议的名义公布。所以，决议必须是经过正式的全体会议或代表会议讨论并通过才能形成、生效，而且讨论通过的必须是重大决策事项，一般重要事项不能使用决议。

2. 决议的特点

（1）权威性　决议是经过会议讨论通过才能生效并由领导机关发布的，是领导机关意志的反映。决议的内容事关重要决策事项，一经公布，必须坚决执行。

（2）指导性　决议表述的观点和对事项的评价都具有指导意义。

（3）称谓的特殊性　由于决议反映的是与会人员的集体意志，所以一般采用第三人称写法，常用"会议"作为表述主体，如"会议认为""会议指出""会议要求""会议决定""会议强调""会议号召"等，与其他文种大不相同。

3. 决议的种类

根据具体内容和作用，决议可以分为三类：

（1）重大问题的决议　这类决议是指经会议讨论通过的全面总结历史或现实重要经验或教训，阐明重要理论和观点的文件。决议具有方针政策性强的特点，有重大的理论指导意义和重要的历史文献价值。例如，1981年6月中共十一届六中全会通过的《关于建国以来党的若干历史问题的决议》。这类决议意义重大，涉及面广，理论阐述较多，篇幅较长，影响也比较深远，一般按照内容的性质分成几个大的部分进行阐述。

（2）专题问题的决议　这类决议是会议上就有关专门问题讨论决定之后形成的决议，如《全国人民代表大会常务委员会关于全面加强生态环境保护　依法推动打好污染防治攻坚战的决议》（2018年7月10日第十三届全国人民代表大会常务委员会第四次会议通过）。

（3）批准文件的决议　这类决议是对较高级别会议讨论通过的会议文件，如全国人民代表大会的会议上经常会讨论审议到一些事关国家政治经济发展大局的文件，通过表决生效形成的决议。如《第十三届全国人民代表大会第一次会议关于政府工作报告的决议》（2018年3月20日第十三届全国人民代表大会第一次会议通过）。

2.13.2　决议的结构

决议通常由首部和正文两部分组成。

1. 首部

首部包括标题和成文时间两部分。

（1）标题　决议的标题有两种形式：

1）由发文机关（或会议名称）+事由+文种构成，如"全国人民代表大会常务委员会关于批准2017年中央决算的决议""中国共产党第十九次全国代表大会关于十八届中央委员会报告的决议"。

2）由事由+文种构成，如"关于×××××问题的决议"，这类标题法较少使用。

（2）成文时间　成文时间即决议正式通过的日期，一般放在标题下，在小括号内注明会议名称及通过时间，也可只写年月日。

2. 正文

正文由决议缘由、决议事项和结束语三部分组成。

(1) 决议缘由　决议缘由部分一般简要说明有关会议审议决议涉及事项的情况，阐述做出决议的原因、根据、背景、目的或意义。具体来说，一般要简明扼要，写明会议听取了什么、学习讨论了什么、审议了什么、批准或通过了什么、自何时生效等，要根据会议内容而定，不必面面俱到。

(2) 决议事项　决议事项部分应写明会议通过的具体决议事项，或会议对有关文件、事项做出的评价、决定，或对有关工作做出的部署、安排和要求、措施。

这部分内容比较复杂，写法也灵活多样。如果是批准事项或通过文件的决议，相对比较简单，多是强调意义、提出号召和要求。如果是安排工作的决议，要写明工作的内容、措施和要求。内容复杂时，要分出层次并列出标题，或者分条撰写。如果是阐述原则问题的决议，主体部分要有较多的议论，多采用夹叙夹议的写法，通过介绍情况，提供事实，用议论的方式做出公正的评价。

(3) 结束语　结束语部分一般紧扣决议事项有针对性地提出希望、号召和执行要求。有的决议可不单列这部分，主体结束了，全文也就自然结束了，不必再撰写结尾。

2.13.3　决议的写作要求

1) 决议公文的制发，必须是通过一定的组织原则和法定程序召开的会议，经过选举或投票议决的事项，其他会议决定的事项一般采用会议纪要的形式。

2) 决议公文的制发主体是会议或委员会。

3) 行文表述要逻辑严密，用语精确。以正面阐述为主，说理透彻。通常用"会议认为"作为段首语。

例文 2-32　决议

第十三届全国人民代表大会第一次会议关于政府工作报告的决议

(2018 年 3 月 20 日第十三届全国人民代表大会第一次会议通过)

第十三届全国人民代表大会第一次会议听取和审议了国务院总理李克强所做的政府工作报告。会议高度评价过去五年我国经济社会发展取得的历史性成就、发生的历史性变革，充分肯定国务院过去五年的工作，同意报告提出的 2018 年经济社会发展总体要求、政策取向和对政府工作的建议，决定批准这个报告。

会议号召，全国各族人民更加紧密地团结在以习近平同志为核心的党中央周围，高举中国特色社会主义伟大旗帜，以习近平新时代中国特色社会主义思想为指导，全面贯彻党的十九大和十九届一中、二中、三中全会精神，坚持和加强党的全面领导，坚持稳中求进工作总基调，坚持新发展理念，紧扣我国社会主要矛盾变化，按照高质量发展的要求，统筹推进"五位一体"总体布局和协调推进"四个全面"战略布局，坚持以推进供给侧结构性改革为主线，统筹推进稳增长、促改革、调结构、惠民生、防风险各项工作，大力推进改革开放，创新和完善宏观调控，推动质量变革、效率变革、动力变革，在打好防范化解重大风险、精准脱贫、污染防治三大攻坚战方面取得扎实进展，引导和稳定预期，加强和改善民生，促进经济社会持续健康发展，锐意进取，埋头苦干，为决胜全面建成小康社会、夺取新时代中国特色社会主义伟大胜利，为把我国建设成为富强民主文明和谐美丽的社会主义现代化强国、实现中华民族伟大复兴的中国梦努力奋斗！

2.14 公报

2.14.1 公报的概念、特点和种类

1. 公报的概念

公报是适用于公布重要决定或者重大事项时所使用的公文。公报也是党政机关公文合并后使用的一种公文。公报经常在报刊、广播、电视、互联网上发布，用于公开发布重大事件或重要事项，是党和政府正式发布的"官方"的报道。它的作用是能够将党或政府以及人民团体的重大事件或决定事项，迅速、广泛地传递到国内外。公报是党和国家经常使用的重要文种。另外，公报作为对外新闻公报使用时，主要是国家和政府用以通报外国元首或政府首脑来访时的情况以及双方达成的共识。

2. 公报的特点

（1）权威性　公报的发布机关级别都很高，往往以党中央的名义，或者以中央政府的名义发布，如《中国共产党第十一届中央委员会第三次全体会议公报》《国家海洋公报》等。公报的权威性保证了公报所发内容的法定效力以及它对现实的重要指导意义。

（2）新闻性　公报的内容都是国内外、党内外新近发生的非常重大的事件或新近做出的重大决定，属于人民群众关心、应知而未知的事项。要求制作和发布迅速、及时。因此，具有新闻性，如新闻公报。

（3）公开性　公报属于公布性文件的一种，公报发布的目的就是让大家都知道，众所周知，越广泛越好，与一般公文不同，一般没有主送机关和抄送机关。

3. 公报的分类

按照内容和使用习惯，公报可以分为四类：

（1）新闻公报　新闻公报是就党政机关的某一重大活动、重大事件或问题所发布的带有新闻性质的文件，要求具有新闻的真实性和及时性。

（2）专题公报　专题公报是就某一专项问题制发的公报，包括国家统计机关发布的国民经济与社会发展统计公报、气象部门发布的气象公报等。专题公报是对某一项工作进度、事实、数据的总结性公文文体。专题公报一般由政府的某一部门向社会发布普遍关心的重大事件或重要决定。专题公报的数据可以被国家各个部门制定条例、政策时参考使用。

（3）会议公报　会议公报是党政机关、人民团体或单位就会议有关情况或重要决定事项公开发布的一种文件。它的应用范围比较专一，其内容必须是经过会议讨论通过并决定公开发布的，如《中国共产党第十一届中央委员会第三次全体会议公报》。

（4）联合公报　联合公报多用于外交事务中，是两个或两个以上国家的政府、政党、团体的代表就会谈、访问等事宜发表的联合公报，也称外交公报，如《中美联合公报》。

2.14.2 公报的结构

公报包括首部、正文和尾部三部分。

1. 首部

首部包括标题和成文时间。

(1) 标题　公报的标题常见的有三种形式。

1) 直接写文种，如"新闻公报"。

2) 由会议名称+文种构成，如"中国共产党第十六届中央委员会第五次全体会议公报"。

3) 联合公报的标题一般由发表公报的双方或多方国家的简称+事由+文种构成，如"中华人民共和国和美利坚合众国关于建立外交关系的联合公报"（《中美建交公报》）。

(2) 成文时间　用括号在标题下正中位置注明公报发布的年、月、日。

2. 正文

正文包括前言、主体两部分。

(1) 前言　事件性公报要求用最鲜明、最精练的语言概述事件的核心内容，即何时、何地发生了什么重大事件；会议性公报应写明会议基本情况，包括会议的时间、地点、出席人员、主持人等；联合公报要求概述公报的来由，即在何时、何地、谁与谁举行了什么会谈或谁对谁进行了什么性质的访问等。

(2) 主体　主体是公报的核心内容，要求把公报的内容完整、系统、有序地表达清楚。常见的有三种写作形式：第一种是分段式，即每段说明一层意思或一项决定；第二种是序号式，多用于内容复杂、问题头绪较多的公报；第三种是条款式，多用于联合公报。

会议公报的主体部分主要介绍会议审议情况和主要精神。

新闻公报的主体部分其写法与新闻的主要文体消息、通讯特写有些类似。新闻公报的标题是揭示其公报的主要的、中心的内容。开头部分概括叙述最核心、最重要的新闻事实，要交代清楚有关的人、事、时间、地点、事因、结果等。

联合公报是政党之间、国家之间、政府之间就某些重大事项或问题经过会谈、协商取得一致意见或达成谅解后，双方联合签署发布的文件。这类公报中有一些双方认可、联合签署的条文，比一般的新闻公报有更多的务实性内容。但联合公报和新闻公报之间的界限是很模糊的，有时甚至还可以合为一体。主体部分写双方议定的事项，内容较多时可分条列项撰写。

专题公报开头部分概述事项的基本情况和时间、地点、事件等。主体部分要层次清楚明了，数据准确可靠，不可模糊。

3. 结尾

有的公报没有结束语，如事件性公报和会议性公报；有的会提出号召、希望和目标等，如新闻公报等。联合公报的结尾部分，可补充意义、交代会议气氛或双方对会谈的肯定态度，以及受邀回访的意向等，也可不单独写结尾部分。联合公报要在正文之后写明双方签署人的身份、姓名、日期，并写明签署地点。专题公报结尾部分，可加注释来进一步说明事项的真实情况。

2.14.3 公报的写作要求

1)正确使用文种。公报是党政公文合并后新增加的文种,使用时要严格区别与公告和通告严格区分。三者都是知照性公文,都是面向社会的,但公报的权威性、新闻性和指导性更强,如新闻公报。公报的制发级别更高,发布的事件和决定也是非常重大的,一般重要的事项不使用公报。公告的制发主体资格受到一定限制,内容也要求是重大事项和决定。通报的制发主体资格范围比公报和公告都要宽泛,任何机关和团体都可以使用,涉及的内容则是各有关方面应当周知或遵守的事项。

2)语言要庄重、严谨、准确和简练。

例文 2-33 公报

中国共产党第十九届中央委员会第一次全体会议公报
(2017 年 10 月 25 日中国共产党第十九届中央委员会第一次全体会议通过)

中国共产党第十九届中央委员会第一次全体会议,于 2017 年 10 月 25 日在北京举行。

出席全会的有中央委员 204 人,候补中央委员 172 人。中央纪律检查委员会委员列席会议。

习近平同志主持会议并在当选中共中央委员会总书记后作了重要讲话。

全会选举了中央政治局委员、中央政治局常务委员会委员、中央委员会总书记;根据中央政治局常务委员会的提名,通过了中央书记处成员,决定了中央军事委员会组成人员;批准了十九届中央纪律检查委员会第一次全体会议选举产生的书记、副书记和常务委员会委员人选。名单如下:

一、中央政治局委员

(按姓氏笔画为序)

丁薛祥 习近平 王晨 王沪宁 刘鹤 许其亮 孙春兰(女) 李希 李强 李克强 李鸿忠 杨洁篪 杨晓渡 汪洋 张又侠 陈希 陈全国 陈敏尔 赵乐际 胡春华 栗战书 郭声琨 黄坤明 韩正 蔡奇

二、中央政治局常务委员会委员

习近平 李克强 栗战书 汪洋 王沪宁 赵乐际 韩正

三、中央委员会总书记

习近平

四、中央书记处书记

王沪宁 丁薛祥 杨晓渡 陈希 郭声琨 黄坤明 尤权

五、中央军事委员会主席、副主席、委员

主 席 习近平

副主席 许其亮 张又侠

委 员 魏凤和 李作成 苗华 张升民

六、中央纪律检查委员会书记、副书记、常务委员会委员

书 记 赵乐际

副书记 杨晓渡 张升民 刘金国 杨晓超 李书磊 徐令义 肖培 陈小江

常务委员会委员(按姓氏笔画为序)

王鸿津 白少康 刘金国 李书磊 杨晓超 杨晓渡 肖培 邹加怡(女) 张升民 张春生 陈小江 陈超英 赵乐际 侯凯 姜信治 骆源 徐令义 凌激 崔鹏

(新华社北京10月25日电)

本章小结

- 命令(令),是依照有关法律公布行政法规和规章,宣布施行重大强制性行政措施,嘉奖有关单位及人员时所使用的公文。
- 决定,是对重要事项或者重大行动做出安排,奖惩有关单位及人员,变更或者撤销下级机关不适当的决定事项时所使用的公文。
- 通知,是批转下级机关的公文,转发上级机关和不相隶属机关的公文,传达要求下级机关办理和需要有关单位周知或执行的事项时所使用的公文。
- 通告,是公布社会各有关方面应当遵守或者周知的事项时所使用的公文。
- 公告,是向国内外宣布重要事项或者法定事项时所使用的公文。
- 通报,是表彰先进、批评错误、传达重要精神或者情况时所使用的公文。
- 报告,是向上级机关汇报工作、反映情况、答复上级机关的询问时所使用的公文。
- 请示,是向上级机关请求指示、批准时所使用的公文。
- 批复,是答复下级机关的请示事项时所使用的公文。
- 纪要,是记载会议主要情况和议定事项时所使用的公文。
- 议案,是各级人民政府按照法律程序向同级人民代表大会或常务委员会提请审议的事项时所使用的公文。
- 决议,是适用于会议讨论通过重大决策事项时所使用的公文。
- 公报,是适用于公布重要决定或者重大事项时所使用的公文。
- 意见,是对重要问题提出见解和处理办法时所使用的公文。
- 函,是不相隶属机关之间商洽工作、询问和答复问题、请求批准和答复审批事项时所使用的公文。

练习题

1. 综合训练

(1) 概念解释

公文 主送机关 抄送机关 通报

(2) 填空题

1) 2012年实施的《党政机关公文处理工作条例》规定的公文有_____种。

2) 按行文关系和行文方向标准划分,公文可分为_____、_____、_____三大类。

3) 公文的发文字号包括_____、_____、_____、_____和_____。黑龙江省人民政府2017年25号文的文号应为_____。

4) 公文的版头部分包括_____、_____、_____、_____、_____和_____。

5) 公文的标题应当准确、简要地概括公文的_____,一般应标明发文机关及正确的公文种类;除

_____加书名号外,一般不用标点符号。

6) 一个完整公文标题应该由_____、_____和_____三部分组成。
7) 主送机关是指_____,它的书写位置应在_____顶格写。
8) 抄送机关是指_____,它的书写位置应在_____之下,空_____格书写_____二字。
9) 从使用性质上看,通知可分为_____、_____、_____、_____和_____五大类。
10) 命令适用于依照有关法律_____,宣布_____,嘉奖_____。

(3) 选择题

1) 单选题

① 2012年实施的《党政机关公文处理工作条例》规定的公文种类为( )。
A. 15种　　　　B. 12种　　　　C. 12类15种　　　　D. 15类13种

② 公文发文字号年份的正确写法是( )。
A. (2017)　　　B. 〔2017〕　　　C. 〔2017年〕　　　D. (17)

③ 公文的秘密等级应标在文头的( )。
A. 左上角　　　B. 左下角　　　C. 右上角　　　D. 右下角

④ 需要标注签发人姓名的公文是( )。
A. 上行文　　　B. 下行文　　　C. 平行文　　　D. 普发文

⑤ ×××省政府2017年第10号文的发文日期应为( )。
A. 〔2017〕×政发10号　　　　　B. ×××省办〔2017〕0010号
C. ×××省政发〔17年〕第10号　D. ×政发〔2017〕10号

⑥ 行政公文( )。
A. 都要写主送机关　B. 可写可不写　C. 有的公文文种可不写主送机关

⑦ 公告和通告都属于( )。
A. 上行文　　　B. 下行文　　　C. 平行文

⑧ 只能有一个主送机关的行文是( )。
A. 上行文　　　B. 下行文　　　C. 平行文　　　D. 普发文

⑨ ( )级别以上的政府可以发布命令。
A. 乡政府　　　B. 县政府　　　C. 省级　　　D. 中央级

⑩ 转发公文应当使用的文种是( )。
A. 通知　　　　B. 通报　　　　C. 意见　　　　D. 批复

⑪ 公文的法定作者是指( )。
A. 公文的起草者　B. 机关政府　C. 国家行政机关、企事业单位、社会团体

⑫ 在一定范围内公布应当遵守或周知的事项用( )。
A. 公告　　　　B. 通告　　　　C. 通知　　　　D. 通报

⑬ 公文成文日期的书写应用( )。
A. 阿拉伯数字　B. 大写汉字　　C. 小写汉字

⑭ 向上级机关提出工作意见和建议,所用的行文是( )。
A. 报告　　　　B. 意见　　　　C. 请示　　　　D. 函

2) 多选题

① 下列文种属于下行文的是( )。
A. 决定　　　　B. 报告　　　　C. 请示　　　　D. 批复

② 印章的使用要求是( )。
A. 端正　　　　　　　　　　　　B. 清晰
C. 发文时间的上侧　　　　　　　D. 发文时间的下侧

E. 压年盖月露日
③ 用于答复下级机关的文种有( )。
A. 决定　　　　　B. 通报　　　　　C. 批复　　　　　D. 复函
④ 通报的适用范围有( )。
A. 向上级反映情况　　　　　　B. 表彰先进
C. 批评错误　　　　　　　　　D. 告知群众应当遵守的事项
⑤ 报告的适用范围有( )。
A. 反映情况　　B. 申请批准　　C. 提出建议　　D. 答复请示
⑥ 发文字号表述年份不正确的是( )。
A. 〔2017 年〕　　B. (2017)　　C. 〔2017〕
D. (17)　　　　　E. (17 年)
⑦ 可以向人民代表大会提出议案的是( )。
A. 政府机关　　　B. 社会团体　　　C. 企业
D. 人民群众　　　E. 人民代表
⑧ 不属于公文文头部分的是( )。
A. 发文字号　　　B. 标题　　　　　C. 主送机关
D. 发文机关　　　E. 签发人
⑨ 通报的标题拟写可以( )。
A. 发文机关+事由+文种　　　　B. 事由+文种
C. 发文机关+文种　　　　　　　D. 文种
⑩ 通知的适用范围是( )。
A. 颁发文件　　　B. 批转文件　　　C. 批复文件
D. 转发文件　　　E. 收领文件

(4) 判断题(对的打√,错的打×)
1) 发文机关标志可以使用规范化简称。　　　　　　　　　　　　　　　　　( )
2) 联合上报的公文,发文机关都应当加盖公章。　　　　　　　　　　　　　( )
3) 几个机关联合行文,只标明一个主办机关的发文字号。　　　　　　　　　( )
4) 公文标题必须三要素齐全。　　　　　　　　　　　　　　　　　　　　　( )
5) 各行政机关一般不得越级请示,特殊情况必须越级请示的,可不必将文件抄送被越过的上级机关。　　　　　　　　　　　　　　　　　　　　　　　　　　　　　　　　　　　　( )
6) 将请示多头主送有利于问题的解决。　　　　　　　　　　　　　　　　　( )
7) 有事项需经上级批准时,可写一个报告给上级机关。　　　　　　　　　　( )
8) 报告可在事前、事中和事后行文,而请示只能事前行文。　　　　　　　　( )
9) 没有下级机关的请示,上级机关不能使用批复行文。　　　　　　　　　　( )
10) 通报是专门用来表彰先进和批评错误的。　　　　　　　　　　　　　　( )

(5) 改错题(先指出错误,再改正)
1) 国发(2017)3 号。
2) 关于解决在民办教师转公办教师问题的请示报告。
3) 关于××同志工作安排问题请示的通知。
4) 整顿社会治安的通知。
5) ××市财政局关于转发×××省财政厅关于转发《财政部关于修改国家工作人员出差补助标准的通知》的通告。

（6）简答题

1）简要说明公文标题构成要素及基本要求。
2）公文的结构通常包括哪几个部分？
3）什么是上行文、下行文和平行文？
4）行政公文有哪些作用？
5）通知与通告有什么异同？
6）公告与通告有什么异同？
7）报告和请示有什么异同？
8）批复和复函有什么异同？
9）纪要与会议记录有什么不同？
10）议案与提案有什么异同？

2. 实践题

1）某大学新生入学后，按惯例要进行体检复查。请代该大学的校医院拟一个通知，要求写明新生体检复查的时间、地点(具体所在的学区和医院的楼层及科室)及复查的项目和要求。

2）某市的公用电话亭常遭破坏，玻璃门被砸烂，电信器材被偷走。请以市电信局、市公安局的名义拟一个通告，制止破坏电话亭现象的发生。

3）北京某出版社准备召开一个全国性的教材编写工作会议，会期四天。请代该出版社拟一个会议通知，写明开会目的、会议议题、会期日程安排、参加人员、会费、进京后的交通路线、报到地点等。

4）某大学应用技术学院物业管理专业 17 级新生在一次野游活动中，发现有两名儿童不慎落入水库中，这个班同学立即开展集体大营救，最后终于将两名儿童救起，并送往医院进行检查，使两名儿童脱离了危险。请代该大学拟一份表彰性的通报，授予该大学应用技术学院物业管理专业 17 级一班先进集体称号。

5）某市教育局想向主管经费分配的市财政局要求增加取暖经费二十万元。请代该教育局写一份请示，要求理由充分，请示的事项清楚，措辞得体。

6）某省体育运动委员会正在筹备举行该省的大学生运动会，各项目的比赛要分散到全省各地举办。请代该省体育运动委员会写一封询问能否承办篮球和游泳两个项目比赛的函给×××市体委，要求内容简洁、措辞得体。

7）天府物业总公司拟表彰奖励 2011 年度先进物业管理分公司(幸福使者物业公司、贴心物业公司、爱民物业公司和鑫源物业公司)及先进个人(张东等 20 名物业公司经理及管理员)在过去一年里做出的突出贡献。请代天府物业总公司拟一个决定。

第3章 事务文书写作

 学习目标

通过对本章的学习，了解事务文书及其种类，领会事务文书在工作、生活中的作用，掌握各种事务文书的概念、特点，熟知事务文书的写作要求；重点掌握各类事务文书的结构和写法，学会写作事务文书。

 本章问题

1. 调查报告的写作程序和原则是什么？
2. 写作总结的要求有哪些？
3. 什么是计划？制订计划的要求是什么？
4. 演讲稿的特点是什么？其结构是怎样的？

3.1 事务文书概述

事务文书常用于传递信息、交流经验、研究问题、指导工作、规范行为等，具有很强的实用性。

3.1.1 事务文书的概念、特点

1. 事务文书的概念

事务文书是指国家党政机关、企事业单位、社会团体或个人处理日常事务时使用的实用性文书。事务文书可用于处理公务，但它与行政公文不同，不能独立发文。事务文书使用频率高，使用范围广，无固定的上下行文的区别。

2. 事务文书的特点

事务文书具有指导性、广泛性、灵活性、真实性等特点。

（1）指导性 事务文书主要是针对现实情况或工作中的实际问题进行总结、研究、传播、推广，目的在于推动现实工作、解决实际问题、指导实际工作，使工作有规范、有遵循、有借鉴。

（2）广泛性 事务文书在实际的工作、生活中应用非常广泛，机关、团体、企事业单位、个人都经常使用，如制订计划、总结工作、传播信息等。事务文书的作者可以是法定作者，也可以是其他工作人员或个人，公务文书则必须是法定作者。

（3）灵活性 与公务文书相比，事务文书的体式更加灵活，没有规范化的体例，有的是惯用的格式、惯用的语体，写作者可以根据内容和写作要求，自由、灵活、合理地安排

文章结构。在表达方式上，更加多样化，说明、叙述、议论等均可适当运用，有些文体可适当运用描写等方法。

（4）真实性　事务文书要求信息准确、情况真实、材料无误，典型经验合乎规律，阐述的观点要揭示普遍原则。

3.1.2　事务文书的种类、作用

1. 事务文书的种类

事务文书按不同的标准，可以分为以下不同的种类。

1）计划类文书：计划、规划、方案、设想、安排等。
2）报告类文书：调查报告、述职报告、总结等。
3）规章制度类文书：章程、条例、办法、规则、制度、守则、公约等。
4）简报类文书：简讯、快讯、快报、动态、工作通讯、内部参考、摘报等。
5）会议类文书：开幕词、闭幕词、祝词、讲话稿、演讲稿、会议记录等。

2. 事务文书的作用

1）事务文书是管理日常事务、指导工作的重要手段。事务文书为领导决策提供参考，让上级领导能及时掌握情况、体察下情，根据实际制定政策，指导工作。事务文书是管理工作的依据，是日常工作的指导。

2）事务文书是交流情况、加强联系的重要途径。各单位、各部门之间可通过事务文书相互了解，交流经验，沟通情况，相互促进，共同发展。

3）事务文书是规范行为、约束行动的重要依据。事务文书都是因事制定，在行政管理过程中，具有规范行为、约束行动的作用。例如，规章制度约束人们的行为，计划形成后要求执行人员必须共同遵守，调查报告中的典型范例供人们学习和广泛传播，揭露问题的目的是使人们引以为戒等，这些都具有相应的规范和约束作用。

3.1.3　事务文书的写作要求

1. 正确的指导思想

正确的指导思想是写好事务文书的关键，是正确分析客观实际、正确分析客观事物、正确评价客观事物的前提。在正确思想的指导下，人们才能摒弃主观臆断，求实工作，按客观规律办事。

2. 翔实地占有材料

占有翔实的材料，是形成正确观点的基础。在实际工作中要注意收集、积累各方面的材料，如反映全局的整体材料、突出特点的典型材料、给人鼓舞的正面材料、让人警醒的反面材料、揭示环境的背景材料、对比性材料、数据材料等。通过对这些材料的正确分析，才能得出正确的、合乎实际的结论，否则会以偏概全、观点偏颇，甚至相反。

3. 科学地分析材料，提炼出鲜明的观点

事实表明，以不同的态度看问题，会有不同的结论。事务文书的写作要有正确、科学的态度和立场，实事求是，这是事务文书写作的基本前提。对材料的分析必须透过现象看本质，"由此及彼，由表及里"，找出事物之间的内在联系，找出规律性，提炼出鲜明的观点，从而指导工作。

4. 语言表述准确、清晰

语言的准确、清晰是事务文书写作的最基本要求,以便于各方面的工作、交流、学习。

3.2 计划

计划是机关、团体、企事业单位以及个人,对一定时期的工作预先做出安排和打算时,都要用到的一种公文。

3.2.1 计划的概念、特点和种类

1. 计划的概念

计划是党政机关、社会团体、企事业单位或个人在一定时期内,为做好某项工作或完成某项任务,根据党和国家的方针政策及上级的指示精神,结合本地区、本单位、本部门或自身的实际情况所做出的科学安排和合理部署的应用文书。它是具体行动实施前工作目标、任务、要求、措施、方法、步骤、时限的具体化、条理化和书面化。

计划是完成各项工作、做好各项工作的指导,是实现科学化、程序化管理的重要手段,也是检查工作、指导工作的重要依据。

2. 计划的特点

(1) 明确的目的性　计划的制订和实施都是在明确的目的指导下进行的。首先,人们为了顺利完成任务或达到预期的目标而制订计划;其次又紧紧围绕目标、任务,制定措施、办法,确定实施步骤,从而避免了工作的盲目性、被动性。

(2) 科学的预见性　计划的制订是根据主客观环境,充分分析各种有利或不利因素,做出的合理、科学的预测。计划的制订者要预见完成工作的方法、措施、步骤等,更要预见在今后工作中可能出现的问题、情况或遇到的各种各样的困难,并针对这些情况提出相应的措施、办法等,为今后工作的顺利开展奠定基础。可以说,没有预见就没有计划。"凡事预则立,不预则废",就是这个道理。

(3) 很强的可行性　一份好的计划,应是建立在对历史和现实进行客观、科学的分析,对未来进行科学预测的基础之上的,主要体现目标定位准确、行动步骤趋前、具体方案可行。这样的计划才有其实际意义。

(4) 一定的约束性　计划一经通过、批准,就要认真贯彻执行,对计划所涉及的单位、人员等范围内约束性也就随之产生。在执行过程中,不得随意更改。但客观情况是不断变化的,计划也应随着客观情况的变化而变化,应按一定程序对原有的计划进行修改和完善,保证计划的顺利实施。

3. 计划的种类

计划的种类很多,可以从不同的角度对其进行不同的分类。

按内容分有学习计划、工作计划、生产计划、研究计划、销售计划等。

按范围分有国家计划、部门计划、单位计划、科室计划、班级计划、个人计划等。

按性质分有专题计划、综合计划等。

按时间分有长期计划、中期计划、短期计划,或者是年度计划、季度计划等。

按作用分有指导性计划、指令性计划等。

按形式分有条文式计划、表格式计划、综合式计划等。

按名称分有规划、纲要、方案、安排、要点、意见、打算、设想等。

3.2.2 计划的结构

一份完整的计划，一般由标题、正文、落款三部分组成。

1. 标题

计划的标题一般有两种写法。

（1）完整式标题　由计划单位名称、计划时限、计划内容、计划名称四要素组成，如"×××职业技术学院2007年工作计划"。

（2）省略式标题　根据实际需要省略某个或某些标题要素，有的可省略时限，如"×××公司营销计划"；有的可省略单位，如"2007年教学工作要点"；有的可省略单位和时限，如"实习安排"。凡省略单位名称的标题必须在正文后署名。

如果计划尚未成熟或是需要讨论、上级批准才能定稿的计划，则在标题的后面或下一行用圆括号加注，如"草案""讨论稿""初稿"等字样。

2. 正文

计划的正文包括前言、主体、结尾三部分。

（1）前言　一般包括四个方面的内容：

1）制订计划的依据，上级的指示精神。

2）工作的指导思想。

3）概述本单位的实际情况，分析完成计划的主、客观条件。

4）交代目标，提出总的任务、要求。

前言主要说明"为什么做"或"能不能做"，写作时要与计划的内容有密切的联系，以上四方面内容可根据实际情况有侧重、有选择地写，语言表达应简明扼要。

（2）主体　包括目标任务、措施办法、步骤时限三方面。

1）目标任务，写明在某一时期内所要完成的工作任务的具体指标和具体要求，包括数量和质量上的要求等。也就是说明"做什么""做到什么程度"。一般是分条叙述，目标明确，任务具体。

2）措施办法，这是完成任务的保证。详细说明为完成工作任务所采取的措施、使用的方法、人员的调配等问题。也就是说明"怎么做""什么人做"，要明确、具体、可行、得力。

3）步骤时限，明确工作的先后顺序，先做什么，后做什么，分几个步骤或几个阶段，在规定的时间内完成。也就是说明"什么时候完成"，要求主次分明，重点突出，安排合理有序。

主体部分的写作一般有两种形式：一是任务和措施的并列式结构，即每一项任务都有相应的具体措施支持；二是任务和措施的分说式结构，即先提出若干项任务，再阐明具体的措施，任务需要这些措施来共同支撑。

（3）结尾　一般包括应注意的事项，执行计划的要求，提出希望，发出号召等，也可不写。

3. 落款

制订计划的单位、制订日期，如标题中已写明单位，落款则不用署名。

3.2.3　计划的写作要求

1. 符合政策，切合实际

制订计划必须符合党和国家的方针政策、法令法规，并能切合本地区、本部门、本单位或本人的实际情况。不能从主观愿望出发、凭空想象制订计划，而必须实事求是提出确切的、切实可行的任务、指标、措施。

2. 集思广益，走群众路线

制订计划必须深入实际，广泛听取群众意见，博采众长，把计划变成群体的共同意志和共同愿望，以保证计划的认同度和可行性。

3. 语言精练，明确具体

计划用于指导实践，因此计划的目标、任务、措施、步骤等必须具体明确，做到"定事、定人、定时、定量、定质"，便于执行、检查，切忌空谈、含糊不清、模棱两可，使人无所适从。

例文 3-1　计划

×××职业技术学院 2017 年工作计划

以十八大、十八届六中全会和第二次中央××工作座谈会精神为指导，认真贯彻《国家中长期教育改革和发展规划纲要（2010—2020 年）》《国务院关于加快发展现代职业教育的决定》、教育部和××《现代职业教育体系建设规划》……以建设国家 200 所优质高职院校和 500 所管理示范校为主线，以学院章程为基础，坚持依法治校，不断激发办学活力，全面提升人才质量和人文素养，努力提高服务××经济社会发展的能力。

一、目标任务

（1）贯彻落实普通高等学校党委领导下的院长负责制，持续巩固"三严三实""四强"专题教育和"两学一做"学习教育成果，深入开展"学转促"专项活动。

（2）全面落实学院《章程》，制定"十三五"规划年度指标任务。

（3）提高人才培养质量，坚持立德树人，创新德育管理模式。

（4）争取完成 4400 人的招生任务，各级各类培训鉴定 7500 人次以上。

（5）力争毕业生就业率达到 96% 以上，在×××就业率稳步提高。

（6）引进新教师和行业企业能工巧匠 30 名，对外送培骨干教师 70 人次。

（7）力争横向课题和国家级课题有所突破，实现立项各级课题 15 项、发表论文 100 篇。

……

二、措施办法

（一）强化党的领导核心，全面提升党员先锋意识

1. 提升教育活动内涵

以维护稳定、长治久安为目标，深入开展十八届六中全会精神学习，深化"三严三实""四强"专题教育活动和"两学一做"学习教育成果，增强党员干部的党性党纪观念

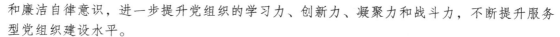

和廉洁自律意识，进一步提升党组织的学习力、创新力、凝聚力和战斗力，不断提升服务型党组织建设水平。

2. 坚决贯彻民主集中制

……

3. 抓好两个责任落实

严格贯彻落实党委主体责任和纪委监督责任，不断强化"一岗双责"意识，增强党员干部法制观念和廉洁从政意识，保持惩治腐败的高压态势，加强党内监督和行政监察工作，持之以恒落实中央八项规定……

4. 强化基层组织建设

……

5. 加强干部人事管理

……

(二)加强顶层设计，全面提升学院竞争力

1. 章程解读

深入学习研究讨论章程，使其成为制定学院相关制度的基础，规范办学行为，完善运行机制，提升学院竞争力……

2. 确保十三五规划落地

依据十三五总目标和主要任务制定专项规划，包括专业建设、师资队伍、实训基地、智慧校园、校园文化、科研、后勤保障与服务、校企合作、国际合作、课程建设、311工程等，要制定时间表、路线图；各职能部门和二级分院要结合学院的发展目标定位、主要任务和重要举措，在专项规划中量化指标与标准，结合自己承担的任务，编制二级分院规划和部门计划，形成规划体系，成为我院科学决策的依据和发展目标，并成立督导委员会，落实此项工作。

3. 积极投入职教园区建设

动员全体教职工积极参与到职教园区建设中，为新校区规划建言献策；成立职教园区搬迁工作小组，细化分工，制订具体的搬迁方案，保障职教园区建设、搬迁工作有序进行；加强宣传，凝聚共识，鼓舞全院师生积蓄新能量，展现新状态，以此为契机，激发新动能，开拓新思路，迎接新发展，开启新征程。

4. 加强技师学院建设

……

(三)落实立德树人任务，全面提升学生人文素养

1. 推进依法治校步伐

以社会稳定、长治久安为工作的着眼点和着力点，扎实做好各项工作，坚持学院领导、中层干部、年轻教师、学生、门卫、宿管人员24小时值班及分院的值班制度；落实人防，巩固物防和提高技防，确保平安、稳定、和谐校园；层层签订责任书，消除水电、消防、餐饮、交通和实训等方面的安全隐患；继续抓好民族团结、法制、禁毒、安全、网络、消防知识教育和演练工作。

2. 营造立德树人氛围

坚持立德树人，弘扬"劳动光荣、技能宝贵、创造伟大"的时代风尚，创新德育管理

模式；促进国学、法律、文明素养教育进课堂常态化，全面提升人才人文素养和道德情操；广泛开展劳模、技术能手、优秀毕业生进学院和优秀企业文化进校园、进课堂等职业主题教育活动；打造具有传统和时代气息的校园文化，发挥环境育人的良好作用；明确全体教职工的德育职责和服务要求，通过言传身教和身体力行，为学生树立做人、做事、做学问的榜样和标杆，努力实现三全育人状态。

3. 优化思政教育载体

……

4. 丰富校园活动内涵

……

5. 发挥共青团组织、学生社团的作用

……

6. 拓展创新创业教育

……

（四）深化教育教学改革，全面提升人才培养质量

1. 加强师资队伍建设

……

2. 优化专业结构布局

……

3. 狠抓三风建设

……

4. 全面提升科研工作水平

……

（五）扎实推进311工程，全面提升办学活力

各工程要按照项目的规范进行建设和总结，细化任务的时间节点、任务分工，确保全员参与，成立专项督查小组，督查相关项目实施进程。

1. 激发创新行动活力

……

2. 加快管理水平提升

……

3. 落实奖补资金目标

……

4. 确保教学诊改成效

……

（六）调动教师能动性，全面提升办学效应

1. 创新招生办学思路

对历年学院招生、录取情况进行分析，创新招生新思路，继续开展从各分院抽调人员参与招生宣传工作；积极探索学院多元录取、学生多样化入学形式，研究多种联合办学，加强与生源地学校的联系和回访，稳定现有招生资源，寻找新的生源增长点，扩大招生数量，推动技师学院、技工学校的招生；争取高职招生3000人，中职技工招生1000人，成

人教育招生 1000 人，总计完成 5000 人的招生任务。

2. 实习就业再上新台阶

……

3. 强化社会服务能力

争取人社部门及社会各界的支持，拓宽人才社会培训思路，争取年培训鉴定各类人员 7500 人次，年创收 240 万元；继续争取落实创业培训、残疾人培训、专业教师技能培训等项目和资金的支持；不断提高培训质量，努力提升社会服务能力；继续深入开展好国家职业教育活动周。

……

（七）加强团队执行能力，全面提升管理服务水平

1. 促进教学质量提升

严格按教学计划落实各项教学任务，保证各种教学活动井然有序进行；强化教学考核激励机制。继续完善分院考核机制和教师个人考核评价体系；实现教务管理信息化；大力推进信息化教学改革，探索线上线下混合式教学模式改革；以实现国家级技能竞赛项目奖励再获历史性突破为核心……

2. 提高学生管理实效

……

3. 拓宽开源节流渠道

进一步完善各项财务制度，严格执行财务预算和财务审批制度；加强项目资金专项管理、监督，确保专款专用；加强内部控制制度建设，厉行节约，严格控制"三公经费"支出，力争将"三公经费"比 2016 年降低 5%；杜绝乱收费，严格资产造册登记、入库、保管、使用、报废等程序，积极争取上级财政专项补助。

4. 创造安全、整洁校园环境

……

（八）完善保障

……

学院要形成广开言路、互相支持的局面，实行首问责任制，提高执行力，确保学院各项事业取得圆满成功。

2016 年 12 月 31 日

3.3 总结

总结是对某种工作实施结果的鉴定与结论，是对以往工作实践的一种理性认识，是做好各项工作的重要环节。

3.3.1 总结的概念、特点和种类

1. 总结的概念

总结是党政机关、社会团体、企事业单位和个人在某一时期、某一项或某些工作告一

段落或全部完成后进行回顾检查、分析评价，从而肯定成绩，得到经验，找出差距，得出教训和一些规律性认识的一种书面材料。人们常说的"小结""经验""心得""体会"也是总结，只是它反映的内容较简单，时间较短，范围较小，篇幅不长，文字不多。

总结和计划密切相关。计划是工作之前的活动，总结是工作之后的行为。二者在内容和写作上有着内在的联系。总结是计划执行的结果，做总结既要以计划为依据，又要对计划完成情况做出判断。计划的制订也要以前一段工作的总结为依据，其目标、任务、措施应该参照前一段情况来确定。从写作内容的角度看，计划要回答"做什么""怎样做""做到什么程度"的问题，而总结要回答的是"做了什么""做得怎样""为什么会这样"的问题。计划和总结二者之间有着密不可分的联系。

2. 总结的特点

总结具有客观性、理论性的特点。

（1）客观性　总结是对本单位或作者自身实践活动的反映，应该以客观事实为依据，真实、客观地分析情况，解决问题，总结经验与教训，实事求是，不允许虚构和编造。总结的人称一般都用第一人称"我""我们"，而不能用第三人称。

（2）理论性　总结的根本目的就是通过对实践或工作过程的分析，提高认识，掌握规律，指导工作。总结就是通过对客观事实材料的整理、比较、分析、归纳，从感性认识上升到理性认识，提炼出正确的观点，总结成功的经验和失败的教训，更好地指导今后的实践活动。

3. 总结的种类

总结按照不同的标准划分，可以分为以下不同种类：

按内容划分有工作总结、学习总结、科研总结、经验总结、活动总结等。

按时间划分有年度总结、季度总结、月份总结、阶段总结等。

按范围划分有集体总结、个人总结等。

按性质划分有全面总结和专题总结。

全面总结又称为综合总结，是单位、部门对一定时限内所做的各方面工作进行的综合性的分析、评价，是全方位、多角度、深层次的总结，反映工作的全貌。在写作的过程中要注意主次分明、重点突出、点面结合。

专题总结是机关、单位或个人对一定时期内的某项工作或某一方面的问题进行的专门性的总结。这类总结在实际生活中运用得较普遍，如军训总结、纪念"一二·九"运动活动总结等，其内容单一、具体、详细，针对性强，应用广泛。在写作过程中应以点带面，分析要透彻、深刻，揭示规律。

3.3.2　总结的结构

总结包括标题、正文、落款三部分。

1. 标题

标题必须准确、简明，常见的有以下三种形式：

1）公文式标题，由单位名称、时限、事由和文种构成，如"×××学校2005年工作总结"，可以省略其中的项目，如省略单位名称或省略时限等。

2）文章式标题，用简练的语言概括总结的主要内容或基本观点，标题中不出现文种

"总结"二字，如"股份制企业走向成功之路"。

3）双标题，由正、副标题构成，正标题概括主要内容或揭示主题，副标题标明单位、时限、事由和文种等。如"提高素质构和谐　创争活动促发展——关于'创建学习型组织　争做知识型职工'活动总结"，正标题为"提高素质构和谐　创争活动促发展"，副标题为"关于'创建学习型组织　争做知识型职工'活动总结"。

2. 正文

正文由开头、主体、结尾三部分组成。

（1）开头　开头也称前言，通常简述工作或任务的背景、指导思想、概貌和历程等。总结的目的不同，其前言的内容也有所侧重。有的简要介绍取得的成绩和经验；有的介绍存在的问题；有的介绍工作的背景（主、客观条件等）。不论哪种形式，都要求开门见山，简明扼要，紧扣中心，统领全文，吸引力强。

（2）主体　主体是总结的核心部分，它根据目的要求，全面、具体地回答了"做了什么""怎么做的""为什么这样做"三个问题，使读者在了解情况的过程中，得到了认识上的升华、理论上的提高。这部分主要写两方面的内容：

1）成绩与经验，多数总结把这部分内容作为重点。"成绩"指做了哪些工作，达到了什么样的水平。"经验"也就是"体会"，就是采取了哪些措施取得成绩，分析取得成绩的主、客观原因，有哪些体会等。成绩、做法是基础材料，经验、体会是重点。写作时，材料要典型、突出，数据要具体、翔实，点面结合，叙议结合。切忌面面俱到，不分主次，或者写成流水账。

2）问题及原因，也称之为失误与教训。要求以正确的观点写出工作中存在的问题及失误，分析其主客观原因，以此上升为可供借鉴的教训。写这部分视具体情况而确定详略。如果是着重反映问题的总结，就要把这部分作为重点写；如果是典型经验总结，或者工作中确无大的失误，可以略写或者不写，也可以把这部分内容合并到"努力方向"中去写。

主体部分内容很多，又需要对事实进行理论上的分析、归纳，所以在写作中通常采用多种方式来安排结构：一是纵式结构，即按时间顺序或工作进程来写，其结构通常是"情况—具体做法—成绩经验—问题教训—今后设想"或者"做法—效果—体会"。这是总结最常用的写法，这种写法能给人以完整的印象。二是横式结构，即把经验、体会上升到一定理论高度，归纳出几个并列的观点，按照其内部的逻辑关系来安排内容和层次。三是纵横交错式结构，即在一份总结中既有纵式结构又有横式结构，按照材料之间的逻辑关系，把内容分成若干部分，每一部分按纵式结构或横式结构来写。这种写法常用于全面总结。

（3）结尾　指出尚未解决或尚未完全解决的问题、今后的设想、努力的方向，或者表明决心。也可不写，在主体部分结尾。

3. 落款

在正文的右下方署上单位名称，名称下面标明时间，如单位名称在标题中注明，则落款只标明时间即可。

3.3.3 总结的写作要求

1. 实事求是，尊重客观实际

总结既是对过去实践活动的回顾和评估，又对今后工作具有指导意义，因此必须从本单位、本部门的实际情况出发，反映真实情况，如实反映工作中的成绩、经验和问题、不足、教训；不能无中生有，虚报成绩；不可文过饰非，掩饰问题；也不可任意夸大，自我吹捧；既不片面化、绝对化，也不能凭空杜撰。任何的主观臆断都是写作总结的大忌。

2. 找出规律，观点和材料相统一

充分地占有资料，全面地掌握情况，是总结观点正确、内容充分的首要条件。总结的写作者要从客观实际出发，从分析研究事实入手，透过现象看本质，发掘出事物的本质特点，找出事物之间的内在联系，找出取得成绩的原因或存在问题的根源，从而认识事物的本质规律。在写作中，提炼出恰如其分的、新颖的观点，选择突出的、有代表性的、最能反映问题本质的典型材料支撑观点，同时还要注意点面结合，注意各种材料的合理、恰当地使用，从而使观点和材料有机结合起来。

3. 语言表达准确、朴实简洁

总结的语言要力争准确，不夸大，不缩小，通俗易懂，简明扼要，不拖沓，忌空话、废话。

例文 3-2　总结

××县农业局2010年工作总结

2010年，在县委、县政府的正确领导下，农业局按照都市型现代农业发展的要求，全面落实科学发展观，加快农业结构调整，优化农业产业布局，推进农业产业化经营，实现了我县现代农业科学快速发展，取得了可喜业绩。秋农高会签约总金额6.9亿元，会场交易112.5万元。41项考核指标均已全面超额完成任务。

一、主要工作实绩

（一）农业生产快速发展

1. 粮食生产又获丰收。（略）
2. 设施农业不断壮大。（略）
3. 生态养殖健康发展。（略）
4. 一村一品产业不断提升。（略）
5. 农产品质量安全放心。（略）
6. 农业产业化经营快速发展。（略）
7. 农业装备水平不断提高。（略）
8. 农村经营管理逐步规范。（略）

（二）项目任务圆满完成

1. 农业综合开发。在4个乡镇11个行政村累计投资1210万元、新打和改造机井90眼，配套设施齐全，提前半年完成了1.6万亩中低产田改造任务。并启动了2011年3个乡镇5个行政村农业综合开发项目。
2. 扶贫开发。年初确定的11个扶贫重点村完成投资1330万元，实施改厕、改圈、改

厨 630 户，硬化出村道路 58.3 公里，超额完成了建设任务。（略）

3. 农机购置补贴项目。（略）

4. 沼气池建设项目。（略）

5. 信息入村工程。（略）

6. ××××蔬菜基地建设。投资 514 万元，建成 5000 亩蔬菜供应基地，占地 10 亩的蔬菜加工检测中心运行良好，累计实现净菜供应 4.85 万吨，经营收入达 7300 万元，完成全年任务 112.3%。（略）

7. ×××现代农业示范园建设。成功流转土地 1000 亩，建成高标准设施蔬菜大棚 500 余亩。（略）

8. 良种补贴项目。（略）

9. 农民科技教育工程。（略）

10. 温饱工程。（略）

11. 粮食高产创建项目。（略）

（三）不稳定因素逐步得到化解

1. 畜牧长临工问题圆满解决。47 名长临工中 44 人已经领到补偿金，共发放补偿金 48.194 万元，其余 3 人正在积极做工作。长临工队伍情绪稳定。

2. 农民身份曾受聘在基层农技机构工作过的人员发放养老补助资格审核工作已结束。全县符合发放养老补助条件的人员共 755 人。

3. 种子体制改革遗留问题得到妥善解决。（略）

二、具体工作措施

1. 抓好关键环节，确保丰产丰收。

2. 实施科技项目，推进高效农业发展。

3. 落实惠农政策，提高农民务农积极性。（略）

三、存在问题

1. 设施农业发展较慢。我县经济底子差，难以为设施农业发展提供强力支持，设施农业发展较慢。

2. 龙头企业辐射带动功能弱。缺乏以农副产品加工为主的大型骨干企业，缺乏有市场竞争力的优势品牌，企业拉动力不强。

3. 农业产业服务体系不健全。（略）

4. 土地集约化程度低。（略）

2011 年 1 月 15 日

3.4 简报

在工作中，下级机关常用简报向上级机关汇报工作、反映情况，为上级机关的决策提供依据，下级机关也能通过简报及时了解上级机关的精神或工作指示，平级机关、单位、部门之间可利用简报互相沟通、协调工作、交流信息和经验。

3.4.1 简报的概念、特点和种类

1. 简报的概念

简报是机关、团体、企事业单位内部编发的广泛使用的一种事务文书,用来反映情况、汇报工作、交流经验、沟通信息等。在日常生活中,简报也称"情况反映""情况交流""动态""内部参考"等。

2. 简报的特点

(1) 内容新　简报反映的都是新近发生的新情况、新问题、新事件、新经验等,一切内容都要体现时效性,给人以新的感觉、新的启示、新的思考。

(2) 选材精　选取典型的、有代表性的材料;选取与国家的方针政策和当前中心工作密切相关的情况和问题,"以小见大",给人们以启示。

(3) 报道快　传递信息快,反应迅速及时。简报时效性强,失去时效也就失去了意义。

(4) 篇幅短　简报要求内容简练、集中,篇幅短小,评议简洁,便于阅读、了解和掌握情况。

3. 简报的种类

简报划分的标准不同,种类也不同。从简报版期上分,有定期简报和不定期简报;从简报编辑上分,有一文简报和多文简报;从性质上分,有专题简报和综合简报;从内容上分,有工作简报、会议简报、动态简报等。

(1) 工作简报　工作简报是用以反映工作中情况的简报。内容包括工作中的经验、教训,贯彻上级的指示精神的情况等。

(2) 会议简报　会议简报用于反映会议的基本情况,如会议重要的发言和典型发言全文或摘要,会议决议、决定等。会议简报及时把会议中的信息传递出来。会议简报时间性强,随着会议的开始而开始、会议的结束而结束。

(3) 动态简报　动态简报用于反映单位人员思想状况、业务动向、人员变动等方面的情况。

3.4.2 简报的结构

简报有固定的格式,包括报头、报体、报尾三部分。

1. 报头部分

简报的报头,又称版头,一般占首页的1/3版面,在1/3处用间隔红线与报体分隔开。它由简报名称、期数、编发单位、印发日期、密级等组成。

(1) 简报名称　一般标题为"情况反映""会议简报""工作简报""简报"等,在报头的中间位置,字体要大些,一般应套红,要美观大方、醒目。

(2) 期数　在简报名称的下面,居中排列,字要小,不用红色,标明"第×期"。

(3) 编发单位　在期数的下面,横线的左侧,顶格写明主办简报的单位名称。

(4) 印发日期　与主办单位同一行,居右边写简报印发的年、月、日。

(5) 密级　在简报名称的左上角标明密级,用方括号标注或注明"内部刊物"。有的简报还有份号,标在简报名称的右上角,标明份号或编号。

2. 报体部分

在红色线下面的内容，是简报的主体内容，称之为报体。

简报的格式见表3-1。

表 3-1　简报格式

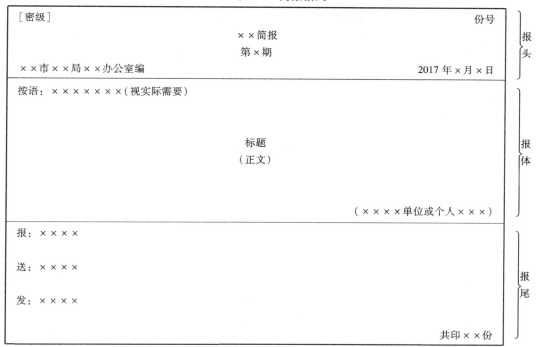

(1) 按语　按语也称编者按，放在标题前，分隔线以下。介绍稿件的来源、编发原因、目的和发至范围，或提示主要内容，帮助读者理解精神，或强调其重要性，表明态度，对下级提出要求或提供办法等。简报是否需要按语，根据情况而定。

(2) 目录　多文简报有目录。

(3) 标题　简报标题的写法灵活多样，标题要求确切、简明、醒目、有吸引力、生动形象，如"东部欲飞，西部何为""书店'以商养文'，利乎？"。

(4) 正文　正文包括前言、主体、署名三个部分。

前言，相当于新闻的导语。简报开头的一段话，用简洁的语言概括全文的主旨和主要内容，说明人物、事件、时间、地点、原因和结果等，给读者一个整体的印象。写法一般有概述式、提问式、结论式和描写式等。

主体，是简报的主干，是对前言的展开，使其具体化。可以采用新闻的写法，也可以采用小标题、序数法等方式。

署名，即提供简报的单位或个人姓名，写在正文后右下角并用圆括号括上。如果作者是编发单位，则可不具名。

3. 报尾

在正文之下，用一条黑线将主体部分与报尾部分隔开。报尾的主要内容包括简报的报、送、发单位和印刷份数。印刷份数在右下角标明。

3.4.3 简报的写作要求

（1）选材要真 在撰写中，简报要本着实事求是的精神，客观、公正、如实地反映情况，给上级领导提供正确决策和指示的依据。真实是简报的生命。

（2）内容要新 简报要反映新情况、新问题、新经验、新趋势。

（3）编发要快 简报贵在及时，捕捉信息，快速成文，否则将失去简报特有的作用。

（4）整体要简 "简"是简报的主要特点之一。内容要简，要求选取有代表性的、典型的材料，观点鲜明；语言要简，语言简洁，开门见山，直陈其事；结构要简，结构明了，脉络分明。

例文 3-3 简报

政府工作简报

第 25 期

××县人民政府办公室　　　　　　　　　　　　　　　　　　2010 年 7 月 5 日

创新理念　全力服务
××镇大力推进招商引资工作

今年以来，××镇认真贯彻落实全县经济工作会暨招商引资大会精神，坚决摒弃"小富即安，小进即满"观念，牢固树立"实施大招商，立足大招商"思想，加快招商步伐，加大引资力度，全力推动全镇招商引资工作再上新台阶。

一、创新招商理念。树立"借梯上楼，借力发展"新理念，把招商引资作为经济工作的重中之重，"一把手"亲上阵、亲自抓；把招商引资作为促进××发展的第一推动力，班子成员齐上阵、人人抓。镇党委书记、镇长及副镇长亲自带队，分赴北京、天津等地，对××庄园、××食品有限公司、××服装有限公司、××线缆制造有限公司、××工程机械制造有限公司等 10 家企业开展敲门招商。通过拜访、宣传，使这些企业对我县的招商政策和投资环境有了深入了解，产生了浓厚兴趣。目前，该镇已与××建筑模板有限责任公司、××玻璃钢复合材料有限公司、××房地产公司这三家公司达成投资意向。

二、改进工作方式。一是发动群众，以情招商，以根招商。××建筑模板有限责任公司总经理×××先生，原籍××××，在×××村人的引荐下，该镇与其签订了初步的投资意向；××玻璃钢复合材料有限公司总经理××先生，×××村，该镇在拜访×××先生时，大谈乡情，畅叙亲情，极大地激起他回乡投资的热情。二是依托企业，以企招商，以商招商。在××公司全面停产，厂房急于外租的情况下，该镇积极协调，主动服务，使××公司和××公司达成租赁协议，现××公司在××公司建设的年产 4 万吨全蛋白饲料生产线即将建成投产。通过×××先生介绍，该镇与××房地产公司进行了洽谈磋商，该公司对我县×××旅游资源表现出浓厚的兴趣，与该镇签订了投资框架协议。三是利用驻点，以优势招商，以政策招商。该镇在××市设立了驻外招商办事处，利用驻外招商办事处拜访企业，结识客商，赠送《魅力××》《××投资指南》等资料，大力宣传我县的优惠政策，积极推介我县的区位优势，吸引了一大批客商来我县实地考察。

三、强化服务措施。一是成立专门机构。该镇抽调一名班子成员和四名机关干部，脱离管区工作，成立了项目建设协调服务办公室，对项目建设开展专人负责、专人跟踪、专人服务。二是建立工作制度。建立班子成员联系招商项目、现场办公和服务例会等制度，在项目引进、选址、规划、施工等方面，全面加大协调服务力度，叫响"该办的不拖，能办的不等，难办的不靠，说办就办好"的服务承诺。三是做好群众工作。由于建设项目多，占地面积大，涉及群众广，该镇高度重视群众的思想稳定工作，专门抽调四名班子成员和八名经验丰富的机关工作人员，组成四个占地协调小组，一方面向群众广泛宣传、大力灌输"大招商，大发展"的新思想；一方面积极与有关部门沟通协调，谨慎实施地面附着物清点、占地赔偿工作。通过两方面的努力，为项目建设创造了一个安定的周边环境。目前，××集团项目用地地面附着物清点工作已经结束；机械工业园项目用地地面附着物的清点工作已结束，现正按补偿标准向群众兑现补偿款；对新一中项目用地绘制出了平面图，标明每户的具体位置和实际占地亩数，现正在逐户核实地面附着物。

送：××××××
××××、××××、×××、×××

共印××份

3.5 调查报告

3.5.1 调查报告的概念、特点和种类

1. 调查报告的概念

调查报告是对某一个或某一类当前重要的事件或群众关心的实际问题进行深入细致的调查研究、分析、归纳，综合而写成的反映客观实际、揭示事物本质和规律的书面报告。"一调查，二报告"是说，调查是前提，报告是结果，但研究是关键。

调查报告能够为党的路线、方针、政策的制定和修订提供有价值的第一手材料，为上级领导机关进行科学决策和科学管理做参考，反映新人新事，为新生事物做舆论上的帮助；传播典型经验，学有方向；揭露丑恶现象，可供借鉴。

2. 调查报告的特点

（1）目的性　调查报告都具有明确的目的性，或宣传经验，或揭露问题，或反映情况，或研究问题，总是为了一定的目的，深入实际，调查研究，提出看法或意见，以引起上级领导、社会和有关方面的重视。

（2）真实性　调查报告是客观事实的反映，调查对象是客观现实中的人、事或现象、问题，调查得来的材料必须真实可靠，不能带有调查者的主观色彩或个人情感，调查报告的结论必须由正确的分析、判断而得出，这样调查报告才能揭示事物的本质和规律。

（3）典型性　调查的对象、调查的材料是否典型，直接影响着调查报告的意义和价值，是调查报告成败的关键。因此，要想撰写一篇真正能够揭示现实事物本质和规律的调查报告，就必须选择具有典型意义的事实或材料，由事论理，得出结论，这样调查报告才具有现实意义和指导意义。

（4）新闻性　调查报告所反映的是现实生活、工作中的新事物、新情况、新问题或急需解决的矛盾，具有新闻的特点，要求抓住情况，及时深入调查、分析、写作，否则，将失去指导意义。

3. 调查报告的种类

调查报告涉及的内容广泛，表现形式多种多样。划分的标准不同，就有不同类型的调查报告。按范围分，有综合调查报告和专题调查报告；按性质分，有宣传经验的调查报告、反映情况的调查报告、揭露问题的调查报告、研究问题的调查报告等。

（1）宣传经验的调查报告　它是以反映、介绍社会实践中的典型经验为主要内容的调查报告，其目的在于推广经验，表彰先进，指导全局性工作。这些经验具有代表性、科学性，能体现政策，对工作起推动和指导作用。

（2）反映情况的调查报告　它是比较系统、深入地剖析某地区、某单位、某行业或某一方面、某一类型人物的各方面的基本情况和发展变化的调查报告，使读者对调查对象的整体情况有一个比较全面的了解。这类调查报告涉及面广，为做出决策提供依据。

（3）揭露问题的调查报告　它是以大量确凿的事实，公开披露社会生活中一些重大的、社会各方面广泛关注事件的真相的调查报告，指出问题的严重性，从而让人们提高认识，吸取教训，警示众人，推动工作前行。

以上三种是常用的调查报告，另外还有研究问题的调查报告，深入实地调查、探讨某个理论问题，如人口问题、经济问题等，具有很强的理论性和专业性。

3.5.2 调查报告基本程序与指导原则

调查报告的形成需要调查、研究和写作三个过程。调查是前提、是基础，研究是关键，写作是前两者的成果，通过布局谋篇科学、合理地组织成文章，形成调查报告。

1. 深入调查，获取材料

调查是写作调查报告的前提、基础，没有调查，就不能了解、掌握情况，就无法形成观点，所以必须做好调查。

（1）搞好调查必须有明确的调查目的　有目的才能有方向，写调查报告首先要确定调查目的。

（2）搞好调查必须围绕调查目的　拟定调查提纲，使调查有依据，不盲目。

（3）搞好调查必须有正确的态度　一是要实事求是，不弄虚作假，老老实实、实实在在地开展调查；二是要严把材料真实关，不许捏造和篡改，保持材料原貌。

（4）搞好调查必须满腔热情　要随时准备吃苦受累，要深入实际，不能浮于表面。

（5）根据目的和提纲确定调查方法　常用的调查方法有以下几种：

1）普遍调查法，即普查，是指在一定的范围内，对所有的对象进行全面调查，以获得完整、系统的资料。此种调查方法的优点是资料全面、准确、误差小，但缺点也很明显，需要投入大量的人力、物力和财力，耗费大量的时间和精力。

2）典型调查法，是指在一定的总体范围内，选择能够代表总体状况的典型进行深入的调查。此种调查方法的优点是工作量小，可以以点带面，"窥一斑而见全豹"。典型调查的关键是选好典型，若选择的对象不具有典型性、代表性、普遍性，将影响调查结论的正确性。

3）抽样调查法，是指在需要调查的客观事物的总体中按照一定规范抽取一部分进行调查，以此来推断总体情况。此种调查方法的优点是可节省人才、物力、财力，排除调查者的主观因素的影响，有一定的科学依据，所获材料较为客观、真实、可靠，所以在实际调查中抽样调查法运用得较多。

4）实地观察法，即调查者直接亲身深入第一线，通过观察、访谈等方式，获取真实可靠的材料。此种调查方法的优点是真实、可靠。

当调查的范围确定以后，深入调查时还可以运用开调查会、个别访谈、问卷调查等方法。

调查后，对调查所得材料进行整理记录，必要时进行补充调查、验证调查。

2. 分析研究，形成观点

调查结束之后，占有了大量的材料，对材料分类、归纳、分析、研究、概括，得出调查结论。这是调查报告写作的关键，不可或缺。

首先，对占有的大量材料进行审查、核实、分类、归纳整理，"去粗取精，去伪存真"。其次，认真比较，分析研究，发现事物的本质，找出事物发展的规律，"由此及彼，由表及里"，得出结论。对事物的分析，既要全面，又要具体。既要注意事物的表象，又要挖掘其本质；既要注重对环境的分析，还要注重内在的联系，提炼自己的观点。

3. 布局谋篇，写成报告

这是调查报告的最后一个环节，调查与研究是过程，调查报告是结果。要科学取舍材料，根据结论的需求精选典型的数据和事实材料，根据表达的需要构思谋篇。

3.5.3 调查报告的结构

调查报告一般应包括标题、署名和正文三部分。

1. 标题

调查报告的标题可分为公文式和文章式两种形式。公文式标题形式由调查范围、调查内容和文种组成，如"实用型家电京郊市场调查"。文章式标题可分为单标题和双标题。单标题一般概括文章的内容，揭示文章的主旨，如"如何看待乡镇企业"。双标题分为正题和副题，正题揭示文章的主旨，副题说明调查的范围、内容和文种，如"社区党建　大有可为——上海市加强社区党建工作的调查"。

2. 署名

在标题下一行居中位置署上单位名称或个人名称，有的也是一个组织的名称（如调查组），个人署名也可以在文尾右下方。

3. 正文

由三部分组成，包括前言、主体、结尾。

（1）前言　也称引言，是调查报告的开头，总领或引出全文，并帮助读者阅读和理解文章内容。内容上概括调查对象的基本情况，有的提示全文的基本内容，有的直接提出调查的问题和结论。开头的写法灵活多样，常用的形式有：

1）概括介绍式，概括介绍调查对象的基本情况，让读者对调查对象有一个较为清楚的了解。

2）表明结论式，即在前言中先写调查报告的结论再阐述主要事实。

3）议论式，就是针对调查的问题说明意义，做简要的评述，再叙写事情的经过。

4）提出问题式，即开门见山，抓住中心提出问题，以引导读者思考，引起读者的兴趣。

前言的写法多种多样，没有固定的模式，具体采用哪一种形式，应根据内容和表达的需要而定。但无论采取哪种形式，都应重点突出、简明扼要、新颖、吸引读者、切入主旨。

（2）主体　主体是正文的核心，是前言内容的展开，是对调查情况和调查结果全面真实的反映。在主体中应具体叙述调查报告中的事实情况，还要在报告中分析评价，阐明观点，事理相映，叙议结合。主体部分的写作主要有如下几种结构：

1）横式结构，按照事物的性质或特点等内在联系来组织材料，加上小标题或序号，分别进行阐述，使文章结构清楚、层次分明。

2）纵式结构，按照事物发生、发展的先后顺序组织材料，使文章脉络清晰，从而揭示事物的产生、发展、变化的全过程。

3）纵横式结构，即把横式结构和纵式结构穿插配合使用。它兼有两种结构方式的优点，适用于较复杂的调查报告。

调查报告还有一些其他的结构形式，如按提出问题、分析问题、解决问题的三段论结构等，无论采用哪种结构形式都应根据写作的需要而定。

（3）结尾　调查报告的结尾根据具体内容的不同，方法灵活多样，或提出意见、建议；或总括全篇，深化主题；或展望未来，指明方向；或自然收尾等。

3.5.4　调查报告的写作要求

（1）选择典型、有代表性的事件　调查报告的写作重在选题，选取典型的、社会广泛关注的、有代表性的事件写成的调查报告才有现实意义和指导意义。

（2）深入调查，充分占有材料　深入的调查、翔实的材料是写好调查报告的关键，也为确保结论的正确性奠定基础。拟定调查提纲，确定调查目的、对象，确定调查方法、进程等，进行实地调查，充分掌握第一手材料，为调查报告的写作做好充分准备。

（3）端正态度，认真研究材料，找出规律，概括出合乎事理的观点　抱持不同的观点、态度看问题会得出不同的结论，对调查材料的研究必须站在科学、正确的立场上，分析问题，研究材料，得出正确的、合乎实际的观点，从而为人们所接受。

（4）合理布局谋篇，层次清晰，观点鲜明突出　根据调查报告的类别确定采取的结构形式，根据调查报告的内容选取表现手法。用事实说话，把事情的发生、发展、变化的过程交代清楚，通过事例引出事理，得出正确的结论。事理相映，突出鲜明的观点。

例文 3-4　调查报告

大学生理想信念现状问卷调查报告

理想信念是人们对未来的向往和追求，是人们的政治立场和世界观在奋斗目标上的集中体现，它在人的精神世界中居核心地位，起价值主导作用。特别是对于正处于人生观、世界观、价值观形成期的青少年而言，尤为重要。为了全面深入地了解和掌握大学生理想信念现状及特点，分析其形成的原因和影响因素；了解学生对学校相关工作的需求和建议，探索更具针对性、预见性的科学对策，我们于2005年6月对××大学等三所学校的1000名大学生进行了抽样问卷调查。

一、调查形式

本次调查采用无记名问卷调查的形式，问卷根据国家教育部"全国师生思想政治状况滚动调查"问卷、"××省大中专学生思想状况调查"问卷及××省内大学的实际情况设计而成，并请有关专家、教授、大学德育工作者，进行多次修改，经测试具有较高的信度和效度。整个调查过程安排细致，学生认真配合，调查结果真实有效。

二、调查范围与对象

本次调查在一所省重点大学、一所普通大学、一所职业大学等三所不同类型的学校中进行，采用随机抽样的方式共发出问卷1000份，收回问卷970份，回收率达97%，其中有效问卷963份，有效率为96.3%。

三、调查结果

为了客观真实地反映当前大学生理想信念水平的现状，本次问卷力图从与学生现实生活息息相关的各个不同层面反映其真实的理想信念状况，注重就理想目标的选择、理想信念的坚定性、入党动机、择业标准、个人价值取向、心理素质、教育影响等七个方面的情况调查来分析当前大学生在理想信念方面的基本特点。

调查结果如下。（略）

四、调查结果分析

（一）当前大学生思想主流积极向上，但缺乏对理想信念的理性认识，在理想目标选择上呈现多样化的特点。

从调查数据可以看出：

当代大学生有较强的国家意识和爱国热情，关心国家的发展和前途，对社会未来的发展充满信心，希望祖国繁荣昌盛，有较强的历史使命感和社会责任感，充分认识到理想信念对人生的重要指导作用。但在理想目标的选择上呈现多样化的特点，反映出改革开放以来，社会经济结构的多元化和社会分配多种形式的存在所导致的价值取向多元化对当代大学生所产生的巨大影响。

（二）理想信念的坚定性统计数据说明多数学生对马克思主义的根本指导作用有着清醒的认识，社会主义的理想信念仍是当代大学生的主要方向，高度认同中国特色社会主义理论和社会主义市场经济体制，对改革开放的未来充满信心。但也有一些学生对社会主义的信心不够坚定，对科学理论的掌握程度还不够，甚至对社会的前景存在着说不清、迷茫困惑的模糊认识，当代大学生中存在着一定程度的理想信念危机。

（三）大学生们能够认识到自身的社会责任，愿意为社会做贡献，并希望能将社会价值与自我价值的实现结合起来，体现出充分的主体性和责任意识。但同时，在各种功利主义的影响下，呈现出更为关注自身发展状态和现实利益的倾向……

（四）择业标准。择业标准及就业意向的选择直接反映了当代学生的理想信念状况。他们择业主要考虑符合自己的兴趣爱好和有利于成才实现个人价值，其次关注的是经济效益和兼顾国家与个人，若有机会出国留学，近一半的学生选择定居国外，可见很多当代大学生更多地关注个人的价值与个人利益，关注个人理想的实现，轻社会理想，缺乏坚定的信仰支撑，缺乏对人生意义的追寻。

（五）个人价值取向。价值观是人们对价值问题的根本看法，是人们在处理价值关系时所持的立场、观点和态度的总和。理想、信念则是人们价值观的集中体现，是核心的价值观念。调查显示，当前大学生人生价值取向总体上是健康向上、积极进取的。同时也呈现价值取向多元化、功利化倾向。

在对财富的获取问题上，大多数大学生已能正确认识拼搏与收获的关系，要用自己的学识才干和拼搏来获得财富。问及最亮点人物时，多数学生的选择排序依次为比尔·盖茨、刘翔、丘吉尔、袁隆平，但选择季羡林、桂希恩、徐本禹的非常少。由此可见，目前社会上过分追求物质利益的功利化倾向对一部分学生产生了重要的影响，使他们在价值取向和人生目标的确立上存在较浓厚的功利主义、实用主义色彩，过多地强调了现实生活中的物质利益成分。

……

（六）心理脆弱不容乐观。在调查中，学生最苦恼的问题依次是"就业竞争激烈，学习压力大""上学费用高，经济困难""对所学专业感到没有前途，失去兴趣"。

……

（七）理想信念教育在家庭与学校中十分薄弱。在调查中我们发现，对学生品德形成影响最大的因素是"家庭教育"，他们最信任的人是"父母"，最大的精神需求是"父母的关心和理解"，但当学生遇到挫折和烦恼时，学生们多是向父母发泄情绪而非寻求帮助。父母的价值观、理想信念、性格、言行举止往往对学生产生重要的影响。

而作为学生理想信念和思想道德教育主体的学校教育，其功用性、实效性和对学生心灵的影响至关重要，学校思想政治教育的内容、形式和目标亟待加强与改进。

由以上的调查分析，我们可以看到当前大学生理想信念的现状既有可喜的一面又有令人担忧的一面。经济全球化、世界多元化的浪潮给青年人的发展带来了更加广阔的空间，他们的思维更加活跃、勇于探索和奉献，具有较强的现代意识，包括自主意识、竞争意识、开放意识与协作意识、使命感，有个人追求和勇于创造、乐于奉献的责任意识，但在西方社会思潮、价值观念的影响下，缺乏对理想信念的理性认识，更多的是从个人发展和追求的进步、个人价值的实现出发，讲究实用主义，偏向于物质利益的追求，有的甚至失去了人生的信仰，理想信念教育亟待加强和引导。如何引导和教育青年学生树立和坚定正确的理想信念，构筑他们坚定的精神内核有待我们的进一步分析和思考。

3.6 规章制度

3.6.1 规章制度的概念、特点和种类

1. 规章制度的概念

规章制度是党政机关、社会团体、企事业单位根据管理的需要，依照国家的法律、法令和政策对一定范围内的有关工作、活动与人们的行为做出的具有法规性、指导性和约束力的应用文书。

2. 规章制度的特点

规章制度具有法规性、周密性、条理性、广泛性、程序性等特点。

(1) 法规性　规章制度是规范人们的行为的准则，其内容是让人们明确应该遵守的事项，规范人们的行为，人们必须按照规章制度的要求去做，违反规章制度就要受到相应的处罚。

(2) 周密性　制定规章制度是为了执行，所以必须周密细致，这样方便执行，不会产生歧义，从而减少纠纷和不必要的麻烦。

(3) 条理性　规章制度条理性强，写作时主要采用章条式或条款式将相应的规章制度的要求表述出来，清晰明了。

(4) 广泛性　规章制度涉及社会生活和工作的方方面面，让人们有遵循，有依据。

(5) 程序性　规章制度的制发有着严格的程序要求，任何一种规章制度都必须通过法定程序获得法定效力。规章制度的发布，对不同级别的机关有着不同的要求，企事业单位的规章制度由行政负责人签署。

3. 规章制度的种类

常用的规章制度有条例、规定、办法、细则、章程、守则、公约、规则、制度等。

(1) 条例　它是国家权力机关、行政机关或党的领导机关依照政策和法令而制定并发布的，针对政治、经济、文化等各个领域内的某些具体事项做出的比较全面系统、具有长期执行效力的法规性文书，涉及面较广，一般是作为法律的重要补充，如《行政法规制度程序条例》。

(2) 规定　它是针对某一项工作或开展某种活动制定的政策性和规则性的法规文书，比规则更具体，如《互联网电子公告服务管理规定》等。

(3) 办法　它是针对某项工作或某一方面活动制定的比较具体规定的文书，如《国家行政机关公文处理办法》《互联网信息服务管理办法》等。

(4) 细则　它是为了贯彻执行条例中某条款或某几条条款制定的详细规则，如《开放教育入学指南课程实施细则》等。

(5) 章程　它是党政机关、团体、企业或其他组织制定的纲领性的文件，对本组织的性质、宗旨、任务、组织原则、成员条件及义务、权利、机构设置、职权范围、活动规则等做出规范要求的文书。章程是成立一个团体组织的必要条件。章程应由该组织代表大会讨论通过后公布实行，如《海峡两岸关系协会章程》《共青团章程》等。

(6) 守则　它是要求特定的群体共同遵守的道德和行为规范的文书，如《学生守则》等。

(7) 公约　它是群众在自觉的基础上共同商定的对某一事项做出的具体要求，如《卫生公约》《诚信公约》《班级公约》等。

(8) 规则　它是国家机关、团体、企事业单位为维护公众利益，对某一事项制定的原则性规定，如《2006世界杯决赛圈小组赛阶段比赛规则》等。

(9) 制度　它是针对社会组织或某些范围、某一项工作做出的管理操作规程和行为准则，如《财务管理制度》等。

3.6.2　规章制度的结构

规章制度一般由标题、正文、落款三部分构成。

1. 标题

规章制度的标题一般由单位名称、事由、文种组成，如"×××大学2006年招生章程"。单位名称是规章制度适用的单位或范围，或者是制定、颁发单位的名称，也可以省略单位名称。

2. 正文

规章制度的正文结构一般有两种形式：

（1）章条式　即将规章制度的内容分成若干章，一般由总则、分则、附则三部分组成，每章又分成若干条。第一章称为总则，中间各章称为分则，最后一章叫附则。

总则说明制文的目的、依据、指导思想、任务、适用范围等。附则说明执行要求及生效日期等事项。分则是除总则和附则之外的中间部分，是对某项工作的实质性的规范。通常按事物间的逻辑顺序，或按各部分内容的联系，或是按工作活动程序以及惯例分条列项。

（2）条款式　只有条目不分章节，适用于内容比较简单的规章制度，一般开头说明制定目的、依据、要求等，主体部分分条列出规章制度的具体内容。开头相当于章条式的总则，中间部分相当于章条式的分则，最后一条相当于章条式的附则。

3.6.3　规章制度的写作要求

1. 体例规范

规章制度是为了规范人们的行为而制定的，在一定的范围内具有法定效力，体例上更规范。规章制度语言准确、简洁、平实，不论是章条式还是条款式，实质上都是采用逐章逐条的写法，条款层次由大到小，根据内容需要，可以分章、节、条、款、项、目。章、节、条的序号用中文数字依次表述，款不编序号，项的序号用中文数字加括号依次表述，目的序号用阿拉伯数字依次表述。最常见的以章、条、款三层组成。

2. 内容周密

规章制度需要人们共同遵守，内容上要求全面、完整，细致而周到，对所涉及的各个方面都必须做出相应的规定，不能有歧义，不能含混不清或自相矛盾，否则无法遵守或执行。

3.6.4　常用规章制度的写作

3.6.4.1　条例

条例一般包括标题、制发时间、正文三个部分。

1. 标题

条例的标题有两种基本写法。

（1）完整式标题　完整式标题由施行范围、主要内容、文种组成，如"中国共产党纪律处分条例"。

（2）省略式标题　省略式标题由主要内容、文种组成，如"建设工程质量管理条例"，省略了施行范围。

2. 制发时间

独立发布的条例要在标题之下正中位置加括号标明制发机关和制发时间。

用命令、通知等文种予以发布的条例，条例本身不显示制发时间，以命令或通知的发文时间为准，如"建设工程质量管理条例"是 2000 年 1 月 30 日由国务院令第 279 号颁布的，该条例的制发时间就是 2000 年 1 月 30 日。

3. 正文

条例正文由三大部分组成，分别叫作总则、分则和附则。

（1）总则　总则的内容包括制定条例的依据、目的、意义、指导思想、基本原则、基本概念、适用范围等，根据情况分为若干条款。总则独立成章，书写为："第一章　总则"，然后分条撰写。内容过于复杂的，还可在章上分编，第一编为总则，第二编为分则，第三编为附则。

（2）分则　总则之后、附则之前的所有内容，都属于分则。分则部分是条例的主体，实质性的规章制度都在分则中表达。分则分多少章、多少条，依内容而定。

（3）附则　附则是对前面内容的补充说明，内容一般比较简单，主要包括对概念或有关问题的解释，明确上述规定的解释权、修改权、实施时间等。附则的内容也要分条排列。

条例正文各条的序码从总则到附则都要贯通排列，为执行和引用提供方便。内容相对简单的条例，也可以不分编、章，直接分条。总则、分则、附则之间没有外部标志，但三者之间的层次应该清晰。

例文 3-5　条例

信息网络传播权保护条例

第一条　为保护著作权人、表演者、录音录像制作者(以下统称权利人)的信息网络传播权，鼓励有益于社会主义精神文明、物质文明建设的作品的创作和传播，根据《中华人民共和国著作权法》(以下简称《著作权法》)，制定本条例。

第二条　权利人享有的信息网络传播权受《著作权法》和本条例保护。除法律、行政法规另有规定的外，任何组织或者个人将他人的作品、表演、录音录像制品通过信息网络向公众提供，应当取得权利人许可，并支付报酬。

第三条　依法禁止提供的作品、表演、录音录像制品，不受本条例保护。

权利人行使信息网络传播权，不得违反宪法和法律、行政法规，不得损害公共利益。

第四条　为了保护信息网络传播权，权利人可以采取技术措施。

……

第五条　未经权利人许可，任何组织或者个人不得进行下列行为：

……

第六条　通过信息网络提供他人作品，属于下列情形的，可以不经著作权人许可，不向其支付报酬：

……

第七条

……

第八条

……

第九条

……

第十条　依照本条例规定不经著作权人许可、通过信息网络向公众提供其作品的，还应当遵守下列规定：

……

第十一条　通过信息网络提供他人表演、录音录像制品的，应当遵守本条例第六条至第十条的规定。

第十二条　属于下列情形的，可以避开技术措施，但不得向他人提供避开技术措施的技术、装置或者部件，不得侵犯权利人依法享有的其他权利：

……

第十三条　著作权行政管理部门为了查处侵犯信息网络传播权的行为，可以要求网络服务提供者提供涉嫌侵权的服务对象的姓名（名称）、联系方式、网络地址等资料。

第十四条　对提供信息存储空间或者提供搜索、链接服务的网络服务提供者，权利人认为其服务所涉及的作品、表演、录音录像制品，侵犯自己的信息网络传播权或者被删除、改变了自己的权利管理电子信息的，可以向该网络服务提供者提交书面通知，要求网络服务提供者删除该作品、表演、录音录像制品，或者断开与该作品、表演、录音录像制品的链接。通知书应当包含下列内容：

……

第十五条

……

第十六条

……

第十七条

……

第十八条

……

第十九条

……

第二十条

……

第二十一条

……

第二十二条

……

第二十三条

……

第二十四条

……

第二十五条

……

第二十六条　本条例下列用语的含义：

信息网络传播权，是指以有线或者无线方式向公众提供作品、表演或者录音录像制品，使公众可以在其个人选定的时间和地点获得作品、表演或者录音录像制品的权利。

技术措施，是指用于防止、限制未经权利人许可浏览、欣赏作品、表演、录音录像制品的或者通过信息网络向公众提供作品、表演、录音录像制品的有效技术、装置或者部件。

权利管理电子信息，是指说明作品及其作者、表演及其表演者、录音录像制品及其制作者的信息，作品、表演、录音录像制品权利人的信息和使用条件的信息，以及表示上述信息的数字或者代码。

第二十七条　本条例自2006年7月1日起施行。

3.6.4.2　规定

1. 规定的概念

规定是领导机关对特定范围内的工作和事务制定相应措施，要求所属部门和下级机关贯彻执行的法规性文书。规定是局限于落实某一法律、法规，为加强某项管理工作而制定的，具有较强的约束力，而且内容细致，可操作性较强。有方针政策性和具体事宜性两种规定。

2. 规定的结构

规定由标题、制发时间和正文三部分组成。

1）标题一般有三种构成形式：一种是由发文单位、事由、文种构成，如"国务院关于征收私营企业投资者个人收入调节税的规定"；另一种是由事由和文种构成，如"禁止使用童工规定"；三是在"规定"之前加某些修饰限定语，如"关于退休工人待遇问题的若干规定"。

2）制发时间一般用括号在标题之下注明规定发布和签发的时间和依据。有的规定是随"命令""令"等文种同时发布的。

3）正文由总则、分则和附则组成。

总则交代制定规定的缘由、依据、指导思想、适用原则和范围等。分则即规范项目，包括规定的实质性内容和要求具体执行的依据。附则说明有关执行要求等。

正文的表述形式一般采用条款式或章条式。

例文3-6　规定

上海市政府信息公开规定

（2008年4月28日　上海市人民政府第2号公布）

第一章　总　　则

第一条　（依据）

依据《中华人民共和国政府信息公开条例》(以下简称《政府信息公开条例》)和其他有关法律、法规的规定，结合本市实际，制定本规定。

第二条　（定义）

本规定所称的政府信息，是指行政机关在履行职责过程中制作或者获取的，以一定形式记录、保存的信息。

第三条 （原则）

行政机关应当公开政府信息，但依法不予公开的除外。

行政机关公开政府信息，应当遵循公正、公平、便民、及时的原则。

第四条 （组织推进体制）

本市各级政府应当加强对政府信息公开工作的组织领导。

市政府办公厅是本市政府信息公开工作的主管部门，负责推进、指导、协调、监督全市的政府信息公开工作。市信息委、市监察委、市政府法制办、市政府新闻办、市国家保密局以及其他有关行政机关在市政府办公厅统一协调下，负责具体实施政府信息公开的各项推进工作。

区（县）政府办公室会同相关部门推进、指导、协调、监督本行政区域的政府信息公开工作。

第五条 （工作机构）

……

第六条 （公共利益的维护）

……

第七条 （保密审查机制）

……

第八条 （发布协调机制）

……

第九条 （公共内容的核实核对）

……

第二章 公开范围

第十一条 （主动公开）

……

第十二条 （不予公开）

……

第三章 主动公开的途径

……

第四章 依申请公开的程序

……

第五章 监督和救济

……

第六章 附则

第三十四条 （法定授权组织）

法律、法规授权的具有管理公共事务职能的组织公开政府信息的活动，适用本规定。

第三十五条 （政府信息向档案馆移交）

国家档案馆接收行政机关依法移交的档案涉及政府信息的，其公开适用档案法律、法规的有关规定。

行政机关依法向国家档案馆移交的档案涉及政府信息的,应当将该政府信息原属于主动公开、依申请公开或者不予公开的情况书面告知国家档案馆。

第三十六条 (经费保障)

行政机关应当将政府信息公开工作经费纳入本机关的年度部门预算,保障政府信息公开活动的正常进行。

第三十七条 (施行日期)

本规定自 2008 年 5 月 1 日起施行。2004 年 1 月 20 日市政府发布的《上海市政府信息公开规定》同时废止。

3.6.4.3 办法

1. 办法的概念

办法是国家机关、社会团体、企事业单位用于对某项工作或活动的进行做出具体规定的文件,其目的明确,要求具体,具有较强的约束力。

2. 办法的结构

办法由标题、制发时间和正文三部分组成。

(1) 标题 一般由主要内容和文种构成。主要内容包括基本事项、适用范围,如"储蓄存款利息所得个人所得税征收管理办法""统计上岗资格证书颁发实施办法"。如果是试行或暂行,在标题中要写明,如"外商投资企业采购国产设备退税管理试行办法"。

(2) 制发时间 一般加括号标于标题之下正中,有多种写法:制发时间和通过的会议,通过的会议及通过的时间,发布机关和发布时间,发布机关和首次发布时间及修订时间。

随命令和通知发布的办法,自身不显示制发时间和依据,但以后单独使用时,应将原命令和通知的发布时间标注于标题之下。

(3) 正文

1) 总则、分则、附则式写法。内容复杂的办法,可采用总则、分则、附则式写法。总则写明制定办法的目的、依据、意义、适用范围、实施部门等。分则列出具体的方法、步骤、措施、要求等,可分若干章展开。附则用来写特殊规定、补充规定和生效时间。

2) 直接分条式写法。内容简单的办法,直接分条即可。前若干条写目的、依据、宗旨等,中间较多的条款写方法、步骤、措施等,最后一两条写补充规定和实施要求。

例文 3-7 办法

<h3 style="text-align:center">铁路交通事故查处挂牌督办办法</h3>

第一条 为严肃查处铁路交通事故,保障人民群众生命和财产安全,保障铁路运输安全畅通,依据《国务院关于进一步加强企业安全生产工作的通知》(国发〔2010〕23 号)的规定和铁道部实施意见,制定本办法。

第二条　铁道部负责落实国务院安委会对重大铁路交通事故调查处理的挂牌督办要求，对铁路交通较大事故调查处理实行挂牌督办，安监司具体承担挂牌督办事项。

各铁路管理机构(安全监管办)负责落实铁道部挂牌督办事项，对铁路交通一般事故调查处理实行挂牌督办，安全监管办的安全监察部门具体承担挂牌督办事项的综合工作。

第三条　铁路交通较大事故查处挂牌督办，按照以下程序办理：

(一)发生铁路交通较大事故，铁道部安监司提出挂牌督办建议，报部领导审定同意后，向安全监管办下达挂牌督办通知书。

(二)在铁道部办公网站、《人民铁道》报、安全监督管理信息系统网页上公布挂牌督办信息。

第四条　挂牌督办通知书包括下列内容：

(一)事故名称……

(二)督办事项……

(三)办理期限……

(四)督办销号方式、程序……

第五条　各安全监管办接到挂牌督办通知后，应当组织和督促有关职能部门按照督办通知要求办理下列事项：

(一)做好事故善后工作……

(二)查清事故原因，认定事故性质……

(三)分清事故责任，提出对责任人的处理意见……

(四)依法实施经济处罚……

(五)形成事故调查报告……

(六)监督落实事故防范和整改措施……

第六条　安全监管办应当自接到挂牌督办通知之日起20日内完成督办事项。

第七条　事故调查报告形成初稿后，安全监管办应当及时向铁道部安监司作出书面报告，经审核同意后，办理事故结案相关事项。

第八条　较大铁路交通事故查处结案后，应将事故挂牌督办情况和事故查处结案情况，在铁道部办公网站《人民铁道》报、安全监督管理信息系统网页上予以公告。

第九条　承担挂牌督办事项的安全监管办有关职能部门对督办事项无故拖延、敷衍塞责、弄虚作假的，依法追究相关人员责任。

第十条　铁路交通一般事故的挂牌督办，比照本办法的相关规定执行。

第十一条　本办法自印发之日起施行。

铁道部
2010年9月16日

3.6.4.4　细则

1. 细则的概念

细则是有关机关根据下发公文的规定或实施需要，为了贯彻执行某一法律、法规或其中的部分条文、个别条文，结合实际情况，制定出具体的实施办法，或做出补充、辅助说明的法规性文件。细则是对某一法律、法规全部或部分内容的具体化。

2. 细则的结构

细则一般由标题、制发时间和制发依据、正文三部分组成。

（1）标题　由事由和文种构成。

（2）制发时间和制发依据　一般在标题之下，用括号注明细则的发布日期与机关名称，或者批准、修订日期与机关名称。

（3）正文　它是细则的主体内容，分为总则、分则和附则三个部分。它既可以全面系统地对某一法律、法规的实施做具体、周密的规定，也可以对某一法律、法规的局部或某一条文做具体、周密的规定。

例文3-8　细则

××中学教职工职业道德考核细则（试行）

为切实加强我校教职工职业道德(简称师德,下同)建设，建立规范化、制度化的师德考核长效机制，根据国家《教育法》《教师法》《中小学教师职业道德规范》等法律、法规和××县教育委员会"规范教育行为的六条规定"等相关政策，结合学校实际情况，制定《××中学教职工职业道德考核细则(试行)》。

一、考核对象

全校教职工。

二、考核原则

考核坚持以人为本、实事求是、科学规范、民主公开、客观公正、注重过程、注重实效的原则，结合学校实际严格按标准执行。

三、考核方式

以学年度为考核年度，与教职工专业技术人员年度考核结合进行。考核实行量化记分，分为常规考核、重点考核和"一票否决"三种方式。

常规考核总分100分，每个B级指标的分值减完为止。重点考核在常规考核实得分的基础上进行减分，减分后的最后得分为师德考核得分。

四、考核等次

考核等次分为优秀、合格、不合格三个等次。其中95～100分为优秀，70～94分为合格，70分以下为不合格。

五、结果使用

（一）考核结果实行年报制，学校每年将考核结果统计上报教委人事科，上报时间与专业技术人员年度考核结果上报时间一致。

（二）师德考核结果是教职工年度考核、晋职、晋级、评先、受聘、续聘的重要依据。师德优秀者，在当年和次年的评职、评优中享受一次3分的加分待遇，在聘任教师时优先考虑。师德不合格者，当年年度考核不称职，继续教育验审不合格，不予聘任到教师岗位，评职、评优一票否决。

六、组织领导

（一）学校办公室负责对学校师德年度考核的管理与监督，定时、不定时深入处室、班组检查过程考核、记载情况。设立师德考核举报电话，电话号码为：××××××××。

（二）学校设立师德建设考核领导小组。组长：×××；副组长：×××、×××、×××；成员：×××、×××、×××……师德建设考核领导小组在校长的领导下，分工合作，确保考核工作落到实处。

（三）学校建立过程考核专项记录，专人负责记载，每月向教职工公布一次记录情况。过程考核记录设有时间、地点、扣分缘由、当事人签字、领导审核等栏目。

（四）学校每年度建立师德考核专卷，实行师德考核专项奖励。

（五）考核中任人唯亲、徇私舞弊、打击报复、弄虚作假的，或考核走过场的，一经举报查实，视其情节轻重，减师德考核分 5～10 分。

（六）对考核实行"一票否决"的，由学校形成书面材料报县教委人事科审查属实，经教委师德建设工作领导小组同意后执行。

××中学
××××年××月××日

3.6.4.5　章程

章程一般由标题、日期、正文三部分组成。

1. 标题

章程的标题，由组织名称和文种构成，如"中国共产党章程""中国写作学会章程"。如果尚未得到通过和批准，可在标题后加括号注明"草案"，如"中国写作学会青年写作理论家协会章程（草案）"。

2. 日期

在标题下方正中加括号标明日期和通过依据，有三种写法：

1）由会议名称、通过日期组成，如"中国××第二次全国代表大会××××年××月××日通过"。

2）由通过日期、会议名称组成，如"××××年××月××日中国××学会第三届理事会修订通过"。

3）只写明通过日期，如"2005年8月17日通过"。

3. 正文

内容丰富的章程采用章条式写法。这种写法是篇下分章、章下分条、条下分款。通常第一章是总纲（或总则），以下各章是分则，最后一章是附则。

总则是章程的纲领，对全文起统率作用，要求写明组织或企业的名称、性质、宗旨、指导思想等。

分则是基本规则部分，是总则和附则之间的各章，包括组织人员、组织机构、加入条件、程序、权利和义务等。如果是企业的章程要写组织关系、资本构成、人事制度、资产管理、业务范围、利润分配等。这部分的写作要全面考虑，合理分章，使各章内容相互独立，先后位置安排有序、清楚分明。

附则为补充说明的部分，一般要说明解释权，修订权，实施要求，生效日期，本章程与其他法规、规章的关系，以及其他未尽事宜等。

内容简单的章程直接分条撰写。

撰写章程要注意符合政策规定,内容系统周密,条理明确清晰,语言精当质朴。

例文3-9 章程

××青年政治学院
青年社会主义理论学习促进会章程(草案)

第一章 总 则

第一条 为深入学习马克思列宁主义、毛泽东思想、邓小平理论和"三个代表"重要思想,在全院掀起学习社会主义理论的新高潮,增强广大学生的理论修养、学术水平和综合素质,成立××青年政治学院青年社会主义理论学习促进会。

……

第二章 会 员

第五条 凡承认本会章程,愿意参加本会的一个组织并在其中积极工作的在校大学生及其他社会人士,本人提出申请,经审查合格后,即可成为本会会员。并按要求办理会员证,每学期注册、登记。

第六条 会员权利:

(一)会员有权参加和监督促进会组织的各项活动。

(二)会员享有选举权和被选举权。

(三)会员有权申请部门之间调动。

(四)会员有权对促进会的工作提出批评和建议。

(五)会员有权查询促进会各项费用收支状况。

(六)会员有权申请离会。

第七条 会员义务:

(一)会员须坚持四项基本原则,具有主动学习理论的意识,关心国内外时事政治。

(二)会员须遵守本会章程,执行本会决议,积极参与各项活动并努力完成本会委托的任务。

(三)会员有维护本会声誉和形象的义务。未经批准,严禁以促进会的名义发布任何信息。

(四)会员不得无故缺席会议,也不得无故迟到或早退,有事应提前向所属部门负责人请假,并由秘书处记录备案。

(五)会员应注重与其他会员的交流,加强团体合作,树立并弘扬积极向上的社会主义新风尚。

(六)会员应爱护促进会的公共财物,珍惜促进会的工作资源。

……

第三章 组 织

第十条 本会聘请顾问委员5人,长期学术客座教授8人,理论指导教师和国学指导教师若干人,实行会长责任制,设理事会(和团支部)。

第十一条 组织原则:本会根据自己的纲领和章程,以民主集中制为组织原则。

第十二条 组织机构:

(一)全体大会

青年社会主义理论学习促进会全体大会负责本会章程的审议修改工作和重大事件的决

策监督工作。

（二）理事会

青年社会主义理论学习促进会理事会由全体大会选举产生，负责促进会的日常建设管理工作并执行全体大会的相关决议。

（三）职能部门

……

第四章　促进会建设

第十六条　促进会以权责对称，目标明确，考核和监督相结合为用人原则。

第十七条　促进会的建设目标是营造和谐文明的校园文化，培养独具特色的社团精神，把促进会建设成为一个具有广泛影响力的院级精品社团和市级优秀社团。

……

第五章　经　　费

第十九条　促进会原则上不向会员收取会费。

……

第六章　附　　则

第二十三条　本章程由全体会员大会讨论通过后生效。

第二十四条　本章程解释权归××青年政治学院青年社会主义理论学习促进会。

第二十五条　本章程自颁布之日起实施。

××青年政治学院
青年社会主义理论学习促进会
2011 年 7 月

3.6.4.6　守则

守则一般由标题和正文两部分组成。

（1）标题　一般由适用对象和文种构成，如"国家机关工作人员守则""中学生守则"等。

（2）正文　由总则、分则、附则组成。总则是关于制定守则的指导思想、目的、意义等项内容；分则是规范项目，要求条目清晰，逻辑严密，表述准确、精练；附则是关于执行要求的说明。有的守则内容比较单一，全文由分则内容组成，没有总则和附则部分。

例文 3-10　守则

×××大学现代远程教育
学　生　守　则

为使我校现代远程教育学生养成良好的行为习惯，提高学生文明素养，进一步加强校园精神文明建设，根据《中华人民共和国教育法》有关规定，参照原国家教委《高等学校学生行为准则（试行）》，结合我校现代远程教育实际情况，特制定本守则。本守则适用于×××大学现代远程教育本、专科非脱产学生。

一、热爱祖国，维护国家的尊严和利益，不得组织或参与任何有损国家尊严和利益、违背四项基本原则的活动。

二、遵守宪法和国家的各项法律、法规，敢于同违法、违纪现象和行为做斗争，不得组织或参与任何危害社会秩序、破坏安定团结的活动，在学习和工作中自觉维护学校和社会的稳定。

三、不得组织、加入非法团体，不得出版非法刊物。

四、遵守国家网络管理的有关规定……

五、自觉维护×××大学现代远程教育的知识产权……

六、维护民族团结，尊重不同民族的风俗习惯和宗教信仰，反对损害民族团结的行为。

七、积极参加×××大学现代远程教育中心和当地校外学习中心组织的各项教学、实践活动。自觉遵守学校和当地校外学习中心的有关规定，维护正常教学秩序。爱护教室、实验室的教学设施和设备。

八、勤奋学习，刻苦钻研，学习态度端正。自觉抵制社会不良风气的干扰，树立良好的学风。不抄袭作业，考试不作弊。

九、牢记"立德、敬业、博学、竞先"校训，坚持德、智、体全面发展。培养正确的政治观念、高雅的审美情趣和健康的心理素质。

十、讲文明、讲礼貌、讲道德，注重个人品德修养……

以上守则，凡违犯者，视情节轻重，依有关规章给予批评教育、行政处罚或纪律处分。

本守则自公布之日起施行，解释权归×××大学现代远程教育中心。

3.6.4.7 公约

1. 公约的概念

公约是指企事业单位、团体、人民群众集体制定的共同遵守的一种应用文。

2. 公约的结构

公约一般由标题和正文组成。

（1）标题　公约的标题有三种写法：一是适用人群加文种，如"教师公约"；二是适用范围加文种，如"××花园小区公约"；三是涉及事项加文种，如"护林公约"。

（2）正文　公约的正文由引言、主体和结尾组成。

1）引言，主要用来写明制定公约的目的、意义，常用"为了……特制定本公约"的固定格式。

2）主体，条文式写法，将具体内容一一列出。这部分最重要，必须内容完整、层次清楚、言简意赅、朴实通畅。

3）结尾，用来写执行要求、生效日期等。如无必要，可不写。

（3）署名与日期　对于有些公约而言，署名是很重要的一项，因为署名就意味着承诺，表明遵守公约的意向，表明愿意为违背公约承担责任。特别是行业公约，这一点显得更为突出。

例文 3-11　公约

精神文明公约

为发扬共产主义精神，树立新的道德风尚，特制定本公约。

一、热爱祖国，热爱中国共产党，热爱社会主义制度，热爱人民，同心同德建设"两个文明"。

二、文明礼貌，尊老爱幼，邻里和睦，不说脏话，不要态度。

三、讲究卫生，不随地吐痰，不乱扔脏物。

四、遵纪守法，维护公共秩序，不起哄，不打架，不赌博，不酗酒。

五、爱护公共财物、山水林木、文物古迹、珍禽益鸟，植树栽花，美化环境。

六、勤俭节约，婚丧简办，晚恋晚婚，计划生育。

七、开展健康的文体活动，抵制淫秽书画、录像，反对资本主义思想腐蚀，敢于同坏人坏事大胆斗争。

八、对待国外友人热情友好，不卑不亢，落落大方。

本公约公布后，全区人民共同遵守，自觉执行，互相监督。

××区管委会

××××年××月××日

3.7　声明

3.7.1　声明的概念、特点和种类

1. 声明的概念

声明是单位或个人公开向社会各界表明态度、阐明立场、说明事实，让更多人知晓、理解、支持的一种公告性文体。声明是树立形象、扩大知名度的一种手段。声明发布的范围应根据声明事项所涉及的地域范围大小和影响大小确定。声明大多通过报纸杂志发布，也有通过电视、电台发布的，还有的在一定的范围内张贴。

2. 声明的特点

声明具有公开性、知照性，让社会各界都知晓事实的真相，知晓自己的立场、观点。同时声明具有严肃、庄重的特点。

3. 声明的种类

声明大致有两种，一种是声明者的合法权益受到损害，为保障自身权益而发布；一种是声明者的重要物品遗失，为防止有人钻空子而发布。

3.7.2　声明的结构

声明一般由标题、正文、落款三部分组成。

1. 标题　标题有多种形式

1) 一般由单位名称、事由、文种组成，如"×××关于×××的声明"。

2）由发文单位和文种组成，如"×××声明"。

3）有时为了突出事件的紧急或严肃，文种前加"严正"或"紧急"，如"严正声明""郑重声明"。

4）在有些情况下，由单位授权律师发布声明，在标题上也应标明，如"××集团授权××律师郑重声明"。

5）简单的标题，就写"声明"二字即可。

如果两个或两个以上单位发表声明，称为"联合声明"。

2. 正文

声明的正文中，应首先陈述声明的缘由和依据；其次表明对事件的态度和立场，宣布将采取的措施和做法，以引起公众的关注和有关部门的重视，如可发出严正警告，令其停止一切侵权行为，否则将使用法律武器进行维权诉讼。最后常用结束语"特此声明"。

3. 落款

注明声明者的单位名称（或法人代表的职务、姓名）或个人姓名、日期。

3.7.3 声明的写作要求

1）声明的目的是维护权益、信誉，将损失降低到最小限度，虽通过媒体向公众发布，但写作时应具有针对性，直接对侵权者发出警告，表明鲜明的态度与严正的立场。

2）直截了当、郑重地宣布声明的事项，语言准确严肃，语气果断坚定，没有回旋的余地。

3）声明的内容必须符合国家的法律、法规和公认事理的准则要求。

例文 3-12　声明

版 权 声 明

一、××在线上刊载的《××日报》《××报》《文萃》《大众卫生报》《家庭导报》《科技导报》之新闻信息及各类商务信息、网页设计，为××在线新闻网站版权所有。受《中华人民共和国著作权法》《中华人民共和国商标法》《中华人民共和国专利法》及适用之国际公约中有关著作权、商标权、专利权及其他财产所有权法律的保护。

二、未经××在线新闻网站正式书面授权许可，任何个人、媒体、网站、团体不得转载、转贴或以其他方式复制发表上述信息，或在非××在线新闻网站所属的服务器上建立镜像，否则以侵权论，依法追究其法律责任。

三、需要使用上述信息，请与××在线新闻网站联系。相关授权使用者，在使用时必须注明作者名及"稿件来源：××在线"或上述报刊名。

四、本网未注明"稿件来源：××在线"或上述报刊名的新闻信息，均为转载稿。如个人、媒体、网站、团体从本网下载使用，必须保留本网站注明的"稿件来源"，并自负相关法律责任。如擅自更改为"稿件来源：××在线"，将依法追究其相关责任。

五、如对××在线新闻网站上的稿件内容有疑义，请及时与××在线新闻网站联系。

六、××在线新闻网站保留网站的其他所有权利。

××在线新闻网站
××××年××月××日

3.8 启事

启事是人们日常生活中经常用到的一种应用文，多见于报刊或张贴。

3.8.1 启事的含义、特点和种类

1. 启事的含义

启事是单位或个人有事情需要向社会、群众公开说明或希望获得关心、理解、支持和协助办理时所写的一种应用文。启事的传播方式很多，十分灵活，张贴、电视、电台、报刊等都可以作为传播媒介。

2. 启事的特点

（1）公开性　启事通过各种传播途径向社会广泛发布，希望更多的人知道。

（2）知照性　启事公开发布，传播的范围广，希望得到更多人的关注和协助，以期达到预期的目的。

3. 启事的种类

启事的种类很多，有招领启事、寻物启事、寻人启事、征婚启事、征订启事、开业庆典启事、出租启事、更名启事等，凡需要公众或有关方面配合的事项均可使用启事。

3.8.2 启事的结构

启事的写作格式比较固定，通常由标题、正文和落款三部分组成。

1. 标题

1）一般是事由加文种的形式，如"招聘启事""开业启事"等。

2）有的直接用"启事"；有的在事由前加单位名称，如"×××公司招聘启事"。

3）若事情重要或紧急，可在"启事"前加写"紧急""重要"等字样，如"××公司重要启事"等。

标题的字体要醒目，以引人注意。

2. 正文

正文用明晰、简洁的语言说明启事的目的、原因、具体事项、要求、联系方式和联系人等。正文部分因启事的性质和特点不同。内容和要求不同，写法有所不同。例如：

1）招聘启事要写明招聘的对象、人数、应聘人员应具备的条件、报名事项、录用办法等，有的还说明待遇等内容。

2）迁址启事一般要写明搬迁的日期、新址、电话以及方便联系的有关事项等。

3）寻人启事要说明被寻人的姓名、性别、年龄、身高、体貌特征、衣着特点、说话口音及走失原因等；最好能附上被寻人的照片，便于大家辨认；还应写上酬谢之类的话

语；最后要写清联系人和联系方式。

4）开业启事一般要写明企业性质、宗旨、经营范围及地址、联系方式等，而且要写上"欢迎惠顾"一类的词语。有的开业启事还写上负责人的姓名等。

5）征文启事应详细说明举办的单位、征文的意图、征文的具体要求（题材、体裁、字数等），还应写清评选的办法、奖励方式、起止日期、报送方式、方法等。

3. 落款

一般写启事单位或个人姓名及日期，如标题中已经写明单位名称，结尾就可省略。

3.8.3 启事的写作要求

1）内容真实具体。启事的内容必须真实，不能弄虚作假，否则，不仅欺骗了他人还会损害单位或个人形象。内容还应具体明确、周到完整、主题鲜明、逻辑清楚，内容复杂的要分项逐条叙述清楚。

2）标题要醒目、简短，以引起公众注意，给公众留下深刻的印象。

3）评议简洁，通俗易懂，准确达意。启事一般不用客套惯用语，语言干净利落，直入主题，但语气要诚恳，给人以信任感，以获得别人的参与和支持。

例文 3-13 启事

征 稿 启 事

为了更充分地利用好×××网这个媒体平台，促进诸位业内同行业务拓展，更好地向投资者提供优质的服务，×××网站向业内诚征证券财经方面各类稿件和合作伙伴。欢迎业内实力机构、媒体、专家来稿。也欢迎各位网友向我们推荐值得信赖的机构或专家，并提供他们的真实姓名、联系电话和邮箱。

投稿邮箱：×××@×××××.com

联系电话：010-×××××××

传真电话：010-×××××××

×××网站
××××年××月××日

3.9 对联

对联，也称"对子""楹联""联语"等。对联在我国源远流长，溯起渊源，最早出现的当是春联，而"春联"又是由"桃符"演化而来的。

3.9.1 对联概述

1. 对联的定义

对联是由上下两部分字数、句数完全相等、内容相关、词性相同或相近、节奏一致、平仄协调的文字组成的一种应用文体。

我国古代过年时，人们常常在大门两旁悬挂两块深红色的桃木板，在上面各画上"神茶""郁垒"二位神仙的图像，后来人们把在桃木上画像改为在桃木上写二位神仙的名字，悬于门旁，认为这样可以镇邪驱鬼、祈福纳祥，这便是桃符的由来。之后，随着南北朝骈文的出现和唐代律诗的发展，"桃符"上的内容也在更新，开始采用两句对偶的"桃符诗句"形式，可谓春联的雏形。

宋代时，过年仍沿用此俗，"总把新桃换旧符"。宋、元时期，宫廷、宦门以及寺庙、佛门的木柱子上，都出现了镌刻的对联，后人称楹联，也出现了春联、挽联、赠联等。春联，以及门面上的装饰联等，通常情况下，还要搭配相应的"横披"（也称"横批""横额""横幅"等）。横披作为门联的组成部分，与上下联的内容相辅相成，一般只有四个字，以求画龙点睛、深化主题之妙。其他对联是否用横披，可根据实际情况而定。

明太祖朱元璋对对联的普及和发展做出很大贡献。他在明朝开国初年除夕下旨："公卿士庶门上须加春联一副"，于是一夜之间，家家门上都贴上了春联，对联从宫廷豪门普及到了百姓家门。之后，除夕在门上贴对联便蔚然成风，取代了"题桃符"的习俗。到了清代，对联艺术达到了炉火纯青、日臻完善的地步。

对联的产生同汉语言文字有着密切的关系。它是根据汉字的字义、字形、声韵、词性等特点写就的。因为汉字是单音节的方块字，汉语中最基本、最活跃的部分又都是由单音节字组成的单音词，如天、地等。这些单音词在古汉语里分平、上、去、入四个声调，在现代汉语里也都分属于阴平、阳平、上声、去声四个声调，这就是汉语的"四声"。这四种声调又可归类为平仄两种声调，即古汉语中的平声，现代汉语中的阴平、阳平归为"平声"；古汉语中的"上声、去声、入声"和现代汉语中的上声、去声归为"仄声"。古代和现代汉语都是"非平即仄"两个声调。而我国同类性质的单音词，又常常分属于平仄两个声调。平声，声调不高不低，又平又长，读来昂扬。仄声，声调有升有降，短而不平，读来短促有力，连起来朗读婉转动听。由这些单音词组成的多音句和诗句，读起来会有一种因声调变化而产生的抑扬顿挫的音韵美。而其他民族的拼音连写文字，就无法构成对联。这也就是为什么对联会成为我们中华民族独一无二的文化遗产的原因。

2. 对联的特点

对联是一种极特殊的应用文，说它极特殊，是因为它不单单具有应用文的特点，还具有许多文学创作中诗、词的特点，甚至有人说它是诗、词的一个小分支。从这一点上说，对联的确是一门独特的传统艺术。它的特点主要集中在以下几点：

（1）内容上高度的概括性 对联的上下两部分，通常就是上下两句话（长联的句子会长一些）。对联要用最精练的语言，在这两句话中表达最丰富的思想感情，最深远的意境，似诗非诗，似词非词，或借景抒情，缘情体物，或述志明理，令人回味，或富有哲理，或富有情趣，令人赏心悦目，给人以心灵的启迪和美的享受，体现了高度的概括性。

（2）形式上讲究对仗工整，意义相关、相连或相对 所谓对仗工整，是说对联要求由两个对称的句子组成，上句叫上联，也叫出句，下句叫下联，也叫对句。上下联字数要相等，结构要对称，词性要相当，声调的平仄要相对，声韵要和谐。所谓意义相关、相连或相对，是指上下两联的意思要有内在的逻辑关系，结合在一起，表达某种思想或意义。如"福如东海，寿比南山""横眉冷对千夫指，俯首甘为孺子牛""海内存知己，天涯若比邻"等。当然，有的对联的上下联之间的内在逻辑关系表现得比较隐晦，不易从表面上看出。

3. 对联的种类

对联的分类方法有很多，可根据不同的标准分出不同的种类，常见的分类如下：

（1）按对联使用的时间、场合及内容划分

1）春联是欢庆春节的对联，常有横批，如"一元复始，万象更新""爆竹千声同辞旧岁，梅花数点独报新春"等。

2）贺联是指用于庆贺的对联，逢婚嫁、寿诞、佳节或乔迁、商店开张、工厂开工等都会用到贺联，如"玉镜人间传合璧，银河天上渡双星""福如东海长流水，寿比南山不老松"等。

3）挽联是指用于寄托对死者的悼念、哀思之情的对联，如"先生虽逝去文章遗世功千古，桃李正芬芳教诲铭心传百年"。

4）装饰是指联用于装点、美化环境的对联，多用在名胜、亭台楼阁、园馆祠庙、店坊厂校、厅堂院室等，如黄鹤楼众多楹联中的一副："白云黄鹤，回顾苍茫，有好诗传九百年前，楼阁重新谁更上；词客神仙，一流人物，看东湖在三千外，海潮不到我能来。"

5）交际联是指人际交流中应对或题赠的对联，如"青山原不老，为雪白头；绿水本无忧，因风皱面"；又如刘海粟赠友人联："宠辱不惊，看庭前花开花落；去留无意，望天上云卷云舒"。

6）行业联是指用于表现行业特点、行业经营理念的对联，如宾馆："接八方贵客，迎四海亲人"；汽车站："缩千里为咫尺，联两地成一家"。

7）格言、警句联，富有哲理和警醒作用，是指用于启迪和激励、警醒世人的对联，如"好男儿忠贞事国，大丈夫马革裹尸""骄傲来自浅薄，狂妄出于无知"。

（2）按表现方法划分

1）按上下联的关系分，对联可分为正对、反对、流水对。

正对是指上下联的内容相关或相似，从不同角度表明大致相同的道理和意思，如"一派春光明四海，万枝桃李艳三江""进店来人人满意，出门去个个称心"。

反对是指上下联的内容相反或相对，形成鲜明对比，从正反两方面来说明同一个问题，如"横眉冷对千夫指，俯首甘为孺子牛""柳絮体媚无骨气，梅花形瘦有精神"。

流水对又称"串对"，指上下联都孤立地看，意思不完整。也就是说，一个意思被分成上下两句说，只有把上下联连起来看，才能有一个完整的意思。流水对上下两句往往一脉相承，表意更深远。流水对的上下联往往具有承接、假设、递进、因果、条件等关系，如"书到用时方恨少，事非经过不知难""山重水复疑无路，柳暗花明又一村"。

2）按句子组合关系分，对联可分为集联、同字联、嵌字联。

集联是指集录前人诗文中的语句来组成的对联。古诗词中，对偶句子俯拾即是，使集联成为可能，如"天若有情天亦老，月如无恨月长圆""举头望明月，把酒问青天"。

同字联是指对联中使用了同样的字，但语意"复而不厌"。因使用方式不同，又分为叠字联、返复联等。

叠字联如苏州网师园的一幅联："风风雨雨，暖暖寒寒，处处寻寻觅觅；莺莺燕燕，花花叶叶，卿卿暮暮朝朝"；又如温州江心寺的长联："云朝（朝）朝朝（朝）朝（朝）朝散；潮长（长）长长（长）长（长）长消"（注：括号里的"朝"，音为朝向的朝，其他的读朝霞的朝。括号里的"长"同涨，其他的读长短的长）。

返复联如云南海通县秀山公园的一副对联："秀山青雨青山秀，香柏古风古柏香"，还有"雾锁山头山锁雾，天连水尾水连天"。

嵌字联是把表情达意的关键字，如人名、物名、地名等嵌入联语中，使其自然成对的句子，如"昨夜敲棋寻子路，今朝对镜见颜回""朝霞映水，渔人争唱满江红；朔雪飞空，农夫齐歌普天乐"。

此外，还有拆字联、拼字联、隐字联等，这里就不一一列举了。

3）按字数的多少分，对联又可分为短联和长联。短联一般为三到九个字的对联。长联则有十几字、几十字，甚至几百字的。这里只举由清代孙髯撰写的昆明滇池大观楼的楼联作为长联范例：

"五百里滇池，奔来眼低。披襟岸帻，喜茫茫空阔无边。看东骧神骏，西翥灵仪，北走蜿蜒，南翔缟素。高人韵士，何妨选胜登临。趁蟹屿螺洲，梳裹就风鬟雾鬓；更苹天苇地，点缀些翠羽丹霞。莫辜负四周香稻，万顷晴沙，九夏芙蓉，三春杨柳。

数千年往事，注到心头。把酒凌虚，叹滚滚英雄何在？想汉习楼船，唐标铁柱，宋挥玉斧，元跨革囊。伟烈丰功，费尽移山气力。尽珠帘画栋，卷不及暮雨朝云；便断碣残碑，都付与苍烟落照。只赢得几许疏钟，半江渔火，两行秋雁，一枕清霜。"

3.9.2 对联的写作及注意事项

对联的写作包括内容与形式两个方面：

1. 内容方面

对联的内容体现着很强的针对性、新颖性和思想性。

针对性是指对联的写作要切合题目以及主题的需要。对联的题目就是根据时间、场合和内容而划分的对联类别。例如，春联这个种类的对联题目就是"春联"，"贺联"就是祝贺类对联的题目，只是因对联形式所限，不能把题目直接写出来。而对联的主题，则是作者通过对联所表达出的思想、感情和某种情趣。写对联要切时切人切事切景切场合，在此基础上立意、定题。

新颖性是指对联的立意要新颖，有新意，富有时代感，才能给人以独特的感受。即使是面对同一景物，今人也会有与古人不同的感受。

思想性是指对联所蕴含的深刻哲理、意境以及思想情趣。例如，李大钊的"铁肩担道义，妙手著文章"就表现了革命者强烈的正义感和高尚的道德情操，而冯友兰为蒲松龄故居所题的"鬼怪精灵，书中人物；嬉笑怒骂，皆成文章"对联，则是对蒲松龄这位古代著名作家、作品的最精确的评价。

2. 形式方面

对联要求上下联对称，具体体现在以下几个方面：

1）上下联字数相等，字词的停顿也要一致。但对联的字数不限，可长可短。

2）上下联词性相对，即名词对名词，动词对动词，形容词对形容词，如"蝉噪林愈静，鸟鸣山更幽"。

3）结构对称，指主谓结构对主谓结构，动宾结构对动宾结构，人名对人名，地名对地名等。

4）平仄相对，仄起平收。意思是说对联同句内平仄交错，上下两句字的平仄声调相对；上联末尾用仄声字，下联末尾用平声字。

例如："日出江花红似火"（仄仄平平平平仄）——"仄起"
"春来江水绿如蓝"（平平仄仄仄仄平）——"平收"
又如："海阔凭鱼跃"（仄仄平仄仄）——"仄起"
"天高任鸟飞"（平平仄仄平）——"平收"。

对联用字的平仄相对，使对联音调和谐，具有诗的韵律和节奏。于是有人把对联中的用字平仄规律总结出来，编成了口诀："平对仄，仄对平，平仄要分清；一、三、五不论，二、四、六分明"。

对联的对称有严对和宽对之分。所谓严对，是指严格地按照上述要求对联，尤其是强调平仄协调，既要做到"同句内平仄交错，对句间平仄对立"，又要做到"仄起平收"，字面不允许重复。所谓宽对，是指只要求字数相等，节奏相同，结构相似，词性大体相同，不强求平仄协调，但力求"仄起平收"，字面允许有重复。

由于严对过于追求平仄相对而使一些内容的表达受限，现代社会的人们往往更喜欢用宽对写对联。例如，佐腾村夫为鲁迅写的挽联："有名作有群众有青年先生未死；不做官不爱钱不变节是我导师"。

对联的书写形式为竖式。张贴时，上联在右侧，先读；下联在左侧，后读。上下联之间不用标点符号。对联的横批一般为四个字，从前写和读都要自右而左，现在多改为由左而右的体式。

3. 表现方法

对联不同于其他的应用文，它可以运用很多文学创作中的表现手法，主要有下面几种：

1）比喻，如"江山春色如画，祖国前程似锦""劳动好似摇钱树，勤快就是聚宝盆""竹因虚受益，松以静延年"。

2）拟人，如"墙上芦苇，头重脚轻根底浅；山间竹笋，嘴尖皮厚腹中空""飘风作态来梳柳，细雨瞒人去润花"。

3）对比，如"福无双至今日至，祸不单行昨日行""想当年，剥削重重，大好河山一穷二白；看今朝，风光处处，神州大地万紫千红"。

4）夸张，如"千年老树作衣裳，万里长江当浴盆""啸一声惊动天地，睁双眼照耀乾坤"。

5）双关，如"复生不复生矣，有为安有为哉"，这是戊戌变法失败，谭嗣同遇害后，康有为所作，"复生"是谭嗣同的字。

6）谐音，如"莲（怜）子心中苦，梨（离）儿腹内酸"。

此外，还有叠字、连环、回文等表现方法。

3.9.3 对联写作的要求

1. 多读、多看、多观察

要想学会写对联，光懂得写作方法是不够的，还必须多读、多看、多观察。多读，是指要多读一些佳联名作，认真揣摩其妙处，包括内容和形式的有机结合上，吸收营养，丰富自己。只有读过大量的名联佳作，经过长期积累才能提高自己的对联欣赏和写作水平。

多看，是指要多看一些文史方面的书籍，多积累文史知识，增加自己的文化底蕴，在欣赏和写作对联时，才能得心应手，游刃有余。多观察，是指要多观察生活，注意从生活中汲取创作灵感，发掘新意，提炼主题，从而创造出反映时代特征和生活本质、具有深远意境、富有情趣的对联。

2. 要多练笔

练笔应从练对句开始。一开始可以不必成一副对联，只求两个句子是对偶句，或者把两个字、两个词对仗，如"天对地，雨对风，大陆对长空""蝉对鸟，林对山，静对幽"等。一开始可能不习惯对句，练得多了，慢慢就"熟能生巧"了，最终会达到得心应手的地步。

3. 注意"炼字"

因为对联受字数限制，要用最少的字，表达最丰富的内容，所以必须讲究"炼字"，即要选用最准确、最传神、最有创意、最感人的字写对联。炼字通常炼的是动词、形容词等关键字词。炼字其实只是一种形式，其宗旨是为了提起全句的精、气、神，是为表现对联的主题和意境服务的，不能单纯为"炼字"而炼字，玩弄文字技巧。

3.10 述职报告

干部在任职一段时间后，或任职期满之时，按照规定应向上级主管部门和本单位的群众述职。

3.10.1 述职报告的概念、特点和种类

1. 述职报告的概念

述职报告是领导干部向上级组织和领导或本单位的干部和职工陈述自己任职的一段时间内的工作情况的自我评述性报告。群众根据领导干部的述职和实际情况，对其进行考评。述职报告为上级组织人事部门考察和任用干部提供比较重要的依据，有利于述职者和公务人员之间交流思想和经验，有利于群众对干部实行公开监督。

2. 述职报告的特点

述职报告具有自述性、真实性、自评性、报告性的特点。

1）自述性是指述职者在述说自己一定时期内履行职责的情况。因此，必须使用第一人称，采用自述的方式，向有关方面报告自己的工作。任职者汇报在一定时期内，按照岗位规范的要求，自己所做的具体工作、完成的指标、取得的效益、工作责任心、工作效率等方面的情况。

2）真实性是指所写的内容必须真实，是实实在在已经进行了的工作和活动，事实确凿无误，切忌弄虚作假、夸大其词。

3）自评性是指任职者依据岗位规范和职责目标，对自己任期内的德、能、勤、绩等方面的情况，做自我评估、自我鉴定、自我定性。态度必须严肃、认真、慎重，既要对自己负责，也要对组织负责，对群众负责。

4）报告性就是要求任职者，以被考核、接受评议和监督的身份，履行职责做报告。述职者要认识到，自己是在向上级汇报工作，是严肃的、庄重的、正式的汇报，是让组织

了解自己、评审自己工作的过程。因此，语言必须得体，应有礼貌、谦逊、诚恳、朴实，切不可傲慢、盛气凌人，更不可夸夸其谈。

3. 述职报告的种类

述职报告的种类，可以从几个不同的角度进行划分，因而存在着交叉现象。

（1）从内容上划分

1）综合性述职报告，是指报告内容是对一个时期所做工作的全面、综合的反映。

2）专题性述职报告，是指报告内容是对某一方面的工作的专题反映。

3）单项工作述职报告，是指报告内容是对某项具体工作的汇报，往往是临时性的工作，又是专项性的工作。

（2）从时间上划分

1）任期述职报告，是指任现职以来的总体工作报告。一般来说，时间较长，涉及面较广，要写出一届任期的情况。

2）年度述职报告，是指一年一度的述职报告，写本年度履行职责的情况。

3）临时性述职报告，是指担任某一临时性的职务，写出其任职情况。

（3）从表达形式上划分

1）口头述职报告，是指需要向所属地区的民众述职，或向本单位职工群众述职，用口语化的语言写成的述职报告。

2）书面述职报告，是指向上级领导机关或人事部门报告的书面述职报告。

要注意将"工作总结"同述职报告区别开来。工作总结，可以是单位的、集体的，也可以是个人的，其写作角度是全方位的，即凡属重大的工作业绩、出现的问题、经验教训、今后工作设想等都可以写。而述职报告却不同，它要求侧重写个人执行职守方面的有关情况，往往不与本部门、本单位的总体业绩、问题相掺杂。

3.10.2 述职报告的结构

述职报告一般由标题、称谓、正文、落款四部分组成。

1. 标题

述职报告的标题，常见的写法有三种：

1）文种式标题，只写"述职报告"。

2）公文式标题，由姓名、时限、事由、文种组成，如"××2001年至2004年任商业局长职务的述职报告"。有的省略姓名、职务等，如"2005年述职报告"。

3）文章式标题，有两种形式，一种是单标题，揭示述职报告的主旨，如"爱岗敬业、勤政为民"；另一种是双标题，正题揭示述职报告的主旨，副题由单位名称、所任职务、任职期限和文种组成，如"狠抓廉政建设、促进党风好转——××局党委书记2004年述职报告"。

2. 称谓

1）书面报告的称谓，写主送单位名称，如"××党委""××组织部"或"××人事处"等。

2）口述报告的称谓，写对听者的称谓，如"各位代表""各位委员""各位同志"或"各位领导，同志们"等。

3. 正文

述职报告的正文一般由开头、主体、结尾三部分组成。

1）开头，又称引语，一般交代任职的自然情况，包括何时何地任何职、岗位职责和任职目标任务情况及个人认识；对自己工作履行职责情况的总的评价，确定述职范围和基调。这部分要写得简明扼要，给人一个总体印象。

2）主体，是述职报告的中心内容，主要写业绩、经验、体会或教训、问题，要写以下几个方面：到对党和国家的路线方针政策、法纪和指示的贯彻执行情况；对上级交办事项的完成情况；对分管工作任务完成的情况；在工作中采取的措施，做出的决策，解决的实际问题，取得的业绩；个人的思想作风、职业道德、廉洁从政和关心群众等情况；写出存在的主要问题，并分析问题产生的原因，提出今后改进的意见和措施。

这部分要写得具体、充实、有理有据、条理清楚。由于这部分内容涉及面广、量多，所以宜分条列项写出，并注意安排好各方面内容之间的内在逻辑关系。

3）结尾，多为自我批评及努力方向，表明自己将更加尽职尽责，努力做好本职工作，要自然、简短，常用"以上报告，请领导、同志们批评指正"等语言结尾。

4. 落款

落款写述职人姓名和述职日期，署名可放在标题之下，也可以放在文尾。

3.10.3　述职报告的写作要求

1）内容要客观，自评须实事求是、客观公正、全面准确，要处理好成绩与问题、个人与团队的关系。

2）重点突出，有针对性，既不要脱离自己的职责范围和工作目标，又要分析概括，不能事无巨细地写成"流水账"；既要突出政绩，又要评价正确、适当，不能故意夸大或缩小；缺点和不足之处也要说够、说充分。

3）语言要诚恳、得体、简洁。当场述职时要注意口语化，把握好角色。

例文 3-14　述职报告

政协常委妇联主席工作述职报告

各位领导、同志们：

我是五届政协常委，现任县妇联主席。作为一名妇女界的政协委员，我始终以代表妇女根本利益、维护妇女合法权益为己任，围绕全县工作大局，找准党政所急、妇女所需、妇联所能的结合点，认真履行职能，勇于开拓创新，为推动我县两个文明建设，促进社会稳定发展做出了积极贡献。××××年被评为省级扶贫工作先进个人；××××年被评为省级巾帼建功先进工作者；连续三年被县委、县政府评为国家机关全方位目标考核优秀工作者，××××年被评为我县第三届人民好公仆。

一、从维护妇女群众的根本利益出发，履行职能。

我既是一名从事妇女工作多年的妇女干部，又是一名政协常委，代表和维护妇女群众的根本利益，发挥政协委员的民主监督、参政职能，是党和人民赋予我光荣而又艰巨的任务。为履行职能，切实代表妇女群众的根本利益，维护妇女的合法权益，凡妇女所需要的，我就带领妇联的同志们积极认真去做，凡有助于妇女发展的，我就努力向社会呼吁，甘愿当妇女群众的代言人和妇女利益的维护者。

（一）呼吁各级党委、政府认真贯彻男女平等基本国策，加大培养选拔妇女干部的力度，维护妇女参政议政的权益。

……

（二）认真做好妇女群众的来信来访工作，依法维护妇女合法权益。

为维护妇女合法权益，为受害妇女伸张正义，凡涉及侵犯妇女合法权益的案件，我们总是热情接待，耐心听取来访者的苦诉，认真地分析调查，竭尽全力说服教育当事人，积极协调配合有关部门解决问题，力求让群众满意。如去年……

（三）组织动员社会各界积极参与"春蕾计划"的实施，维护贫困女童受教育权益。

"春蕾计划"是全国妇联为贯彻落实《"××"儿童少年事业发展规划》，让所有贫困女童完成学业，提高人口素质而组织实施的一项社会公益事业。为此我们积极响应，认真履行职能……

二、从不断提高妇女整体素质出发，创新活动载体，组织带领全县妇女为两个文明建设做贡献。

全面提高妇女的整体素质，关系到国民经济、社会发展和民族的振兴，是实现妇女进步与发展的重要保证……

三、适应形势狠抓妇联自身建设，建立一支求真、务实、高效，有战斗力的妇女干部队伍。

新世纪、新形势、新任务对妇女干部提出了新的更高的要求。为适应形势发展，提高妇联干部教育妇女、组织妇女、联系妇女、为妇女群众服务的水平，加强妇联自身建设。我们主要开展了如下工作……

成绩只代表过去，在今后的工作中，我要一如既往地发扬优良传统和作风，立足本职，履行职能，组织和带领全县妇女再建新功……

以上报告，请领导、同志们批评指正。

述职人：××

××××年××月××日

3.11　会议材料

3.11.1　开幕词的概念

开幕词是会议讲话的一种，是党政机关、社会团体、企事业单位的领导人，在会议开幕时所做的讲话，旨在阐明会议的指导思想、宗旨、重要意义，向与会者提出开好会议的中心任务和要求。它以简洁、明快、热情的语言阐明大会宗旨、性质、目的、任务、议程、要求等，对会议起着重要的指导作用，具有宣告性、引导性和鼓动性等特点。

3.11.2　开幕词的结构

开幕词由标题、称谓、正文和结束语四部分组成，各部分的项目内容与写作要求如下：

1. 标题

标题一般包括以下几种形式：一是由事由和文种构成，如"中国共产党第十九次全国代表大会开幕词"；二是由致词人姓名、事由和文种构成，如"×××同志在××××会上的开幕词"；三是采用双标题，正题揭示会议的宗旨、中心内容，副题与前两种标题的构成形式相同，如"我们的文学应该站在世界的前列——中国作家协会第四次会员代表大会开幕词"；还有的只写文种，如"开幕词"。

时间在标题之下，用圆括号注明会议开幕的年、月、日。

2. 称谓

一般根据会议的性质及与会者的身份确定称谓，如"同志们""各位代表、各位来宾""运动员同志们"等。

3. 正文

正文包括开头、主体和结尾三部分。

1）开头部分，一般开门见山地，用简短、鼓劲性的语言宣布会议开幕。也可以对会议的规模及与会者的身份、会议的筹备情况等做简要介绍，如"参加这次大会的代表有×××人，其中有来自……"，并对会议的召开及对与会人员表示祝贺。需要说明的是，开头部分即使只有一句话，也要单独列为一个自然段，将其与主体部分分开。

2）主体部分，是开幕词的核心部分。通常包括三项内容：首先阐明会议的意义，通过对以往工作情况的概括总结，和对当前形势的分析，说明会议召开的形势，准备解决的问题和要达到的目的；其次阐明会议的指导思想，提出大会任务，说明会议主要议程和安排；最后为保证会议顺利举行，向与会者提出会议的要求。

3）结尾部分，提出会议任务、要求和希望。

4. 结束语

开幕词的结束语要简短、有力，并要有号召性和鼓动性。写法上常以呼告语领起一段，如"预祝大会圆满成功"等。

3.11.3　开幕词的写作要求

1）篇幅短小，内容明快。开幕词是对会议内容和有关事项的概要说明，主要的作用是宣告、导入，并做简要动员。因此，开幕词的篇幅不宜过长，内容力求简洁明快。

2）语言热情，富有感染力。开幕词的语言要简洁上口，具有较强的感情色彩，富有一定的鼓动性和感染力，要能激发与会者主动参与的热情，生动活泼，热情洋溢。

例文 3-15　开幕词

洽谈会开幕致词

女士们、先生们：

值此××省国际经济合作和出口商品洽谈会开幕之际，我代表××省人民政府、××市人民政府、××省对外贸易总公司，向远道而来的五大洲各国来宾、港澳同胞、海外侨胞表示热烈的欢迎和良好的问候！

××××年××月，在庆祝××对外贸易中心落成典礼时，我们曾在这里举办过一次洽谈会。今年这次洽谈会，规模和内容比上一次洽谈会更加广泛和丰富。这次洽谈会，将进一步扩大我省同世界各国及港澳地区的经济技术合作和贸易往来，增进相互了解和友谊。

××省是我国沿海经济比较发达的省份之一，幅员辽阔，物产丰富，人力资源充足，工农业生产和港口、交通均有一定的基础，对外经贸事业的发展有着广阔的前景。目前，我省已同世界上140多个国家和地区建立了贸易往来和经济技术合作关系，这种合作关系正在日益巩固和发展。

本次洽谈会，我们将提出200多种对外经济合作项目，包括轻工、纺织、机械、电子、化工、冶金、建材、水产及食品加工等，供各位来宾选择。所展出的商品不少是我省的名牌产品和新发展的出口产品。欢迎各位来宾洽谈，凭样订货。

今天在座的各位来宾中，有许多是我们的老朋友，我们之间有着良好的合作关系。对于你们的真诚合作精神，我们表示由衷的赞赏和感谢。同时，我们也热情欢迎来自各国各地区的新朋友，为有幸结识这些新朋友感到十分高兴。我们欢迎老朋友和新朋友到××地观光游览，发展相互间的友好合作关系。

最后，预祝××省国际经济合作和出口商品洽谈会圆满成功。

谢谢！

3.11.4 闭幕词的概念

闭幕词是一些大型会议结束时由有关领导人或德高望重者向会议所做的讲话，是对整个会议的总结，又是对今后落实会议精神的动员，具有总结性、评估性和号召性等特点。

3.11.5 闭幕词的结构

闭幕词由标题、称谓、正文三部分组成。

1. 标题

标题的写法同开幕词基本相同。

2. 称谓

称谓与开幕词相同，根据会议性质和与会代表的身份，分别称"同志们""各位代表""各位委员"或"女士们、先生们""各位来宾"等。

3. 正文

正文包括开头、主体和结尾三部分。

1）开头，在称谓之后，另起一段首先说明会议已经完成预定任务，现在就要闭幕了；接着简要回顾大会议程的执行情况，对会议的筹备、组织等工作人员的辛勤努力予以肯定和感谢，对会议的成果、作用和意义予以评价。

2）主体，是全文的核心部分，要写明会议通过的主要事项和基本精神、会议的重要性和深远意义，向与会人员提出贯彻会议精神的基本要求等。一般来说，这几方面的内容都不能少，顺序也是基本不变的。此外，还要对会议进程中出现的新情况、新问题、新意见、新建议予以补充和归纳，结合会议进行情况，做出小结和评论。

3）结尾，提出贯彻落实大会精神的号召、希望和要求，激励大家坚定信心，表示祝愿，宣布会议结束。

3.11.6 闭幕词的写作要求

撰写闭幕词要注意以下几点要求：

1）内容要高度概括，突出重点，要尽量写得简洁有力。不要像会议总结报告那样详细总结和评价会议内容，而要简述会议的基本精神，提出和阐释会议的决议、决定、任务、要求等。

2）篇幅要短小精悍。撰写闭幕词，要选择会议最重要的精髓部分，用准确精练的语言，予以高度概括，强调突出，以便与会者把握重点，加深认识。对闭幕词中提到的问题，不必展开论说。

例文 3-16　闭幕词

中国摄影家协会第九次全国代表大会闭幕词

尊敬的各位领导、各位代表，同志们、朋友们：

在中宣部、中国文联的坚强领导下，经过全体代表的共同努力，中国摄影家协会第九次全国代表大会圆满完成各项议程，今天即将闭幕了。

这次大会是在全国各族人民喜迎党的十九大的新形势下召开的。在大会的筹备和召开过程中，中宣部、中国文联领导给予了高度重视和具体指导。这充分体现了党对摄影事业与摄协工作的亲切关怀、对广大摄影家和摄影工作者的殷切期望，我们倍感振奋、深受鼓舞。

会议期间，来自全国各地的代表们认真听取并学习了刘××同志和李×同志在开幕式上的重要讲话，审议并通过了大会工作报告，修改了《中国摄影家协会章程》，在民主、融洽的气氛中选举产生了中国摄影家协会新一届领导机构。

会议检阅了我国蓬勃发展的摄影队伍，明确了中国特色社会主义摄影事业的前进方向，回应了摄影文化发展面临的机遇和挑战，提出了一系列深化改革的规划举措。在此，我谨代表新当选的中国摄影家协会第九届主席团和理事会，对各级领导和与会代表的信任、支持表示衷心的感谢！我们一定不忘初心、继续前进，牢记使命、尽职尽责，勤勉工作，不负众望。

……

我们要深入学习贯彻习近平总书记系列重要讲话精神和治国理政新理念、新思想、新战略，以昂扬的精神状态喜迎党的十九大胜利召开，牢固树立"四个意识"，始终坚持以人民为中心的创作导向，坚持"二为"方向、"双百""两创"方针，大力繁荣摄影创作，不断推出摄影精品，努力推动中国摄影事业实现新的更大发展！

各位代表、同志们，未来五年，中国摄影事业充满希望、前景广阔。我们要：

1. 拥抱火热生活　引领时代风气

文艺代表时代风貌，文艺引领时代风气。摄影艺术具有鲜明的时代特色，我们唯有紧跟时代步伐，聆听时代声音，承担时代使命，以智慧诠释激荡人心的深刻变革，勇于回答改革发展的时代课题；以真情记录丰富多彩的火热生活，巧于展示气象万千的社会新貌。

2. 聚焦民族精神　坚定文化自信

民族精神是一个民族在长期发展中所孕育出的精神样态，是历史文化、哲学思想所熏陶、融汇而成的文化慧命，也是一个民族的内在心态和存养。民族精神是激励人们奋发图强、振兴祖国的强大动力，实现中华民族伟大复兴，必须坚定文化自信。我们要善于从民族文化中萃取精华、汲取能量，以沁人心脾的摄影作品在国际展现中彰显中国理念、展示中国气魄、书写中国精神。

3. 倡导现实主义　始终服务人民

……

4. 建立学习机制　追求艺术创新

……

5. 力克浮躁心态　崇尚德艺双馨

……

6. 突出政治意识　推进深化改革

……

各位代表、同志们，几代中国摄影工作者为我们奠定了坚实基业，伟大时代正等待我们再创辉煌。责任重于泰山，事业任重道远，我们决心不负重托，不辱使命。让我们紧密地团结在以习近平同志为核心的党中央周围，更加自觉、更加主动地推动中国摄影事业的发展繁荣，为实现"两个一百年"奋斗目标、实现中华民族伟大复兴的中国梦做出新的更大贡献！

现在我宣布：中国摄影家协会第九次全国代表大会闭幕！

祝福大家佳作频出，幸福安康！谢谢！

3.11.7　祝词的概念

祝词是指在社会活动中为欢庆佳节、迎送宾客或者为举办其他隆重庆典，领导人或组织者向公众或某一特定对象表示祝贺、祝福，或者主客双方分别向对方表示欢迎、祝贺、答谢所使用的讲话稿。

祝词适用的范围十分广泛。国际交往，国内各种场合的集会、宴会、喜庆活动等，客人应邀来访或者参加活动，主人表示欢迎或欢送，都经常用祝词来表达各自的衷心祝愿之情。祝词的运用，可以促进不同国家之间、政党组织之间的友好往来，可以沟通单位之间、部门之间和干群、政群、军民之间的联系，在公关活动中起着联络感情、增进友谊、促进交流和加强合作的作用。

3.11.8　祝词的结构

祝词包括标题、称谓、正文、落款四部分。

1. 标题

标题可以直接写"祝词"，也可以写成"×××给×××的祝词"等。

2. 称谓

称谓是指被祝贺对象的名称。如果被祝贺对象的地位或身份较高，可以把其姓名、职务写在称呼上，也可以在称呼前加上表示尊敬的修饰语，如"尊敬的×××"。称呼后边用冒号。

3. 正文

正文一般有以下几个层次：表示祝贺，指出取得的成绩及其意义，表示向祝贺的对象学习，进一步表示祝贺或提出希望、表示决心。

4. 落款

在署名下一行相应的位置写日期。如果是在报刊上发表，则将它们写在标题下面。

3.11.9 祝词的写作要求

写作祝词要善于抓住特征进行概括，言词要热情、大方、妥当，语言要幽默、生动、富于哲理。

例文 3-17 祝词

退役士兵就业创业服务促进会新年贺词

各位理事、各位会员：

2017 年，是退役士兵就业创业服务促进会积极探索、有所作为，严格把握、稳步前进的一年。我们认真贯彻中央关于加强社会组织建设的精神，按照民政部的有关部署要求，适应国家和军队改革的大环境，适应退役士兵就业创业的新形势，坚持勇于担当、赤诚服务、规范办会，坚持全心全意为退役士兵服务，在巩固往年成果、搞好日常服务的基础上，着力在提高服务质量和服务水平上下功夫，服务工作和自身建设都取得了显著成效，在推进公益服务事业的征途中迈出了新的步伐！这是各位理事、各位会员共同努力的结果。

2018 年，是我会巩固成果、深化服务、创造佳绩的一年。我们一定要深入学习贯彻党的十九大精神，不断强化"政治意识、大局意识、核心意识、看齐意识"，以习近平新时代中国特色社会主义思想为指引，顺应国家和军队改革发展大势，牢记崇高使命，不负各界重托，奋发进取，积极作为，用我们的辛勤工作和不懈努力，为促进退役士兵就业创业、促进社会发展和国防建设，贡献我们的爱心和力量！

值此新年之际，我谨代表退役士兵就业创业服务促进会，对各位的关心支持表示衷心感谢并致以节日的问候！祝大家身体健康、阖家欢乐、万事如意！

退役士兵就业创业服务促进会理事长：×××
2018 年 1 月 1 日

3.11.10 讲话稿的概念、特点

1. 讲话稿的概念

讲话稿是讲话人为出席会议、典礼等场合发言而准备的文稿。讲话一般专门就某一方面的问题发表意见，内容集中，中心突出，容易讲深讲透。

2. 讲话稿的特点

讲话稿具有权威性、思想性和鼓动性等特点。

（1）权威性 讲话稿往往是领导者在重要场合所做的演讲和发言，目的是贯彻上级的指示精神，实施本级的决定，对分管的工作提出指导性意见，便于下级执行。

（2）思想性 作为政府的一名领导，讲话稿的内容必须具有一定的思想性，就是要以马列主义的理论和党的方针政策为指导，阐述所进行工作的意义。

（3）鼓动性 当政府下发一项文件或精神时，就需要其工作人员去认真执行。此时，领导者的讲话便必须具有鼓动性，做到能够调动听众的情绪，使听众能够以饱满的热情投

入到工作中去。

3.11.11 讲话稿的结构

讲话稿一般由标题、签署、称谓、正文等部分组成。

1. 标题

讲话稿的标题有多种写法，可由单位名称或讲话人、事由、文种组成；还可由事由加文种组成；还可由讲话的内容确定讲话稿的标题，让人一听就知道讲话的主题。

2. 签署

在标题下方注明讲话人的姓名及日期，也可将日期写在文末。

3. 称谓

称谓要注意泛指性、次第性等。泛指性是指称呼要有包容性，将与会人员全部包容进去。次第性是称呼要按主次排列。

4. 正文

正文一般由开头、主体、结尾组成。

1）开头，开头部分有的阐明讲话主题，有的交代讲话背景，有的提出问题，引起注意。

2）主体，主体部分或者分析问题、解决问题，或者总结经验教训，安排新的工作项目。这部分要围绕一个主题有条理地展开，做到言之有物、言之有序。

3）结尾，结尾部分一般是对全文的总结概括，同时提出要求、希望等。

3.11.12 讲话稿的写作要求

1）要看听众。讲话者要熟悉听众，了解听众，以及了解听众的心理、素质等基本情况，运用恰当的方法，让听众了解、懂得，才能说服听众、感染听众，取得预期的效果。

2）要讲人们最关心的问题。讲话者既要真正了解党的方针政策、上级的指示精神，又要了解群众最关心、最想了解、最想解决的问题，这样讲起来才具有针对性，听众也易于接受。

3）态度明朗、观点正确。讲话者对所讲的问题是赞成还是反对，是表扬还是批评，不能含糊其辞、模棱两可，要态度鲜明；举例要恰当，引用材料要准确；看问题要客观公正，实事求是，不夸大，不缩小。

4）主题要单一。

例文 3-18　讲话稿

在 2017 年度全市先进表彰大会上的讲话

×××

同志们：

新年好！千红万紫安排著，只待新雷第一声。春节长假后上班的第一天，我们就在这里召开全市先进表彰大会，隆重表彰过去一年各行各业涌现的先进集体和先进个人，这也是我们坚持了很多年的好传统、好做法。

刚刚过去的2017年，是××发展史上极不平凡的一年，是我们辛勤耕耘的一年，也是硕果纷呈的一年。一年来，一件件可喜可贺的大事，一组组可观可感的数据，一项项可圈可点的工作，留给我们太多的感慨、欣慰和回想：主要发展指标全面完成预期目标，各类市场主体总量首次突破15万家，重点骨干企业在2016年增加23家的基础上再增40家，总数达到375家……每一个简单抽象的数字背后，无不凝聚着全市上下的高点定位、奋发有为；实现全国县域经济发展"十五连冠"、中国全面小康十大示范县市"十连冠"……每一个沉甸甸的荣誉背后，无不展现着广大干部群众的勇于争先、敢于担当……每一步追梦圆梦的坚实足迹背后，无不折射着××人民激情奋斗、自强不息的信念和追求，无不渗透着全体干群不懈奋斗、百折不挠的勇气和力量。

此时此刻，我们要为取得的每一项成绩点赞，更要为创造成绩的每一个××人点赞！时间是伟大的书写者，它总会忠实地记录下每一个奋斗者的足迹。回首2017年，从坚守实业的企业家到普普通通的××人，从勤勤恳恳的工人农民到爱岗敬业的机关干部，从情系××的驻×官兵到同心同行的各界人士，我们每一个爱拼善赢的××人，既有追逐梦想的憧憬，更有默默耕耘的实干；既有经风历雨的磨砺，更有收获成功的喜悦。正是160万××人的涓滴努力、执着坚守和无私奉献，才推动了××这艘发展巨轮破浪前行、行稳致远。尤其是今天受到表彰的先进集体和先进个人，你们是全市各行各业、各条战线的优秀典型、杰出代表，在你们身上，集中展现了解放思想、与时俱进的创新意识，集中展现了争创一流、永不满足的进取精神，集中展现了艰苦创业、甘于奉献的宽阔胸怀，集中展现了顾全大局、团结向上的崇高境界，集中展现了倡导文明、弘扬新风的良好风貌。你们以自己的实际行动，深刻诠释了新时期××精神的丰富内涵，生动展现了当代××人昂扬向上的精神风貌，值得全市上下认真学习、大力褒扬。

正如习近平总书记在2018年新年贺词中所说，"广大人民群众坚持爱国奉献，无怨无悔，让我感到千千万万普通人最伟大，同时让我感到幸福都是奋斗出来的。"在2月14日的春节团拜会上，总书记再次强调，"奋斗本身就是一种幸福。只有奋斗的人生才称得上幸福的人生。""新时代是奋斗者的时代。"从去年的"撸起袖子加油干"，到今年的"幸福都是奋斗出来的"，都是实干兴邦理念的接续和传承，宏伟壮丽的时代进程，离不开每一个人的奋斗和付出。过去一年的成绩是奋斗得来的，同样，回顾××几十年的发展历程，奋斗也是贯穿始终的关键词、永恒不变的主旋律。一届届领导班子、一任任企业老总、一代代干部群众，呼吸与共、风雨同舟、奋勇前行，正是大家对理想百折不挠的追求，为事业中流击水的奋楫，在岗位夜以继日的打拼，才成就了县域之首的荣光，才绘就了××道路的传奇。在此，我谨代表市委、市人大、市政府、市政协，向所有为××发展作出贡献的老模范、老前辈和老同志致以崇高的敬意！向受到表彰的先进集体和先进个人表示热烈的祝贺！向脚踏实地、辛勤劳动的广大干部群众和社会各界人士表示衷心的感谢！

2018年，对于国家而言，是全面贯彻党的十九大精神的开局之年，是改革开放40周年，是决胜全面建成小康社会、实施"十三五"规划承上启下的关键之年；对于××而言，是"六大战略"的纵深推进之年，是高质量发展的扬帆突破之年，是集成改革和"1310工程"等重点工作的合围攻坚之年……

幸福都是奋斗出来的，需要我们少露小自满、多添鸿鹄志……静思细想，我们前面还有一个又一个需要迈过去的沟沟坎坎,还有一块又一块需要啃掉的"硬骨头"。超百亿元的大项目能否接二连三落地,为产业输送源源不断的新鲜血液?企业上市能否保持前两年的势头,钟声锣声不断在证交所敲响?空气环境质量怎样持续改善,遇上雾霾是否仍然只能等风来?上学难、看病挤、出行堵……面对百姓的急难和诉求,还有多少欠账未了?……去年我在表彰大会上就说过,弘扬××精神,需要有更高的追求与定位,××是一座不服输的、具有英雄情怀的城市。希望我们的企业家都要树大理想,力争涌现更多的中国500强、行业领军人;希望我们的领导干部都要定大目标,力争创造更多的全国第一、××经验;更希望××全体市民都要立大志向,一个操作员能成为大国工匠,一位修脚工能当选全国人大代表,一名理发师能评上大学副教授……这些事例告诉我们,只要愿意奋斗,凡人底色亦能书写不凡伟业,只有每一个××人都在已有成就的基础上继续前进,都在新的起点上继续奋斗,××才有更可期待的未来。

幸福都是奋斗出来的,需要我们少练假把式、多修真功夫。习近平总书记以"不驰于空想、不骛于虚声"这句李大钊的名言,昭示了共产党人求真务实的姿态,确立了新一年苦干实干的基调,我们谨当铭记于心,真正践行。大人不华,君子务实。讲空话、浮于事、假把式,这其实是撸起袖子不干活、俯下身子搞摆拍,惑得了一时、唬不了一世,藏不住真差距、也替不了真作为。迎接新时代,得有豪情壮志;驾驭新时代,则靠厚实功底。什么才叫真功夫?在我看来,真功夫,是指修一流的本领。新征程、新目标、新矛盾,对我们各项工作都提出了新要求……

幸福都是奋斗出来的,需要我们少图面上光、多听民所盼……

幸福都是奋斗出来的,需要我们少算眼前利、多谋长远益。中央经济工作会议召开后,"高质量发展"成为第一热词,高质量发展意味着从追求"快不快"到追求"好不好",意味着从只图"眼前方寸"的幸福到谋求子孙后代的幸福,这是高质量之"高"的要义所在……在实际工作中,我们做的一些与老百姓关系紧密的事情,一些打基础利长远的事情,都需要有定力,需要经得起议论……

幸福都是奋斗出来的,需要我们少喊不能干、多想怎么办。奋斗精神之所以可贵,就在于越是面对困难和矛盾,越能激发出非凡的力量……

幸福都是奋斗出来的,需要我们少点小格局、多怀大胸襟……

同志们,时代潮流,浩浩荡荡,唯有弄潮儿才能永立潮头;历史车轮,滚滚向前,唯有奋斗者才能芳华永恒!黄金时代在我们面前,而不是身后。新的一年,让我们学习先进、对标先进,凤兴夜寐、疾起奋进,不负伟大时代,不负寸寸光阴,用奋斗续写新的辉煌!

2018 年 3 月 12 日

3.11.13 演讲稿的概念

1. 演讲稿的概念

演讲者为表达自己的见解和主张或阐述某一事理,针对特定的时间、环境、听众,借助有声语言和体态语言,以议论和抒情为主要方式发表演讲。演讲稿是演讲者用的书面文稿。演讲稿是进行演讲的依据,是对演讲内容和形式的规范和提示,它体现着演讲的目的和手段,演讲的内容和形式。演讲稿具有宣传、鼓动、教育和欣赏等作用,它可以把演讲者的观点、主张与思想情况传达给听众以及读者，使他们信服并在思想感情上产生共鸣。

2. 演讲稿的特点

演讲稿具有针对性、鼓动性、通俗性等特点。

（1）针对性　演讲是一种社会活动，是演讲者与听众之间的思想、情感等方面的交流过程，是以理服人、以情感人的过程。演讲稿必须针对不同的听众，在内容、语言、听众的需求上打动听众，征服听众。演讲者要根据不同的场合和不同的对象，为听众设计不同的内容或相同内容的不同演讲方法的演讲稿。

（2）鼓动性　演讲是一门艺术，演讲者要投入自己的情感，呼唤听众，感染听众，赢得听众，让听众与之共鸣。要做到这一点，必须依靠演讲稿思想内容的丰富、深刻，见解精辟、独到，促人深思，发人深省。演讲稿的语言必须生动、形象、富有感染力。

（3）通俗性　演讲是以声音诉诸人的听觉，所以主要是在讲，拟写演讲稿时必须以易说能讲、通俗易懂为前提。因此，演讲稿的语言要少用书面语，多用大众化的语言，少用复杂长句，多用精辟短句等，这样易于听众理解、接受。

3.11.14　演讲稿的结构

演讲稿的结构包括开头、主体、结尾三部分。

1. 开头

开头也称开场白，具有非常重要的导入作用。精彩的开头能直接吸引听众的注意力和兴奋点，达到出奇制胜的效果，为后面的演讲奠定良好的基础。演讲稿开头常用的方法有以下几种：

1）直入式，这种方式开门见山，直接进入正题，直接揭示演讲的中心思想。

2）提问式，根据听众的特点和演讲的内容，提出一些激发听众思考的问题，以引起听众的注意，吸引听众。

3）引用式，引用名言、警句、格言、成语、诗词、故事等作为演讲的开头，增强说服力，吸引听众。

4）抒情式，运用修辞手法，直抒胸臆，引发听众共鸣。

在演讲稿的写作中，开头还有一些其他的方法，如开篇解题、制造悬念等。

2. 主体

主体是演讲稿的主要部分，在写作的过程中，要求中心突出，观点鲜明，层层深入，环环相扣。如果演讲的内容较多，可采用并列式，围绕中心论点从不同的角度、不同的侧面进行论述。

3. 结尾

演讲稿的结尾要简明有力，引人深思。结尾没有固定的格式，或对全文进行简明扼要的小结；或以号召性、鼓动性的话结尾；或留下余味，引人深思；或表示美好的祝愿等，言虽尽而意无穷。

3.11.15　演讲稿的写作要求

1）抓住听众的特点，有的放矢。写作演讲稿时要了解听众及其思想状况、文化程度、职业状况、心理需求等，有针对性地进行写作，这样才能为听众所接受，才能产生共鸣，达到宣传、教育的目的。

2）观点鲜明，语言通俗生动。鲜明的观点，给人以可信性和可靠性。语言通俗生动，易于听众接受、理解，使人感到亲切、自然。

3）情感相通，产生共鸣。演讲就是为打动人、感染人，从而起到宣传、教育的作用，因此在语言的表达上要注重感情色彩，努力做到说理与抒情有机结合，运用艺术手段和多样化的表现手法，营造一种情感的氛围，让演讲者和听众之间产生共鸣。

例文3-19　演讲稿

在葛底斯堡的演讲
亚伯拉罕·林肯

八十七年前，我们的先辈们在这个大陆上创立了一个新国家，它孕育于自由之中，奉行一切人生来平等的原则。

现在我们正从事一场伟大的内战，以考验这个国家，或者任何一个孕育于自由和奉行上述原则的国家是否能够长久存在下去。我们在这场战争中的一个伟大战场上集会。烈士们为使这个国家能够生存下去而献出了自己的生命，我们来到这里，是要把这个战场的一部分奉献给他们作为最后安息之所。我们这样做是完全应该而且非常恰当的。

但是，从更广泛的意义上来说，这块土地我们不能够奉献，不能够圣化，不能够神化。那些曾在这里战斗过的勇士们，活着的和去世的，已经把这块土地圣化了，这远不是我们微薄的力量所能增减的。我们今天在这里所说的话，全世界不大会注意，也不会长久地记住，但勇士们已经如此崇高地向前推进但尚未完成的事业。倒是我们应该在这里把自己奉献于仍然留在我们面前的伟大任务——我们要从这些光荣的死者身上汲取更多的献身精神，来完成他们已经完全彻底为之献身的事业；我们要在这里下定最大的决心，不让这些死者白白牺牲；我们要使国家在上帝保佑下得到自由的新生，要使这个民有、民治、民享的政府永世长存。

3.11.16　会议记录的概念

会议记录是当事人记载会议的基本情况、会议报告、讨论发言、会议决议等内容的书面材料。它是会议情况的真实反映，不论会议的大小，凡是重要的会议都应有记录。

3.11.17　会议记录的结构

会议记录一般包括会议的组织情况和内容两部分。

1. 会议的组织情况

会议的组织情况要求写明会议名称、会议时间、会议地点、出席人数、缺席人数、列席人数、主持人、记录人等。人数不多的重要会议，要写清与会人员的单位、姓名、职务。人数多的大中型会议，可只写领导人和人数，缺席人员应注意写明缺席原因，还要写明主持人姓名和记录人姓名。

2. 会议的内容

按会议议题顺序，记录会议发言、报告、讨论和决议等事项。这是会议记录的核心部分。

对于发言的内容，记录的方法有两种：一是详细具体地记录，尽量记录原话，主要用于比较重要的会议和重要的发言；二是摘要性记录，只记录会议要点、结论和决议等，多用于一般性会议。

如中途休会，要写明"休会"；会议结束，记录完毕，要另起一行写"散会"二字，使记录有头有尾、结构完整。

3.11.18　会议记录的写作要求

1）真实记录会议过程中的每一步骤。

2）准确、完整反映会议的真实情况，不能随意更改或删减内容，不能以主观理解来代替与会人员的发言内容。

3）记录速度快，要听得清、跟得上、记得准。只有这样，才能保证会议内容、与会者发言内容的真实性。

例文 3-20　会议记录

××公司办公会议记录

时间：××××年××月××日××时
地点：公司办公楼五楼大会议室
出席人：××× ××× ××× ××× ×××……
缺席人：××× ××× ×××……
主持人：公司总经理
记录人：办公室主任刘××
主持人发言：（略）
与会者发言：×××……
×××……
散会
主持人：×××（签名）
记录人：×××（签名）
（本会议记录共×页）

本章小结

● 事务文书是指国家党政机关、企事业单位、社会团体或个人处理日常事务时使用的实用性文书，在人们日常的工作、学习、生活中发挥着重要的作用。事务文书有其各自的特点，结构、格式是约定俗成的。

● 计划是党政机关、社会团体、企事业单位或个人在一定时期内，为做好某项工作或完成某项任务，根据党和国家的方针政策及上级的指示精神，结合本地区、本单位、本部门或自身的实际情况所做出的科学安排和合理部署的应用文书。

- 总结是党政机关、社会团体、企事业单位和个人在自身的某一时期、某一项或某些工作告一段落或全部完成后进行回顾检查、分析评价,从而肯定成绩,得到经验,找出差距,得出教训和一些规律性认识的一种书面材料。
- 简报是机关、团体、企事业单位内部编发的广泛使用的一种事务文书,用来反映情况、汇报工作、交流经验、沟通信息等。
- 调查报告是对某一个或某一类当前重要的事件或群众关心的实际问题进行深入细致的调查研究、分析、归纳,综合而写成的反映客观实际、提示事物本质和规律的书面报告。"一调查,二报告"是说,调查是前提,报告是结果,但研究是关键。
- 规章制度是党政机关、社会团体、企事业单位根据管理的需要,依照国家的法律、法令和政策对一定范围内的有关工作、活动与人们的行为做出的具有法规性、指导性和约束力的应用文书。
- 声明是单位或个人公开向社会各界表明态度、阐明立场、说明事实,让更多人知晓、理解、支持的一种公告性文件。
- 启事是单位或个人有事情需要向社会、群众公开说明或希望获得关心、理解、支持和协助办理时所写的一种应用文。
- 对联是由上下两部分字数、句数完全相等、内容相关、词性相同或相近、节奏一致、平仄协调的文字组成的一种应用文体。
- 述职报告是领导干部向上级组织或本单位干部和职工陈述自己任职的一段时间内的工作情况的自我评述性报告。

练习题

1. 综合训练

(1) 概念解释

计划　总结　演讲稿　简报　述职报告　声明　启事　对联

(2) 填空题

1) 事务文书主要用于_____、_____、_____、指导工作、_____等,具有很强的实用性。

2) 计划的正文包括_____、_____、_____三部分。

3) _____是工作之前的活动,_____是工作之后的行为。

4) 总结具有_____、_____的特点。

5) 总结常用的结构方式有_____、_____和_____三种。

6) 简报分为_____、_____、_____三部分。

7) "一调查,二报告"是说,调查是_____,报告是_____,但研究是_____。

8) 常用的调查方法有_____、_____、_____、_____等。

9) 对联要求上下联字数_____、词性_____、结构_____、节奏_____、声调_____,同句内_____、上下句间_____,上下联末尾句声调_____起_____收。

10) 演讲稿开头常用的方式有_____、_____、_____等。

11) 开幕词是在一些大型会议开始时由会议主持人或主要领导人所做的开宗明义的_____,它具有_____、_____和_____特点。

12）闭幕词的称谓和开幕词的称谓一样，要由会议性质和_____来确定。

(3) 改错题
1) ××县国民经济和社会发展五年计划
2) 二〇一八年至二〇一九年工人业余教育事业规划草案
3) ××大学二〇一九年招生工作计划
4) ××公司关于第一季度销售计划
5) ××市实现"三五八十"五年发展的计划
6) ×××大学二〇一九年招生工作设想

(4) 简答题
1) 计划的前言通常写哪些内容？
2) 计划的主体部分通常写哪些内容？
3) 总结的前言部分的写法是怎样的？
4) 简报的报头包括哪些内容？
5) 对联的声调有哪些要求？

(5) 判断题
1) 总结既报喜，又报忧。　　　　　　　　　　　　　　　　　　　（　　）
2) 写总结一般用第三人称。　　　　　　　　　　　　　　　　　　（　　）
3) 写调查报告用第一人称。　　　　　　　　　　　　　　　　　　（　　）
4) 能否找出带有规律性的认识，用以指导今后的工作，是衡量一篇总结好坏的标准。（　　）
5) 总结要把感性认识上升到理性认识。　　　　　　　　　　　　　（　　）
6) 每一篇简报都配有按语。　　　　　　　　　　　　　　　　　　（　　）
7) 内容简单、条文较少的规章制度多采用条文式。　　　　　　　　（　　）
8) 如果"试行"或"暂行"等字样标在法规、规章标题的文种后边，其要用圆括号括上。
　　　　　　　　　　　　　　　　　　　　　　　　　　　　　　（　　）
9) 规章制度根据内容需要，可以分章、节、条、款、项、目。章、节、条的序号用中文数字依次表示，款不编序号，项的序号用中文数字加括号依次表示，目的序号用阿拉伯数字依次表示。（　　）
10) 闭幕词是对整个会议的总结，又是对落实今后工作会议精神的动员，具有总结性、评估性和号召性等特点。　　　　　　　　　　　　　　　　　　　　　　　　（　　）

(6) 选择题（单项选择或多项选择）
1) 不是简报报头内容的一项是（　　）。
A. 简报名称　　　　B. 印发份数　　　　C. 编发日期
2) 写总结的主要目的是（　　）。
A. 回顾工作成绩，树立今后工作的信心
B. 找出经验或教训，总结工作规律
C. 找出工作问题，以利解决存在的问题
D. 详细记载工作历程，存档备查
3) 某企业厂部工作会议决定，业务部要根据工厂的发展需要，撰写××××年度的生产和销售的进度安排以供下次会议讨论，该文件应使用的文种是（　　）。
A. 规划　　　　B. 安排　　　　C. 设想　　　　D. 计划
4) 国家机关、社会团体及企事业单位编发的用来反映情况、汇报工作、沟通信息、交流经验的内容文件是（　　）。
A. 简报　　　　B. 会议公报　　　　C. 报告　　　　D. 通报

5)"适用的时间较长,涉及面广,内容比较概括"的是( )。
A. 规划　　　　B. 设想　　　　C. 安排　　　　D. 打算
6)某单位要制定约束工作人员纪律的规范文书,应当用( )。
A. 准则　　　　B. 细则　　　　C. 守则　　　　D. 规则
7)"对组织的宗旨、性质、任务、机构、成员和活动规则做出规定的文书"是( )。
A. 条例　　　　B. 办法　　　　C. 章程　　　　D. 规则
8)述职报告的结尾内容一般包括( )。
A. 自我批评　　B. 努力方向　　C. 表示决心　　D. 总结工作
9)国家机关、社会团体及企事业单位编发的用来反映情况、汇报工作、沟通信息、交流经验的内部文件是( )。
A. 简报　　　　B. 会议公报　　C. 报告　　　　D. 情况简报
10)"比规则更具体,对某一事项制定的法规性文书"是( )。
A. 规定　　　　B. 细则　　　　C. 守则　　　　D. 公约
11)闭幕词是一些大型会议结束时由( )向会议所做的讲话。
A. 有关领导人　B. 德高望重者　C. 会议主席　　D. 主持人

2. 实践题

(1)下面是一份总结的开头部分,请指出存在的问题。

金秋十月,是丰收的季节。我们营销专业班的同学在经过整整两年的课堂学习,在掌握了扎实的理论知识的基础上,于10月5日迈出校门,走上专业实习的征途。我们实习的地点是:省商业集团总公司,这是一家现代化的企业集团公司,它那高达28层的大楼威武地矗立在这南国大都市的繁华大街上。它内部那豪华的装修,那用电脑、电传联结着各个部门的网络世界,它所拥有的高素质的业务人员以及遍及五湖四海的业务关系……所有这些,都为我在这里进行的专业实习提供了优越的客观条件。光阴似箭,短短的两个月实习过去了,而我在实习中的得益,则将化为今后工作的营养剂。今天,当我回首这60个日日夜夜,着手进行总结的时候,我仍按捺不住激动的心情,实习中桩桩往事,仍激励着我……

这段开头的毛病主要是_____
改写如下_____
_____
_____

(2)阅读下面的材料,完成文后练习。

企业发展规模:新建××车间,发展××产品的生产;扩建××车间,使×种产品的生产比上年提高××,年产量达到××万只。增加工程技术人员、技术工人和部分管理人员,使之从现有的××人增加到××人。

产品发展方向:与××研究所合作,积极研制新产品,其中××新产品达到国际水平。对现有××等几种产品进行技术改造,以符合国内和国际市场的需要。

总目标:研制尖端产品,赶上国际先进水平;进行部分老产品的更新换代;新建和扩建部分生产车间;大力培训工人,促进技术进步,提高企业经营管理水平和经济效益。

主要技术经济指标:①提高劳动生产率。随着新设备、新技术的应用和生产技术的提高,全年全员劳动生产率比现在提高××%左右。②增加净产值。年总产值达××万元,比现在提高×倍。③降低可比产品成本。通过提高劳动生产率,节约原材料、燃料等消耗,使可比产品成本比现在降低××%左右。④加速资金周转。在产量增加的情况下,尽量不增加流动资金,缩短资金的周转期。⑤提高赢利水平。在增加生产、降低消耗的基础上,使利润从现在的××万元,增长到××万元。

办法措施:①举办各种培训班,提高工人文化素质。②加强管理,严格制度。③开展劳动竞赛,提高劳动生产率。④严肃财经纪律。

要求：
1）根据上面的材料，编写一份条文式的××企业年度工作计划（可以合理想象，补充一些项目和资料）。
2）把条文式计划改成表格式计划。
（3）根据下文内容以××商场的名义写一份"××商场营业员守则"，要求全体营业员遵照执行。

为了繁荣社会主义市场经济，提高商场的经济效益和竞争力。要全心全意为人民服务，要文明经商，礼貌待客。不要冷落、顶撞顾客，不能走后门和优亲厚友。要执行商品供应政策和价格政策。要维护社会主义商业信誉，买卖公平。要坚守岗位，遵守劳动纪律、柜台纪律和商场规章。要保持商场整洁、商品陈列整齐和美观。上班要穿工作服，佩戴工号章，要爱护公物，廉洁奉公，遵守财经纪律。

（4）病例修改。阅读下面某大学学生寝室的一份寝室公约，完成后面的练习。

啊！亲爱的同学们，我们终于从五湖四海来到一起，在这阳光灿烂、层林尽染的时候，我们迎着璀璨的朝霞，来到这所全国驰名的大学，难道你不以之为骄傲吗？让我们把共同的心声，写在这里共勉吧。

1. 学习时不要大声喧哗，以免影响他人，这是一个大学生应有的品德。
2. 互相关心，互相帮助，这是一个大学生应有的情操。
3. 关注陌生人的来往，谨防小偷，保卫安全，这是一个大学生应有的警惕性。
4. 不随地吐痰，轮流打扫卫生，这是一个大学生应有的习惯。

凡此种种，均望共同遵守。

要求：
1）讨论此公约的内容和语体有何不妥？
2）以寝室为单位讨论，并拟订一份寝室公约，然后各寝室相互交流，评选出一份最好的，在课堂上展示。

（5）分析下面对联的声调特点和表现方法。

"青山有幸埋忠骨，白铁无辜铸佞臣"
——杭州岳飞墓联

第4章 新闻文体写作

 学习目标

通过对本章的学习，掌握新闻、消息、通讯等文体的基本概念和特点，了解消息、通讯的基本写作方法，熟练写作新闻。

 本章问题

1. 人们在阅读新闻时最想了解哪些内容？
2. 新闻的倒金字塔结构有什么好处？对于一篇新闻，你能分析出它的结构特点吗？
3. 常见的通讯有哪些类型？在写作通讯时应注意什么问题？

4.1 新闻文体概述

世界是时刻发展变化的，我们每天都会接触到新鲜的事物，但并不是每一个新的事物都是新闻。那么，什么是新闻？新闻的特点是什么？

4.1.1 新闻文体的概念、特点和种类

1. 新闻文体的概念

人们从不同的角度会对新闻做出不同的解释、产生不同的结论，从而形成各不相同的定义。

在西方，对新闻定义的认识更多地侧重在"读者兴趣"上，即反常的、有刺激性的、人们好奇的事才是新闻，如1882年美国《纽约太阳报》的资深编辑约翰·B.博加特提出了一个经典性的新闻概念："狗咬人，不是新闻；人咬狗，才是新闻。"

在我国，对新闻的定义一般较多地引用《现代汉语词典》和《辞海》的解释。《现代汉语词典》对"新闻"的解释：一是指报社、通讯社、广播电台、电视台等报道的消息，如新闻广播、采访新闻；二是指社会上最近发生的事情。《辞海》对新闻的解释：一是指报社、通讯社、广播电台、电视台等新闻机构对当前政治事件或社会事件所做的报道，形式有消息、通讯、特写、调查报告、新闻图片、电视新闻等；二是指被人们当作谈资的新奇事情。

1981年8月，中宣部在京召开全国18个大城市的报纸工作座谈会，其会议纪要对新闻定义做了新的诠释："新闻是反映新发生的、重要的、有意义的、能引起广泛兴趣的事实，具有迅速、明了、简短的特点，是一种最有效的宣传形式。"这也成了目前我国对新闻比较通行的定义。

2. 新闻文体的特点

（1）真实性　新闻是一种客观存在的事实，真实是新闻的生命，是取信于民的所在，也是新闻有别于其他文体的最基本特征。1923年美国报纸编辑协会制定的《新闻工作准则》中规定："诚实、真实、准确——忠实于读者是一切新闻工作者的名副其实的基础。"坚持新闻的真实性就是尊重客观事实，以客观事实为依据。当然，强调新闻必须用事实说话，并不排斥新闻写作中必要的议论，只是这些议论不能空泛，要恰到好处，起到画龙点睛的作用。

（2）时效性　所谓时效性，是指迅速及时地报道新闻，事件发生时间与新闻发表时间之间的时差越小越好。新闻常被称为"易碎品"，这是因为新闻作品新闻价值的实现是一瞬间的、一次性的。关于新闻的时效性，有不少形象的说法，比如有人说做新闻就像吃活鱼，时间长了，活鱼就会变成死鱼、臭鱼等。实践证明，新闻一旦过时，马上变成"旧闻"，从而大大贬值。随着科学技术日新月异的发展，新闻的时效性也越来越强，电视采取现场直播或字幕形式滚动更新，有的报纸采取一日两次或者多次出版，随着互联网的迅猛发展，网络新闻以及博客、微博等新媒体的出现，加剧了新闻媒体之间的白热化竞争态势，其竞争的核心就是求快、求新。

（3）思想性　新闻是一种信息，是对事实的反映，但并非所有的信息、事实都是新闻。事实是客观存在的，要成为新闻就要由人加以选择、整理和传播，作者对所报道的事情也不可能没有看法，这就必然包含一定的观点、态度和倾向，新闻的思想性即产生于此。1997年7月1日，香港回归祖国，当天正好下起了雨，面对同一事实，中国和英国的媒体却做了感情色彩截然不同的报道。中国的报道为"闻报香江归故主，喜泪长流"，英国的报道为"苍天在哭泣"，其思想倾向一读便知。

3. 新闻文体的种类

目前，我国有七种基本的新闻报道形式：消息、通讯、特写、专访、新闻调查报告、新闻图片、电视新闻等。本章主要讨论消息和通讯这两种最基本的报道形式。

4.1.2　新闻文体的写作要求

1. 客观真实，叙述清楚

新闻报道是以现实中新近发生或发现的客观事实为对象，是以客观事物最新变动状态的信息为内容的，离开了事实，新闻将不复存在。新闻的真实性特征要求其内容是具体的，常说的"新闻六要素"便是从"客观真实"的角度着手，即何时（When）、何地（Where）、何人（Who）、何事（What）、何因（Why）、何果（How），简称"5W1H"。从写作的角度讲，只要把六要素介绍清楚了，有关新闻的叙述也就基本完备了，但是在具体的写作过程中，这六要素也不是僵化的，要根据叙述对象和表述主题的需要来确定，有时并不是每个要素都必须完整。

2. 语言精练，主题鲜明

新闻报道要写得短小精悍，《人民日报》曾规定一般新闻应该在400~500字之间，《解放军报》规定一般新闻应控制在300~500字，简讯不超过150字。这就要求在写作新闻时主题要鲜明，用最精练准确的语言，抓住最有价值的信息，把最有现实意义的、针对性最强的东西反映给读者，在有限的容量里传播尽可能多的信息。

3. 注重时效，讲究新快

新闻这种文体的显著特点之一就是它对变动中的客观现实反应迅速，及时报道新近发生或发现的事实，向读者提供多方面的新信息。如果反映不及时，不讲究时效，新闻也就失去了它的意义。为此，新闻的新、快也就成了现代新闻媒体竞争的核心。

4.2 消息

消息是新闻报道中最常用的一种新闻样式，是新闻报道的主角，在世界上各大通讯社每天播发的众多新闻报道中，消息占一半以上。因此，消息的写作技能，是新闻写作的基本功。

4.2.1 消息的概念、特点和种类

1. 消息的概念

1993年出版的《新闻学大辞典》将消息解释为"以最直接、最简练的方式报道新闻事实的一种新闻文体，是最经常、最大量运用的报道体裁"。

2. 消息的特点

1）篇幅短小精悍，一事一报。
2）语言平实，结构平稳，无论是它的内部结构还是外部结构都比较稳定。
3）时效性最强，传播速度最快。

3. 消息的种类

根据消息的内容不同，可以将消息分为不同的种类。

（1）动态消息　动态消息主要反映国内外新近发生或正在发生的重大事件、活动以及一定行业或领域的新事物、新情况、新成就等具体事实，要求准确精练、迅速及时。动态消息以叙述事实为主，用事实本身的意义来体现作者的观点。

例文 4-1　动态消息

我就日方炒作我在钓鱼岛附近海域科考事提出交涉

2007年2月5日，外交部亚洲司主管官员约见日本驻华使馆官员，就日方炒作我在钓鱼岛附近海域科考事提出交涉。

该官员指出，钓鱼岛及其附属岛屿自古就是中国的固有领土，中方对此拥有无可争辩的主权。中方有关船只在钓鱼岛附近海域进行正常海洋科考是行使中方正当主权权利。中方对日方炒作此事表示强烈不满。

（2007年2月6日人民网）

（2）综合消息　综合消息就是综合反映不同地区或部门带有全局性的情况、动向、成就和问题的报道，它从不同的侧面反映了共同的主题，报道面宽，可以给读者以全局性的认识。

例文 4-2 综合消息

俄日爱三国禁止从英国进口禽类

为防止禽流感进入本国，俄罗斯、日本和爱尔兰决定禁止从英国进口禽类。半岛电视台报道说，英国本月 4 日宣布出现禽流感疫情后，引起了一些国家的警惕，为防止禽流感进入本国，俄罗斯、日本和爱尔兰 5 日决定禁止从英国进口禽类。

报道指出，位于英国首都伦敦东北约 210 公里的一家农场上星期有 2500 多只火鸡相继死亡，检测表明，死亡火鸡感染了 H5N1 型高致病性禽流感病毒。英国政府立即采取了紧急措施，农场周围 3 公里内已被设为保护区，周边 10 公里被设为监控区。所有接触过死亡家禽的农场人员和参与扑杀的工作人员都被要求服用抗禽流感药物。此外，英国所有的鸽子比赛和鸟展都已被停止。英国卫生官员指出，出现疫情可能是由携带禽流感病毒的野生禽鸟引起的。

对于英国出现的禽流感疫情，欧盟负责卫生和食品的委员指出，1 月 24 日，证实在匈牙利发现的一些死鹅感染了高致病性禽流感病毒，现在英国又出现新疫情，尽管如此，欧盟对防止疫情在欧洲扩散充满信心。

(2007 年 2 月 6 日人民网)

（3）经验消息 经验消息是对某一部门或单位的成功经验进行报道的新闻形式。它不概括经验规律，而是用具体的事实反映经验，是对成功的具体做法的介绍，往往带有很强的针对性和指导性，能够指导全局，带动一般，产生较强的指导意义。

例文 4-3 经验消息

宁夏调整学校布局初显效益
5 年减少 900 所学校，在校生增长 17.3 万人

记者日前从宁夏全区学校布局调整工作会议上了解到，近年来宁夏各级各类学校布局调整工作取得明显成效。目前，全区有各级各类学校 3207 所，比 2000 年的 4105 所减少 898 所，减少了 21.8%，而各级各类学校在校生总数比 2001 年增长 17.3 万人，增长了 14.8%。

宁夏近几年来大力推进以资本成本（学校土地、建筑及设备等固定成本）为主的农村中小学布局结构调整，以乡镇中心小学建设为重点，带动撤点、合班、并校，使中小学布点相对集中，以达到资源配置集约化。宁夏先后采取了"撤、并、联、挂、改"五字调整措施："撤"，即撤销"麻雀"学校；"并"，即中心小学或中心学区兼并周边邻近的村小学，形成规模优势；"联"，即小学与初中联成一体，办成九年一贯制学校；"挂"，即一些交通极为不便的地方，仍然保留教学点，挂靠相距最近的小学管理；"改"，即对已撤并闲置的教育设施，改为目前发展滞后的农村幼儿教育学校或成人文化技术教育学校等，让各方面各得其所，从而盘活了基础教育的大棋局。同时，宁夏还力争做到"五个结合"，即中小学布局调整与当地区划调整撤乡并镇结合，与城镇化建设结合，与当地的薄弱学校建设结合，与人事制度改革结合，与义务教育的学校制度改革结合。科学规划，同步实施，使受教育者在教育环境、教育条件、教育机会等方面尽可能地平等。

(2006 年 11 月 10 日《中国教育报》 记者 陈晓东)

（4）人物消息　人物消息就是迅速及时反映新闻人物事迹和精神风貌的报道。在这种形式中，人物成了消息的中心，但不强调细节，不做过多的描写渲染。

4.2.2　消息的结构

1. 消息的内部结构

消息一般是由标题、导语、主体、结尾和背景材料等五个部分组成，并由它们构成消息的习惯格式，体现消息的文体特征。

（1）标题　消息的标题要求用简洁的文字，把消息的内容高度概括起来。标题是消息的重要组成部分，被称为"新闻的眼睛"。消息的标题有单行式和多行式之分。

1）单行式，即只有一个标题，是消息内容的高度概括，通常用于篇幅较短的消息，尤其在简讯中使用最多，例如：

第九届全国推普周开幕式举行　　　　　　　　　　（2006年9月13日《中国教育报》）

2）多行式，由引题、正标题和副标题组成。

① 引题，又称肩题、眉题，一般用来交代背景、说明原因、烘托气氛、揭示意义等。
② 正标题是消息标题的核心部分，通常用来揭示新闻中最重要、最吸引受众的信息。
③ 副标题，又称子题、副题，一般用来补充、注释、说明、印证主题。

一般可以引题、正标题和副标题俱全，也可以采取正标题只加引题或只加副标题的形式，要根据内容来定。例如：

让教师岗位越来越有吸引力（引题）
城乡教师拿统一工资住园丁新村（正标题）
（2006年9月13日《中国教育报》）

干流封冻长达1100千米（引题）
严防黄河闹"凌"灾（正标题）
党中央、国务院高度重视，国家防总和水利部已派工作组赴现场协助抢险（副标题）

（2）导语　导语是以简练而生动的文字介绍新闻事件中最重要的内容，揭示消息的主题，并能引起读者阅读兴趣的开头部分。因此，导语有三大使命：一是介绍最重要、最精彩的事实；二是揭示消息的主题；三是引起读者的阅读兴趣。

1）叙述式导语（也称直叙式导语）。它以凝练的语言，扼要而直接地将消息中主要的事实叙述出来，是导语最基本、最常见的写法之一，例如：2007年2月5日，外交部亚洲司主管官员约见日本驻华使馆官员，就日方炒作我在钓鱼岛附近海域科考事提出交涉。

2）描写式导语。它以展示事物的形象和事件的场景为主要特征。写作时常抓取某一生动、形象、鲜明的色彩或有特色的细节加以描绘。但描写时应简洁而传神、力避过分雕饰。例如，听说上海一东一西镶有两块玉，西边是块汉白玉，即波光粼粼的淀山湖；东边是块祖母绿，那就是满园覆翠的森林公园。

3）评议式导语，对所报道的事实进行评论，揭示其意义。例如，股市最近的暴跌不仅让股民恐慌，也令无数新基民心惊肉跳。目前还没有数据显示从1月下旬股市开始调整以来基金份额遭到了明显的赎回，但有迹象表明，由信心丧失导致的基金赎回潮正逐渐形成。

4）提问式导语，即将有关问题通过一个尖锐而鲜明的问题提出来，以引起受众的关注。有时是设问，即要求自问自答。例如，据×××市石油公司反映，目前全市有私人轻便摩托车5300多辆，而上半年，到汽油公司来买汽油的还不到70户，那么，天天在街上跑的5000多辆轻骑都烧谁的油呢？

5）引语式导语，即引用新闻人物精彩而生动的语言来揭示消息主题。例如，中共中央总书记、国家主席、中央军委主席习近平近日做出重要指示指出，我国学生近视呈现高发、低龄化趋势，严重影响孩子们的身心健康，这是一个关系国家和民族未来的大问题，必须高度重视，不能任其发展。（2018年8月29日黑龙江新闻网）

导语的写作是新闻写作的第一步，也是最重要的一步，因此，要在导语中把最有价值的东西突出出来，抓住特点，讲究新意和吸引力。

（3）主体　主体是消息的躯干，它紧接导语之后，是消息的重要组成部分。主体的作用和功能有两点：一是对导语进行解释、深化和具体化。对导语中涉及的内容，进一步提供有关细节和背景材料，使其更清楚、明确、具体。二是补充新的事实。导语中未提及而又能表现新闻主题的事实和其他要素，便由主体补充出来。

主体部分对材料的安排，可按时间顺序，或按空间位置的转换组织材料，或依据事物的逻辑关系来安排层次。

消息主体写作应尽量避免平铺直叙，可运用生动形象的描述，灵活多变的手法，以及自由灵活的层次、段落安排。

例文4-4　消息

百金日，中国健儿绽放美丽

8月29日，中国军团迎来好彩头，中国花游姑娘们夺得了中国代表团在本次亚运会的第100块金牌，而在田径、女排、女曲、跳水等项目上，中国健儿们也绽放着自己各自的美丽。

花游比赛当日落幕，中国花游在集体项目中摘得中国代表团在本届亚运会上的第100金，实现在该项目上亚运四连冠的同时，也包揽了本届亚运会花游全部两块金牌。中国花样游泳队教练汪洁赛后难掩喜悦："获得中国代表团第100金，我们感到非常高兴，来之前我们的口号就是在雅加达绽放最美丽的自己。"

同样绽放美丽的还有女排姑娘们。仅用时59分钟，奥运冠军中国女排就以3:0完胜菲律宾队晋级四强，他们将与日本队争夺一个决赛名额。胜是英雄，败亦美丽，中国女曲的姑娘们29日在半决赛中拼尽全力，但仍以0:1遗憾输给了这个项目的传统强队印度队，无缘决赛。作为首次进入亚运会的表演项目，中国电竞团队在《英雄联盟》中以3:1击败霸主韩国队夺得冠军。

有的领域，中国健儿最强的对手只有自己。中国跳水"梦之队"就继续包揽了当晚全部两块金牌，昌雅妮/施廷懋、陈艾森/杨昊分别在女子双人3米板和男子双人10米台比赛中摘金。女子双人3米板一直以来都是中国队的强项，无论是在奥运会还是在亚运会比赛中，中国队还未让金牌旁落过。在拿到这枚金牌后，施廷懋也以3枚金牌超越郭晶晶和吴敏霞，成为在亚运会女子双人3米板比赛中夺得金牌最多的选手。

不过，田径赛场作为兵家必争之地，中国队则是有喜有忧。率先举行的男女20公里竞走，中国选手王凯华、杨家玉分别以1小时22分04秒和1小时29分15秒的成绩夺冠。亚运会历史上，中国队从未让女子20公里竞走的金牌旁落，男子20公里竞走也已是八次折桂。

在重头戏男、女200米的争夺中，中国"女飞人"韦永丽以23秒27摘得铜牌，斩获女子100米冠军的巴林选手奥迪恩继续强势表现，以22秒96夺冠。男子200米决赛中，日本选手小池祐贵和中国台北选手杨俊瀚并驾齐驱，在最后时刻几乎同时冲过终点。经过裁判组确认，最终小池祐贵获得第一，杨俊瀚屈居亚军，两人的成绩同为20秒23。

男子三级跳远比赛，仁川亚运会冠军、中国选手曹硕状态一般，好在最后一跳有所发挥，以16米56的成绩摘得铜牌。该项目金牌被印度选手辛格以16米77的成绩获得，乌兹别克斯坦选手拉斯兰以个人最好成绩16米62收获亚军。

虽然在当晚进行的女子七项全能的800米比赛中，王庆玲排名第六，不过凭借之前六个小项累积下来的优势，她最终以5954分为中国队再添一银，冠军被印度选手斯瓦普娜以6026分获得。中国选手姚捷在男子撑竿跳项目中也为中国队摘得一枚银牌，姚捷在3次试跳5米60失败后，成绩定格在5米50。

乒乓球混双金牌29日也被中国队提前锁定。经过一日四赛，两对年轻的混双组合林高远/王曼昱和王楚钦/孙颖莎会师30日的决赛。混双是国乒在仁川亚运会上丢掉的唯一一块金牌，四年后中国队提前包揽该项目冠、亚军。

作为在奖牌榜紧追中国队的最大对手，日本队在自己的两个王牌项目上也是喜忧参半。在29日落幕的新增奥运项目滑板比赛中，日本队作为顶尖强队在四个项目中揽下三金，中国队由张鑫在女子碗池项目中夺得一枚铜牌。但同样处于霸主地位的柔道项目，日本队却大失所望，虽然当日四个夺金项目全部杀入决赛，但最终只在女子52公斤级由角田夏实夺得一块金牌。

庆幸的是，日本队在足球项目上有所收获。依靠上田绮世的宝贵进球，日本队以1∶0小胜沙特晋级亚运会男足决赛。站在他们面前的将是韩国队，后者凭借李胜宇的梅开二度，在另一场半决赛中以3∶1轻松击败了越南队。

新华社雅加达2018年8月29日电（记者李博闻、朱翃、夏亮）

这则消息篇幅不长，但层次清楚，起承转合自然，叙述较生动，行文亦波澜起伏。

（4）结尾　结尾也是消息的有机组成部分，并非可有可无。虽然并非任何消息都有单独的结尾部分，但好的结尾无疑对表现事物的完整性和逻辑的严密性，对突出和深化主题，均有重要作用。常见的结尾方式有小结式、展望式、补充式、含蓄蕴藉式、卒章见义式等。

（5）背景材料　狭义的新闻背景，仅指写作过程中涉及的与新闻人物和事件发生、发展相关的历史、原因、环境、条件等方面的材料。广义的新闻背景，除此之外，还包括对导致新闻事件发生、发展的广阔的时代背景的了解，也包含向记者提供消息、介绍情况的人的背景。背景材料运用得好，可以解释、烘托和深化主题；可以代替作者的议论而使报道显得客观；可以补充情况、介绍知识、增添情绪。背景材料在消息中位置灵活，可独立成段，也可穿插于导语、主体或结尾之中。

例文4-5 消息

中国科学家借花粉揭开秦始皇兵马俑身世之谜

新浪科技讯 据澳大利亚广播公司2月6日报道，中国研究人员在对秦始皇陵兵马俑身上的花粉深入分析之后，宣称解开了一个有关兵马俑的身世之谜——战马和士兵是在不同地点制作的。

秦始皇陵兵马俑是于1974年发现的，很快便轰动国内外，被认为是当代最重要的考古发现之一。自出土以来，这支栩栩如生的庞大军队便成了众多学者解不开的谜。上千个如真人大小的陶俑全身呈古铜色，高1.8~1.97米，一个个威武雄壮，真是气象森严，令人望而生畏，如真马大小的陶马则拖着木质战车，全部是用于保护死后的秦始皇，最终于公元前210年至公元前209年随秦始皇一同葬于这座皇陵。

如今，中国科学家在对窗体顶端兵马俑分析之后兴奋地表示，他们至少解开了一个有关兵马俑的身世之谜。领导此项研究的中国科学院植物研究所科学家胡亚勤（音译）教授表示："秦始皇统治中国之时正处于开花时节，花粉在空中飘舞，一些落在陶俑身上，肉眼看上去也很难识别。"这项研究发现即将由《考古学杂志》予以公布。

据报道，胡教授与同事将收集来的兵马俑碎片碾碎，清洗干净，将身体各个部分分开。接着，他们把这些有机残渣放入甘油中，在显微镜下进行观察。通过这些方法，研究人员识别并复原了32种不同类型的花粉。在陶俑上发现的花粉大多来自于草本植物（如芥菜和卷心菜）、山艾树和蒿草等植物种类以及昆诺阿藜、菠菜、甜菜等开花植物家族。而在马俑上找到的花粉则大多来自于松树、粗糠柴、银杏等树种。

根据花粉的不同，研究人员得出了这样一个结论，即陶马是在秦始皇陵周围就近取材制作的，而陶俑则是在距秦始皇陵较远的地方制作，他们尚不清楚这一地点的具体位置。陶马身长约2米，重约200公斤，陶俑的重量则在150公斤左右。鉴于两条腿相对脆弱，陶马的制作难度更大。研究人员由此推理，无论这一庞大工程幕后的设计者是谁，他们都会选择在靠近秦始皇陵的地方建造陶马，以便让运输路程尽量缩短，不会对陶马造成损坏。

美国加州大学伯克利分校历史学教授迈克尔·尼兰（Michael Nylan）长期从事中国古代史研究。她认为，由于研究人员很难采用高科技技术手段对兵马俑进行细致研究，目前还很难验证这项发现的真实性。但近年来科学家通过对花粉的分析，揭开了很多困扰他们多年的谜底，如揭开某件谋杀案真凶面目、确定其他艺术品的年代身世等。胡教授表示，此项发现可能为考古学家进行研究打开一扇新的窗门。他说："考古学家也许会考虑在古代陶器上发现花粉的可能性，因为花粉可以向我们讲述一些梦寐以求，但尚不为人所知的故事。"

（2007年2月9日新华网甘肃频道 杨孝文）

此则消息在介绍中国科学家借花粉揭开秦始皇兵马俑身世之谜的同时，作为背景材料，穿插介绍了有关秦始皇兵马俑以及花粉的知识，这些知识对于读者更详细了解本则新闻起到了解释和知识拓展的作用，增强了消息的趣味性和可读性。

2. 消息的外部结构

消息的外部结构是指作者对已过滤的新闻材料进行总体性安排或布局的方式。常见的消息的外部结构有以下几种：

（1）倒金字塔式结构　倒金字塔式结构是一种头重脚轻、虎头蛇尾式的结构，它把最重要的材料放在篇首，最不重要的材料放在篇末，从导语至结尾按重要性程度递减的顺序来组织安排新闻材料，其主要特点是：

1）打破了记叙事件的常规，在材料的时间特征上，首先是"总体性倒叙"，即将最后结果或后发生的却富有吸引力的材料置于篇首，然后顺叙事件的发生、发展、高潮和结局。

2）按重要性程度来安排材料，决定段落层次的顺序。常呈现为"重要""次重要""次要""更次要""补充""进一步交代性材料"的顺序。

3）它的导语常是直叙型的部分要素导语，包含了最重要的事实，又往往具有相对独立性，可独立成章，变成"简明新闻"或"一句话新闻"。

4）对事件过程的叙述往往较简略，每段文字都很简要。

倒金字塔式结构便于受众迅速掌握全篇之精华，满足受众尽快获取最新消息之需求；便于记者迅速报道新闻，将最重要的新闻事实最先发出去；便于编辑选稿、分稿、组版、删节，如在版面不够时，可从后往前删，无须重新调整段落。

例文 4-6　消息

第十一届中国杰出青年农民评选揭晓

本报北京 12 月 12 日电（龚青）　由团中央、水利部、农业部、财政部、国家林业局和全国青联共同组织开展的"第十一届中国杰出青年农民"评选日前在京揭晓。

荣获"第十一届中国杰出青年农民"称号的 10 位青年农民是（按姓氏笔画排序）：做大蔬菜出口贸易，帮助农民增收致富的北京市青年农民刘宝平；以海产品养殖、旅游业铺开农民致富路，建设家园、为民送福的山东省青年农民刘新贵；以科技创新为先导，壮大林产品加工龙头企业的福建省青年农民吴哲彦；传播先进科学养殖技术，带动乡邻致富的安徽省青年农民吴启有；延伸有机茶绿色产业链，连通城乡市场，带领茶农走向致富大道的浙江省青年农民俞学文；打造畜牧养殖龙头企业，引领农村青年致富成才的天津市青年农民徐练海；引进国际先进养殖技术，致富不忘群众的吉林省青年农民程继彦；自主创业、反哺家乡、建设新村的河南省青年农民裴春亮；艰苦创业，发展花卉生产，带领乡亲闯出致富新路的广东省青年农民潘翠玲（女）；推广联合牧场经营模式，勤劳为民、乐于奉献的内蒙古青年农民额尔敦仓（蒙古族）。

同时，史亚飞、史海峰、石占军、刘庆鸯、刘康、多拉、师智敏、闫生顺、张忠伟、李明艳、杨官柏、杨勇萍、汪军、郑伟国、施焕新、钟世荣、聂文斌、贾全成、黄炜等 19 位青年农民（按姓氏笔画排序）获得"第十一届中国杰出青年农民"提名奖称号。

据悉，这些获奖者是从全国各地层层推选的 41 名申请者中，经组委会办公室确定正式候选人、评委投票评审产生的。评审期间，组委会办公室还对 29 位正式候选人在其所在地主要报刊媒体进行了为期 15 天的公示，广泛征求社会各界的意见。

"中国杰出青年农民"评选工作始于 1996 年，至今已举办 11 届，共有 110 位农村青年获"中国杰出青年农民"殊荣,149位农村青年获得提名奖称号。这项工作开展11年来,树立了一批立足农村、学用科技、艰苦创业、勇于创新、奋发有为的青年农民典型,为激励广大农村青年推动农业产业结构调整,投身社会主义新农村建设发挥了积极作用。

(2006年12月13日《中国青年报》)

(2) 编年体结构　此结构形式又叫时间顺序式结构,也有的称其为金字塔式结构。它往往按时间顺序来安排事实,先发生的放在前面,后发生的放在后面。这种结构叙事条理清晰,现场感强,且很适合写那些故事性强、以情节取胜的新闻,尤其适合写现场目击记。

例文4-7　消息

人民解放军百万大军横渡长江
(一九四九年四月二十二日)

[新华社长江前线二十二日二十二时电]　人民解放军百万大军,从一千余华里的战线上,冲破敌阵,横渡长江。西起九江(不含),东至江阴,均是人民解放军的渡江区域。二十日夜起,长江北岸人民解放军中路军首先突破安庆、芜湖线,渡至繁昌、铜陵、青阳、荻港、鲁港地区,二十四小时内即已渡过三十万人。二十一日下午五时起,我西路军开始渡江,地点在九江、安庆段。至发电时止,该路三十五万人民解放军已渡过三分之二,余部二十三日可渡完。这一路现已占领贵池、殷家汇、东流、至德、彭泽之线的广大南岸阵地,正向南扩展中。和中路军所遇敌情一样,我西路军当面之敌亦纷纷溃退,毫无斗志,我军所遇之抵抗,甚为微弱。此种情况,一方面由于人民解放军英勇善战,锐不可当;另一方面,这和国民党反动派拒绝签订和平协定,有很大关系。国民党的广大官兵一致希望和平,不想再打了,听见南京拒绝和平,都很泄气。战犯汤恩伯二十一日到芜湖督战,不起丝毫作用。汤恩伯认为南京、江阴段防线是很巩固的,弱点只存在于南京、九江一线。不料正是汤恩伯到芜湖的那一天,东面防线又被我军突破了。我东路三十五万大军与西路同日同时发起渡江作战。所有预定计划,都已实现。至发电时止,我东路各军已大部渡过南岸,余部二十三日可以渡完。此处敌军抵抗较为顽强,然在二十一日下午至二十二日下午的整天激战中,我已歼灭及击溃一切抵抗之敌,占领扬中、镇江、江阴诸县的广大地区,并控制江阴要塞,封锁长江。我军前锋,业已切断镇江、无锡段铁路线。

(1949年4月24日《人民日报》)

(3) 场面转换式结构　它与时间顺序式结构相似,但强调的不是事件随时间顺序而发生、发展的过程,而是场面的转换,场面随新闻事件发展的时间顺序而转换。这些场面表现的不是事件的发生、发展、高潮和结果,而是事件发展过程中的几个片段和侧面。这些场面之间不存在前因后果关系,而是相互独立的、各有特色的状态,多用于反映参观、游览过程的新闻报道。

例文4-8　消息

连战一行拜谒孙中山衣冠冢

本报北京4月15日讯　记者孙立极、吴亚明报道:北京香山碧云寺,松柏青青,安详静谧。4月15日，中国国民党荣誉主席连战一行到此拜谒中山先生衣冠冢。

上午10时，连战及夫人连方瑀、中国国民党四位副主席、新党主席郁慕明等，在中台办主任陈云林、副主任郑立中等陪同下，抵达碧云寺。

他们首先来到孙中山纪念堂，向中山先生汉白玉全身塑像敬献花圈及花环，由蝴蝶兰、天堂鸟等鲜花组成的花圈上，挂着"总理　孙中山先生　灵鉴　中国国民党荣誉主席连战暨全体同志敬献"的挽联。司仪恭读祭文后，全体成员三鞠躬并默念一分钟。

随后，连战一行瞻仰了纪念堂两侧墙壁上雕刻的中山先生所写《致苏联遗书》，以及堂内陈列的中山先生遗墨、遗著，并观看了录像《奉安大典》和孙中山先生生平展览。参观之后，连战提笔留书"青山有幸伴中山　同志无由忘高志"，表达敬仰之情。

走出纪念堂，连战一行拾级而上，在中山先生衣冠冢前三鞠躬，并植下了一棵白皮松。

面对中山先生衣冠冢，连战发表感言。他说，今天我们来到碧云寺中山先生衣冠冢，是以最诚挚最尊敬的心情向他表示敬意。

连战感怀，中山先生毕生为国家、为人民牺牲奉献，在他病逝之前还在讲，人生死不足虑，唯一遗憾的是没有看到国家和民族复兴。连战表示，今天是中华民族千载难逢的富强、发展、壮大的时刻，促进经济发展，提升人民福祉，两岸和平共荣，互惠互利，都符合中山先生博爱的情怀，这是大爱、民族之爱、人群之爱。让我们为人民福祉再提升、两岸和平基础再巩固共同努力！

(2006年4月16日《人民日报》)

（4）并列式结构　这种结构是导语将多个新闻事实的共性加以概括，然后分属各个新闻事实，而这些新闻事实之间并不存在因果、主次关系，事实的重要性也差不多。

例文4-9　消息

政府统筹　部门联动　政策引导　服务到位
政府高校奏出大学生就业"交响曲"

记者从20日召开的2007年全国普通高校毕业生就业工作会议上获悉，各地、各高校高度重视毕业生就业工作，迎难而上、扎实工作，采取了多种措施力促就业工作，取得了良好效果。

江苏打造数字就业平台

江苏省在完善传统的就业模式——有形市场建设的同时，从打造数字化的就业信息平台着手，加强信息网络建设。

江苏省在115所高校设立了就业信息服务分中心，专人负责收集毕业生的求职信息；在省内13个地级市和苏南有条件的县级市毕业生服务机构设立分市场，专门负责收集各地用人单位的需求信息；在省内500余家规模大、吸收毕业生较多的用人单位设立就业信息基地。

近年来，河北省加大高校毕业生就业工作力度，抓薄弱环节，抓就业指导课程建设，抓就业指导队伍建设。

河北省教育厅要求从2006级新生开始，各高校要开设大学生就业指导课程，使就业指导从学生入学开始直至毕业，分阶段、有侧重地贯穿于学校教育的全过程。目前，河北大学、河北科技大学等十几所院校还自编教材并投入使用。

"三年内确保实现村村有大学生，力争实现每村有两名大学生"，是北京市引导高校毕业生到农村基层就业的工作目标。

记者从全国普通高校毕业生就业工作会议上获悉，为确保这项工作的顺利开展，北京市在进行调研摸底后，从2006年2月开始，在平谷、延庆两个区县进行了试点工作，初步摸索了选聘、管理、培养"村官"助理的方法，明确了毕业生到农村后发挥作用的途径，为全市各区县在管理培养"村官"助理方面的工作提供了经验借鉴和具体依据。

安徽省在高校毕业生就业工作中，充分突出地方政府促进就业的职能，自上而下逐层推进，狠抓市县两级管理体制建设，不断开拓基层就业空间。

据介绍，到2005年年底，除一个县外，所有县市都建立了毕业生就业工作领导机构。2005年毕业生到基层的就业比例比2004年有所增加，2006年比2005年又提高了9.6个百分点，达到53.9%。

近年来，厦门由政府统筹，各部门联动加强了对高校毕业生的公共就业服务——开展"毕业生职业见习"活动。截至2006年10月，该市共有175家用人单位提供2047个职位，有602名毕业生上岗见习，有187名见习毕业生被见习单位录用。市财政拨付见习补贴89.18万元。

在该市"毕业生职业见习"工作中，厦门市人事局、劳动和社会保障局、财政局三部门联动：人事局负责职位的征集汇总与公布、人员审核、见习经费的汇总与申请；劳动和社会保障局负责参保费用、见习生活补贴及用人单位岗位补贴的审核与发放；财政局负责见习资金的预算编制和资金划拨。

(2006年11月21日《中国教育报》记者 李薇薇 万玉凤有删节)

（5）对比式结构　消息的主要层次之间呈现彼此对照的关系，就是对比式结构形态。

例文4-10　消息

有的说：保尔精神永在
有的说：更爱比尔·盖茨
——《钢》剧播出引出不同凡响

本报讯 2月28日，中央电视台一套节目开始在黄金时间播出电视连续剧《钢铁是怎样炼成的》。这部影响过新中国好几代人、凝聚着一个时代情结的巨作，又一次鲜活地出现在历史舞台上。2月29日晚，当记者随机采访时，许多观众激动地说："昨晚，我看了保尔。"

一位退休的老知青于先生一提到《钢铁是怎样炼成的》就掩饰不住满脸的兴奋之情：

"听说央视要播《钢》剧,我便一直盼着,28日晚便早早坐在电视机前。在我们年轻的时候,知青们广为传阅的就是《钢铁是怎样炼成的》《静静的顿河》等一批苏联小说。保尔那时候就是我们的偶像……"

初中三年级的李洁同学说:"知道这本书,语文课上讲过,但我不感兴趣,也不想看电视剧,还不如看《小李飞刀》或《宠物情缘》呢。"大二的吴同学则表示:"如果播放的是比尔·盖茨的奋斗经历,我们会更喜欢看,保尔已经过时了,与保尔相比,我更崇拜比尔。"

两代人对保尔的看法有如此的差异,其实并不难理解。保尔毕竟是苏联20年代的共青团员,而不是今日外企之白领。但不少人仍相信,终有一些闪光的精神不会因时代转换而改变。

(2000年3月2日《大河报》)

两代人对保尔这一文学形象的不同态度,构成了这篇消息前后不同的两个层次,互相之间形成鲜明的对照,这就是对比式结构。运用这样的结构,未必要得出是非曲直的结论,只要把不同的行为或观念报道出来,结论可以由读者自己得出。

以上是消息写作常用到的几种结构方式。当然,消息的写作形式不是一成不变的,在写作时选择什么结构,应以有利于主题和内容的表达为标准,只要是有利于表达,有利于阅读,有利于消息更好地传达的都是好的形式。

4.2.3 消息的写作要求

1. 叙述是其主要的表达方式

消息是用事实说话,通常不对人物事件做浓墨重彩、精雕细刻的描写,所以也不用或少用直接的议论和抒情。

2. 叙事宜具体,内容应充实

有人因消息是简明扼要的,要求篇幅短小、语言简洁,所以将消息写得太概括、太抽象,空空洞洞大而无当的导语之下,是几条干巴巴的"筋",读完了还不知道这篇消息讲了什么内容。消息虽不似通讯细致、深入地报道事实,但应使受众对新闻人物和事件有较完整而真切的了解,应传达出较具体的新闻信息。

3. 叙述宜求生动,行文善兴波澜

消息的主体内容应在具体、充实的基础上力求生动。写作手法应灵活多样、富于变化。

4.3 通讯

通讯是记叙文的一种,是报纸、广播电台、通讯社常用的文体。

4.3.1 通讯的概念、特点和种类

1. 通讯的概念

通讯是运用叙述、描写、抒情、议论等多种手法,具体、生动、形象地反映新闻事件

或典型人物的一种新闻报道形式。

通讯是一种比消息更为详尽、更为灵活和形象地报道典型人物、事件、问题或各种有意义的客观事实的新闻体裁。通讯所做的报道必须真实，用事实说话，准确地再现特定人物、事物、景物形象以反映现实生活。通讯也有时效要求，它的时效性虽不像消息那样强，有时可以宽松一点，但总的来说，还是要快、要新。

2. 通讯的特点

一般来说，通讯有三大特点：

（1）严格的真实性 通讯是新闻报道的一种形式，因此，作为通讯，首要的特点仍然是客观真实性。通讯不能像文学创作一样，其涉及的人物、时间、事件、环境、情节等诸多方面必须与客观事实相吻合。

（2）较强的时间性 就报道时效而言，通讯虽不及消息快速敏捷，有时为了将人物、事件报道细致、完整需要较长时间，但也必须及时，仍有很强的时效要求。

（3）描写的形象性 通讯尤其是人物通讯具有一定的文学色彩。消息在表达上主要是平面的叙述，语言追求简洁、明快、准确。通讯则较多借用文学手段，可以描写、抒情、对话，可以用比喻、象征、拟人等修辞手法。因此，通讯在语言和表达方法上都具有一定的文学性，它在报道真实的人和事的过程中，善于再现情景，增强生动性和形象性，给人以立体感、现场感。

此外，通讯虽然一般以第三人称叙述为主，但在"见闻""采访记"一类的通讯中，也采用第一人称。不过其中的"我"主要起见证人或采访线索的作用。在效果上第一人称的使用也增加了一些亲切感。

3. 通讯的种类

按内容分，通讯一般分为人物通讯、事件通讯、工作通讯、概貌通讯等。

（1）人物通讯 所谓人物通讯，就是以报道各条战线上的先进人物为主的通讯。它着重揭示先进人物的精神境界，通过写人物的先进事迹，反映出人物的先进思想，使之成为社会的共同财富。同时，也报道转变中的人物和某些有争议的人物。"金无足赤，人无完人"，在写作时切不可把先进人物写成从来没有过的大智大勇、十全十美之人，写人叙事力求言真意切、恰如其分。

（2）事件通讯 所谓事件通讯，就是报道典型的、有普遍教育作用的新闻事件。写事当然离不开与事件有关的人，但它不像人物通讯那样着力刻画人，而是以事件为中心，在事件的总画面中，为了写好事来写人。它既可以反映现实生活中发生的重大的、振奋人心的典型事件和突出事件；也可以从某一新闻事件中截取一个或若干个片断，进行细致详尽的描述，揭示事件的深刻含义；还可以是若干事件的综述。

（3）工作通讯 所谓工作通讯，就是反映贯彻执行党的路线、方针、政策中的成绩，总结实际工作中的经验和教训，或者探讨有争议的、亟待解决的问题的报道。它是报纸上经常用作指导工作的重要报道形式。它的主要特点：一是把介绍工作经验和分析问题作为主旨；二是凭借事实，深入分析；三是生动活泼，讲究文采；四是不拘一格，形式多样，随笔、散记、侧记、札记、记事均可。

（4）概貌通讯 概貌通讯又称风貌通讯，是以反映社会生活、风土人情、自然风光和日新月异的建设成就为主的报道。概貌通讯与事件通讯不同，它不是围绕一个人物或一个中心事件来写，也不要求写一个事件发生、发展的完整过程，而是围绕主题集中各方面的风貌和特色。在表达方式上，往往运用具体事例来叙述和描写一个地区、一条战线、一个单位、一个点、一个方面的风貌变化，展现时代的步伐和人的思想境界的变化，一般采取"巡礼""纪行""散记""侧记"等形式向读者介绍。

4.3.2 通讯的结构

通讯由标题、开头、主体和结尾组成。

1. 标题

通讯的标题多数为单行式，直接揭示新闻的事实，点出写作的对象和范围，也有的采用双标题，主标题曲笔达意，揭示人物或事件的意义、价值，副标题点出写作的对象和范围，例如：

县委书记的榜样——焦裕禄

（1966年2月6日《人民日报》）

有一流教育，才能成为一流国家（主标题）
——国务院教育工作座谈会侧记（副标题）

（2006年11月23日《中国教育报》）

2. 开头

通讯的开头与消息的开头不完全一样，一般不需要像消息的导语那样概括事实或揭示主题，而是要尽快引出全篇线索，要生动形象、富有变化。开头的形式不一而足，丰富多彩。

3. 主体

主体是通讯的主干部分，是继开头之后，对事件或事实报道的核心。根据通讯的写作内容，通常采取三种结构方式：

（1）纵式结构　即按单纯的时间发展的顺序、事物发展的顺序（包括递进、因果等）、作者对所报道事物认识发展的顺序、采访过程的先后顺序等来安排层次。

例文4-11　通讯

群众危难时　民警显身手

"太谢谢铁路民警了，不是你们的帮助，我这买材料的钱款真就找不回了。"1月12日，一面写有"快速出警寻遗物，为民解难好公安"的锦旗，在一片欢声笑语中送到了和静铁路公安所民警的手中。同时，民警将跋涉了40多公里山路，从铁路两侧和山坡上找回的19900元现金，交到了失主刘先生的手中。

1月9日，前往乌鲁木齐买材料的刘先生，20时52分登上库尔勒开往乌鲁木齐的5814次旅客列车，10日0时25分，当列车开出高山小站巴伦台车站没多久，刘先生来到7车厢头上卫生间，一不小心将随身携带的2万元现金滑落出列车，飞散在车外。情急之下，刘先生向列车上的乘警和列车长报了案。

"5814次客车运行至上新光至胜利桥区间，一名旅客不小心将2万元现金从列车上的厕所掉落车外，请求帮助寻找。"10日凌晨1时许，和静铁路公安所接到库尔勒铁路公安处信息中心的通报。

接报后，考虑到铁路线地处天山山区，夜晚风特别大，滑落的钱款如果裸露出来，很快会被风吹走。和静铁路公安所迅速向巴伦台驻站民警通报情况，并部署了寻找工作。连夜，驻站民警搭乘汽车前往上新光，打着手电筒沿线路进行寻找，由于天黑，能见度很差，民警们沿线寻找了将近3个多小时也未能找到旅客遗落的钞票。

10日早晨天刚亮，民警赛巴特又与其他17人在巴伦台与乌斯特车站间展开搜寻工作，经过近10个小时的努力，终于在下午5时30分，在上新光至下新光区段，找回了散落在铁道两侧1公里多山谷中的19900元现金。

满脸泪水的刘先生对民警们说："11日17时，当我在乌鲁木齐接到库尔勒铁路民警打来电话，说钱款找到19900元时，我简直都不敢相信，我高兴得都跳起来了。这是'人民警察为人民'的真实例证啊！"

(2007年1月18日《中国青年报》通讯员 李强 丁文江 记者 刘冰)

（2）横式结构 即按空间变换或事物性质的不同方面来安排层次。常见的有：

1）空间并列式，如新华社记者采写的《今夜是除夕》即属此类。文章开篇之后，分别写了五个地方的人们做着日常工作的情况——在中央电视台：不笑的人们；在长途电话大楼：传递信息和问候；在红十字急救站：救护车紧急出动；在北线阁清洁管理站："城市美容师"的话；在妇产医院：新的生命诞生了。

2）性质并列式，即按新闻事实各个侧面之间的关系来安排材料。

例文4-12　通讯

谢延信：感动身边每一个人

几乎每个接受采访的人，在谈到谢延信时，都会不约而同地要用一句朴素而简单的话语来评价他："他是一个大好人，他太不容易了。"

亲人：他有良心，是个大好人

谢延信的岳母冯季花已83岁了，老人的牙全部掉光了，但说起话来思路清晰，有条不紊。提起自己的女婿谢延信，老人满脸的皱纹像被熨平了似的舒展开来。

老人意味深长地说："在别人眼里，亮是我的女婿，但在俺心里，他就是俺儿；亮又娶的媳妇粉香在别人看来，好像是一个俺续来的儿媳，但在俺的心里，她就是俺闺女。"

妻子去世后，亲戚们给谢延信介绍对象，对方一听他的家庭情况，要么嫌负担太重，要么不理解。就这样，谢延信一个人带着岳父一家过了10年，直到同乡谢粉香的出现。

谢粉香说："俺图的就是他是个有良心的好人，他对他老岳父、老岳母那么好，我想着他对我也不会差，就这才跟他，要不是想着他心眼好，说啥也不会跟他。"

回想起来，从结婚到粉香2003年到焦作照顾生病的丈夫，粉香说自己和丈夫待在一起的时间不到一年。老谢总跟她说："我照顾好岳父母，你照顾好我父母，为儿女们做榜样。"

谢粉香和前夫有一儿一女，加上老谢与前妻的女儿，还有她和老谢的一个女儿，这个大家庭的构成在别人眼里很是复杂，但全家人相处融洽，不富裕的日子也过得和和睦睦。

工友：他笑对生活，是个有心人

谢延信在朱村矿是一名掘进工，每天都在与水和顶板打交道。谢延信的家庭情况，工友们是从侧面了解到的，但老谢在班上从不提家事，在工友眼中，他每天都是乐呵呵的。老谢参加工作20多年，无论在什么岗位，都是干一行，爱一行，精一行，从没有因家庭拖累而影响工作。

曾跟谢延信学过运搬的张建良说，他刚从驻马店农村来到矿上，跟着谢延信学运搬。与别人不同的是，谢延信不是站在旁边用嘴说，而是边干边给他们讲解如何挂钩、摘钩、使用保险装置、开绞车。一班下来，谢延信没有闲的时候。

组织上对谢延信的情况十分关心，每到救济时就会想到他，可都被他拒绝了。他说："比我困难的人多了，不只是我谢延信一家。"

邻居：他心眼儿好，是个厚道人

对于谢延信，焦煤集团的老邻居们的评价很直白：小亮心眼儿好，是个厚道人。

离休在家的老八路黄守富今年已是83岁高龄了，提起谢延信他赞不绝口："那孩儿可以，待岳父母如亲生父母一样，尽心照顾傻兄弟好让老人放心。平时见着我们这些老辈人不先笑笑、不叫个叔啊伯啊婶啊的不说话。别看人家小亮没有多高的文化，却办了一件很有文化的事情呀！"

谢延信的对门邻居陈青竹是一个憨厚的汉子，他说："老谢干的一直是机电工，工资最高的时候也没有超过700元，他一边伺候有病的老岳父、老岳母和傻内弟，一边上班，真不容易，老谢这人真不错！"

谢延信无私奉献，默默照顾岳父母一家的事迹深深感动着该社区的居民，人们一说起孝敬老人，就要和谢延信作比较，教育孩子也都是以他为榜样。

1月23日下午，河南省委书记、省人大常委会主任徐光春接见了谢延信一家人。徐光春说："当前妻去世后，谢延信不仅没有遗弃他们，反而更加精心地照料他们，这种大孝至爱的精神，不仅是中华传统美德的充分体现，也是社会主义思想道德品质的集中反映。"他认为，更为难能可贵的是，谢延信不仅自己这样做，而且用崇高的精神鼓舞和带动了全家都这样做。在谢延信的言行影响下，他现在的妻子谢粉香、他的女儿刘变英都自觉承担起照顾老人的责任，这种大孝至爱的美好情感，感动着每一个知道他们名字的人。

(2007年2月12日《中国青年报》 有删节)

(3) 纵横结合式结构　即将纵式和横式结合起来。此结构多用于事件复杂而时间跨度大、空间跨度广的通讯，如《东风吹来满眼春——邓小平同志在深圳纪实》(1992年3月26日《深圳特区报》)一文。作者先以春意起兴，言简意明，末尾以诗句点题，前后呼应，营造了春意盎然的氛围，表明了我国改革开放的春天的到来。全文不仅以时间推移为经线，以空间变化为纬线，描述了邓小平在深圳的一系列活动，而且通过详细记录邓小平有关改革开放的重要讲话，展示了一代伟人的深邃思想和精辟见解，还以不少富有意味的细节描写，表现了邓小平这位睿智的慈祥长者的风采，从而充分体现了邓小平南行这一改革开放进程中的重大事件所具有的重大的现实意义和深远的历史意义。

4. 结尾

通讯的结尾要起到深化主题、激发情感、引人深思的作用，要与开头呼应，使全文有浑然一体之感。它没有固定格式，要根据内容材料、主题需要等灵活选择。

4.3.3 通讯的写作要求

1. 选好典型，确立主题

典型是通讯的筋骨，主题是通讯的灵魂。选好典型，确立主题对通讯来说十分重要。选择什么样的典型呢？要选择那些具有代表性、具有普遍意义、具有宣传价值和教育意义的人和事，选择那些在一定时期内人们所关注的问题。确立什么样的主题呢？要确立体现时代精神、表现时代风尚的主题，确立反映人物和事物、本质和规律的主题。

2. 写好人物

写好人物是通讯写作的重要任务。不论是人物通讯还是事件通讯，都要把人物写好。写人离不开事，因此，写人必写事，写人物自己所做的事，写能揭示人物内心世界的事。写人物还要用人物自己的语言、行为、活动来表现；写人物要有血有肉，有音容笑貌，有内心活动；写事要具体形象，有原委，有情节。

3. 安排好结构

（1）纵式结构　它是按时间顺序、事物发展的顺序或作者对报道事物认识发展的顺序来安排结构。在这种结构里，时间发展的顺序、情节展开的顺序、作者认识事物的顺序成为行文的线索。在采用这种结构时，要详略得当、布局巧妙、富有变化，避免平铺直叙。

（2）横式结构　它是指按照时间变换或事物性质来安排材料。这种结构概括面广，要注意不同空间的变换，恰当地安排通讯所涉及的各方面的问题。采用空间变换的方法组织结构时，要用地点的变化组织段落；按事物性质安排结构时，要围绕主题，并列地写出不同的几个侧面。

（3）纵横结合式结构　它是以时间顺序为经，以空间变化为纬，把两者结合起来运用。采用这种形式，要以时空的变化组织结构。

本章小结

- 新闻反映新发生的、重要的、有意义的、能引起广泛兴趣的事实，具有迅速、明了、简短的特点，是一种最有效的宣传形式。
- 消息是新闻报道中最常用的一种新闻样式，它篇幅短小精悍，一事一报；语言平实，结构平稳，无论是它的内部结构还是外部结构都比较稳定；在新闻文体中，它时效性最强，传播速度最快。
- 通讯是运用叙述、描写、抒情、议论等多种手法，具体、生动、形象地反映新闻事件或典型人物的一种新闻报道形式。

练习题

1. 综合训练

（1）概念解释

简明新闻　新闻背景　倒金字塔式结构　概貌通讯　人物通讯　新闻导语

（2）填空题

1）新闻反映_____、_____、_____、_____的事实，具有_____、_____、_____的特点，是一种最有效的宣传形式。

2）目前，我国有七种基本的新闻报道形式，这就是_____、_____、_____、专访、调查报告、新闻图片、电视新闻等。

3）根据内容可以将消息分为_____、_____、_____、_____等。

4）按内容分，通讯一般分为_____、_____、_____、_____。

5）新闻和消息一般由_____、_____、_____和_____组成。

（3）单项选择题

1）按照新闻写作要求，新闻的第一生命是（　　）。

A. 时效　　　　B. 新鲜　　　　C. 准确　　　　D. 真实

2）新闻的功用是（　　）。

A. 报道和运用事实　　　　　　B. 报道和评价事实

C. 宣传和评述政策　　　　　　D. 分析和判断事实

3）消息写作中多采用第三人称是为了（　　）。

A. 增加亲切感　B. 提高客观性　C. 避免主观说教　D. 增加真实感

4）突出新闻中富有特征的局部是（　　）的写法。

A. 动态消息　　B. 新闻特写　　C. 事件通讯　　D. 速写

5）按消息的倒金字塔结构，写在消息第一层的是（　　）。

A. 标题　　　　B. 导语　　　　C. 主体　　　　D. 结尾

6）把最新鲜、最重要、最吸引人的事实材料放在前面是（　　）。

A. 动态消息的结构　　　　　　B. 简明消息的结构

C. 综合消息的结构　　　　　　D. 经验性消息的结构

（4）判断题

1）坚持新闻的真实性就是尊重客观事实，以客观事实为依据。所以新闻写作中没有必要加入作者的议论。（　　）

2）综合消息主要是反映国内外新近发生或正在发生的重大事件、活动以及一定行业或领域的新事物、新情况、新成就等具体事实。其要求准确精练，迅速及时。（　　）

3）消息是用事实说话，通常不对人物事件做浓墨重彩、精雕细刻的描写，所以也不用或少用直接的议论和抒情。（　　）

4）通讯虽然一般以第三人称叙述为主，但在"见闻""采访记"一类的通讯中，也采用第一人称。不过其中的"我"主要起见证人或采访线索的作用。在效果上第一人称的使用也增加了一些亲切感。（　　）

5）导语是消息的重要组成部分，被称为"新闻的眼睛"。（　　）

（5）改错题

1）消息在语言和表达方法上都具有一定的文学性，它在报道真实的人和事的过程中，善于再现情景、增强生动性和形象性,给人以立体感、现场感。

2) 通讯的标题多数为单行式,直接揭示新闻的事实,点出写作的对象和范围,也有的采用双标题,副标题曲笔达意,揭示人物或事件的意义、价值,主标题点出写作的对象和范围。

3) 消息的内部结构是指作者对已过滤的新闻材料进行总体性安排或布局的方式。

4) 按单纯的时间发展顺序、事物发展的顺序(包括递进、因果等)、作者对所报道事物认识发展的顺序、采访过程的先后顺序等来安排层次的结构叫横式结构。

5) 导语是消息的躯干,它紧接标题之后,是消息的重要组成部分。

(6) 简答题

1) 什么是新闻角度?如何选择新闻的最佳角度?

2) 什么是通讯情节?怎样展开(写好)通讯情节?

3) 什么是新闻背景?新闻背景有哪几种?它有什么作用?

4) 为什么要把新闻写短?怎样写好短新闻?

2. 实践题

(1) 阅读下列新闻,给它加上标题。

本报杭州2月1日电(鲍倩倩　董碧水)　记者从共青团浙江省委获悉,旨在鼓励大学生科技创新的"新苗人才计划"日前启动,浙江省政府投入专项资金200万元用于这一计划。

据悉,这也是浙江省首次投入公共财政经费支持高校大学生科技创新活动。

"新苗人才计划"主要用于资助省内省属高等本科院校的全日制大学生或硕士研究生及团队开展自然科学和工程技术领域具有创新性的科技研究。与以往不同的是,这些"新苗人才"不再受"必须发表论文""必须获奖"等相关硬性指标的约束,项目负责人只要按规定时间和要求,汇报项目执行情况和提交总结报告就行,每个项目可得到5000元至8000元的科研扶持经费。

(2) 根据所给素材,写成一则消息。

要求:①准确概括事实;②主题集中,角度得当;③设计有特点的导语;④制作符合消息规范的标题;⑤文句通顺,无错别字;⑥字数:300~400字。

材料:

干细胞研究是国际上与基因工程并列的生命科学两大热点之一。基因工程成果直接应用于临床医学还为时尚早,且有一定的危险性;而干细胞研究正在走向高潮,尤其是利用生命体自身的干细胞合成器官组织,将有效解决大脑疾病、贫血、心衰、糖尿病等,而且安全可靠。因此,首次成功培育克隆羊的科学家也已把研究方向转向干细胞,目前几乎所有国际知名大学都设立了干细胞研究室。我国中西医结合学会著名科学家徐荣祥是干细胞研究的领军人物之一,他带领一个科研小组,经过艰苦努力,已率先创造出干细胞的原位培养技术,并且在国际上公布了干细胞组织复制图谱。国外科学家对干细胞的研究还处在复制细胞水平,但徐教授将其拓展至复制具有完整功能的器官上。他的科研小组已经动养,利用特别组合的生命营养物质,使这些细胞持续分裂,克隆并持续增殖合成新的胃肠组织。利用原位干细胞复制胃肠器官组织的新成果应用于临床,能让受到损伤的胃肠黏膜及时得到修复,也能使胃肠疾病患者免去手术的痛苦。徐教授的科研小组正与有关医学专家合作,不久将推出这方面的新药。利用干细胞原位复制技术具有广泛的应用前景,一旦进入临床阶段,将形成一个庞大的产业,因此徐教授及时为原位合成胃肠器官组织申请了专利。按照有关规定,他将在权威的国际学术刊物上详细公布这一最新成果。

(3) 采访你的一位优秀同学,写一则人物通讯。

第 5 章　书信文体写作

 学习目标

　　通过对本章的学习，掌握书信的概念和特点，掌握申请书、倡议书、感谢信、慰问信、求职信、简历等文体写作的有关知识及写作要求。

 本章问题

1. 书信的概念和基本要求是什么？
2. 申请书有哪些作用？倡议书有哪些特点？
3. 感谢信、慰问信、求职信、简历的写作要求是什么？

5.1　书信概述

　　书信是人们日常生活和工作中应用最为广泛的一种应用文，是普遍使用的一种交流工具。

5.1.1　书信的概念及种类

　　1. 书信的概念
　　书信是一种向特定对象传递信息、交流思想感情的应用文书。
　　2. 书信的种类
　　按其功能，可分为一般书信和专用书信两大类。
　　（1）一般书信　一般书信的应用范围很广，大都属于私人通信，通常是不公开的。它是个人与个人之间交流思想感情的工具，可以无拘无束、畅所欲言，文采上不很讲究。但有些名人的书信，不论在思想上还是在艺术上都有很高的造诣，如《曾国藩家书》，胡适、鲁迅等人的一些私人信件，是我国宝贵的文学遗产。
　　（2）专用书信　一般指介绍信、证明信、推荐信、求职信、辞职信、申请书、倡议书、邀请函等具有专门用途的书信。专用书信一般一事一书，内容单一，有特定的格式和写作要求，多用于个人与机关团体，或者机关团体之间的公务联系，是一种公开的书信，在写作手法上比较讲究言辞。

5.1.2　一般书信的特点

　　一般书信是个人有什么事情想与亲友、师长、同学、同事联系，或者想把自己的工作、学习、思想等情况告诉对方，又或者想了解对方的什么情况，或有求于对方时所使用的一种文体。历史上很多名人的著作，其私人书信往往占一定的分量。

一般书信有以下两个主要特点：

（1）双向性　一般书信是私人间的情感交流，不能以命令或教训的口气行文。由发信方发出信息，收信方接收信息，都属于自愿交流。双方有来有往。纵然是长辈与晚辈的通信，也是立足于相互对等的交流关系而进行的，因而它不具备公文的权威性。

（2）距离性　一般来说，信件发出者和接收者之间必须有一定的空间距离或心理距离。空间距离是指地域的间距。心理距离即心理上的某种差异，有话不便当面讲，借助书信进行传情达意。例如，男女双方，一方对另一方产生爱慕之情，又羞于启齿，于是借助书信来袒露心声。

我国历史上记载较早的普通书信是春秋郑国大夫郑子家给晋国正卿赵宣子（赵盾）写的信，该信是由郑子家派了一名通信官送去的。

5.1.3　一般书信的结构及写作要求

书信具有约定俗成的格式。一般地，书信由八个部分构成，即称谓、问候语、正文、祝语、署名、日期、附言和信封。

1. 称谓

称谓即称呼，顶格写在书信的第一行，后加冒号，以示领起下文。称呼要恰当，否则会影响收信人的阅读情绪。因此，要根据写信人与收信人的关系选择恰当的称呼。

2. 问候语

问候语是正文前对收信人的礼节性问候，是一种文明礼貌行为。问候语位于称呼的下一行，空两格，一般独立成段。

问候语常用"您好"。此外，还有节日性问候，如"春节快乐""值此中秋佳节来临之际，谨向您致以节日的问候"；有关心身体状况的，如"近来身体健康吧""您的心情愉快吧"；特别的，如对新婚夫妇用"首先祝新婚快乐"，对病人"祝早日康复"。

3. 正文

正文是书信的主体，一般分为缘起、主体和总括语三部分。

1）缘起。在正文前部，说明写信的缘由、目的。如1856年6月21日马克思给夫人燕妮的信开头是："我又给你写信了，因为我孤独，因为我感到难过……"；曾国藩给他弟弟的信："日来未接家书，颇为悬念"；胡适给母亲的信："今晨得家书，甚喜。书中所问各节，今一一答复如下"。如果是回信，应先说明来信收到。

2）主体。这部分是写信人主要说的话。介绍自己的情况，或回答对方询问的问题，或询问对方的情况，或向对方提出某些要求等。如果要说的话较多，要议的事有几件，就应分段来写，写完一件，再写一件。

如果是回信，先要对来信提出的问题或交办的事情进行答复，然后再讲自己要说的内容。主体部分要把话说清楚，使对方一看就能领会写信人的意思。

另外，不论是长辈还是晚辈，在文字上都要使用礼貌、亲切的语言。具体的措辞要根据信的内容和与受信人的关系而定，或尊敬，或诚恳，或郑重，或亲切，或直言不讳，或委婉含蓄。讲究措辞，是为了增强书信的表达效果，切不可堆砌辞藻，让人不知所云，引起收信人的反感。

3）总括语。在主体结束之后，总括一下全信的内容，再度表达通信交流的期望，如"拜托之事，请一定帮忙""总之，请您在百忙中抽空赐教""盼复"，或"就此搁笔，盼常来信"等。

4. 祝语

在正文写完之后，可写上祝颂语，表达祝福、崇敬、勉励之意。祝语的书写格式有以下几种形式：

1）正文之后紧接着写"此致"，另起一行顶格写"敬礼"。注意，"此致"是信的煞尾，是动词。

2）正文之后另起一行空两格写"此致""祝"，再另起一行顶格写"敬礼""教安""钧安"等。

3）正文后另起一行，空两格写"谨祝愉快"等语。

祝语根据收信的对象不同而不同。如写给长辈，可以用"敬祝近安""敬祝钧安""祝健康长寿"等；如写给平辈，可用"祝安好""祝工作顺利"等；如写给晚辈，可用"愿你进步""望工作努力"等；如写给病人，可用"祝早日康复""望早日痊愈"；如遇上节日，可用"祝节日快乐"之类的词语。

另外，使用祝语时要注意收信者的情况，当其处于逆境或遇到不幸时，就要避免使用"幸福"之类的词语。

5. 署名

祝语之后，另起一行，在信的右下方写上写信人的名字。有时还应在名字之前加上称谓如"弟""儿""你的同学""愚师"等。一般来说，同辈的朋友或熟悉的人可以不写姓，不加称谓，只写名字就可以了。对不熟悉的人或初次通信的人要写全姓名和关系。亲属或亲密朋友可以在称谓之后加名，如"弟有朋""侄女晓丽""你的朋友李明"等。父母给子女写信，可不写姓名，只写"父字""妈"即可。

一般署名写在正文右方下数第三行。

6. 日期

日期即写信的时间。另起一行写在署名之下，写出年月日，也可只写月日。

有的写信人喜欢将写信的地点和情景在日期后标出，如"某年除夕于羊城""2004 年 5 月 1 日于流溪河畔养心斋""2003 年 10 月 1 日雨夜""2004 年中秋之夜，无边湖畔浅草堂，月夜"。

7. 附言

附言是写在署名和日期之后的部分，有时有两个内容：

1）信写完之后，临时又想起一件事漏写，只好补在信后的余白处，先写一个"附"字，加上冒号，写完补充的话，再加上"又及"两个字。

2）有时写信者还想在信上问候一些与收信人有关系的人，这叫"代问"。一般在署名和日期之后另起一行，写上"代问令尊大人好""请代向嫂子问好""代问姐夫好"等。

8. 信封

信封由四部分内容构成：

1）邮政编码。在信封的左上方的六个小方格内，用阿拉伯数字准确地填上收信人所在地的邮政编码，以便于邮局分栏和投递。还要将寄信人的邮政编码填在信封右下角的小方格内，供书信无法投递退回时使用。

2）收信人地址。在邮政编码下方第一条横线上书写收信人的地址，要准确、具体。先写省（自治区、直辖市）名，再写县（市）名，然后写镇名、街道名及门牌号。大地名与小地名中间要空一格，一行写不完，换行时不要将一个名称拆开写。地名要写全称，避免写简称，以防误投。

3）收信人姓名。在收信人地址下另起一行，用稍大的字，拉开一定距离均匀排列，写上收信人的姓名和称谓。要注意信封上的称谓是写给邮递员看的，不便写上写信者对收信人的称呼，如"某叔叔收"的字样。信封上的称谓往往都是"先生""小姐""同志"，可居后写上"收""启"等。

4）寄信人地址。在收信人下一行写上寄信人的详细地址，一是便于对方回信，二是万一投递不到可以退回。

例文 5-1　一般书信

<h2 style="text-align:center">给儿子的一封回信</h2>

锋：

　　来信收到，勿念。

　　我和你妈见信后非常高兴。我儿能向父母倾吐真情，言表实话，并且语言通顺生动，难怪你妈高兴地说："学没白上，写得不错！"心里有事，不吐不快，说出来心里会好受些。

　　你的来信有两个核心，一是花钱多，二是学习差。你的花钱方面总体上说还可以。我也问过几个学生家长，他们也说在你们学校的那个城市生活，每月怎么也得四五百元，有的还是女生。所以你也不必为每月花四五百元而内疚。至于你说的那次特殊情况，爸妈也谅解。大概是你们现在的年龄所致吧，太意气，太讲究享受，爱虚荣。像你说的那种情况，八个学生去吃饭，竟还要讲排场，上档次，怎么都那么不懂事呢？人人都忘记了自己的身份，花几百元吃饭，确实叫人不理解。过去的就过去了，今后有朋友来，就以日常标准接待，我认为这同样显得真诚。经济不允许是一方面，更重要的是不能养成奢侈之风。你不算是一个坏孩子，算不上败家子，算不上胡花了家里钱，没有编着谎话向爸妈要钱，足以说明儿是一个真诚的人。从学费里花去的300元，我给你补上，把学费交上去，但以后不能再有依赖心理。

　　第二方面，你谈到学不进去，什么也学不会，这爸妈并不意外，以咱的基础啃这专业，肯定难。但你努力去学了，这爸妈就知足了。慢慢来吧，你不要有太多的自责，不要与班上高材生相提并论，在大学这个良好的环境里，书本知识、动手能力、人际交流和社会知识等都是知识，都能学到一些。

　　你信上说爸是你的伙伴和朋友，爸很高兴。的确，爸的一生就应该成为儿女的典范。爸是个善良的人，与你妈没有过太大的吵闹，对儿女从未大打出手，甚至连恶言都从不说，对父母孝顺，对朋友真诚相待；爸是一个追求卓越的人，做什么都很出色；爸是一个不甘言败的人，一生几次跌倒，几次站起，凭着智慧、毅力、意志和干劲，成就了事业，成就了家庭。希望我的儿子也能像老爸一样做人。学习成绩差，没有什么，也算正常，因为自己起点低，勤能补拙，总能学会的。

　　爸妈希望你永远是一个向爸妈敞开心扉敢说心里实话的孩子。自己照顾好身体。不用惦记我们，常写信回家。
　　祝
我儿学习进步，早日取得好成绩。

爸　妈
12 月 15 日

5.2　申请书

5.2.1　申请书的概念及种类

1. 申请书的概念

申请书是个人或集体向组织、有关部门或社会团体表达愿望、提出某种请求的一种专用书信。

2. 申请书的种类

申请书使用范围很广，种类繁多，一般有：

（1）要求加入组织的申请书　个人要求入团、入党，以及加入社团组织，都必须写一份申请书，如入党申请书、申请加入市作家协会申请书等。

（2）向上级有所求的申请书　下级在学习、工作、生活等方面对上级提出要求，希望得到解决时可写申请书，如申请奖学金、申请拨款增添设备等。

（3）取得建设项目资格的申请书　开业、建立某项新的生产项目或科研项目，都应事先写申请书。

5.2.2　申请书的结构

申请书的结构与一般书信的类似，包括标题、称谓、正文、结语和签署五个部分。

1. 标题

标题在第一行的正中，根据申请的内容标示具体名称，如"入党申请书""开业申请书"等。

2. 称谓

称谓即上款，是收信的对象，后加冒号，如"××党支部""××学会"等；也可以写给有关负责人，如"××书记""××总经理"等。

3. 正文

申请书的正文往往分成三个部分来写：

1）阐述缘由。如果是申请加入组织的申请书，则应先写对该组织的认识，然后讲明要求加入的理由。此部分可先叙动机、原委，后讲理由和愿望。如属项目的申请或要求解决某个问题时，则应说明当前的需要。

2）提出请求。写请求时要明确、具体，要有感情。要实事求是地讲述自身条件及情况，并强调申请人的意愿。如果是申请解决某个问题，则应写明主观上的必需和客观上的可能。

3) 表明态度。这部分写实现后的保证。如属加入组织的申请，则应表明自己一定会严格遵守章程及组织的各项规定和要求；如属建设项目的申请，应表明自己的做法和决心。

4. 结语

结语写明达成愿望或获得批准的期望，如"请组织上帮助我、考验我，使我早日加入中国共产党组织""请领导审查批准"等。

5. 签署

签署即落款，包括署名和日期。另起一行在右下方标明"申请人"，后加冒号，再签上自己的名字。在署名之下，另起一行写明日期，要写全年月日。

5.2.3 申请书的写作要求

1) 事实要真实。申请书中所叙述的个人工作、思想情况或单位的需要情况，都应属实，不可夸大，不能缩小，也不能无中生有。事实是申请的依据，如果不真实就失去了依据。

2) 语言要朴实。申请书是严肃的文书，不能舞文弄墨，要踏踏实实、清清楚楚。文字上要求准确清晰、朴实无华，切忌东拉西扯、空泛冗长，更不能讲大话、谎话和空话。

3) 感情要充实。申请书的写作目的是希望对方能够接受。要想顺利让对方同意，就必须让对方产生对你的理解和同情，即"动之以情"。有一位老年知识分子在入党申请书的最后写了一首《感怀》诗："半百诸求不动摇，如今华发已萧萧。劝君莫愁黄昏近，夕照青山分外娆。"党支部委员在开会研究他的申请时，支部书记刚念完这首诗，全体支委都哭了。其感情的深厚、真诚取得了意想不到的效果。

如果是为解决某个问题请求拨款，则应将情况用充满感情的语句写清楚，这样容易获得领导的批准。

例文 5-2 申请书

入学生会申请书

尊敬的校团委：

我是煤炭19(选煤)2班的路爽，我自愿申请加入学生会。

学生会在我心中是个神圣的名词，是一个学生自己管理自己的组织。向上，它反映学生们的思想状况和成长历程；向下，它传达学校的规章制度和管理意向；向内，它组织同学参加各种有益身心健康的文体活动；向外，它联系校际组织参加社会公益活动。桥梁和纽带的作用是学生会存在的基础；自我锻炼、提升自我素质的意义是学生会不断发展的动力源泉。所以，我向往校学生会这个组织。能够加入学生会，成为其中一名积极分子是我一直以来的心愿。

如果我能顺利进入校学生会，我会积极、主动地发挥它应有的作用，并在其中锻炼自己的各种能力，包括组织能力、思维能力、办事能力、创造能力和交际能力。同时也自觉地学习和体会革命理论，从而提高自己的政治思想觉悟及参政议政的意识和能力。

由于我爱好文学，如果能顺利加入学生会，我会提倡并组织一个"文学社"，并把它办成能够代表我校文学水平的组织。通过它，同学们可以讴歌我们这个时代，可以树立我们学生的形象，可以传达我们年轻一代的心声。同时，我会学习并设计代表学校或者同学们的有特色的校园网页。这是与"文学社""学生会"一脉相承的。

可以说，我加入学生会就是为了完成上述愿望。当然，以我一己之力是难以达成心愿的，我希望爱好文学、爱好网络，同时也热心公共活动的同学能加入我们这一行列。因为，这是新世纪的要求，时代的脉搏，社会的呼声。

假如我加入，我将进一步加强自身修养，努力提高和完善自身的素质，我将时时要求自己待人正直、公正办事；要求自己严于律己、宽以待人。如果我不能加入，我也决不气馁，一定好好努力，争取有更好的表现！

此致
敬礼！

申请人：路爽
××××年××月××日

5.3 倡议书

5.3.1 倡议书的概念、特点、作用及种类

1. 倡议书的概念

倡议书是为倡议、发起某项活动而写的号召性的公开建议性的专用书信。

2. 倡议书的特点

倡议书是发动群众进行某项活动的一种手段，其特点具体来讲有以下几个方面：

（1）倡议书的群众性　倡议书不是对某几个人而言的，而是面向广大群众或对一个部门、一个地区的所有人发出，甚至向全国发出，所以广泛的群众性是倡议书的根本特征。

（2）倡议对象的不确定性　倡议书是要求广大群众响应的，其对象范围往往是不确定的。即便在文中明确了自己的具体对象，但实际上有关人员可以表示响应，也可以不表示响应，它本身不具有约束力，而与此无关的别的群众却可以表示响应。

（3）倡议的公开性　倡议书是一种广而告之的书信。它是让广大的群众知晓了解，从而激起更多的人响应，以期在最大范围内引起共鸣。

3. 倡议书的作用

（1）具有广泛的群众性响应效应　它可以在较大范围内调动群众的积极性，使大家心往一处想，劲往一处使，齐心协力共同做好某些有益于社会的事务或开展某些公益活动。

（2）开展精神文明建设的有效方法之一　倡议书的内容一般是与群众日常生产、生活相关的一些事项，如倡议爱护花草树木，保护生态环境；倡议众志成城，同心协力，实现祖国的繁荣复兴等。所有这些都有利于人们的身心健康与社会和谐，属于社会主义精神文明建设的重要内容。

4. 倡议书的种类

倡议书是一种建议和倡导，不给人一种强制的感觉，在这种轻松倡导之中宣传了真善

美，使人们在无形之中受到深刻的教育和潜移默化的影响。

（1）从作者的角度划分

1）个人倡议书。在日常生活中，有些事关大家的生存环境、生活方式的事情或问题，由某一个人首先发起倡导，以引起人们的注意或建议人们采取什么样的措施加以解决，这种形式的倡议书称为个人倡议书。

2）集体倡议书。由某个群众团体或一群人发出某种倡议的倡议书称为集体倡议书，是由多人参与发起的。

3）企事业单位、机关部门倡议书。这种倡议书是由一定的组织单位发起的，它所倡议的内容一般来讲具有较强的针对性，其活动也将会在一定的领导下有步骤地逐步开展。

（2）从倡议内容的角度划分

1）针对某一具体生活事件、问题的倡议书。这种倡议书往往由某一具体的事件引起。由此发出的倡议能够引起相关人员的注意，同时也会引起其他人的警觉和关注，如"关于少给孩子压岁钱的倡议书"。

2）针对某种思想意识、精神状况的倡议书。这类倡议书不是由某一具体的事件引起，而只是作为一种希望掀起某种新时尚而发起的倡议，如"重新开展向雷锋同志学习的倡议书"。这类倡议书是直接服务于社会主义精神文明建设的。

5.3.2 倡议书的结构

倡议书一般由标题、称呼、正文、结尾、落款五部分组成。

1. 标题

倡议书标题一般由文种名称单独组成，即在第一行正中用较大的字体写"倡议书"三个字。标题还可以由倡议内容和文种两部分组成，如"遗体捐献给医学界利用的倡议书"。

2. 称呼

倡议书的称呼可依据倡议的对象而选用适当的称呼，如"广大青少年朋友们""广大妇女同胞们"等。有的倡议书也可不用称呼，而在正文中指出。

3. 正文

倡议书的正文内容包括以下几个方面：

1）写倡议书的背景、原因和目的。倡议书旨在引起广泛的响应，只有交代清楚倡议活动的原因，以及当时的各种背景事实，并申明发布倡议的目的，人们才会理解和信服，才会引发自觉的行动。这些因素交代不清会使人莫名其妙，难以响应。

2）写明倡议的具体内容和要求。这是正文的重点部分。倡议的内容一定要具体化。开展怎样的活动，都做哪些事情，具体要求是什么，它的价值和意义都有哪些，需一一写明。

倡议的具体内容一般是分条列项式的，这样写清楚明晰、一目了然。

4. 结尾

结尾要表明倡议者的决心、希望或者写出某种建议。倡议书一般不在结尾写表示敬意或祝愿的话。

5. 落款

在正文右下方写明倡议单位、集体的名称或个人的姓名，下一行署上发出倡议的日期。

5.3.3 倡议书的写作要求

1）倡议书的措辞要恰切，情感要真挚，富于鼓动性。

2）倡议书篇幅不宜过长，内容要切实可行。倡议书是所有看到倡议的人都可响应，因此，内容上要简洁、明了，不宜长篇大论。倡议书的内容要体现新时尚和新精神，要切实可行，不可违背国家的方针政策。

3）倡议书的背景目的要写清楚，理由要充分。

例文 5-3 倡议书

倡 议 书

建华中学全体同学：

在五四青年节即将到来之际，为响应团市委关于开展社会主义精神文明建设活动的号召，在此向同学们发出如下倡议：

一、坚持四项基本原则，学习中国近代史和现代史，坚定热爱祖国、热爱党、热爱社会主义的信念。

二、集中精力、刻苦攻读，力争学得更多的知识和本领，出色地完成党和人民交给我们的学习任务。

三、努力提高自己的共产主义道德水平。全心全意为人民服务，关心集体，团结同学，热爱劳动，勤俭节约，爱护公物，遵纪守法。

四、牢记"八荣八耻"，把学校变成文明的场所，形成校园文明之风。植树造林，栽花种草，美化环境，把我们的校园装扮成大花园。

同学们，让我们发扬中国青年光荣的传统，从我做起，从现在做起，在党组织的领导下，振奋精神，团结一致，为建设社会主义精神文明贡献我们的力量。

建华中学团总支
××××年××月××日

5.4 感谢信

5.4.1 感谢信的概念、特点及种类

1. 感谢信的概念

感谢信是向帮助、关心和支持过自己的集体或个人表示感谢的专用书信，有感谢和表扬双重意思。写感谢信既要表达出真切的谢意，又要起到表扬先进、弘扬正气的作用。它广泛应用于个人与个人之间、个人与组织之间、组织与组织之间。

2. 感谢信的特点

（1）感谢对象明确　感谢信都有确切的感谢对象，以便让大家清楚是在感谢谁。

（2）表述事实具体　感谢信都是有具体的事由的，否则就会显得抽象空洞，缺乏真实

性和说服力。

（3）感情色彩鲜明　感谢信感动和致谢的色彩强烈、鲜明，言语里充满感激之情。

3. 感谢信的种类

依据不同的标准，感谢信有不同的分类。

（1）按感谢对象的特点划分

1）写给集体的感谢信。这类感谢信，一般是个人处于困境时，得到了集体的帮助，并在集体的关心和支持下，自己最终克服了困难，渡过了难关，摆脱了困境，用感谢信的方式表达自己的感激之情。

2）写给个人的感谢信。这类感谢信，可以是个人，可以是单位，也可以是集体为了感谢某个人曾经给予的帮助或照顾而写的。

（2）按感谢信的存在形式划分

1）公开张贴的感谢信。这种感谢信包括在报纸上刊登、电台广播或电视台播报的感谢信，是一种可以公开张贴的感谢信。

2）寄给单位、集体或个人的感谢信。这种感谢信直接寄给单位、集体或个人。

5.4.2　感谢信的结构

感谢信通常由标题、称呼、正文、结语和落款五个部分构成。

1. 标题

感谢信标题的写法可单独由文种名称构成；可由感谢对象和文种名称共同组成，如"致×××的感谢信"；也可由感谢双方和文种名称组成，如"××街道致××剧院的感谢信"。

2. 称呼

开头顶格写被感谢的机关、单位、团体的名称或个人的姓名，并在个人姓名后面附上"同志"等称呼，后加上冒号。

3. 正文

感谢信的正文从称呼下一行空两格写，要写明感谢的原因和感激的心情。

1）感谢的事由。概括叙述感谢的理由，表达谢意。

2）对方的事迹。具体叙述对方的先进事迹，叙述时要交代清楚时间、地点、人物，事件的起因、经过和结果，尤其重点叙述在关键时刻对方给予的关心和帮助。

3）揭示意义。在叙述事实的基础上，指出对方的支持和帮助对整个事情成功的重要性以及体现出的可贵精神品质，同时表示向对方学习的态度和决心。

4. 结语

感谢信收束时写表示敬意、感谢的话，如"此致　敬礼""致以最诚挚的敬礼"等。

5. 落款

感谢信的落款署上写信的单位名称或个人姓名，写于右下角，下一行写成文日期。

5.4.3　感谢信的写作要求

1）内容要真实，评誉要恰当。感谢信的内容必须真实，确有其事，不可夸大溢美。感谢信以感谢为主，兼有表扬，所以表达谢意时要真诚。评誉对方时要恰当，不能过于拔高，以免给人一种失真的印象。

2）用语要适度，叙事要精练。感谢信的内容要以主要事迹为主，详略得当，篇幅不能太长，所谓话不在多，点到为止。感谢信的用语要求精练、简洁，遣词造句要把握好分寸，不可过分雕饰，否则会给人虚伪之感。

例文 5-4　感谢信

感　谢　信

《大学生》杂志社：

　　请贵刊转告全国所有关心我的大学生、解放军战士、工人、教师及各界朋友，在各界的关心下，我的病情经几家大医院的精心治疗，目前已得到控制，现在家休养。如不出意外，下学期开学即可返校学习了。

　　顽疾缠身，是人生中的不幸，遭此一难，几乎摧毁了我和我的家庭。幸运的是由于《大学生》杂志的呼吁，一封封来自远方的书信，一张张几经周折转来的药方，使我那不情愿跳动的心，又恢复了正常的节奏，几乎凝滞的血，又沸腾了。一双双援助的手，一颗颗充满爱的心，指明了我生活的路，温暖了我一家几乎冷却的心。

　　可敬的叔叔、阿姨，亲爱的同学们，我和你们天各一方，相见无期，你们却把微薄的收入，把你们的助学金、生活费，甚至卖字画的钱寄给了我。而你们当中有人本身就有残疾，没有经济收入，却要来救我……近来我的脑海中经常出现你们的身影，有年迈的老人，有可爱的军人，有可敬的老师，还有很多不相识的人……我无法具体描绘你们的形象，但你们的高尚品格、助人为乐的精神将永存于我心中，永存于我家乡父老的心中……

　　唯一遗憾的是我不能面见答谢各位。在此请接受用你们的爱心挽救的人的深深谢意，愿你们的爱的春风暖遍祖国，充满世界。

　　为了不辜负你们的一片爱心和良好祝愿，我将继续我的学业，争取取得优异的成绩，献给关心我的远方的各位朋友们。

　　愿我们的心永远相通。

贺　明
××××年××月××日

5.5　慰问信

5.5.1　慰问信的概念、种类及特点

1. 慰问信的概念

慰问信是表示对对方关怀、慰问的信函。它是机关或者个人，以组织或个人的名义在他人处于特殊的情况下，或在节假日，向对方表示问候、关心的专用书信。

2. 慰问信的种类

从慰问的对象、内容上看，慰问信可分为三种类型：

（1）对做出贡献的集体或个人的慰问　这类慰问主要针对那些承担艰巨任务，做出了巨大贡献甚至牺牲，取得了突出成绩的先进个人或集体。例如，慰问抗洪抢险的解放军战

士、慰问保家卫国的边防军人、慰问春节期间仍坚守岗位的铁路工人等，鼓励他们戒骄戒躁，继续前进。

（2）对遭受困难或蒙受损失的单位或个人的慰问　这类慰问常常是针对那些由于某种原因(如车祸、火灾、地震、暴雨等)而暂时困难或蒙受了巨大损失的集体或个人，对他们表示同情和安慰，鼓励他们克服暂时的困难，加倍工作，以期尽早地改变现状，如对灾区人民的慰问、对边区群众的慰问等。

（3）节日慰问　这是一种上级对下级，机关单位对群众进行的一种节日问候。一般表示对他们以前工作的肯定和赞扬，并祝福他们在今后的工作、学习、生活中心情舒畅，做出更大的成绩，如春节慰问、教师节慰问。

3. 慰问信的特点

（1）发文的公开性　慰问信可以直接寄给本人，但大多是以张贴、登报，在电台、电视上播放的形式出现的。公开性是慰问信的一个显著特征。

（2）情感的沟通性　无论是对有突出贡献者的慰问，还是对遭遇困难者的慰问，情感的沟通都是支撑慰问信的一个深层基础。慰问正是通过这种或赞扬表达崇敬之情，或同情表达关切之意的方式来达成双方的情感交流和相互理解的。节日的慰问，尤其是为某一群体而设的节日的慰问，更是起着相互沟通情感的作用，如"三八妇女节""教师节"等的节日慰问。

5.5.2　慰问信的结构

慰问信采用的是书信体格式，通常由标题、称呼、正文、结尾、落款五部分构成。

1. 标题

慰问信的标题可以单独由文种名称组成，如"慰问信"；可由慰问对象和文种共同组成，如"给抗洪部队的慰问信"；还可由慰问双方和文种共同组成，如"朱德致抗美援朝将士的慰问信"。

2. 称呼

慰问信要顶格写上受文者的名称或姓名。如果是写给个人的，应在姓名之后，加上"同志""先生"等字样，后加冒号，如"郑州市人民政府""鲁迅先生"等。

3. 正文

正文要另起一行，空两格写慰问的内容。慰问信的正文一般由发文目的、慰问缘由或慰问事项等几部分构成。

1）发文目的。该部分要开宗明义，写清楚发此信的目的是代表何人向何集体表示慰问。例如，《中共杭州市委慰问驻杭部队军烈及转业军人》的开头："值此新春佳节即将到来之际，中共杭州市委、市人大常委会、市人民政府、市政协代表全市人民，真诚地向你们及亲属表示亲切的慰问，并致以崇高的敬意。"

2）慰问缘由或慰问事项。本部分要概括地叙述对方的先进思想、先进事迹或战胜困难、舍己为人、不怕牺牲的可贵品德和高尚风格，或者简要叙述对方所遭受的困难和损失，以表明发信方的关切程度，力求抒写发信方的钦佩或同情之情。

4. 结尾

结尾表示共同的愿望和决心，如"让我们携手并进，为早日实现祖国的四个现代化而共同奋斗",又如"……困难是暂时的,最后的胜利一定属于我们"等。接着写祝愿的话,如"祝你们取得更大的成绩""祝节日愉快"等。"祝"字后面的话应另起一行,空两格写,一般不连写在上文末尾。

5. 落款

慰问信的落款要署上发文单位或发文个人的称呼,并在署名右下方署上成文日期。

5.5.3 慰问信的写作要求

1)要向对方表示出无限亲切、关怀的感情,使对方有一种温暖的感觉。

2)要较为全面地概括对方的可贵精神,并提出希望,勉励他们继续努力工作,取得胜利。

3)行文要诚恳、真切,措辞要恰切,篇幅要短小。

例文 5-5 慰问信

<h3 style="text-align:center">致广大官兵和优抚对象的慰问信</h3>

人民解放军指战员、武警官兵、民兵预备役人员,全国烈军属、残疾军人、转业复员退伍军人、军队离退休干部:

值此新春佳节来临之际,全国双拥工作领导小组、民政部、中央军委政治工作部向你们致以诚挚的问候和祝福!

2017年,是成就辉煌、继往开来的一年。党的十九大胜利召开,吹响了夺取新时代中国特色社会主义伟大胜利的前进号角,习近平新时代中国特色社会主义思想立起了引领强国复兴的精神旗帜。全国军民紧密团结在以习近平同志为核心的党中央周围,增强"四个意识",坚定"四个自信",统筹推进"五位一体"总体布局,协调推进"四个全面"战略布局,万众一心,开拓进取,推动我国经济实力、科技实力、国防实力、综合国力进入世界前列,为党的十八大以来极不平凡的五年画上圆满句号,神州大地呈现出生机勃勃的复兴气象。解放军和武警部队在习近平强军思想的引领下,坚定维护核心,深化改革重塑,推进科技创新,全面从严治军,狠抓练兵备战,开创了强军兴军新局面,展示了人民军队新风貌。

回首2017年,人民解放军指战员、武警官兵和民兵预备役人员始终坚守绝对忠诚的铮铮誓言,千里移防闻令而动,沙场练兵矢志打赢,戍边维稳守护安宁,维和护航壮我国威,在完成军事任务的同时,大力支援经济社会建设,积极参与打赢脱贫攻坚战,勇于承担抢险救灾等急难险重任务,以实际行动做习主席的好战士、当人民的子弟兵。转业复员退伍军人和军队离退休干部不忘初心、坚守本色,在各条战线各个行业续写出彩人生,为军旗再添光彩。伤残军人和烈军属载誉不骄、自强不息,默默奉献着无私大爱。你们为决胜全面建成小康社会、推进新时代强军事业做出重要贡献,彰显了革命意志和拼搏精神,弘扬了社会主义核心价值观,无愧于时代使命和军人荣光。

开启新征程,谱写新史诗。2018年是全面贯彻落实党的十九大精神的开局之年,是决胜实现国防和军队建设2020年目标任务的关键之年。幸福都是奋斗出来的,必须不驰于空想、不骛于虚声,一步一个脚印地去开创。让我们更加紧密地团结在以习近平同志为核心的党中央周围,自觉把思想统一到党的十九大精神上来,把力量凝聚到实现党的十九大确立的目标任务上来,逢山开路,遇水架桥,以永不懈怠的精神状态和一往无前的奋斗姿态书写时代答卷，为实现中华民族伟大复兴的中国梦，为实现党在新时代的强军目标、把人民军队全面建成世界一流军队做出新的更大贡献！

祝大家春节愉快，身体健康，工作顺利，阖家幸福！

全国双拥工作领导小组
民政部
中央军委政治工作部
××××年××月××日

5.6 求职信

求职信与一般的书信不同，也不同于公事公办的公文函。它是在双方不相识的情况下，由个人向用人单位推介自己。因此，所给的对象很难明确，也可能是人事部一般职员，也可能是经理，如果与老板比较熟的话可以直接给老板。当然，如果你根本就不认识招聘公司的任何人，求职信最好写上人事部负责人收较好。若直接写人事部经理或老板收，该信落到一般职员手中的话，可能引起这些人的不快。之所以将求职信与其他类型的书信分开来介绍，是考虑其目前应用的普遍性和重要性，广大学生应重点掌握其写法。

5.6.1 求职信的概念及作用

1. 求职信的概念

求职信是求职者或他人为帮助求职者谋求职业而使用的一种社交礼仪信函，它属于广义的申请书的一种。

2. 求职信的作用

1）求职信能起到毛遂自荐的作用。好的求职信可以拉近求职者与人事主管（负责人）之间的距离，从而获得更多的面试机会。

2）求职信能让雇主知道你非常想而且有能力来担任此职位，吸引他翻阅你的简历等自荐材料。

求职信是自我推介，但是因人事主管有太多的求职信函要筛选，因此要简明扼要。

5.6.2 求职信的结构

求职信的基本格式与书信无异，主要包括称呼、正文、结尾、署名、日期和附录几个部分。

1. 称呼

求职信的称呼与一般书信不同，书写时须正规些。一般要写用人单位、用人单位人事部门的全称或规范化简称，或用人单位各部门负责人。如果写给国家机关或事业单位的人事部门负责人，可用"尊敬的××处（司）长"称呼；如果写给院校人事处负责人或校长，可称"尊敬的××教授（校长、老师）"；如果是"三资"企业负责人，则用"尊敬的××董事长（总经理）先生"；如果是各企业领导，则可称之为"尊敬的××厂长（经理）"等。

求职信不管写给什么身份的人，都不要使用"××老前辈""××师兄（傅）"等显得不正规的称呼。如果得知对方是高学历者，可以用"××博士""××硕士"称呼，则更容易被接受，使对方无形中对求职者产生一种亲切感。

2. 正文

正文是求职信的中心部分，其形式多种多样，内容上要说明求职信息的来源、应聘职位、个人基本情况、工作成绩等事项。

1) 写出信息来源渠道，或报纸广告登载的，或人才市场公布的，或听他人讲的。如"得悉贵公司正在拓展省外业务，招聘新人，且昨日又在《××商报》上读到贵公司的招聘广告，故有意角逐营业代表一职"。

如果你的目标公司并没有公开招聘人才，你想去应聘，可以写一封自荐信去投石问路，如"久闻贵公司实力不凡，声誉卓著，产品畅销全国。据悉贵公司欲开拓国外市场，故冒昧写信自荐，希望加盟贵公司。我的基本情况如下……"。

2) 在正文中要简明扼要地介绍自己的主要情况，如与应聘职位有关的学历水平、经历、成绩等，令对方在阅读完毕之后就对你产生兴趣。但这些内容不能代替简历，较详细的个人简历应作为求职信的附录。

3) 应说明能胜任职位的各种能力，这是求职信的核心部分。目的无非是表明自己具有专业知识和社会实践经验，具有与工作要求相关的特长、兴趣、性格和能力。总之，要让对方感到，你能胜任这份工作。在介绍自己的特长和个性时，一定要突出与所申请职位有联系的内容，千万不能写上那些与职位毫无关系的爱好，比如你应聘业务代表一职，却在求职信中大谈"本人好静，爱读小说"等与业务无关的性格特征，结果肯定不理想。

3. 结尾

结尾一般应表达两个意思，一是希望对方给予答复，并盼望能够得到参加面试的机会；二是表示敬意、祝福，如"顺祝愉快安康""深表谢意""祝贵公司财源广进"等，也可以用"此致"之类的通用词。

最重要的是别忘了在结尾认真写明自己的详细通信地址、邮政编码和联系电话，如果让你的亲朋好友转告，则要注明联系方式方法、联系人的姓名以及与你的关系，以方便用人单位与之联系。

4. 署名

署名位于正文右下方。按照中国人的习惯，直接签上自己的名字即可。国外一般都在名字前加"你诚挚的""你忠实的""你信赖的"等之类的形容词，除英文求职信之外，这种方法不能轻易效仿。

5. 日期

日期写在署名之下，年月日要写全。

6. 附录

一般求职信要和有效证件一同寄出，如学历证、职称证、获奖证书及身份证的复印件，并且要在附录中一一注明。

5.6.3 求职信的写作要求

一份求职信应做到以下三点：

（1）自我介绍要针对用人单位的招聘条件来写　信的首段要抓住招聘者的注意力。说明你为何寄履历表，你对该单位以及招聘的职位有兴趣，说明你具备该职位所需的能力，或你曾做的是同一行业，对此有着极大的兴趣，或者你一直在了解关注这个行业。

如果你是由一位朋友或同事介绍的，就在信中提起他们，因为招聘者会感到增加了了解你的途径，强化了可信度。对于应聘的职位，说得越具体越好。不要只说起工作职位，还应谈谈对这个职位的认识。

（2）自我推荐要有特色，语句要礼貌得体　信的第二部分要简短地叙述自己的才能，特别是这些才能刚好满足该单位的需要。没有必要具体陈述，因为履历表将呈现这些。

这部分应强调你的才能和经验将会有益于该单位的发展。不要在信中表示你会因聘用而收益多少，面对桌上一大堆履历表和许多空缺职位，若想让自己脱颖而出，要设计独特的自我推荐。另外，招聘者关心的不会是你的个人成就，尽可能地少用人称代词"我"，要让人感到你想表达的是"我怎样才能帮你"。在表达上一定做到礼貌、谦逊。

（3）内容要真实可靠，实事求是，并关注招聘后的事宜　无论你多么想得到那个职位，都不能弄虚作假，你的求职信的内容一定要真实。信的结尾写明联系方式，告诉招聘者联络你的各种途径。要表明如果几天内等不到他们的电话，你会自己打电话确认招聘者已收到履历表和求职信并安排面试，语气应肯定。

例文 5-6　求职信

求　职　信

尊敬的×××总经理：

您好！

我从××网站上看到贵公司的招聘启事，得知贵公司因开辟新业务领域，将于今年年底前招聘若干财会人员，我特意应聘会计岗位。

依照会计法的有关规定，会计在企业管理中担负着重要的责任，对企业的发展至关重要。忠于职守，严格执法，一丝不苟，是对会计的起码要求，也是最高要求。我自幼喜欢财会工作，立志为国为民当家理财。2008年，我如愿以偿，以高分考入××大学电算化财会专业。我性格开朗，兴趣广泛，乐于交往，在校期间，我曾担任院学生会副主席、系团总支书记、班长等职务。多次组织系部、班级联欢会、演讲比赛、知识竞赛、春游等活动，受到老师、同学们的一致好评。我在思想上积极要求进步，笃守诚、信、礼、智的做人原则，得到了各方面的好评并光荣地加入了中国共产党。

四年的大学生活，我十分注重能力的培养，积极参加社会实践，曾在著名的××公司实习，增长了不少见识与能力。在校期间我还多次深入企业实习，对该职位的实际工作有了深入了解。2011年获得注册会计师资格。我一直盼望着能有一个可以一展才华、报效社会的机遇。贵公司领导的英明及贵公司长远的发展前景、良好的企业文化，使我对贵公司充满了向往和信心，我愿意用自己所学的一切，为贵公司的发展出力。

我的简历、毕业证书、学位证书、会计证书、计算机等级证书、英语口语竞赛获奖证书、成绩证明等证件，还有×××、×××等高级会计师的推荐信等材料的影印件，随信奉上，请你们审查我的求职信及有关材料。我随时等待着你们的面试通知，届时我将当面向您和您的同事们汇报我的全部情况。不论录用与否，我都将十分感谢你们，因为你们给了我一次平等、公开、公正竞争的机会。

此致
敬礼

　　　　　　　　　　　　　　　　　　　　　　　　求职人：×××
　　　　　　　　　　　　　　　　　　　　　　　　××××年××月××日

　　联系地址：×××
　　邮　　编：×××
　　联系电话：×××
　　E-mail：×××
　　联系人：×××

5.7　简历

5.7.1　简历的概念及作用

1. 简历的概念

简历是对个人学历、经历、特长、爱好及其他有关情况所做的简明扼要的书面介绍。

简历是求职的重要工具之一。简历过去常常和求职信一起投递，现在越来越多的人会把简历单独投递。单独投递时，会把求职意向和想应聘的岗位直接写进简历里。

2. 简历的作用

（1）简历是给招聘者的第一印象　简历给招聘者第一印象的好坏，直接决定着应聘者能否在众多竞争者中脱颖而出、顺利进入面试阶段。一份好简历会给招聘者留下美好和深刻的印象，并且会令其期待着见到应聘者本人。所以，简历的写作在求职过程中意义十分重大，决不能掉以轻心。

（2）简历是获得潜在雇主注意的唯一机会　研究数据显示，招聘者通常只会花30秒左右的时间浏览一份简历，只有那些令人眼前一亮的简历才能吸引招聘者的注意和兴趣从而仔细阅读。所以，投递简历成了获得潜在雇主注意的唯一机会和应聘成功的第一步。

5.7.2　简历的结构

根据求职者的身份是应届毕业生、往届毕业生或是已有工作经验者的不同，简历的写作结构和侧重点会有所不同，本节重点介绍应届毕业生简历的结构。

1. 个人概况

个人概况包括姓名、性别、年龄、通信住址和联系方式。联系方式包括电子邮箱、电话、QQ、微信、传真等。电话要留一个随时畅通的电话号码，以方便联系。

2. 职业（工作）目标

紧随姓名、地址和电话之后的便是职业或工作目标。目标填写要简明扼要，同时表明你应聘的类型，或你正在寻求的特定的职位头衔、教育水平或个人经历。相对个人的经历而言，假如你的教育程度对你所寻求的工作更有利，那么应将教育程度列在第一位，反之亦然。

填写教育背景时，应把你最近获得的学位或最高学历写在前面。一般方法是写清学校名称、所在城市和国家，然后是获得的学位及毕业时间。假如你目前仍在校就读，则应填上按计划毕业的时间。

假如你在校曾获得奖学金，被选为班长，或自立读完大学，你尽可将这些列在履历的"荣誉与成就"栏里。假如你觉得学过的一些课程对工作有利，你尽可建立一个"主要课程"或"相关课程"栏，并将这些课程的科目详细地填入相应栏内。

3. 其他可能的项目或技能

知识才能、语言能力、计算机硬件修理及软件操作技能、其他培训资格证书、有关执照、证明信等。如有工作或实习经历，必要时可附上相关单位的评价资料。

4. 按时间顺序排列表格

在每个职务名称（最近的职位列在最前面）之下，列出对于该职位或你正寻找的职位最为重要的技能和责任。如果纸张的空白许可，在这些责任之后可以列出那些不太重要的技能和责任，所列多寡要视纸张的空白多少而定。在每个技能中，尽可能写出至少一个重要的成就。

5. 职能表格

选取对你要应聘的工作类型来说最重要的三至五个头衔或技能范围。例如，如果你正在应聘人事部职员，你要列举的主要技能范围可能要包括培训、职员招收等。用不同颜色的荧光笔标出这些主要的技能范围，然后回顾一下你的工作简历，并用彩笔标出其中与你的主要技能范围有关的重要部分，以重要性为序列举出这些内容。同样也要安排一些重要的内容放在结尾。

6. 证明人

证明人通常是放在简历的最后一栏，通常按"根据要求提供证明人""附有证明人""根据要求提供证明及其职位"等形式给出。一定要打印出来并可以随时发送出去。至于证明人的详情，则不应出现在简历上，而应另附纸张，要说明你与他们是什么关系。与工作有关的证明人，你可以列举公司总裁、经理、主管、同事或客户等。与个人有关的证明人可以列举你的朋友、同事、房东等。在将某些人列入你的证明人栏目之前，你应通知这些人并询问对方是否乐意做你的证明人。

7. 推荐信

在辞去一份工作之前或之后尽可能短的时间内，要让尽可能多的人为你写推荐信。推荐信能有力地突出你的优势。推荐信可以附在简历之后，或者与你的证明人材料一块单独交给招聘者。推荐信要比自己的自我评价更能让招聘者信服。

5.7.3 简历的写作要求

1. 简历要简洁、重点突出

简历最忌面面俱到，让人抓不住重点。简历过于详细，以至烦琐，往往说明一个人不分主次轻重。所以，要根据招聘单位的要求有重点地写。例如，在基本情况一栏，可不必将婚姻家庭状况、宗教信仰、身高体重等都写上。兴趣爱好要填一些积极向上的，爱玩游戏等容易上瘾的业余活动就不要写了。相反地，要把最能体现应聘岗位需要的知识、技能和经验重点写清楚。只有重点突出，让人一目了然，才便于招聘者快速阅读。

2. 简历内容要真实、实事求是

切不可为了简历漂亮而弄虚作假。简历造假，即使得到工作机会，若日后被拆穿，也会落得身败名裂的下场，还不如据实填写。真想简历漂亮，就应该在学校期间努力学习、实践，用取得的真才实学填满简历。

3. 简历要写得有针对性

千万不能把简历写成各行各业都通用的简历。要根据不同的用人单位和不同的岗位要求填写自己与之相匹配的内容，这样才能有应聘成功的机会。

例文 5-7　简历模板

<u>　　　　</u>**个人简历**（供应届毕业生参考）

个人概况：

求职意向：_____

姓　　名：_____　性　　别：_____

出生年月：____年____月____日　健康状况：_____

毕业院校：_____　专业：_____

电子邮件：_____　联系电话：_____

通信地址：_____　邮政编码：_____

教育背景：

____年—____年____大学____专业（请依个人情况酌情增减）

主修课程：

_____（注：如需要详细成绩单，请联系我）

论文情况：

_____（注：请注明是否已发表）

英语水平：

＊基本技能：听、说、读、写能力

＊标准测试：大学英语四、六级；TOEFL；GRE……

计算机水平：

编程、操作应用系统……（请依个人情况酌情增减）

获奖情况：

_____、_____、_____（请依个人情况酌情增减）

实践与实习：

____年____月—____年____月____公司____工作

____年____月—____年____月____公司____工作（请依个人情况酌情增减）

工作经历：

____年____月—____年____月____公司____工作（请依个人情况酌情增减）

个性特点：

_____（请描述出自己的个性、工作态度、自我评价等）

本章小结

- 书信是人们日常生活和工作中应用最为广泛的一种应用文，是普遍使用的一种交流工具。按功能可将书信分为两类：一般书信和专用书信。
- 申请书是个人或集体向组织、有关部门或社会团体表达愿望、提出某种请求的一种专用书信。
- 倡议书是为倡议、发起某项活动而写的号召性的公开建议性的专用书信。
- 感谢信是向帮助、关心和支持过自己的集体或个人表示感谢的专用书信，有感谢和表扬双重意思。
- 慰问信是表示对对方关怀、慰问的信函。它是机关或者个人，以组织或个人的名义在他人处于特殊的情况下，或在节假日，向对方表示问候、关心的专用书信。
- 求职信是求职者或他人为帮助求职者谋求职业而使用的一种社交礼仪信函，它属于广义的申请书的一种。
- 简历是对个人学历、经历、特长、爱好及其他有关情况所做的简明扼要的书面介绍。

练习题

1. 综合训练

(1) 概念题

书信　慰问信　倡议书

(2) 填空题

1) 专用书信一般_____，内容单一。它有固定的格式，是完成_____联系的公开书信。

2) 据发出者的多寡分类，倡议书可分为_____和_____。

3) 感谢信有_____和_____的双重作用。

4) 一般书信具有_____性和_____性。

5) 感谢信在感谢的理由、事迹后，还要揭示事实的_____。

(3) 选择题

1) 普通书信的两个主要特点是(　　)。

A. 距离性　　　B. 时效性　　　C. 双向性　　　D. 针对性

2) 不属于申请书写作要领的一项是(　　)。

A. 事实要真实　B. 时间要及时　C. 语言要质朴　D. 感情要充沛

3) 要向对方表示出无限亲切、关怀的感情，使对方有一种温暖感觉的专用书信是(　　)。

A. 申请书　　　B. 求职信　　　C. 倡议书　　　D. 慰问信

4) 想取得某单位建设项目资格，需要写(　　)；春节给驻扎在边防的解放军战士写的是(　　)；号召全校教师向方永刚学习，要写(　　)。

A. 感谢信　　　B. 求职信　　　C. 倡议书　　　D. 慰问信　　　E. 申请书

(4) 判断题

1) 倡议书篇幅不宜太长，内容要有新的时尚和精神，倡议书内容不能违反国家的方针政策。

(　　)

2）感谢信、倡议书都具有对象不明确性的特点。　　　　　　　　　　（　　）
3）慰问信和倡议书都具有公开性的特点。　　　　　　　　　　　　　（　　）
4）求职信与一般的书信不同，也不同于公事公办的公文函。　　　　　（　　）

（5）改错题

1）一般书信祝语之后，另起一行，在信的左下方写上写信人的名字。
2）由一个人向一个组织或一个群体发出的倡议书是集体倡议书。
3）求职信和简历都属于广义的申请书。
4）顾名思义，感谢信就是感谢曾经给自己帮助的集体或个人的书信。

（6）简答题

1）加入组织的申请书正文部分内容上的写作顺序如何？
2）书信在格式上是约定俗成的，一般包括几个部分？
3）倡议书的写作特点有哪些？
4）申请书的写作要求是什么？
5）感谢信的主要特点有哪些？
6）倡议书的写作要求是什么？

2. 实践题

（1）试分析例文《求职信》的不足之处，并修改。

尊敬的经理先生：

　　据悉贵公司正筹备扩大业务，招聘新人，特冒昧自荐。

　　我叫张小伟，男，20岁，本市人。我是××学校××专业班的学生，再有一个月就毕业，结束学习生活。我在校成绩一直很好，如经理能给我这个机会，我保证竭尽所学，为公司效力。

　　兹奉上学习成绩表、操行评定表、履历表、近照等资料，供贵公司参考。殷切地等候贵公司回复。

　　此致

敬礼

张小伟上

2012年6月5日

通信地址：××市××路××号
邮政编码：××××××

（2）在教师节到来之际，请给老师写一封慰问信，向全体教师致以节日的问候。

第6章 经济文书写作

学习目标

通过本章的学习，了解各种经济文书的基础知识，理解和掌握合同、市场调查与预测、经济活动分析、意向书与协议书、招标书与投标书、广告、说明书、审计报告等的写作格式与特点，养成扎实的语言功底和清晰的思路，能够写出合乎要求的经济文书。

本章问题

1. 合同的主要条款都有哪些？
2. 市场调查与预测的方法及写作要求是什么？
3. 意向书、协议书与合同的区别是什么？
4. 招标书与投标书的特点都有哪些？
5. 广告的撰写需要注意哪些内容？
6. 审计报告的类型及写作要求有什么不同？

6.1 经济文书概述

随着社会经济的不断发展，新的经济应用文种不断出现，经济文书写作的范围也日趋扩大。

6.1.1 经济文书的概念和特点

1. 经济文书的概念

经济文书是指在经济活动中形成和发展起来的，为处理事务和沟通信息所使用的具有实用价值且格式固定的各类文书。它包括经济合同、市场调查与预测、经济活动分析、意向书与协议书、招标书与投标书、广告、说明书等。经济文书是应用文的一个重要分支，是社会各企事业单位、机关、团体以及个人在经济活动中的重要工具。

2. 经济文书的特点

经济文书除了具有一般应用文的基本特点外，还具有它自身的特点。深入了解经济文书的主要特点，对于认识经济文书的性质、功能和内容，掌握经济文书写作的规律，具有十分重要的意义。

（1）政策性　我国的经济活动都是在社会主义市场经济体制下进行的。经济活动是一项与人民群众关系密切、政策性极强的工作，处处都必须体现出党与国家鲜明的政策性，这种政策性不仅贯穿于一切经济活动的始终，同时也贯穿于围绕经济活动的一切经济应用文体的写作之中。例如，签订经济合同必须根据国家有关政策、法令的规定签订，不得违法签约。

（2）专业性　经济文书是反映经济实践工作的。作为经济实践工作的组成部分和经济理论研究的有效手段，经济文书具有明显的专业性。从表达方面来看，经济文书写作中需要用经济理论做指导，运用大量的数据做定量分析，从数据中发现问题，并运用数据分析问题、解决问题；在语言使用方面，也需要运用专业术语。

（3）形式的合法性和程式性　经济文书就其外部形式而言，可分为法定格式和非法定格式两类。法定格式是由国家或者有关部门制定的法规文件规定的。例如，经济合同、审计报告等文种的格式都有明确的规定。这类法定形成的格式，具有合法性，必须依法行文。有些经济文书，如经济活动分析报告、经济预测报告等是非法定格式，但是长期以来形成了约定俗成的惯用格式，具有程式性，写作时也要共同遵守。

6.1.2　经济文书的种类与作用

1. 经济文书的种类

我国现行的多种所有制经济共同发展的基本经济制度决定了为经济生活服务的经济文书的种类繁多。按部门性质分类，经济文书可分为财政类、金融类、外贸类等。按文种特征分类，经济文书可分为经济协议类，如经济合同、劳动合同、招投标书。此外，还可以将经济文书分为经济报告类与经济策划类。经济报告类，如市场调查报告、经济活动分析报告、审计报告等；经济策划类，如市场预测报告、商务策划书等。

2. 经济文书的作用

随着社会经济的不断发展，经济文书的作用越来越大。

（1）经济文书是反映经济活动、描述经济现象的重要手段　无论是从事经济的实践工作者还是理论工作者，他们要对社会经济实施有效的管理或进行深入的研究，都必须对社会经济活动的历史和现状进行调查研究，发现和掌握其发展变化的客观规律。

（2）经济文书是传播经济信息、开拓市场和交流科学知识的重要工具　经济工作者经常以报纸、杂志、广播、电视、网络等载体，通过发布经济新闻来传播经济信息，通过登载产品广告来开拓市场，通过刊登经济学术论文来交流科学知识和感悟经济实践与理论的研讨。

（3）经济文书是开展经济管理工作，行使经济管理职能的有效措施　经济管理工作者往往要通过市场调查撰写市场调查报告，通过对各生产要素的分析研究撰写可行性论证报告，以此作为选择生产经营项目、确定生产经营规模、制订方案、做出决策的依据。在日常的经济工作中，又往往要通过制定各种经济管理条规对经济活动实施有效的指挥、监督和协调，行使其管理的职能，从而使经济管理规范化、科学化。

6.1.3　经济文书的写作要求

（1）立足专业，熟悉业务　现代经济活动已经日趋系统化、精细化、专业化，要熟练撰写经济文书，就必须掌握一定的经济基础理论。写作者至少应该熟悉财政、金融、保险、税收等某一具体领域的经济活动和相关知识与理论。只有充分了解经济活动中的各种信息，才能归纳出符合客观规律的观点，写出有水平的经济文书。

（2）掌握格式，表达得体　经济文书长期以来已经形成了一定内容要素、行文格式、习惯用语，作者必须按照规定或约定的格式撰写。如果写作中不遵守早已固定了的结构形式，随意改变，势必影响经济文书效用的发挥。

（3）掌握政策，依据法规　政策法规是法制化的市场环境中经济文书写作的依据和产生法律效力的前提。作者只有按照国家的法律法规和有关政策去分析问题、评判正误，提出解决问题的意见和办法，才能写出符合要求的经济文书。

（4）考虑对象，重视效果　经济文书的读者群体大都是与该经济活动有关的人员，经济文书对其有参考、引导作用，写作时要充分考虑读者对象的主客观条件和接受能力，既要阐明理论，又要通俗易懂、注重实效。

6.2　合同

由于私有制的确立及商品交换的发展，统治阶级为了维护私有制与正常的经济秩序，便以法律的形式加以规定和保障合同的实行。

6.2.1　合同的概念和特点

1. 合同的概念

合同也叫合约、契约、协议书。它是平等主体的自然人、法人和其他组织之间为实现一定的经济目的，明确相互权利义务而依法订立的书面协议。合同关系即为法律关系，具有强制性。合同一经签订就对当事人具有法律约束力，违反合同就要承担相应的经济和法律责任。

2. 合同的特点

《中华人民共和国合同法》以法律的形式对合同的各个方面都做了具体规定。概括起来合同具有以下几个方面的特点：

（1）合法性　合同的订立和履行，是当事人受到法律保护和监督的合法行为。合同的主体是具有平等民事权利的法人、其他经济组织或自然人。当事人任何一方不履行合同，都要承担由此引起的法律后果。订立合同时，必须遵守法律和行政法规。如果订立的合同符合当事人双方的意愿，但违反国家法律或损害公共利益或第三方合法权益等，也是不允许的。例如，赌博合同、非法买卖合同等。

（2）协商性　合同是双方或多方当事人意思表示一致的法律行为。当事人在合同关系中的地位是平等的，订立合同应当遵循平等互利、协商一致的原则。任何一方都不得把自己的意志强加给对方，任何单位和个人都不得非法干预合同双方履行自己的权利和义务。订立合同，必须经过要约和承诺的法律程序，以贯彻平等、协商的原则。所谓要约，是指当事人一方要另一方提出订立合同的要求和建议；所谓承诺，是指当事人一方对另一方提出的订立合同的要求或建议表示完全同意。事实上，双方很难一拍即合，通常都要经过多次洽谈，才能最后达成双方都可接受的协议。

（3）公平性　合同是一种以公正为取向的法律行为。合同的公平性首先表现在当事人的法律地位平等，不允许一方有超越他方的法律地位；其次表现为双方采取自愿协商、自主决定的方式来达成协议；最后表现为合同要保证签约双方的基本利益得到体现，以大压小、恃强凌弱签订的显失公平的合同，或乘人之危签订的合同，都存在着成为无效合同的可能。

6.2.2 合同的种类与作用

1. 合同的种类

依据新的《中华人民共和国合同法》规定，目前常见的合同主要有以下几种：

（1）买卖合同 买卖合同是出卖人转移标的物的所有权于买受人，买受人支付价款的合同。

（2）用电、水、气、热力合同 供用电合同是供电人供电，用电人支付电费的合同。供用水、供用气、供用热力合同，参照供电合同的有关规定。

（3）借款合同 借款合同是借款人向贷款人借款，到期返还借款并支付利息的合同。

（4）租赁合同 租赁合同是出租人将租赁物交付承租人使用、收益，承租人支付租金的合同。

（5）融资租赁合同 融资租赁合同是出租人根据承租人对出卖人、租赁物的选择，向出卖人购买租赁物，提供给承租人使用，承租人支付租金的合同。

（6）承揽合同 承揽合同是承包人按要求进行工程建设，发包人支付价款的合同。

（7）运输合同 运输合同是承运人将旅客或者货物从起点运输到约定地点，旅客、托运人或收货人支付票款或者费用的合同。

（8）技术合同 技术合同是当事人就技术开发、转让、咨询或服务而订立的确立相互之间权利和义务的合同。

（9）保管合同 保管合同是保管人保管寄存人交付的保管物，返还该物并收取一定保管费的合同。

（10）仓储合同 仓储合同是保管人储存存货人交付的仓储物，存货人支付仓储费的合同。

（11）财产保险合同 财产保险合同是投保人向保险人交纳保险费，保险人在所保财产或利益受损时，在保险责任范围内承担赔偿责任，或在约定期限届满时给付保险金的合同。具体分为财产保险、货物运输保险、运输工具保险、责任保险、信用保险等类。

（12）委托合同 委托合同是委托人和受委托人约定，由受托人处理委托人事务并且收取一定费用的合同。委托人可以特别委托受托人处理一项或数项事务，也可以概括委托受托人处理一切事务。

（13）行经合同 行经合同是行经人以自己的名义为委托人从事贸易活动，委托人支付报酬的合同。

（14）居间合同 居间合同是居间人向委托人报告订立合同的机会或者提供订立合同的媒介服务，委托人支付报酬的合同。

（15）赠与合同 赠与合同是指赠与人将自己的财产无偿给予受赠人，受赠人表示接受赠与的合同。赠与的财产不仅限于所有权的转移，比如抵押权、地役权的最后设定，都可以作为赠与标的。

2. 合同的作用

合同的作用有如下三点：

（1）作为合作双方交易的法律依据　合同是商品经济的产物，是随着商品交换而出现和发展起来的。商品交换关系，有些可以及时清结，有些则需要一定的时间才能完成，这就需要立下一个凭证，明确彼此的权利、义务，以利正确实现共同的目标。即使是即时清结的经济关系，为了防止事后纠纷，也需要签订合同，形成书面证据。如果双方发生纠纷，可以合同作为依据，进行处理。

（2）便于合同双方互相监督，有利于很好地执行合同　合同对买卖双方交易的条件和内容都做了较为详尽而准确的表述，双方进行交易时可以据此逐步完成，不至于发生履约上的偏差。

（3）合同是协作关系的具体反映，是管理的有效手段　合同双方按着合同安排工作进度，组织生产，调配人力、物力、财力，能够有效地提高劳动生产率，节约成本，取得双赢效果。

6.2.3　合同的结构

从结构上讲，合同的表现形式有两种，即条文式合同和表格式合同。一份较完整的合同文书应具备标题、当事人姓名、正文、结尾四部分。

1. 标题

标题就是合同的名称。标题有以下几种写法：

（1）将经营范围和合同名称写在一起，如"纺织品购销合同""煤炭购销合同"。

（2）将合同有限期和合同名称写在一起，如"2016年第一季度购销合同""2020年货物运输合同"。

（3）将签约单位名称并列写在合同名称的前面，如"××市××公司与××厂购销合同"。

（4）只写明合同的种类，如"供电合同""承揽合同"。

2. 当事人姓名

在合同标题的下方，分行并列写明签订合同当事人双方的单位名称（全称）或者姓名和住所，有的在单位名称之前还写明合同的性质。例如，

×××ated×（甲方）：代表人×××

立合同单位：

×××（乙方）：代表人×××

为了行文方便，可在括号里注明一方是"甲方"或是"供方"，另一方是"乙方"或是"需方"，但不能写成"我方"或"你方"，以免理解时产生歧义。

3. 正文

正文部分一般包括合同的主要条款和双方自愿达成协议的内容。根据《中华人民共和国合同法》的规定，合同应具备以下各条款。

（1）定义

甲方：是指招标单位或用户单位。

乙方：是指(供方)成交供应商。

经济合同：是指由甲方与成交供应商按照竞标文件和竞标文件的实质性内容，规范成要约和承诺，通过协商一致达成的书面合同。

技术资料：是指合同货物及其相关的设计、制造、监造、检验、安装、验收、性能验收试验、安全性能和技术指导性文件(包括图纸、各种文字说明)。

竞标人应当将竞标产品执行的标准和标准号作为技术资料递交给采购人，包括国家标准、行业标准或企业标准。

(2) 合同标的　合同标的包括货物品牌、名称、规格和型号。

(3) 质量要求和服务内容　乙方供应的货物应是全新的，达到国家要求。

(4) 合同价格　合同价格是按照成交供应商竞标文件及相关有效补充文件所认定的价格。

(5) 付款

1) 合同使用的货币币制均为人民币；由甲方负责办理合同款项的支付手续，在安装调试完毕并验收合格后15个工作日内付合同总款的一定比例，结算审核认定后1个月内付至合同金额的95%，其余5%待保质期满后三日内付清。

2) 此项目新增部分的总量不得超过工程量的10%，超出部分将不予结算。

(6) 交货和运输　供货主负责。

(7) 安装、调试、运行和验收

1) 合同货物根据谈判约定的方式进行安装、调试、运行和维修。

2) 试运行时间由供需双方约定。

3) 试运行完成后，若设备达到要求，供方与使用方应签署验收报告。

(8) 违约责任

1) 乙方所交付设备的品牌、型号、规格、数量等不符合合同规定的，用户有权拒收货物。

2) 由于乙方原因(不可抗力因素除外)不能按时交货，且对用户造成损失的，乙方应承担货款总额万分之五的违约金。误期赔偿费按每天迟交货物价的0.05%计收，直至交货或提供服务为止。但误期赔偿费的最高限额为误期货物或服务合同价的100%。一旦达到误期赔偿的最高限额，甲方可考虑终止合同。

(9) 索赔

1) 采购方有权根据质检部门出具的检验报告，向卖方提出索赔。

2) 在合同规定的检验期和质量保证期内，如果卖方对采购方提出的索赔和差异负有责任，卖方应按照采购方同意的下列一种或多种方式解决索赔事宜：

① 卖方同意退货，并用合同中规定的货币将货款退还给各用户，并承担由此发生的一切损失和费用，包括利息、银行手续费、运费、保险费、检验费、仓储费、装卸费以及为保护退回货物所需的其他必要费用。

② 根据货物的低劣程度、损坏程度以及采购方所遭受损失的数额，卖方必须承担相应的经济责任。

③ 用符合合同规定的规格、质量和性能要求的新零件、部件或设备来更换有缺陷的部分，卖方应承担一切费用和风险并负担各用户所蒙受的全部直接损失费用。同时，卖方

应按合同规定,对更换件相应延长质量保证期。

3)如果在采购方发出索赔通知后 20 天内,卖方未予答复,上述索赔应视为已被卖方接受;如卖方未能在提出索赔通知后 20 天内或采购方同意的更长时间内,按照本合同规定的任何一种方法解决索赔事宜,买方将以卖方开具的履约保证金的 10 倍进行索赔,或采用法律手段解决索赔事宜。

(10)争议的解决办法　双方协商解决未能达成一致意见的,则任何一方都可向当地人民法院提起诉讼。

(11)合同生效及其他

1)合同生效及其效力应符合《中华人民共和国合同法》有关规定。

2)合同应经当事人法定代表人或委托代理人签字盖章。

3)合同所包括附件,是合同不可分割的一部分,具有同等法律效力。

4)合同条件未尽事宜依照《中华人民共和国合同法》,由甲乙双方共同协商确定,补充合同具有相同的法律效力。

(12)项目的验收与合同的履行由甲方负责

4. 结尾

结尾是合同合法性和有效性的标记,一般包括双方公章、法定代表人或委托代理人签章,还应写明地址、电话、开户银行和账号。条款式合同最后还要注明签字时间和地点。如果该合同需经过鉴证或公证,还要明确鉴(公)证意见,并由经办人签章,同时加盖鉴(公)证机关公章。

6.2.4　合同的写作要求

(1)必须符合国家的政策、法令,遵循一定的原则　不得利用合同进行违法活动,扰乱社会经济秩序,损害国家利益和社会公共利益;应遵循平等互利、协商一致的原则,任何一方不得把自己的意志强加给对方;必须切实维护当事人的合法权益;必须以能够全面履行合同规定的义务为前提,不能写入无法履行义务的条款。

(2)内容要具体明确,条款要齐全完备　写作合同,应当具备《中华人民共和国合同法》及有关合同条例规定的条款。条款的内容要具体明确,不能使用模糊语言来表述。

(3)要严肃合同纪律,不得随意涂改或终止　《中华人民共和国合同法》规定:"依法成立的合同,对当事人具有法律约束力。当事人应当按照约定履行义务,不得擅自变更或解除合同。"因此,在写作合同时,必须自觉维护合同纪律的严肃性,未经当事人之间协商一致,不得随意涂改合同内容。此外,在填写政府有关监督、管理部门统一监制的合同时,字迹要工整清晰,书写要规范,应当用毛笔或钢笔填写,以便保存。

(4)理清写作思路　双方都要明确签订合同的目的、依据或原则,当事人共同享有的权利和应尽的义务,履行义务的方式和期限的安排,以及相关的违约责任。

(5)掌握语言要求　合同是受法律制约的文书,一经成立就不能随意改动;合同又是有偿性的,直接与当事人的经济利益有关。因此,要求语言准确严密,不允许有丝毫的含混,更不能产生歧义。写作时一定要字斟句酌,不要有疏漏,也不要出现逻辑上的重复或矛盾。

例文 6-1　个人租赁合同范本

个人租赁合同书

订立合同双方：

出租方：＿＿＿＿＿＿＿，以下简称甲方

承租方：＿＿＿＿＿＿＿，以下简称乙方

根据《中华人民共和国合同法》及有关规定，为明确甲、乙双方的权利义务关系，经双方协商一致，签订本合同。

第一条　甲方将自有的坐落在＿＿＿＿＿市＿＿＿＿＿街＿＿＿＿＿巷＿＿＿＿＿号的房屋＿＿＿＿＿栋＿＿＿＿＿间，建筑面积＿＿＿＿＿平方米、使用面积＿＿＿＿＿平方米，类型＿＿＿＿＿，结构等级＿＿＿＿＿，完损等级＿＿＿＿＿，主要装修设备＿＿＿＿＿，出租给乙方做＿＿＿＿＿使用。

第二条　租赁期限

租赁期共＿＿＿＿＿个月，甲方从＿＿＿＿＿年＿＿＿＿＿月＿＿＿＿＿日起将出租房屋交付乙方使用，至＿＿＿＿＿年＿＿＿＿＿月＿＿＿＿＿日收回。

乙方有下列情形之一的，甲方可以终止合同，收回房屋：

1. 擅自将房屋转租、分租、转让、转借、联营、入股或与他人调剂交换的。
2. 利用承租房屋进行非法活动，损害公共利益的。
3. 拖欠租金＿＿＿＿＿个月的。

合同期满后，如甲方仍继续出租房屋，乙方拥有优先承租权。

租赁合同因期满而终止时，如乙方确实无法找到房屋，可与甲方协商酌情延长租赁期限。

如承租方逾期不搬迁，出租方有权向人民法院起诉和申请执行，出租方因此所受损失由承租方负责赔偿。

第三条　租金和租金交纳期限、税费和税费交纳方式

租金的标准和交纳期限，按国家相关的规定执行。如国家没有统一规定，此条由出租方和承租方协商确定，但不得任意抬高。

第四条　租赁期间的房屋修缮和装饰

修缮房屋是甲方的义务。甲方对出租房屋及其设备应定期检查，及时修缮，做到不漏、不淹、三通（户内上水、下水、照明电）和门窗完好，以保障乙方安全正常使用。

修缮范围和标准按城建部（87）城住公字第13号通知执行。

甲方修缮房屋时，乙方应积极协助，不得阻挠施工。

出租房屋的修缮，经甲乙双方商定，采取下述第＿＿＿＿＿款办法处理：

1. 按规定的维修范围，由甲方出资并组织施工。
2. 由乙方在甲方允诺的维修范围和工程项目内，先行垫支维修费并组织施工，竣工后，其维修费用凭正式发票在乙方应交纳的房租中分＿＿＿＿＿次扣除。
3. 由乙方负责维修。
4. 甲乙双方议定。

乙方因使用需要，在不影响房屋结构的前提下，可以对承租房屋进行装饰，但其规

模、范围、工艺、用料等均应事先得到甲方同意后方可施工。对装饰物的工料费和租赁期满后的权属处理，双方议定：

工料费由_____方承担（　　　　）；

所有权属_____方（　　　　）。

第五条　租赁双方的变更

1. 如甲方按法定手续、程序将房产所有权转移给第三方时，在无约定的情况下，本合同对新的房产所有者继续有效。

2. 甲方出售房屋，须在三个月前书面通知乙方，在同等条件下，乙方有优先购买权。

3. 乙方需要与第三人互换用房时，应事先征得甲方同意，甲方应当支持乙方的合理要求。

第六条　违约责任

1. 甲方未按本合同第一、二条的约定向乙方交付符合要求的房屋，负责赔偿_____元。

2. 租赁双方如有一方未履行第四条约定的有关条款的，违约方负责赔偿对方_____元。

3. 乙方逾期交付租金，除仍应补交欠租外，并按租金的_____%，以天数计算向甲方交付违约金。

4. 甲方向乙方收取约定租金以外的费用，乙方有权拒付。

5. 乙方擅自将承租房屋转给他人使用，甲方有权责令停止转让行为，终止租赁合同。同时按约定租金的_____%，以天数计算由乙方向甲方支付违约金。

6. 本合同期满时，乙方未经甲方同意，继续使用承租房屋，按约定租金的_____%，以天数计算向甲方支付违约金后，甲方仍有终止合同的申诉权。

上述违约行为的经济索赔事宜，甲乙双方议定在本合同签证机关的监督下进行。

第七条　免责条件

1. 房屋如因不可抗拒的原因导致损毁或造成乙方损失的，甲乙双方互不承担责任。

2. 因市政建设需要拆除或改造已租赁的房屋，使甲乙双方造成损失，互不承担责任。

因上述原因而终止合同的，租金按实际使用时间计算，多退少补。

第八条　争议解决的方式

本合同在履行中如发生争议，双方应协商解决；协商不成时，任何一方均可向房屋租赁管理机关申请调解，调解无效时，可向市工商行政管理局经济合同仲裁委员会申请仲裁，也可以向人民法院起诉。

第九条　其他约定事宜

第十条　本合同未尽事宜，甲乙双方可共同协商，签订补充协议。补充协议报送市房屋租赁管理机关认可并报有关部门备案后，与本合同具有同等效力。

本合同一式4份，其中正本2份，甲乙方各执1份；副本2份，送市房管局、工商局备案。

出租方：(盖章)　　　　　　　　　　承租方：(盖章)

法定代表人(签名)：　　　　　　　　法定代表人(签名)：

委托代理人(签名)：　　　　　　　　委托代理人(签名)：

合同有效期限：　　　　　　　　　　年　　月　　日至　　　年　　月　　日

6.3 市场调查与预测报告

6.3.1 市场调查与预测的概念和作用

1. 市场调查与预测的概念

市场调查是指运用科学的方法,有目的、有计划地对市场的商品需求及影响需求的各种因素等方面的情报资料进行搜集、整理、分析、研究的经济活动。市场调查报告是指根据调查研究结果所写的书面报告。市场预测报告是指对市场历年来历史资料的统计,以及在对市场现状调查的基础上,运用科学的方法进行分析、预测结果所写的报告。市场预测要以市场调查为基础,侧重于对未来发展趋势的推断,二者既有共同点又有不同点。

2. 市场调查与预测的作用

它是制订计划和进行正确决策的重要依据,是保证企业进行正确生产经营的重要资料,是开展经济活动的重要前提。没有市场调查就无法掌握市场信息,也就无法做出正确的预判。

6.3.2 市场调查与预测的方法

市场调查与预测的方法主要有定量预测法和定性预测法。

定量预测法有两种:一种是数字预测法,用统计数字表达,从中找出产品的发展趋势,如《上海市 10 年｛2005—2015｝微电子技术预测报告》即统计大量的数据逐年对比说明上海微电子市场的发展呈迅猛增长趋势;另一种是经济计量法,主要根据各种因素的制约关系用数字方法加以预测,比如国家的政策调控的影响等。

定性预测是对影响需求量的各种因素如质量、价格、消费对象、销售点、用途等进行调查、分析、判断。

6.3.3 市场调查与预测的种类

市场调查,一般有全面调查、抽样调查、间接市场调查、典型调查。

市场预测,按时间分,有短期预测、中期预测、长期预测;按范围分,有宏观预测和微观预测;按性质分,有综合性预测和专项性预测。

6.3.4 市场调查与预测报告的结构

市场调查与预测报告的结构,大致如下:

1. 标题

一般分为公文式标题和文章式标题。

(1) 公文式标题 由预测期限、范围、对象和文种构成,如"2015 年 7 月份全国消费品市场预测报告"。

(2) 文章式标题 有结论式、提问式和双标题式,如"复印机市场需求持续上升""泥巴换外汇——2016 年陶瓷出口情况调查"。

2. 开头

开头的文字要简短扼要。一般说明调查与预测的时间、地点,全文的主旨、主要数据，也可以简要概括全文的主要内容和观点。

3. 正文

正文由现状、预测、建议三部分构成。

（1）现状　现状就是用具体、可靠的资料和数据对经济活动现状进行说明。这是预测的基础和出发点，选用的资料必须真实、具体、典型。现状一般包括：产销情况，购买力的投向情况，用户支付能力的情况，同类行业的经营情况等。

（2）预测　预测就是对资料进行分析研究，科学预测市场的发展趋势。在预测未来发展趋势中，一定要强调科学的思维方法，即多向思维方式，对各方面问题进行全方位思考。

（3）建议　建议就是针对预测判断，提出自己的意见和建议，这是全文的落脚点。应注意意见和建议的切实可行性，切忌抽象、笼统。如对砂糖橘价格的预测，2018年春节前，某电视台做了专题报道，预测产地批发价可达每斤4.8元，因为前几年春节期间都是不降反升的高价行情，惯性思维的预测促使很多人淡定观望，期望达到5元而惜售。结果节后，各产地砂糖橘扎堆上市，行情低迷，价格缩水，并刷新了近年来砂糖橘价格的新低。预测与事实大相径庭，给果农造成的损失巨大。

6.3.5　市场调查与预测报告的写作要求

（1）明确选定市场调查与预测的对象和目标　市场调查与预测的对象和目标的选定至关重要。要选择事关企业大局，有助于研发新产品，开拓新市场，使企业具有广阔的发展前景和利润空间，并且与公司当下的人力、物力、财力和技术力量相匹配的项目作为目标对象。只有抓准对象，调查和预测才有积极的意义。

（2）占有充分的材料　没有调查就没有发言权，没有大量翔实的材料，就难以得出准确的判断。所以，要求作者要深入调查，充分占有材料；拥有可靠的信息源与充分的数据资料；必须对经济活动中的历史与现实进行深入的科学分析研判，从而提高经济预测的科学性，避免主观性和误导性错误发生。

（3）选择科学的预测方法　常见的预测方法有：①定性预测法，就是对预测对象的性质做出分析判断，掌握事物变化趋势，判断可能或不可能的方法。定性预测主要有个人判断法、专家意见法、典型调查法和相关分析法。②定量预测法，就是对预测对象的数量关系做出分析判断，从已知的指标数据推算未知指标数据的数量预测的方法。定量预测法常用的有移动平均法、指数平滑法和绘图法。

（4）提出切实可行且具有前瞻性的建议　市场调查与预测的目的是为了指导现实工作。因此建议与措施必须切实可行、有针对性。同时，也要具有前瞻性，要能根据调查的结果预测出市场未来可能的发展走向，从而提出相应的应对预案，未雨绸缪，使企业能在不断变化的市场经济活动中立于不败之地。

（5）理清写作的基本思路　市场调查与预测报告的基本写作思路是：确定调查目标，掌握充足的信息—预测未来趋势—提出今后对策。即在调查搜集大量数据资料的基础上，运用科学的分析方法和预测模型，对数据和信息进行全面的分析、判断，然后进行正确的推断、预测。

（6）掌握语言要求　首先，语言要准确简明，材料要真实，所运用的数据要确凿无误，预测方法要恰当，具有科学性。其次，适当运用模糊语言。预测本身是超前的想法，需要在实践中去检验、去证明。因此,准确的表述有赖于精确的词语,同时也离不开模糊词语,像"一些地区""不久""估计""基本上"等都是常见的模糊词语。写市场调查与预测报告,应从实际出发,该精确的精确,该模糊的就要模糊。

例文6-2　市场调查与预测报告格式

×××市场调研分析报告

[摘要]×××市场……

[关键词](调研标题)(如×××市场调研分析报告)

(正文)

引言

(说明调研背景和对象,并进行必要性认定)

一、调研目的

二、调研方法

(一)调研设计

说明所开展的项目是属于探索性调查、描述性调查、因果性调查还是预测性调查,以及为什么适用于这一特定类型调查。

(二)资料收集的方法

所采集的是原始资料还是次级资料。结果的取得是通过调查、观察还是实验。所用调查问卷或观察记录表应编入附录。

(三)抽样方式

总体目标是什么,抽样框如何确定,是什么样的样本单位,它们如何被选取出来。

三、调查数据统计分析

本次调查共有××人参加并且完成了问卷,回收率为××%。有效问卷占××%。我们主要针对××××,被调查的对象主要是××××,针对××问题的××方面进行数据统计和分析并最后给出我们小组的相关建议。

四、结论

五、营销启示与建议

附录1　市场调查计划书

附录2　原始调查问卷

附录3　数据列表及编码明细表

附录4　口头汇报幻灯片

6.4　经济活动分析报告

6.4.1　经济活动分析报告的概念和特点

1. 经济活动分析报告的概念

经济活动分析是根据计划指标、会计核算、统计资料及调查研究所掌握的情况,运用科学的分析方法,对经济活动进行全面或专项的分析研究,从中总结经验,揭露矛盾,分析原因，提出措施，借以改善经营管理水平，充分挖掘一切潜力，提高经济效益的一种理性活动。经济活动分析报告是利用会计、统计、业务核算、计划等资料和通过调查研究所掌握的有关资料，对经济组织的全部或部分经济活动过程和结果进行专业性、系统性、深入性的分析研究得出的论证分析性书面报告。

2. 经济活动分析报告的特点

（1）**分析性**　经济活动分析报告要对影响各项计划指标执行结果的主客观因素进行深入的分析和研究，将计划指标、业务核算、会计核算和统计核算的数据、百分比等进行对比分析，从而对过去经济活动中的成绩和问题、经验与教训进行检验和评估，得出客观的评价性意见。

（2）**系统性**　经济活动分析报告的关键在于，对内外各种因素进行综合、系统的分析和研究，将各个因素和不同的侧面联系起来进行综合分析研究，只有这样才能找出经济活动的内在规律和发展规律。因而，经济活动分析报告在形成的过程中体现出很强的系统性。

（3）**指导性**　经济活动分析报告的写作具有明显的目的性和指导性，它通过分析研究，说明经济活动的过程和内在联系，揭示其本质，对内在问题提出具体的解决办法，以提高管理水平及经济效益。

6.4.2　经济活动分析报告的作用与种类

1. 经济活动分析报告的作用

（1）**为领导决策提供依据**　任何单位和企业都要根据经济活动分析提供的参考意见，制订相应的计划，并做出科学的决策，使企业的目标得以实现。通过经济活动分析报告全面了解情况，对于调整前期计划目标和制订下一个时期的工作计划具有重要意义，可为领导进行科学决策打下良好的基础。

（2）**为规范企业经济活动提供帮助**　企业经济活动必须遵照国家的有关法律、法规进行，才能保证社会主义市场经济的健康发展。通过对企业经济活动的分析，可以检查、监督企业执行国家政策法律和财经纪律的具体情况，从而及时发现问题，及时解决问题，为规范企业经济活动提供有力的支持和帮助。

（3）**为提高经济效益提供先决条件**　经济活动分析报告在改善企业的经营管理方面起着非常重要的作用，可以帮助企业降低成本、挖掘潜力、增加利润，为提高企业经济效益提供先决条件。

2. 经济活动分析报告的种类

经济活动分析的目的、要求和内容不同，所写分析报告的种类也就不同。按内容及范围分，有综合分析报告、专题分析报告、简要分析报告；按写作期限分，有定期分析报告和不定期分析报告；按分析问题的大小分，有宏观分析报告和微观分析报告；按写作形式分，有文字分析报告和表格分析报告等。

在现实工作中，通常按分析目的和内容的不同把经济活动分析报告分为综合分析报告、专题分析报告和简要分析报告。

（1）**综合分析报告**　综合分析报告又称全面分析报告，是对某一部门或某一单位在一定时期内各项经济指标进行全面系统的分析，从中抓住关键性的问题，以考核其经济活动的结果。综合分析报告的时间通常为一个季度或一个年度。其内容范围比较广泛，涉及的问题较多。通过综合分析可以了解企业经济活动的全貌，所以进行综合分析是全面检查和总结企业计划完成情况、发现在经营管理中带有普遍性问题的有效方法。通过综合分析，可以及时发现问题，解决问题，改进工作，促进经济效益的提高。

（2）专题分析报告　专题分析报告是在经济活动中抓住某一个专门问题，进行深入细致的分析研究后所做的报告。这类分析报告，一般是结合当前的中心工作或就企业经营活动中某个关键性问题等而进行的单项分析。在具体运用中要注意抓住主要矛盾、关键问题，多方考察论证，提出改进意见和解决办法。其特点是内容集中、重点突出、分析透彻、针对性强、反应迅速。

（3）简要分析报告　简要分析报告一般是围绕主要计划指标、财务指标或抓两个重点问题进行分析，以观察经济活动的趋势和工作的进程。这种分析报告常按年、季、月进行。

6.4.3　经济活动分析报告的分析方法

经济活动分析报告的分析方法，经常采用的有三种。

1. 对比分析法

对比分析法也叫比较法，是经济活动中最常用的一种。它是将两个或两个以上有内在联系的可比性的指标进行对比，一般要从下列几个方面进行比较：实际完成指标与计划指标的对比；本期实际指标与上期实际指标对比或与上年同期指标对比。

2. 因素分析法

因素分析法，又叫连锁分析法。在经济活动中，一些综合性经济指标往往受多种因素影响。因素分析法，就是用来分析指标变动中各个因素的影响程度，分析原因，找出主要矛盾以利于今后工作的更好进行。

3. 预测分析法

预测分析法是根据企业产品销售中的各种信息，对经济活动进行科学预测的一种分析方法。企业在竞争中要发展，它的产品必须要有广大的市场，这就需要对产、供、销各环节做出种种判断与设想，以便找出存在的问题，提供给领导在进行决策时作为参考。

6.4.4　经济活动分析报告的结构

经济活动分析报告通常由标题、导语、正文、落款四个部分组成。

1. 标题

经济活动分析报告的标题主要有公文式标题和简要式标题两种。

（1）公文式标题　公文式标题又称为完整式标题。这类标题由分析单位、分析时间、分析内容和文种几项构成，如"环宇蔬菜物流公司2020年经营活动分析报告"，"关于××厂2020年库存情况的分析报告"。这种标题有时可省略"报告"二字，文种有时可写为"意见""建议""看法"等。公文式标题严肃、客观，带有公文色彩。

（2）简要式标题　简要式标题又称概括式标题或省略式标题。它只反映分析报告的内容或建议、意见，省略了单位名称、分析时间和文种等内容，有利于突出分析报告的主题，如"共享单车大量损毁问题必须尽快解决""××公司是如何扭亏为盈的""××市棚改工作中存在的问题和建议"。

有时经济活动分析报告还用副标题注明分析的范围和对象。

2. 导语

导语是经济活动分析报告的开头。一般简明扼要地点明经济形势背景，阐明分析的目的和要求，或提出分析的主要问题，或介绍分析对象的基本情况。其语言要精练概括。也有许多分析报告省掉前言部分，直截了当地表述中心内容。

3. 正文

正文是经济活动分析报告的主要部分，必须根据经济活动分析报告的种类、目的、要求适当安排分析的内容。它一般包括情况介绍、分析和建议三部分。

（1）情况介绍　情况介绍是用来介绍分析对象，说明经济指标完成的情况，技术或管理措施实施情况，揭示矛盾、提出问题，为下文分析做好铺垫的。情况主要包括两个方面，其一是数据资料，其二是经济活动的客观事实。所以写作时可用文字概述经济活动情况，也可用表格说明，或文字与表格共同使用。

（2）分析　分析就是对情况介绍中所涉及的问题，运用已掌握的有关资料，采用合理的方法，找出影响经济效益的各种因素及其关系，从中总结经验，找出差距、查明原因。该部分侧重分析，注重总结经济活动的规律和发展趋势。有的经济活动分析报告把"情况""分析"放在一起，边写情况，边进行分析，或者边提问题，边作回答。

（3）建议　这部分是分析的结果，是写作分析报告的目的和意义所在。报告提出的建议和措施必须切实可行。对总结经验的分析报告，应以推广经验、提高经济效益为目的；对于揭露问题的分析报告，应以解决问题、改进工作为目的。有的分析报告还要对经济活动的前景和趋势做预测。

经济活动分析报告的结尾要视具体情况而定。有的可以省略，直接以建议结尾；有的以分析结果为结尾；有的回应标题提出希望和要求，对全文做一个简略的总结。结尾要写得简明扼要，不能拖泥带水。

4. 落款

一是经济活动分析报告的撰写单位名称或个人，二是撰写的时间。

6.4.5　经济活动分析报告的写作要求

（1）明确写作目的，抓重点　在写作时应遵循重要问题先写、次要问题后写的原则，着重把主要问题的原因、性质、状况分析透彻，从而做到重点突出，主次分明。

（2）掌握材料要全面、准确　经济活动分析报告要以材料作为依据，因为要进行经济活动分析，必须占有大量的材料。掌握的技术经济指标资料和经济活动的材料真实、准确，是写好经济活动分析报告的基础和前提。这样才能保证经济活动分析报告真实反映客观现实，能够揭示客观经济规律，也才能具体指导经营管理工作。

（3）分析评价要有理有据　经济活动分析报告分析要辩证，既要分析成效，总结经验，又要揭示问题和矛盾。分析原因时要有理有据，深入细致，实事求是，应将数据表格与语言文字表述相结合，真正反映经济活动的本质，以便为改善经营单位的经营管理提供可靠的依据。

例文 6-3　经济活动分析报告

××卷烟厂2019年上半年经济效益分析报告

××卷烟厂是近年来新建的地方国有卷烟厂，现有职工600人。建厂几年来，产量逐年上升，但利润增长较慢，远低于产量的增长。

一、基本情况

××卷烟厂本年上半年利润额略有下降，有关资料见表1。

表1　产量、销售、利润等指标对比表

指标＼项目	上年上半年实际	本年上半年计划	本年上半年实际	本年与上年对比 差异	%	本年与计划对比 差异	%
产量/万箱	3.8	4.2	4.2	+0.4	+10.5	0	0
销售量/万箱	3.8	4.2	4.0	+0.2	+5.3	-0.2	-4.8
销售收入/万元	2000	2200	2060	+60	+3	-140	-6.4
销售利润/万元	90	100	86	-4	-4.4	-14	-14
单箱利润/元	23.68	23.92	21.5	-2.18	-9.2	-2.42	-10.1

从表1看出，本年上半年实际与上年同期对比，产量继续上升，增长10.5%，销售量增长5.3%，销售收入增加3%，但销售利润却下降4.4%，单箱利润下降9.2%。如与计划对比，除产量计划完成外，其他指标都未完成，特别是销售利润指标比计划下降14%，单箱利润下降10.1%。

经济效益差，这是该厂需要重点分析研究的重大课题。为了分析这一问题，现收集有关经济效益的数据资料和情况，以及国内同行业的有关资料，见表2。

表2　上年度本厂与同行业先进水平、全国平均水平的有关指标对比表

指标＼项目	同行业先进水平	全国平均水平	本厂	与先进水平对比 差异	%	与全国平均水平对比 差异	%
劳动生产率(箱/人)	400	240	221	-179	-44.8	-19	-7.9
产品合格率(%)	99.9	99.5	98.1	-1.8	-1.8	-1.4	-1.4
单箱消耗烟叶	51	56	58	+7	+13.7	+2	+3.6
煤	18.9	19.2	21.1	+2.2	+11.6	+1.9	+9.9
电/度	0.3	8.9	10.9	+4.6	+73	+2	+22.5
百元产值占用流动资金/元	2.7	9.8	10.4	+7.7	+285.2	+0.6	+6.1
单箱利润/元	52.20	25.10	23.20	-29	-55.6	-1.9	-7.6

从表2可以看到，与同行业先进水平比，该厂各项指标都相差很远。与全国平均水平比，本厂各项指标都有不小差距。这足以说明本厂的人力、物力、财力的利用效果欠佳，生产耗费过多，利润减少，经济效益差。

二、原因分析

经过调查研究，产生上述差距的原因有以下几个：

（1）职工队伍素质较差，技术力量薄弱，劳动纪律松弛。

……

（2）采购无计划，验收不合格。

……

（3）消耗无定额，成本上升。

……

（4）追求产量，忽视质量。

……

三、对策建议

根据上述分析过程和结果，该卷烟厂今后应在如何提高经济效益方面多做些努力，具体来说，应从以下几个方面进行改进：

（1）积极抓好职工队伍的培训工作，提高他们的文化技术素质；同时大力整顿劳动纪律，制定各项岗位责任制。

（2）加强计划管理工作，健全各项规章制度，使采购有计划，消耗有定额，费用开支有预算，材料和成品进出库有严格的验收手续。

（3）努力提高产品质量，搞好市场调查，以销定产。

（4）搞好经济核算，加强经济活动分析工作，及时总结经验教训，发扬成绩，提出措施，改进工作。

6.5　意向书与协议书

6.5.1　意向书的概念与特点

1. 意向书的概念

意向书是平等主体的自然人、法人、其他组织之间就某项目初步达成合作意愿而签署的文书。它是双方或多方合作者内心愿望与初步设想的文字记录。

2. 意向书的特点

1）协商性。写意向书多用商量的语气，不带任何强制性。有时还用假设、询问的语气。

2）灵活性。意向书的灵活性主要体现在以下两个方面：

一是可以随时变更意向条款。意向书发出后，对方可以全盘采纳，或者部分采纳及变更，并提出自己更好的意见；二是在同一份意向书里可以提出多种方案或对其中的某一具体条款提出几种方案供对方选择。

3）临时性。意向书不像协议、合同那样具有法律效力。意向书只是协商过程中各方基本观点的记录，一旦达成正式协议，意向书的使命便完成了。

意向书的主要作用是传达"意向"，表明双方或多方初步达成的合作意愿。意向书能为正式签订协议或合同打下基础。

6.5.2 意向书的结构

意向书一般由标题、正文和结尾三部分组成。

1. 标题

意向书的标题有以下三种：

1）只标明文种。将"意向书"居中写在上方。

2）由"事由+文种"做标题，如"××技术引进意向书""横向经济联营意向书"等。

3）由"签订意向书的双方单位名称+事由+文种"构成，如"××公司与××公司关于××的意向书"。

2. 正文

意向书的正文由开头和主体两部分构成。

1）开头部分：主要写意向书当事人双方名称，签订意向书的目的、地点和意向事由。用语要简明扼要。常用"兹宣告如下意向"或"初步意向如下"等过渡句子引出下文的主体部分。

2）主体部分：主要写双方经协商达成的"意向"，如合作的项目、合作的方式、合作的重点、生产的规模设想、产品的销售对象、经济效益的估算以及各方将要开展的工作等。主体部分一般采用条款式写法，分条列项，表述清楚。

3. 结尾

在正文的下方，双方签名、盖章、标注日期。

6.5.3 意向书的写作要求

1）坚持平等互利原则。无论双方人力、物力、财力差距有多大，都应平等对待，都要体现出合作的真诚意向，要让双方感受到合作会带来的双赢效果，提高双方合作的积极性。

2）要讲究分寸。意向书是在当事人具有合作意向，但对所谈项目还缺乏更深入、更具体研究的情况下所签订的文书。因而，在写作过程中，必须讲究分寸，留有调整空间。

3）要求同存异。意向书广泛应用于不同的地区间、企业间、政府与政府间、政府与企业间、国际贸易间的交往、洽谈或谈判中。它主要表达的是双方当事人初步洽谈中一致同意的若干原则性的意见，对今后进一步洽谈做出安排或提出意见，至于双方的不同点和分歧，在意向书中则不必提及。

4）内容要明确，用词要准确，条款要具体。

例文6-4

创办××联营公司意向书

××厂（以下简称甲方）和×××市××区市场部（以下简称乙方）于××××年×月××日就共同创办××联营公司的问题进行了初步协商。根据双方需要，为更合理发挥双方优势，提高经济效益和社会效益，改善生产、生活环境，双方在平等互利的基础上达成如下联营意向：

一、创办××联营公司。在创建之初,生产经营项目主要有两点:一是利用甲方在生产过程中产生的废渣生产煤渣砖;二是代客户运输。

二、甲方提供运输工具载重车数辆给联营公司,按月收取适当的租用费。乙方提供土地一块给联营公司,按月收取适当的租用费。甲方提供一定数量的生产技术人员,乙方提供××联营公司所需的生产人员,双方人员由联营公司开支付酬。

三、此联营项目投资总额估计五十多万元(包括基建、厂房、设备及流动资金)。甲方投资比例约七成,乙方投资比例约三成,实现的利润按投资比例分成。

四、××联营公司是具有法人资格、实行独立核算、自负盈亏的企业。

五、双方各派代表若干人组成筹建小组,具体负责筹建工作。筹建小组应于明年一季度完成可行性研究并提交工作方案。

六、有关具体问题双方在进行可行性研究后进一步协商。

七、本意向书一式两份,双方各执一份。

甲方(盖章)　　　　　　　　　乙方(盖章)
甲方代表(签字):　　　　　　　乙方代表(签字)
××××年××月××日　　　　 ××××年××月××日

6.5.4　协议书的概念和特点

1. 协议书的概念

协议书是平等主体的自然人、法人、其他组织之间对某一重要问题或事项经过协商取得一致意见后,订立的具有经济或其他关系的契约性文书。在经济活动和各种社会交往中,协议书具有促进联系、加强合作、制约监督和凭证等作用。

2. 协议书的特点

作为经济关系的凭证文书,协议可以作为正式合同的"前奏",也可以作为已订立合同书的补充或修订。如协议书的条款已具备双方权利义务的明确规定,则协议书可以直接作为合同书来使用。

6.5.5　协议书的结构

协议书由标题、当事人名称、正文与签署四部分组成。

1. 标题

协议书的标题有以下三种:

1)只标明文种"协议书"。

2)用"内容性质+文种"做标题,如"换房协议书""赔偿协议书""聘任协议书"等。

3)由"签订协议的双方单位名称+事由+文种"构成,如"××市科学技术协会与××公司关于转让产品技术专利的协议书"。

2. 当事人名称

写上协议双方或多方当事人的单位名称或个人姓名。在名称后用圆括号标注"以下简称甲方""以下简称乙方"。如果是协作关系,则不分甲、乙方。

3. 正文

正文可分为前言和主体两部分。

1）前言部分：用来写明签订该协议的目的、依据和过程等。

2）主体部分：写当事人商定的内容，一般应包括协议的项目内容、共同任务和标的、合作的方式、双方的权利和义务、在有关问题上的具体要求、违约责任、有效期限、协议份数及保存、其他需说明的事项等。主体部分通常采用条款式或条款表格综合式来写。

4. 签署

双方及多方当事人单位名称，法定代表人签名、盖章；注明签订日期（年、月、日）；如需要附项，则将单位地址、网址、邮编、电话、邮箱、传真、开户银行、银行账号等一一注明。

6.5.6 协议书的写作要求

协议书的写作要求与合同书大致相同，其内容必须符合国家颁布的法律、政策和有关规定，要体现公平公正、平等自愿原则。因为协议书也具有法律效力，所以写作时必须严肃审慎，要反复斟酌推敲，使语言规范简练。

例文6-5　协议书

委托培养协议书

甲方：_____

乙方：_____

经甲乙双方协商一致，签订如下协议：

1. 甲方根据国家关于中等专业学生的标准，招收乙方为_____届_____专业的学生，学制三年。

2. 乙方根据甲方的要求，三年学习期满，各科成绩（包括补考成绩）合格，遵守甲方规章制度，并交清各项费用，甲方安排乙方到委托培养单位（根据需要可适当变动）就业上岗。

3. 甲方的权利和义务

（1）甲方有权检查和督促乙方完成所修各科的学习任务，并定期对乙方进行成绩测验和各项指标考核。

（2）乙方在学习期间，甲方有权对乙方的违纪行为进行批评教育直至处分。

（3）乙方修业期满，各科成绩合格，在一年内，甲方必须安排乙方到委托培养单位就业上岗。

（4）乙方到就业单位后，甲方必须跟踪服务一年。

4. 乙方的权利和义务

（1）乙方必须努力学习，积极完成所修各科的学习任务。

（2）乙方必须遵守甲方的校纪校规，服从甲方的管理。

（3）乙方在学习期间，享受甲方其他中专学生同等的权利。

（4）乙方到就业单位工作期间，如因工作不满意，可向甲方提出变更工作岗位的要求，甲方应尽量向就业单位协调解决；若乙方自行辞职，甲方可拒绝再安置。

5. 乙方有下列情形之一，甲方不予安置。

（1）所修科目成绩不合格，未取得中专毕业证者，或在学习期间，严重违反校纪校规，受到记过以上处分者。

（2）乙方在学习期间因患病或其他原因，造成身体残疾或有痼疾者。

（3）应交费用未交齐者。

（4）学习期间，中途退学和转学者。

（5）本人不要求甲方安置者。

6. 本协议从签订之日起开始生效，至乙方到单位就业一年后终止。

7. 本协议未尽事宜，由甲乙双方协商解决。协商不成，由当地劳动仲裁部门裁决。

8. 本协议一式三份，甲乙双方各执一份，上级主管部门存档一份。

甲方：_____ 　　　　　　　　　　　　乙方：_____（学生签字）

法人代表：_____（签字）　　　　　　监护人：_____（签字）

××××年××月××日　　　　　　　　××××年××月××日

（中国范文网 2015.07.14）

6.6　招标书和投标书

6.6.1　招标书的概念、特点及种类

1. 招标书的概念

招标是招标单位或个人利用投标者之间的竞争达到优中选优，与最佳者确立交易行为的经济活动。目前，招标已经成为国内外经济活动中一种常见的形式。招标书是指招标人提出拟购商品或拟建项目的有关内容、标准、条件和要求等要素，招引或邀请应招单位或人员进行投标而编写的书面文件。这是订立合同的一种法律形式。一般正式招标书都采用广告、通知、公告等形式发布。

2. 招标书的特点

（1）公开性与竞争性　　招标本身就是一项公开进行的希望众所周知的活动。发布招标书的目的，就是希望吸引人们参与投标，这就决定了招标书的公开性。招标通过发布招标书来吸引众多的单位参与投标竞争，以"货比三家"，择优录用，因此招标书的内容和语言都要表现出竞争性。

（2）明确性与具体性　　为了吸引人们参与投标，招标书必须写明招标的内容、条件和有关要求，因此具有明确性。招标书是涉及具体业务项目的文书，其内容越具体，越能引导人们通盘考虑是否投标竞争，所以不能笼统抽象、含糊不清。

（3）约束性　　招标书是招标的正式文件，不得任意变动。

3. 招标书的种类

1）按照招标范围，可分为招标书

（用于招标内容比较重大而且面向国内外的招标）、招标启事（用于面向国内一般事项的招标）和招标函（用于直接通知有承包能力的单位参加的招标）三种类型。

2）按照招标目的，可分为采购招标书、科技项目招标书、建设工程招标书、企业法人招标书四种类型。

6.6.2 招标书的结构

招标的目的不同,招标书的写法也各不相同。但不论哪种类型的招标书,在结构上都应包含以下几个方面的内容:

1. 标题

招标书的标题一般由招标单位名称、招标项目和文种三部分构成。

招标单位名称要写全称。招标项目要用简洁的文字概括招标的具体内容。文种可以用"公告""通知""启事"等,如《如家宾馆招标选聘经理公告》;也可以由招标项目加文种两部分构成,如《建筑安装工程招标书》。

2. 前言

招标书的前言也称"导语"或"引言",其内容主要是说明某项工程、贸易活动或选聘活动的性质、特点、意义,以及招标的意义、招标单位的基本情况等。

3. 正文

招标书的正文一般要用分列条款的形式将主要内容和具体事宜叙述出来。正文的主要内容有招标项目、招标步骤、保证条件、落款和附件等。

1)招标项目应写明项目的具体情况,如具体名称、数量、质量要求、价格条款、投标者资格等。

2)招标步骤包括招标的起止日期,发送文件的日期、方式、地点,文件售价,开标日期和地点等。

3)保证条件包括担保人、保证金等保证投标人中标后工作顺利开展的基本条件。

4)落款要写清招标单位的全称、地址、邮政编码、电话、网址、传真、联系人姓名等内容。

5)在大型的招标中,常常为了正文的简洁,而把复杂的内容或技术性的要求,如建筑工程的工程质量要求、材料质量、建筑图纸、技术规格等有关内容,作为附件列于文后或者编文另发。

6.6.3 招标书的写作要求

(1)要写清招标授权单位 一般在起草和发布招标书之前,必须经上级有关主管部门的批准。在招标书中,写清经过什么单位批准而实行的公开招标,既增加了招标书的权威性,又使投标单位有了责任感和信任感。

(2)要求合法、科学 招标书中的具体要求应符合有关法律、政策的要求,不能违法,特别是招标书中的技术要求应科学合理,符合最新国家标准或行业颁布的标准。公告的各项数据,一定要依据科学计算,认真核实,做到准确无误。

(3)内容要全面、准确 招标书的内容要力求清楚、全面、准确,便于投标者权衡利弊,决定是否投标。

(4)文字要严谨简洁 招标书的写作要做到干净利落、层次清晰。语言要严谨准确,表述要准确无误。首先,招标项目涉及的标准要明确,如招标项目的质量标准,应当明确是国家标准,还是部颁标准或者招标单位自定标准;其次,有关技术规格要准确,不能含糊不清,不能用"大约""近似"等模糊语言来表述。招标书要求篇幅短小,表述直截了当，因此语言必须简洁明了。

例文 6-6　招标书

<h2 style="text-align:center">建筑安装工程招标书</h2>

为了提高建筑安装工程的建设速度，提高经济效益，经_____（建设主管部门）批准，_____（建设单位）对_____建筑安装工程的全部工程（或单位工程，专业工程）进行招标（公开招标由建设单位在地区或全国性报纸上刊登招标广告；邀请招标由建设单位向有能力承担该项工程的若干施工单位发出招标书；指定招标由建设项目主管部门或提请基本建设主管部门向本地区所属的几个施工企业发出指令性招标书）。

一、招标工程的准备条件

本工程的以下招标条件已经具备：

1. 本工程已列入国家（或部、委，或省、市、自治区）年度计划。
2. 已有经国家批准的设计单位出的施工图和概算。
3. 建设用地已经征用，障碍物全部拆迁；现场施工的水、电、路和通信条件已经落实。
4. 资金、材料、设备分配计划和协作配套条件均已分别落实，能够保证供应，使基建工程能在预定的建设工期内连续施工。
5. 已有当地建设主管部门颁发的建筑许可证。
6. 本工程的标底已报建设主管部门和建设银行复核。

二、工程内容、范围、工程量、工期、地质勘查单位和工程设计单位

_____。

三、工程可供使用的场地、水、电、道路等情况

_____。

四、工程质量等级、技术要求，对工程材料和投标单位的特殊要求，工程验收标准

_____。

五、工程供料方式和主要材料价格，工程价款结算办法

_____。

六、组织投标单位进行工程现场勘察，向其介绍工程场地和相关环境的有关情况

_____。

七、报名、投标日期，招标文件发送方式

报名日期：____年____月____日。

投标期限：____年____月____日起至____年____月____日止。

招标文件发送方式：

_____。

八、开标、评标时间及方式，中标依据和通知

开标时间：____年____月____日（发出招标文件至开标日期，一般不得超过两个月）。

评标结束时间：____年____月____日（从开标之日起至评标结束，一般不得超过一个月）。

开标、评标方式：建设单位邀请建设主管部门、建设银行和公证处（或工商行政管理部门）参加公开开标，审查证书，采取集体评议方式进行评标、定标工作。

中标依据及通知：本工程评定中标单位的依据是工程质量优良、工期适当、标价合理、社会信誉好，最低标价的投报单位不一定中标。所有投标企业的标价都高于标底时，如属标底计算错误，应按实际予以调整；如标底无误，通过评标剔除不合理的部分，确定合理标价和中标企业。评定结束后五日内，招标单位通过邮寄(或专人送达)方式将中标通知书送发给中标单位，并在一个月(最多不超过两个月)内与中标单位签订_____建筑安装工程承包合同。

九、其他

_____。

十、本招标方承诺

本招标书一经发出，不得改变原定招标文件内容。否则，将赔偿由此给投标单位造成的损失。投标单位按照招标文件的要求，自费参加投标准备工作和投标，投标书(即标函)应按规定的格式填写，字迹必须清楚，必须加盖单位和代表人的印鉴。投标书必须密封，不得逾期寄达。投标书一经发出，不得以任何理由要求收回或更改。

十一、在招标过程中发生争议，如双方自行协商不成，由负责招标管理工作的部门调解仲裁。对仲裁不服，可诉诸法院。

建设单位(即招标单位)：_____

地址：_____

联系人：_____

电话：_____

×××× 年 ×× 月 ×× 日

2010 年 9 月 15 日建设工程教育网

6.6.4 投标书的概念、特点及种类

1. 投标书的概念

投标是指投标人应招标人的邀请，根据招标书或招标单位的规定条件，在规定的时间内，向招标方报价、争取中标而达成交易的行为。投标书是针对招标书的内容进行逐项回答的书面文件。

2. 投标书的特点

（1）针对性　投标书的针对性表现在两个方面：一是必须针对招标项目、招标条件和要求来写；二是必须针对投标单位自身的实际承受能力来写。

（2）真实性　投标书的内容必须真实，因为投标单位一旦中标后，便对自己的承诺负责，要承担法律责任。

（3）竞争性　投标是一种竞争性很强的商业行为。为了能够中标，投标书的内容和语言必须具有竞争性，着重强调投标单位所具有的某些优势、与众不同之处，以便在众多竞争对手中脱颖而出。

3. 投标书的种类

（1）竞争法人代表的投标书　根据自己的经营理念、策略以及对该行业的市场调研和形势分析、具体措施和方案等写成的投标方案。

（2）竞争承揽商的投标书　它是投标者根据招标书的具体要求，提出自己的应标条件

或报价，以及完成招标书中所提出的任务拟采取的措施、方法、步骤及违约责任等内容而形成的书面投标方案。

6.6.5 投标书的结构

由于招标书的内容各不相同，投标书的写法也自然不同，但在结构上基本都包含以下几方面内容：

1. 标题

投标书的标题应和招标书的标题相对应，只是在文种上有差异。

1）由投标项目加文种构成。例如，针对"×××大学办公用品采购招标书"的投标书标题为"×××大学办公用品采购投标书"或"×××办公设备及用品公司投标书"。

2）直接写成"投标书"或"投标申请书"，而不涉及招标项目和投标单位。

2. 称谓

在投标书的标题下写招标单位的名称或招标机构的名称。如果招标书中对投标书的递送有明确规定，则按规定要求写称谓即可。这一项有时也可以省略。

3. 导语

导语部分是投标单位或个人对投标意义的认识、竞标的态度，以及自己的基本情况等的介绍。表述的语言要简洁。

4. 主体

主体是投标书的中心内容，是鉴定投标方案是否可取、投标人能否中标的关键部分。

竞争法人代表的投标书，一般要根据招标要求，简要介绍自己的相应情况，如学历背景、专业方向、能力特长、工作经验及取得的业绩等。然后重点介绍自己对招标对象现状的分析，包括存在的问题、不足、优势。最后要根据招标要求提出自己的经营目标和具体措施。投标者提出的措施要切实可行，令招标者信服，忌自吹自擂或夸大其词。这类投标书的重点是投标者对经营方案的可行性分析，要让招标方满意。

竞争承揽商的投标书，首先要写投标单位的基本情况，如级别、技术力量、过去的经营业绩；然后提出标价及依据；最后说明投标者的承诺，如时间保证、技术质量、设备状况、固定资产的情况等。这类投标书的重点应说明自己有实力完成招标书中各项要求所具备的技术条件、设备条件、管理优势以及自己报价的合理性，甚至还要简要写出投标者过去对类似承揽项目的完成情况，以自己的优势和实力去参与竞标。

投标书主体内容较多，一般按照相应的招标书的要求依次写出即可，但要做到数据准确、分析透彻、标价合理、措施可行，才有中标的可能。

5. 落款

落款即署名，依次写投标单位或投标者个人的名称、法人代表姓名、盖章、通信地址、邮箱、联系电话、传真、网址等，最后写上发文日期。

6. 附件

投标书正文的有些内容，由于对正文只有补充或者解释的作用，不必在正文部分详细写出，而以附件形式列于投标书之后。例如，担保单位的名称、营业执照、银行开出的保证金或提供的担保函，商品的规格及价格，企业的设备清单、工程清单或单位工程主要部分标价明细表等。

6.6.6 投标书的写作要求

（1）要慎重严肃　要认真研究招标书的各项内容，对招标书所涉及的各种情况要求认真作答，不能有任何疏漏。因为一旦确定中标，投标书即是与招标方签订合同的依据，因此，写作时要慎重严肃，马虎不得。

（2）要准确严密　投标书中要防止出现无效标书的漏洞，如没加盖单位公章和法人代表的私章，字迹涂改或辨认不清等。在国外，还应防止忘附投标保证书或保证书的时间与规定不符。投标的各项数据也要仔细核对，保证准确无误。投标书要有说理力量，就要有实事求是的态度和科学论证。因此，在写作时，只有努力做到论点和论据的完美统一，才能使招标单位信服。

（3）标价要适中　投标者的标价既要保证自己的实际利益，又要兼顾投标方利益和社会效益，要使招标者和投标者双方都能够接受；同时，投标书中提出的各项承诺，要根据自己的实力提出，一经提出就要保证能做到，切忌轻易许诺。

（4）理清写作思路　按照表明态度—介绍概况—说明投标内容—提出保证事项的顺序编写。

（5）掌握语言要求　在投标书中，无论是介绍说明还是分条列项说明，语言都要具体明确、简明扼要，不能用"大约""左右""前后"等模糊词语；不能含糊其辞、模棱两可、令人费解。

例文 6-7　投标书

×××有限公司投标书

×××项目经理部：

我公司已经认真阅读了贵单位物资招标编号第××号招标文件。我公司完全同意招标文件中的所有条款，愿意按招标文件要求，决定以¥_____元（大写）的投标报价提供与招标文件中描述相一致的产品和服务。

如我方中标，对投标物资质量、数量、交货期和服务做如下承诺：

（一）我方将严格按照招标文件及相关国家标准的要求，对投标物资的技术设计、生产过程、出厂检验到售后服务进行全过程的质量管理，保证实际供应物资的质量与招标文件中的招标采购物资标准和技术要求完全一致，产品质量稳定可靠。

（二）我方将严格按照合同规定的供货数量和时间以及施工现场的实际情况，保质保量满足施工生产的实际需要，确保供货及时，并承诺因我方供货不及时及产品质量问题所造成的一切经济损失均由我方负担。

（三）我们将严格按照合同规定做好售前、售中、售后服务，供应点保证24小时联系畅通，并对用户提出的问题或要求保证在72小时内给予解决。

1. 正式使用前，我公司负责对模板操作人员现场培训，以使受培训人员能熟练掌握模板安全操作规程和操作技术。

2. 产品到达工地后，设备初安装时，我公司派技术人员到现场提供免费技术指导和安装。

3. 质保期内，如产品出现质量问题，我公司派售后服务人员到现场负责免费维修。质保期后，只收取材料或零部件的成本费。

4. 如是因我公司产品自身设计、制造或安装等方面质量问题引起的模板故障，无论故障是否发生在质保期内，我公司都将及时提供免费维修服务。

5. 质保期内，当接到设备出现故障需要售后服务的通知后，承诺8小时内做出响应，需要派员服务时，承诺72小时内到达现场。

6. 质保期内，以下情况将实行有偿维修服务：

（1）由于人为或不可抗拒的自然现象而发生的损坏。

（2）由于操作不当而造成的故障或损坏。

（3）由于对产品的改造、分解、组装而发生的故障或损坏。

（四）我们作为投标人保证将要提供给招标人的物资，不涉及第三方主张任何权利，同时与国家现行法律法规没有抵触，也不存在任何法律纠纷及诉讼。

并授权签名人××代表我公司提交以下文件正本一份，副本二份：

投标单位(加盖公章)：

投标时间：

单位地址：

邮政编码：

电话：

传真：

网址：

邮箱：

法定代表人或其委托人(签字)：

附件

1. 营业执照复印件
2. 税务登记证复印件
3. 组织机构代码证复印件
4. 国际标准认证证书复印件
5. 协会会员复印件
6. 产品质量证明书复印件
7. 荣誉证书复印件

(2017年4月20日找法网)

6.7 广告

人们往往借助一定的媒介公开而广泛地推销产品、劳务等方面的信息，广告就是传播信息的一种宣传方式。

6.7.1 广告的概念与特点

1. 广告的概念

现代社会很少有不做广告的企业，也很少有不依赖于广告进行商品销售的商业活动。广告与现代社会的一切经济活动不可分离，它已成为沟通供需的桥梁，生产、生活的向导。广告有广义和狭义之分。广义的广告即广而告之，是指广泛地向社会公众告知某项事情。它的范围非常广泛，包括一切公益性宣传广告和商业行为的广告。狭义的广告是以营利为目的的商业行为。

2015年9月1日起施行的《中华人民共和国广告法》对广告的定义是："在中华人民共和国境内，商品经营者或者服务提供者通过一定媒介和形式直接或者间接地介绍自己所推销的商品或者提供的服务。"广告词，是广告的核心内容，是对广告信息进行宣传的书面文字。

2. 广告的特点

（1）传播性　广告通过广播、电视、网络、报纸、杂志、招贴、路牌等媒介来传递信息，而这些媒介都能够以最广大的接触面去接近受众，传播范围广泛而且迅速。

（2）简明性　广告语要简明。因为广告一般时间较短，版面也多受限制，所以广告语言要简明扼要，突出主题，便于记忆。

（3）形象性　为了便于记忆，广告要努力做到形象性，要让受众通过广告的文字、语言、声音、画面或动作等产生生动的形象联想，从而产生购买商品或服务的欲望。

（4）艺术性　广告的创意、主题的确定、题材的选择、表现的形式、表达的技巧、语言的使用、广告口号的提炼等，都需要精心的设计，以使广告作品至善至美，具有很高的艺术性。

6.7.2　广告的作用和种类

1. 广告的作用

在当今信息时代，广告是迅速传播信息的有效手段。"一个广告能把滞销商品变成热门货""一张广告救活了一个企业"，诸如此类生活中的事例，都说明了广告在经济活动中的重要作用。其作用具体表现在：

（1）传播信息，促进生产　在当下的信息时代，随着科学技术、经济、文化突飞猛进的发展，商品生产日新月异，品种繁多且不断丰富，这样就需要借助广告这一形式，把各种各样的商品信息，快速有效、广泛地传达给广大用户，使整个社会做到产销对路，减少商品物资的积压，提高经济效益，促进社会生产的发展。

（2）指导消费，促进竞争　在日新月异的现代社会里，商品繁多，人们常常通过看广告来决定购买的行动。商家和厂家也通过广告不断改进自己的商品和提高服务质量，以提高自己产品和服务的竞争力。

（3）使人获得美感享受　好的广告会在给人留下深刻印象的同时带来美的享受，提高人们的审美情趣，促进社会主义精神文明建设。

2. 广告的种类

广告的种类很多，根据不同的标准可以分成不同的种类。

（1）平面广告　平面广告主要有报刊广告、路牌广告、传单广告等。平面广告的构成要素包括文字、画面和色彩，其传递信息的方法是静态的。

（2）立体广告　立体广告主要包括电视广告和互联网广告，还有智能手机广告等。立体广告传递信息的方式是动态的、全方位的，能同时刺激受众的视觉、听觉等感觉器官。

（3）电声广告　电声广告主要有电台广告和现场播出的录音广告，靠电波传递信息，主要是刺激受众的听觉。

经济广告具体采用哪种媒体，选择什么时间、什么地点登载和播出，要根据广告内容、宣传对象、商品及服务的自身特点来确定。

6.7.3 广告的表达形式

以下是各种广告表达形式的种类与举例。

1. 利益诉求类

为消费者提供购买的理由，是许多广告不厌其烦使用的诉求方式。这是因为，消费者通常是理性的，没有使他心动的"利益驱使"，是很难促使其采取消费行动的。例如：

康齿灵牙膏：紧固牙龈，坚固牙齿。冷酸灵牙膏：牙齿抗过敏，就找冷酸灵。索夫特防脱洗发水：秀发跟你一辈子。广州牌清热暗疮片：清火祛痘痘。白大夫：就是让你白。

三精葡萄糖酸钙口服溶液：蓝瓶的，纯净的钙；蓝瓶的，充足的钙；蓝瓶的，好喝的钙。贝贝佳矫正带：让我做快乐宝贝，让我挺拔身姿。

吴太感康片：抗病毒，治感冒。达克宁软膏：杀菌治脚气，请用达克宁。达克宁栓：药效一整天哦。复方石韦片：消炎、利尿方方便便。葵花胃康灵胶囊：治疗老胃病。邦迪创可贴：防水创可贴。

2. 引导消费类

根据消费者的从众心理，创造出一种消费概念或氛围引导其"适时适地"地消费。例如：

脑白金：今年过节不收礼，收礼只收脑白金。可口可乐：带我回家，欢欢喜喜过春节。五粮醇酒：欢聚时刻，五粮醇。中国电信：拨打114，生活无难事。劲酒：80年代我们喝的是味道90年代我们喝的是品质，今天我们还要喝健康。五谷道场方便面：非油炸，更健康。百事可乐：新一代的选择。

3. 张扬个性类

许多青年人都渴望潇洒，都想活得有激情。那些以此为目标受众的广告，就努力满足他们的心理要求。例如：

动感地带：我的地盘，听我的。统一冰红茶：年轻无极限。康师傅冰红茶：冰力十足，一起来欢乐。中国移动全球通：我能。

美特斯·邦威：不走寻常路。柒牌男装：男人就要对自己狠一点。李宁：一切皆有可能。耐克：只管去做。

4. 品质支撑类

为了增强广告的说服力，利用一些权威机构认证或通过各种荣誉证书证明自己的产品优秀、服务一流，也是广告主经常使用的手法。例如：

华龙日清今野拉面：第23届世界大学生运动会中国代表团专用面。劲霸男装：入选卢浮宫的中国男装品牌。长城润滑油：航天事业合作伙伴。凤铝铝材：中国航天事业专用铝材。红河：中国赛车战略合作伙伴。

雀巢：138年营养专家。银桥乳业：秦俑奶粉，中国驰名商标。双汇：开创中国肉类品牌。豪吉鸡精：行业三标志。

5. 温情沟通类

主打感情牌，潜入消费者心里，与其坦诚地沟通，用简单却充满温情的话语唤起目标受众的消费冲动。例如：

蒂花之秀：青春好朋友。好迪：大家好，才是真的好。柏力丝：生活有你更精彩。大宝：真情永不变。

第比尔斯：钻石恒久远，一颗永不变。水星家纺：恋一张床，爱一个家。欧派橱柜：让家快乐起来。利郎商务男装：简约而不简单。

联想手机：自由联想，快乐共享。联通：让一切自由连通。海尔：真诚到永远。

康师傅绿茶：绿色好心情。雀巢咖啡：味道好极了。雪碧：服从你的渴望。维维豆奶：欢乐开怀。

6. 自我肯定类

这些广告语更多是源自企业内心的英豪式表白，应是一种宣言吧。例如：

金立手机：金品质，立天下。格力空调：好空调，格力造。万家乐：乐万家。

上好佳：上好佳食品，食品上好佳。红金龙：日出东方红金龙。惠特：给世界一双好鞋。

7. 真情公益类

推销味不浓的广告，往往可以降低受众对广告的警惕性，提高沟通指数。例如：

严迪：天气转冷，请注意保暖。全友家私：关心大自然，关爱大熊猫。中国移动：奉献源自责任，中国移动通信。

8. 诙谐幽默类

利用幽默诙谐的语言或动作发布广告。例如：

好劲道：骨汤加好面，营养不忽悠。北极绒保暖内衣：地球人都知道。

6.7.4 广告文的结构

广告文没有统一的结构形式和固定的写作方法。报刊广告文一般由标题、广告标语、正文和随文四大要素构成。而广播、电视广告一般不包含标题，随着信息技术的日新月异和智能手机的普及，互联网广告兴起和蓬勃发展，广告文的结构更加灵活多样。

1. 标题

标题概括和提示广告的内容，是广告主题或基本内容的集中体现，力求引起消费者的兴趣和注意。标题是广告的精髓，被喻为"广告的灵魂"。据调查看标题的人比读正文的人多5倍。所以，广告商特别重视标题的制作。

（1）直接标题　没有附加语言，直接以商品名、商标名或企业名称做标题。

例如：买家电，到京东；长城电扇，电扇长城；止咳有妙药，快服川贝精。

其优点是直截了当地告诉读者某个新闻事实，简洁明了，方便实用；缺点是缺乏吸引力和鼓动性。

拟制直接标题，可采用拟人、描述等手法，使其富有知识性、趣味性，来增强这类标题的吸引力。

例如：大宝天天见（××化妆品）。

（2）间接标题　用间接的办法，采用艺术手法委婉地暗示或诱导消费者阅读广告正文。此类标题幽默风趣，使人印象深刻。

例如：A. 没有加进什么，不过提出水分。（××奶粉）

（即并未掺任何化学品，无异于鲜奶）

B. 名鞋勇将，相得益彰。（牛头牌高级运动鞋）

C. 何必受冷气的气？（汽车冷气装置）

D. 天上彩虹，人间长虹。（长虹电器）

E. 谁会注意毫无生气的嘴唇呢？（唇膏广告）

F. 我最讨厌的就是洗碗碟。（洗碗机广告）

G. 万事俱备，只欠东风。（东风汽车）

（3）复合标题　将直接和间接标题结合起来使用的标题就是复合标题。它的优点是取长补短，既一目了然，又饶有趣味，具有很强的感染力。

例如：几年不必对时——精工石英表。

友谊的箭——让微笑和箭牌口香糖打开友谊的门扉。

海内存知己，天涯若比邻——星球收音机给您带来四海之音。

富裕粮食富裕水——富裕老窖味道美。

再如西凤酒的广告：

中国名酒（引题）　西凤酒（正题）

芳香可口，醇和甘甜，清冽净爽，余味久长（副题）。

2. 正文

正文要说明广告的具体内容，体现广告的主旨。撰写要简洁、清楚、直接实在。

（1）正文在写法上无一定规则，形式灵活多样　一般来说，包括以下三方面的内容：

1）产品介绍。先写明商品的名称、品种、规格、性能、用途（或使用范围）、特点或优点、价格；如果是服务广告应写明提供服务的内容、特点、设备、规格。

2）对消费者的责任保证，敦促人们采取购买的行动。

3）出售或收购的方式、时间、地点、接洽办法等。

（2）广告正文写作时要注意以下几点

1）突出重点。要有明确的诉求重点，以突出商品或企业的个性和优点。

2）言简意赅。根据商品及传播媒体的特点，一般生活用品广告宜简短，特殊生活用品或生产资料广告宜详尽介绍，以便消费者深入了解。

3）亲切有趣。广告文可采用文艺语体，注重形象性、情意性，使消费者感到亲切有趣。

4）富有感召力。广告的号召力即鼓动性靠商品的高质量和企业的优良作风本身来实现，因此正文要提供给消费者值得信任和有说服力的权威人士、社会名流、消费者的评价和推荐的话，或权威机构颁发的证书、奖状等来感染、吸引受众注意和购买。

3. 广告标语

广告标语又称广告口号，是广告者为加强受众对企业、商品或服务的印象，在较长时间内反复使用，集中体现广告阶段性战略的一种特定宣传语句。

广告语的主要职能是体现广告战略，集中体现广告的定位、形象和主题，标题的主要职能是引起受众的注意而导入主题；广告语在有些国家可注册而标题不能；广播、电视和网络广告通常只有广告语而无标题，而报刊广告中标题多为广告语；广告语的使用具有一定的稳定性和持续性，在系列广告中，每一个广告可能有独立的创意和标题，而广告语则通常以固定的一句贯穿始终。广告语按其职能的不同可分为产品广告语、企业形象广告语、服务性广告语等。产品广告语体现产品的特性和形象。例如：

某牛乳企业所做的广告："不是所有牛奶都叫特仑苏"就是为了突出自己公司的牛奶

具有与众不同的优良品质。美国保洁公司飘柔洗发水广告："头屑去无踪，秀发更出众。"瑞士旅游广告："世界的公园：瑞士，瑞士，还是瑞士！"

4. 广告随文

广告随文也叫附文，是附在正文后对与商品或企业相关的附加信息的必要说明，包括企业名称、地址、网址、联系办法、购买方式、价格表、银行账号、服务方式、权威机构认证或获奖情况等。

6.7.5 广告文的写作要求

据美国权威专家科学调查测试认为，广告效果的50%~70%来自广告文。可见广告文的优劣对广告宣传的效果和成败具有重要意义。因为广告文是广告信息的核心内容，优秀的广告文既准确传递出了广告信息的重要内容，还有特殊的感染力，能在瞬间引起人们的注意，刺激人们的购买需求，诱发人们的购买欲望，最终促成消费。

撰写广告文必须遵照国务院颁布的自2015年9月1日起施行的《中华人民共和国广告法》的规定："广告内容必须真实、健康、清晰、明白，不得以任何形式欺骗用户和消费者。"写作时要注意以下几个方面：

(1) 真实 真实是广告的生命力。广告可以使用各种体裁，允许一定程度的艺术渲染和夸张，但必须以事实为基础，以真诚的态度和上乘的质量来建立商品和企业的信誉，以赢得顾客的信任。

(2) 重点突出 广告文必须把突出商品或服务中最重要的功用、特点作为诉求重点，并且根据商品从进入市场到衰落期的不同时段，对广告文的诉求重点进行相应调整。例如，在商品的引入期和成长期，诉求重点是商品的名称和性能，应以激发消费者的兴趣和关注为主；在成熟期和饱和期，诉求重点是改良商品的性能及加强商标的信誉；在衰落期，诉求的重点是商品的新功能、新技术，开发新产品，开辟新市场。

(3) 满足目标消费群的心理需要 不同顾客群体有不同的的兴趣、需要、动机、情感和态度等，要针对不同的消费对象写恰当的广告文。

(4) 广告文字要准确、生动、精练、通俗、易记 如德国有一条苹果的广告语"一天一个，健康快乐"。这则广告既为消费者提供了一种健康的承诺，又倡导了一种消费理念，且活泼风趣、节奏明快、富有情调、亲切上口，一经推出，便为商家带来了很好的效益。

例文6-8 广告文案

飞利浦自然色日光灯广告文案

标题：留一盏灯给不夜的星星

正文：向所有人道过晚安，灯火就沉沉地入睡了。独留落单的星星，遍寻不着共游的灯火……且点上盏灯，点上无尽的诚挚和期待，邀约不夜的星星聆赏。黎明的早天，飞利浦自然色日光灯，为不夜的星星点上一盏知心的灯。

广告标语：飞利浦自然色日光灯，为不夜的星星点上一盏知心的灯。

（随文略）

（张微《广告文案写作》）

6.8 产品说明书

6.8.1 产品说明书的概念与特点

1. 产品说明书的概念

产品说明书是向消费者介绍产品的名称、商标、用途、特征、性能、使用和保管方法以及有关维修知识的文字材料。

2. 产品说明书的特点

（1）科学性　科学性就是要尊重事实，实事求是，不弄虚作假，不夸大其词。
（2）实用性　实用性就是要为用户着想，便于理解和操作，实用性强。
（3）简明性　简明性就是要简要明白，不绕弯子，不啰唆，通俗易懂。
（4）多样性　说明书的写法多样，有文字式、图表式、条文式、问答式等多种形式。

6.8.2 产品说明书的作用与种类

1. 产品说明书的作用

说明书既是生产厂家介绍和宣传产品的重要媒介，又是用户认识和正确使用产品的指导书。

2. 产品说明书的种类

说明书种类繁多。按说明目的和内容繁简的不同，有生产性产品说明书、消费性产品说明书，有侧重性能说明的，有侧重操作说明的，有侧重使用说明的等。内容简单的，一般附在产品的包装上；复杂的，编印成专册予以详解。

6.8.3 产品说明书的结构

简单的产品说明书一般包括产品性能、构造、特点、使用与维修、保管方式、厂名、厂址等。较复杂完整的说明书应按照国家 GB 9969—2008，《工业产品使用说明书》的要求，由封面、前言（概述）、目次（目录）、正文、产品套装明细表、附录、封底等部分构成。出口产品要有中英文对照文本。

（1）封面（或标题）　标明产品名称、规格型号、商标、批准专利号、图样、"说明书"的字样及厂名等。
（2）前言（概述）　内容包括产品的性能、特点、用途及生产厂家的历史、产量、信誉等。
（3）目次（目录）　将说明书的全部项目编列在一起，便于用户翻阅。
（4）正文　这是说明书的核心部分，主要介绍产品的结构特征、工作原理、技术特性、安装、调整（或调试）、使用操作、故障分析与排除、保养、维修、运输、贮存及注意事项、售后服务等，视不同产品的不同要求取舍增减。
（5）套装明细表　将产品所配备件、工具等开列出一份清单，以供用户清点，防止丢失。
（6）附录　附录包括安装图、布置图、电路图、系统图、示意图、接线图、操作图及各种附表、照片等。

6.8.4 产品说明书的写作要求

（1）要熟悉产品　产品说明书的专业性很强，作者要熟悉业务，充分掌握说明对象的性质、构造、原理及相关技术知识,使说明书在总体及细枝末节上都能表达得全面、准确、清晰。

(2) 要熟悉用户　每种产品都有其特定的用途和特定的用户,作者要充分了解用户心理和实际需求,尽量突出本产品优势,把用户最关心、最想了解的内容作为说明重点加以说明,真正满足他们的需要。

(3) 要熟悉写法　产品说明书有一定的写作格式和要求,撰写者必须熟悉这种表达方式,同时采用用户易接受的形式。语言要准确、严密、通俗易懂。

例文 6-9

充电式手电筒

本产品为 LED-901 充电式手电筒,公司遵循国家行业执行标准:GB 7000.13—1999,确属本公司产品质量问题,自购置之日起保修期为 3 个月。(非正常使用而致使产品损坏、烧坏的,不在保修之列)

1. 技术特性

(1) 本产品额定容量高达 900 毫安时。

(2) 超长寿命电池,高达 500 次以上循环使用。

(3) 采用节能、高功率、超长寿命的 LED 灯泡。

(4) 充电保护:充电状态显示红灯,充满电显示绿灯。

2. 工作原理

LED 灯由电池提供电源而发光,此电池充电后可重复使用。

3. 结构特性

(略)

4. 使用和操作

(1) 充电时灯头应朝下,将手电筒交流插头完全推出,直接插入 AC110 伏/220 伏电源插座上,此时红灯亮起,表示手电筒处于充电状态;当绿灯亮起,表示电已充满。

(2) 使用时推动开关按键,前档为 6 个 LED 灯亮,中间档为 3 个 LED 灯亮,后档为关灯。

(3) 充满电,3 个 LED 灯可连续使用约 26 个小时,6 个 LED 灯可连续使用 16 个小时

5. 故障分析与排除

(1) 使用过程中若发现灯不亮或者光线很暗,则有可能是电池电量不足,如果充电后灯变亮则说明手电筒功能正常,如果充电后仍然不亮,则有可能是线路故障,可以到本公司自费维修。

(2) 使用几年后若发现充电后灯不亮,则极有可能是电池寿命已到,应及时到本公司自费更换。

6. 维修和保养

(1) 在使用过程中,如 LED 灯泡亮度变暗时,电池处于完全放电状态,为保护电池,应停止使用,并及时充电(不应在 LED 灯泡无光时才充电,否则电池极易损坏失效)。

(2) 手电筒应该经常充电使用,请勿长期搁置,如不经常使用,请在存放 2 个月内充电一次,否则会降低电池寿命。

7. 注意事项

(1) 请选择优质插座，并保持安全规范充电操作。
(2) 产品充电时切勿使用，以免烧坏 LED 灯泡或电源内部充电部件。
(3) 手电筒不要直射眼睛，以免影响视力。（儿童应在大人指导下使用）
(4) 勿让本产品淋雨或者受潮。
(5) 当电充满时(绿灯亮起)，请立即停止充电，以免烧坏电池。
(6) 非专业人士请勿随便拆卸手电筒，避免发生危险。

6.9 审计报告

6.9.1 审计报告的概念与特点

1. 审计报告的概念

审计报告是审计小组在审计工作结束后，向派出机关或委办单位汇报审计情况、结果、意见和建议的一种书面报告。

2. 审计报告的特点

审计报告是体现审计结果、反映审计目标实现程度的一种书面文件。审计报告有以下突出特点：

(1) 独立性　审计机关依法独立行使审计监督权，撰写审计报告不受其他行政机关、社会团体和个人的干涉，因而写出的报告也具有独立性和客观性。

(2) 专业性　审计工作是一项专业性很强的工作。不仅是撰写审计报告的人要具有审计工作专业知识，而且要在审计报告中反映出被审计单位财务管理的真实状况，提出的分析和建议也要体现专业性特点。此外，运用的语言也要专业规范。

(3) 公正性　一份合格的审计报告能实事求是、客观公正地对被审计单位做出真实、正确、恰如其分的评价和结论，体现正确性和合法性的特征，具有公正性。

(4) 政策性　无论国家审计机关、社会审计组织，还是单位内部的审计部门，在编写报告时都必须以国家方针政策和经济法规为依据，去认识和分析问题，对被审计单位做出评价与结论。

(5) 建设性　效益审计的价值在于其建设性，提出客观、合理、可行性强的审计建议可帮助被审计单位提高管理效益、改进工作。

6.9.2 审计报告的作用与种类

1. 审计报告的作用

1) 反映被审计单位的财务收支情况，对财务管理工作发挥监督作用。通过对被审计单位年度会计报表的调查和分析，可以看出该单位的财务管理工作是否符合党和国家有关财务工作的法律法规，是否有需要加以改正的地方。审计建议有助于被审计单位经营和管理工作的规范化。

2) 审计报告做出的评价与结论，有助于帮助管理者和普通群众了解被审计单位所用资金的真实情况，准确评价该单位工作或经营业绩；有助于揭露和查处违法乱纪问题，对违法者起到震慑作用；同时有助于政务公开透明。

2. 审计报告的种类

按照审计报告写作的主体分类，审计报告可分为国家审计报告和独立审计报告两大类。

国家审计报告是国家审计机关委派的审计组在对审计事项依法实施审计后，根据审计结果进行评价，发表意见，提出建议，得出结论，并呈报委派审计机关的书面文件。

独立审计报告是注册会计师依法接受委托对被审计单位的会计报表及其相关资料进行独立审查并发表意见的书面文件。

6.9.3 审计报告的结构

1. 国家审计报告的结构

国家审计报告按其内容可分为财政财务审计报告、财经法纪审计报告、经济效益审计报告和经济责任审计报告。按审计的范围可分为综合审计报告和专项审计报告。不同的审计报告有着不同的目的和内容。但作为行政公文的审计报告，应具有一般报告的基本特征，即不管是反映什么内容的审计报告，其基本结构都应该是一致的。

国家审计报告一般由标题、主送单位、正文、结尾四个部分组成。

（1）标题　国家审计报告的标题一般是由被审计单位名称、审计事项和报告种类三部分构成，如"关于××单位××事项的审计报告"。

（2）主送单位　国家审计报告的主送单位一般是派出审计组的审计机关，有时也可直接呈送审计局（厅）领导或局（厅）长。

（3）正文　国家审计报告的正文主要包括下列内容：

1）审计的范围、内容、方式、时间。

2）被审计单位的基本情况、财政财务隶属关系、财政财务收支情况等。

3）实施审计的有关情况，如与审计事项有关的事实，对遵守国家规定的财政收支、财务收支情况的揭示，采取的审计方法和有关情况的说明等。

4）审计评价意见，如对已审计的财政收支、财务收支及相关资料的概括表述，结合审计方案确定的重点，财政收支、财务收支的真实性、合法性及效益，对被审计单位应负的经济责任的评价。

5）对违反国家规定的财政收支、财务收支行为的定性、处理、处罚建议及其法律、法规依据。

6）对被审计单位所提出的建设性建议。

（4）结尾　国家审计报告的结尾包括报告人落款、报告日期及报告附件名称及数量。

2. 独立审计报告的结构

独立审计报告是格式和措辞基本上统一的标准审计报告，其格式和结构都比较固定，一般由标题、收件人、正文、签章和会计师事务所地址、报告日期等几部分组成。

（1）标题　独立审计报告的标题统一规范为"审计报告"。

（2）收件人　独立审计报告的收件人是指审计业务的委托人，应当写明收件人的全称。

（3）正文　独立审计报告的正文部分分为范围段和意见段两部分。

1）范围段应当说明以下内容：

①已审计会计报表的名称、反映的日期或时间。

②会计责任与审计责任。
③审计的依据,即《中国注册会计师独立审计准则》。
④已实施的主要审计程序。
2) 意见段应当说明以下内容:
①会计报表的编制是否符合《企业会计准则》和国家其他有关财务会计法规的规定。
②会计报表在所有重大方面是否公允地反映了被审计单位资产负债表日的财务状况和被审计期间的经营成果、资金变动情况。
③会计处理方法的选用是否遵循了一贯性原则。

当注册会计师出具保留意见、否定意见或拒绝表示意见的审计报告时,应当在范围段与时间段之间增加说明段。在说明段中,应当清楚地说明所持意见的理由,并在可能的情况下指出其对会计报表所反映的影响程度。

当注册会计师出具无保留意见的审计报告时,如果认为有必要,可以在意见段之后,增加对重要事项的说明。

(4) 签章和会计师事务所地址　独立审计报告应由注册会计师事务所的会计签名、盖章,加盖会计师事务所公章,并标明会计师事务所地址。

(5) 报告日期　独立审计报告日期是指注册会计师完成外勤审计工作的日期。该日期一般不应早于被审计单位管理当局确认和签署会计报表的日期。

注册会计师在出具审计报告时,应同时附送已审计的被审计单位的会计报表。

6.9.4　审计报告的写作要求

(1) 依法审计,实事求是　应在严格依法实施审计、掌握了足够的材料和确凿的证据并经过全组人员分析、达成共识的基础上撰写。报告中提出的处理、处罚意见必须有事实和法律依据。

(2) 观点明确,意见具体　正面评语要写得简明,反面评语要抓住重点,所提建议要具体、可行,避免使用模棱两可或浮躁、夸大之词。

(3) 内容完整,数据可靠　审计报告的写作应该全面、完整,概括审计工作的全部过程和问题,特别是与审计目标密切相连的主要问题,要如实说明,不能遗漏。数据必须精确、可靠,要经过认真核实,不能使用计划数据和估量数字。

(4) 格式规范,语言简练　审计报告以叙述和说明为基础,围绕事实阐发议论,表达直接。语言表述要准确、规范、简练。

例文 6-10

关于对××公司××××年度会计报表情况的审计报告

××公司全体股东:

我们接受委托,审计了××公司(以下简称"贵公司")××××年12月31日的资产负债表及截至××××年12月31日该年度的利润及利润分配表、现金流量表。这些会计报表由贵公司负责,我们的责任是对这些会计报表发表审计意见。我们的审计是依据《中国注册会计师独立审计准则》进行的。在审计过程中,结合贵公司实际情况,实施了包括抽查会计记录等我们认为必要的审计程序。截至××××年12月31日,贵公司原第一大股东××实业集团的土地使用权已被该公司用于借款抵押。由于受权责范围的限制，我们无法合理估计该往来及被抵押资产可能形成的损失及对上述会计报表的影响。

我们认为除上述情况外，上述会计报表符合《企业会计准则》和《企业会计制度》及其他有关规定，客观、公正地反映了贵公司××××年12月31日的财务状况及截至××××年12月31日该年度的经营成果、现金流动情况，会计处理方法的选用遵循了一贯性原则。

××会计师事务所

注册会计师：×××（签名并盖章）

××××年××月××日

例文 6-11　审计报告

关于对××市经济技术投资担保公司

1999 年度财政预算及财务收支情况的审计报告

局领导：

根据市审工通〔2000〕15号审计通知，我们审计小组于2000年3月5日至3月10日，对××市经济技术投资担保公司1999年度财政预算及财务收支情况进行了审计，并对财政预算安排的技术改造基金、工业发展专项资金、扭亏增盈基金使用的合规性、安全性、效益性进行了延伸审计。现将审计情况报告如下。

一、基本情况

××市经济技术投资担保公司是经××市人民政府×政办函〔1995〕33号文件批复，于1995年开始组建，1996年1月正式成立的，实行独立核算，自负盈亏，具有法人资格的国有企业。公司行政上隶属市经贸委，由市经贸委和市财政局共同组建、领导和管理。公司的职责和经营范围主要是负责经营和管理市政府安排的技术改造基金、工业发展专项资金、扭亏增盈基金。对重点技术改造、科技开放、利用外资和节能降耗等项目的银行贷款进行担保；承办工业企业开放和技术改造项目的咨询、评估业务；对工业企业的建设项目进行参股、合资、合作；对企业的托管和为此所获产品的销售、加工等。1996年市经贸委、市财政局×经贸委技〔1996〕8号文件将市技术改造基金委托该公司管理。根据市政府×政办发〔1997〕19号文件规定，管理工业发展专项资金。受市政府扭亏增盈办公室委托，管理扭亏增盈基金。在职人数8人。1999年11月成立了××市经济贸易发展有限公司，系担保公司的全资子公司，注册资金500万元，目前尚未运作，年末汇总并表。

截至1999年末，公司拥有资金总额6076.38万元，其中：固定资产原值27.77万元，净值23.61万元；负债总额103.30万元，所有者权益5973.08万元；技改资金贷款余额3869.70万元。

工业发展专项资金为1998年设立，1998年市财政投入880万元，1999年投入267.92万元，截至1999年末，工业发展资金总额为1211.01万元。其中：贷款余额1070万元，长期投资107.92万元，银行存款余额33.90万元。

扭亏基金1998年6月由市财政信托投资公司转由市经济技术投资担保公司管理，移交扭亏基金贷款余额215.70万元，截至1999年末扭亏基金余额417.42万元，其中贷款余额390.16万元，银行存款余额27.26万元。

二、完成市财政各项资金计划执行情况

1. 技改基金计划执行情况。1999年财政拨入技改基金793.30万元，计划安排技改基金贷款699万元，安排技改基金拨款50万元，均按计划安排拨款到位。1999年收回到期贷款101.70万元。

2. 工业发展专项资金计划执行情况。1999年财政拨入267.92万元，计划安排贷款及投资为367.92万元（含上年结转70万元及所收资金使用费30万元），已根据计划拨款到位。其中：根据×府阅[1999]100号（关于××电子有限公司增资扩建有关问题的会议纪要）安排资金107.92万元，作长期投资。

3. 扭亏增盈基金计划执行情况。1999年市财政拨入100万元，计划安排150万元（含本年回收贷款57万元）已拨款到位。

4. 援藏扶贫资金上年结余168万元，1999年财政拨入360万元，本年调剂80万元，本年计划安排拨出570万元，均已按计划拨款到位。

三、财务收支情况

1999年收取技改基金使用费142.83万元，收取工业发展资金使用费44.20万元，收取扭亏增盈基金使用费3.17万元，合计190.20万元。按照规定计提营业税12.28万元，提取经营费用37.40万元，提取技改活动费18.70万元，弥补经贸委经费14.28万元，利润总额111.33万元，上交所得税35.24万元，净利润76.09万元。

四、审计中查出的违纪问题

……

五、技改基金使用情况及存在的问题

……

六、审计意见及建议

××市经济技术投资担保公司自1996年成立以来，严格按照市政府的要求，对全市技术改造基金、工业发展专项资金、扭亏增盈基金进行有效管理，几年来，共收回到期的技改基金贷款919.70万元，对技改基金的回笼和有效使用作出了较大努力，且在技改项目评估方面，给政府做好参谋把好关，为防范资金风险发挥了积极作用。但由于多方面原因，1999年末，技改基金逾期贷款仍有911万元，扭亏增盈基金逾期贷款209.70万元。建议投资担保公司做更深入的调查研究，根据企业的实际情况分类排队，加强资金的回收使用，尽最大可能发挥其应有的效益。

××市审计局赴市经济技术投资担保公司审计组

组长：叶永强

2000年3月24日

（杨成杰《财经应用文写作》）

本章小结

- 经济文书是指在经济活动中形成和发展起来的,为处理事务和沟通信息所使用的具有实用价值且格式固定的各类文书。
- 合同也叫合约、契约、协议书。它是平等主体的自然人、法人和其他组织之间为实现一定的经济目的,明确相互权利义务而依法订立的书面协议。
- 市场调查是指运用科学的方法,有目的、有计划地对市场的商品需求及影响需求的各种因素等方面的情报资料进行搜集、整理、分析、研究的经济活动。市场调查报告是指根据调查研究结果所写的书面报告。
- 市场预测报告是指对市场历年来历史资料的统计,以及在对市场现状调查的基础上,运用科学的方法进行分析、预测结果所写的报告。
- 经济活动分析报告是利用会计、统计、业务核算、计划等资料和通过调查研究所掌握的有关资料,对经济组织的全部或部分经济活动过程和结果进行专业性、系统性、深入性的分析研究得出的论证分析性书面报告。
- 意向书是平等主体的自然人、法人、其他组织之间就某项目初步达成合作意愿而签署的文书。
- 协议书是平等主体的自然人、法人、其他组织之间对某一重要问题或事项经过协商取得一致意见后,订立的具有经济或其他关系的契约性文书。
- 招标书是指招标人提出拟购商品或拟建项目的有关内容、标准、条件和要求等要素,招引或邀请应招单位或人员进行投标而编写的书面文件。
- 投标书是针对招标书的内容进行逐项回答的书面文件。
- 广告词,是广告的核心内容,是对广告信息进行宣传的书面文字。
- 产品说明书是向消费者介绍产品的名称、商标、用途、特征、性能、使用和保管方法以及有关维修知识的文字材料。
- 审计报告是审计小组在审计工作结束后,向派出机关或委办单位汇报审计情况、结果、意见和建议的一种书面报告。

练习题

1. 综合训练

(1)概念解释

经济预测报告　经济合同　投标书　协议书　广告词　说明书　意向书　招标书

(2)填空题

1)合同是平等主体的自然人、法人和组织之间为＿＿＿＿＿＿＿＿＿＿的书面协议。

2)由于经济活动分析的目的、要求和内容不同,所写分析报告的种类也就不同。按内容范围分,有＿＿＿＿＿＿、＿＿＿＿＿＿、＿＿＿＿＿＿三类。

3)市场调查与预测报告的正文由＿＿＿＿、＿＿＿＿、＿＿＿＿三部分构成。

4)市场调查与预测报告的标题,一般分为＿＿＿＿式标题和＿＿＿＿式标题两种。

5）具体地说，经济活动分析报告的作用主要有_____、_____、_____。
6）活动分析报告的分析方法，经常采用的有_____、_____、_____三种。
7）经济合同的特点为：_____、_____、_____、_____。
8）意向书的特点有协商性、_____性和_____性。
9）产品说明书的特点有_____、_____、_____、_____。
10）按照审计报告写作的主体分类，审计报告可分为_____和_____两大类。

(3) 选择题
1）经济活动分析报告中的比较分析法有（　　）。
A. 比计划指标　　B. 比前期指标　　C. 比历史指标　　D. 比行业规范指标
2）市场调查与预测报告必须有以下几个方面的内容（　　）。
A. 充分的调查材料　B. 明晰的发展历史　C. 清楚的现状　　D. 预测的结果
3）合同也可以称为下面的概念（　　）。
A. 协议书　　　　B. 意向书　　　　C. 契约　　　　　D. 意见书
4）招标书的制作需要经过以下程序（　　）。
A. 说明招标项目　　　　　　　B. 列出投标者必须具备的条件
C. 讲清招标步骤　　　　　　　D. 提出中标的保证
5）合同的标题包含的内容有（　　）。
A. 单位　　　　　B. 事由　　　　　C. 时间　　　　　D. 文种
6）财经文书的写作要求是（　　）。
A. 材料真实　　　B. 观点正确　　　C. 语言简朴　　　D. 结构合理
7）在经济活动分析报告的写作中，可以使用的表达方式有（　　）。
A. 记叙　　　　　B. 议论　　　　　C. 描写　　　　　D. 抒情
8）常见的市场预测方法有（　　）。
A. 定性预测法　　B. 定量预测法　　C. 综合预测法　　D. 专项预测法
9）招标、投标业务的基本程序包括（　　）等几个环节。
A. 招标　　　　　B. 投标　　　　　C. 开标　　　　　D. 评标
10）国务院颁布的《广告管理条例》第三条规定广告内容必须（　　）。
A. 真实　　　　　B. 健康　　　　　C. 清晰　　　　　D. 明白

(4) 判断题
1）广告语是广告全部战略思想的集中体现，是广告的灵魂。（　　）
2）广告标题字数越少越好。（　　）
3）经济活动分析报告的正文一般包括前言、主体和结尾三部分。（　　）
4）市场调查与预测报告的特点是真实准确。（　　）
5）根据《中华人民共和国合同法》的规定，合同应具备标的、数量、质量、价款或者酬金违约责任等主要条款。（　　）
6）在经济活动分析中，常用的分析方法有比较分析法、因素分析法、预测分析法和调查分析法。（　　）
7）合同的主要特点有合法性、公平性、协商性。（　　）
8）经济文书的写作与文艺创作类似。（　　）
9）如果双方关系非常亲密，合同中可以不写"违约责任"这个条款。（　　）
10）产品说明书主要是传递有关产品的知识。（　　）

(5) 问答题
1）什么是广告的标题和广告标语？它们之间有什么不同？

2）经济合同应具备的主要条款有哪些？
3）国家审计报告在写作时的要求有哪些？
4）产品说明书在生产厂家和用户间发挥了什么作用？
5）广告文的创作事项有哪些？
6）投标书在应对招标书而写作时需要注意哪些问题？
7）意向书、协议书和合同之间有何异同？
8）为什么很多国家都很重视市场调查与预测？市场调查与预测对经济活动产生了什么作用？

2. 实践题

（1）广告文案写作

背景资料：

某餐饮企业欲进军某大学周边的餐饮市场，主营饺子，号称囊括中国各种饺子及各种做法，想让来自全国各地的学子都能吃到家乡风味的饺子。餐馆有包间，有卡座，定位于中低档次，兼营小炒，保证让大学生们消费得起。该餐饮企业在本省已有几家连锁店，目标是开遍全省大学城。

要求：根据所给的背景资料，分析市场形势，确定企业的形象，选择应用媒介，完成此广告文案写作部分，并用语言表述视觉效果；广告标题、口号、正文、附文格式完整；正文字数不少于200字。

（2）运用合同书的写作知识，指出下面这份合同书中存在的问题。

经济合同

××大学（甲方）

××建筑公司（乙方）

为建筑××大学家属楼，经双方协商，订立本合同。

一、甲方委托乙方建设家属楼一座，由乙方负责建造。

二、全部建造费（包括材料、人工）987万元。

三、甲方在订立合同后先交一部分建造费，其余在家属楼建成后抓紧归还所欠部分。

四、工期待乙方筹备就绪后立即开始，力争三月中旬开工，争取十一月左右交活。

五、建筑材料由乙方全面负责筹备。

六、本合同一式二份，双方各执一份。

　　　　××大学　　　　　　　　　　××建筑公司
　　　　（公章）　　　　　　　　　　（公章）
　　　　校长×××　　　　　　　　　董事长×××

2008年××月××日

第 7 章　法律文书写作

 学习目标

通过对本章的学习，理解法律文书的基本概念，掌握起诉状、上诉状、申诉状、答辩状、书证和判决书等法律文书的格式和写作要求。

 本章问题

1. 什么叫起诉状？
2. 上诉状的格式是怎样的？
3. 什么叫答辩状？
4. 何为书证？
5. 如何写作判决书？

7.1　法律文书概述

我们这里所介绍的法律文书只包括非规范性法律文书，不包括规范性法律文书。也就是说，这里所介绍的法律文书，是指我国各法律主体依照法律规定，按照各自的职权或权利，在办理各类诉讼案件和从事非诉讼事件的活动中，为正确运用、实施法律而依法制作出的具有法律效力或法律意义的文书。

7.1.1　法律文书的概念和特点

1. 法律文书的概念

法律文书是指一切在法律上有效的或具有法律意义的文件、文书、公文的总称。法律文书可分为规范性法律文书和非规范性法律文书。规范性法律文书是指国家有关权力机关依照职权所制定并正式颁布要求人们普遍遵守的行为规则，它包括宪法、法律、法规，其中包括国家立法、地方立法及各企事业单位内部规范的各项管理制度。非规范性法律文书是指国家司法等机关在其职权范围内制作的有关办理刑事、民事、经济纠纷等案件和非诉讼事件的各种文书。它不是普遍的行为规范，而仅是对某一案件（事件）所涉及的当事人的法律规范，因而只对特定案（事）件的当事人有效，是一种法律事实，是适用法律的结果。

从法律文书的概念可以看出，其包含以下几个方面的内容：

1) 法律文书的制作主体为国家司法机关及其司法组织和当事人。司法机关包括公安机关、国家安全机关、检察机关、人民法院；司法组织包括律师机构、公证部门、仲裁机构、劳改机关；当事人包括法人和公民，他们进行诉讼或处理某些法律文书，也要依法制作具有某种法律意义的文书。

2）法律文书的制作必须依照一定的法定程序进行，即严格按照诉讼程序的进展从一个阶段走向下一个阶段。另外，有些法律文书还需要依照实体法，做出处理结束案件的最终书面决定。

3）法律文书中的一部分具有直接的法律效力，一部分具有一定的法律意义。这是法律文书和一般文书的一个最大不同点。直接的法律效力是指该类文书一经使用就产生特定的强制性，不容抗拒，必须执行。一定的法律意义是指某些法律文书虽不产生直接的法律效力，但对法律的正确实施等能予以有力的保证。

2. 法律文书的特点

法律文书是法律领域内的一种专用文书，除了具有与其他文书共同的特点外，还有其自身的一些基本特征：

（1）合法性

1）因为法律文书是在诉讼活动中使用，它的出具和使用直接反映着诉讼活动的进展，所以必须依照程序法的有关规定制作。如刑事案件的处理，从案件的立案、侦查、破案、报捕、批捕、审讯、移送起诉到审查起诉，诉讼的每个环节都需要制作相应的文书来作为进行某项诉讼案件活动的文字凭证，都必须按照《中华人民共和国刑事诉讼法》有关条款规定制作相应的法律文书。在公诉案件刑事诉讼活动中，只有按上述规定的特定阶段予以制作才属合法。

2）时限的合法性也是法律文书的合法性的一个特定要求。例如，不服一审民事判定，提起上诉的时限必须在一审民事判定下达后的15天以内，逾期即丧失了上诉权。再如，我国刑事诉讼法中对采取强制措施的取保候审、监视居住也规定了最长期限，即对犯罪嫌疑人、被告人取保候审最长不得超过12个月，监视居住最长不得超过6个月，逾期如不对上述强制措施法律文书予以撤销或变更即属违法。因此，司法机关在处理案件的某项活动中必须按照诉讼法的规定遵守特定的时间，当事人行使某项权利也必须遵守特定的时限。

3）法律文书的合法性还表现在某些文书的使用必须履行特定的法律手续。例如，公安机关需要对犯罪嫌疑人进行逮捕，必须首先向主管领导呈送报请批准逮捕书；主管领导同意并签署意见后，公安机关才能制作逮捕证，对犯罪嫌疑人进行逮捕。又如，刑事案件对犯罪嫌疑人扣押物品的，扣押物品清单中写明扣押的物品名称、数量之后，须由被扣押人签字或按手印认可，如果不履行此项手续，不仅不能发生法律效力，并且该项活动也属违法行为。

（2）固定性　法律文书的制作有固定的格式，这是在长期的实践中不断创造、改进而形成的。它既能保证法律文书的完整性和严肃性，从而全面有力地发挥法律文书的作用，又能保证制作时简易方便，具有科学性。其具体表现在以下几个方面：

1）结构固定化。不同种类的法律文书，其行文表述的结构大都有固定的格式。一般来讲，都具备首部、正文、尾部三部分内容。首部大都由文书标题、文书编号、当事人的身份事项、案由、案件来源等项目内容组成，并按上述次序排列。正文包括案件事实、处理理由、处理决定（意见）三项内容，是法律文书的核心内容。尾部一般由交代的有关事项、签署、日期、用印、附注事项等内容组成。

2）用语规范化。各类法律文书的各部分内容的表达，多有规范的固定用语，书写该项目时只能如此表述，没有丝毫的变通余地。例如，公安机关的立案报告在正文的后面，一般另起一行写"请批准立案""妥否，请批示"之类的请示性结束语。又如，人民检察院起诉书在写明案由及案件来源时，须使用如下固定用语表述："被告人×××因××一案，由××侦查终结，于××××年××月××日移送我院，经依法审查表明。"再如，人民法院的一审民事判决书尾部向当事人交代上诉权事项时，也必须用如下固定文字表述："如不服本判决，可在判决书送达之日起15日内，向本院递交上诉状，并按对方当事人的人数提供副本，上诉于×××人民法院。"

3）事项要素化。各类法律文书在某些特定项目内容的表述中还须符合其要素规定，不可残缺不全。如在表述当事人身份事项时，应写明姓名、性别、出生年月日、民族、籍贯、工作单位、职业、住址等要素。刑事案件被告人还应写明何原因、何时间曾被拘留、逮捕、现羁押何处等要素。

近年来，为使法律文书更加规范，我国相继出台了规范法律文书制作的相关标准文书格式。公安部2012年12月19日颁布了新的《公安机关刑事法律文书式样》。最高人民检察院2013年9月发布了新的《人民检察院刑事诉讼法律文书格式样本》。最高人民法院2016年7月5日发布了新的《人民法院民事裁判文书制作规范》和《民事诉讼文书样式》。这些新格式样本的颁布，标志着我国法律文书学发展的进一步完善，它对于提高法律文书制作质量以及提高办案质量都是一个有力的保证。

（3）**强制性** 法律文书是法律实施的重要手段，因而它的实施必须依靠国家的强制力来保证其执行的有效性。对于一些具有执行意义的文书，这种法定的强制力就表现得更为明显。例如，公安机关拘留犯罪嫌疑人所出具的拘留证，为逮捕犯罪嫌疑人出具的逮捕证，一经出示，即产生法律效力，可据此剥夺犯罪嫌疑人的人身自由，任何人不得抗拒，否则执行公务者就可以运用法律赋予的权力进行强制执行。再如，裁判文书也是法律强制性较强的法律文书。二审刑事案件人民法院对被告人一经宣判，判决书就发生了特定效力，判处徒刑的，需立即收监服刑；判处死刑的，经过死刑复核程序，执行死刑。另外，法律文书的强制力也有强弱之分。例如，人民法院的传票，本身有一定的强制性，其注意事项中明确规定"被传人必须准时到达应到处所"。但诉讼活动中，由于某些公民法律意识的淡薄，常常发生拒不到庭或不按时到庭的情况，这一现象说明，它的强制力是有限的。但法律对此并非无能为力，我国民事诉讼法规定对经过合法传唤的被告拒不到庭的可缺席判决；对合法传唤的原告拒不到庭的可按撤诉处理。由此可见，传票中载明的该项内容还是具有法律保障力的。和传票相比，拘传票的强制力则十分强烈，其注意事项中规定的"被拘传人如抗拒拘传或脱逃可强制拘传"，其本身的强制性已十分明显。

7.1.2　法律文书的种类与作用

法律文书的内容复杂、种类繁多、性质特殊、体系庞大，因此分类相当复杂。目前，法律文书有多种分类体系，没有统一模式，从不同的角度、不同的标准可进行不同的分类。

1）按制作文体分类，可分为公安机关法律文书、狱政机关法律文书、公证文书、仲裁文书等。

2）按文书性质分类，可分为侦查预审文书、行政裁判文书、狱政文书、公证文书、仲裁文书、律师业务文书、诉状类文书。

3）按制作方式分类，可分为表格填写类文书和叙议类文书。

4）按处理问题的途径或方式分类，可分为诉讼类文书和非诉讼类文书。诉讼类案件可按诉讼的性质分为刑事的、民事的（含经济的）和行政的三种。非诉讼案件包括公证证明的、仲裁裁决的、人民调解的、行政机关处理处罚的和复议的等。

5）按文书整体考察分类，可分为两大类，一是专属公、检、法、司等司法机关为实现其职能而制作的文书；二是一般性的法律文书，即司法机关以外的国家机关，法定的组织和公民等在动用法律手段处理法律事务的过程中制作的文书。

在法律工作中，不论是公安机关的侦查，还是人民检察院的批准逮捕和起诉，不管是人民法院的审理或判决，还是公证处的公证、仲裁机关的仲裁、律师事务所为案件当事人代理的辩护、代书、诉讼等，都离不开法律文书的应用。

例如，公安机关要拘留犯罪嫌疑人，必须出示拘留证，否则就是违法行为，被拘留者有权拒绝；人民检察院要提起公诉，就得使用起诉书，否则人民法院进行的审理和被告人进行的辩护便都没有依据；人民法院进行审判，就要进行笔录，要进行裁定和判决，而这些笔录、裁定和判决，都是极其重要的法律文书。此外，公证处进行公证、仲裁机关进行仲裁、律师进行辩护等都要制作相关法律文书。总之，任何机关或公民，要实行任何具有法律意义的行为，都离不开法律文书。

由此可见，法律文书在司法实践工作中发挥着很大作用，它以文字的形式，全面、准确、如实地记载和保留案件材料和证据，使法律机关及法律组织与案件当事人及时沟通、互相交流，从而保证案件处理的公正、公平，维护法律的尊严，打击敌人，严惩犯罪，保护国家和人民利益，为社会主义现代化建设保驾护航。

法律文书除具有以上作用外，还是做好司法档案工作的重要工具，是衡量执法公正和公平的重要依据，是衡量法律机关干部能力的重要尺度。

7.1.3 法律文书的写作要求

法律文书的性质和作用，决定了它的写作必须真实、准确、合法。在制作法律文书之前，首先要充分认识到法律文书在实施法律中的重要作用，认识到法律文书质量的高低直接关系到法律能否被有效执行，关系到国家、集体利益和当事人的合法权益能否被切实保障。具体来说，法律文书制作者必须毫无条件地遵循下列两条原则：

1. 以事实为根据

制作法律文书，必须从客观实际出发，绝对尊重客观事实。事实，是处理各类案件的基础。例如刑事案件，犯罪事实就是定性定罪和判处刑罚的根据；民事案件，争议的事实就是决定权利和义务的根据；行政案件，事实就是判定行政行为是否合法的根据。以事实为根据主要包含两层意思：一层意思是法律文书所根据和陈述的事实必须真实确凿，绝不能弄虚作假；即使部分失实，也可能会给国家和人民的利益造成重大损失。另一层意思是指要尊重客观事实，不管是当事人的请求还是执法机关做出的决定，都必须从客观事实出发，以事实为根据。对客观事实不能任意扩大，也不能任意缩小，更不能歪曲事实。另外，对真实的材料，还必须进行认真的分析和研究，抓住其本质特征，根据法律给予合乎事实的处理，才能做到有根有据。

2. 以法律为准绳

制作法律文书，除遵循国家根本大法宪法外，还要遵循许多实体法和程序法，如刑法、民法通则、经济合同法、婚姻法、继承法、刑事诉讼法、民事诉讼法、行政诉讼法等。总之，法律文书的制作必须依法进行，具体来说包括以下几个方面：

（1）制作主体要合法　比如，刑事上诉状的制作，只有当事人或者他们的法定代理人可以独立行使这项权利，不需要取得他人同意。其他诉讼参与人，即被告人的辩护人和近亲属提出上诉，制作上诉状，必须经过被告人同意，否则就不合法。

（2）适用对象要合法　比如，人民法院处理行政纠纷案件，不能使用调解书；公安机关对犯罪嫌疑人只能使用起诉意见书，而不能使用起诉书。

（3）制作程序要合法　我国刑事诉讼法、民事诉讼法、行政诉讼法以及其他法律、法规都具体规定了诉讼活动的程序，制作法律文书时，应严格遵循法定程序。

（4）制作内容要合法　法律文书的材料，必须是法律规定的内容。

（5）制作时间要合法　例如《中华人民共和国治安管理处罚条例》第三十九条："被裁决受治安管理处罚的人或者被害人不服公安机关或者乡（镇）人民政府裁决的，在接到通知后5日内，可以向上一级公安机关提出申诉，由上一级公安机关在接到申诉后5日内做出裁决，不服上一级公安机关裁决的，可以在接到通知后5日内向当地人民法院提起诉讼。"

（6）请求、决定要合法　执行机关做出的处理决定、公民提出的权益请求都必须符合法律规定，有法律依据。

7.2　起诉状

7.2.1　起诉状的概念与种类

1. 起诉状的概念

起诉状是公民、法人或其他组织，认为自己的民事权益受到侵害或者与他人发生争议时，为维护自身的合法民事权益，依据事实和法律，按照法定程序向人民法院提起民事诉讼，要求依法裁判时所提出的书面请求。

我国法律规定，任何公民、法人和其他组织，认为自身合法的权益受到侵犯和损害时，都依法享有起诉权，可请求人民法院通过审理予以保护。

《中华人民共和国民事诉讼法》第一百零八条规定，起诉必须具备下列条件：

1）原告是与本案有直接利害关系的公民、法人和其他组织。

2）有明确的被告。

3）有具体的诉讼请求和事实、理由。

4）有必要的证据。

5）属于人民法院受理民事诉讼的范围和受诉人民法院管辖。

起诉状的当事人，起诉的一方称为原告或原告人，被诉的一方称为被告或被告人。

原告、被告只是"法言法语"，不带有任何褒贬的意思。

2. 起诉状的种类

依据案件的不同性质，起诉状分为刑事起诉状、民事起诉状和行政起诉状三类。本章节只涉及民事起诉状。

7.2.2　起诉状的结构

起诉状有固定的格式。最高人民法院在1992年就制定颁布了《法院诉讼文书样式（试行)》，规范了起诉状的格式。所以，起诉状的制作应该按照规范的格式，有次序地展开，不得前后颠倒或相互混淆。

起诉状的结构由四个部分组成：

1. 标题

直接写"起诉状"即可。

2. 诉讼当事人的基本情况

原告的身份事项分两种情况：

1）原告是具有民事行为能力的公民，应依次写明：姓名、性别、年龄、民族、职业、工作单位和住所、邮政编码。原告是未成年人的，应在原告下一项写明：法定代理人姓名、性别、同原告的关系。如果是上述原告的委托代理人，应在其下一项写明委托代理人及其身份事项。

2）原告是法人或者其他组织的则写：原告、单位全称、地址、邮政编码。下一项写明：法定代表人姓名、职务、住所、电话。

被告的身份事项，与原告各项相同。

3. 正文

正文包括请求事项、事实和理由、证据三方面内容。

（1）请求事项　写明原告在有关民事权益争议中的要求，如要求赔偿损失、清偿债务、履行合同、归还产权，要求与被告离婚，要求给付赡养费、抚养费，要求继承遗产等。请求事项应当写得明确、具体，切忌笼统、含糊；提出要求要合法、合情、合理。

（2）事实和理由　事实与理由是民事起诉状的核心内容，一般要分开叙写。

1）事实。事实是提起诉讼、实现诉讼请求的基础和依据，也是人民法院进行裁判的基础和依据。主要写明原告、被告民事法律关系存在的事实，以及当事人双方权益争执的具体内容，包括时间、地点、原因、经过、情节和结果等；还要写明被告所应承担的责任，尤其要把被告行为所造成的后果和应承担的法律责任，以及当事人双方争议的焦点和实质性分歧写明白。原告如在争执中也有一定过错和责任，也应实事求是地写清楚。叙述事实一般以时间为顺序，突出主要情节和关键部分。在叙述事实的同时或在叙述事实以后，要提供证据以及物证、书证等证据的来源和证人的姓名、职业、住址等。

叙写事实应当注意下面几个问题：一是必须实事求是，既不夸大，也不缩小；二是应围绕诉讼请求叙写；三是既要反映案件的全貌，又要突出重点。

2）理由。根据民事权益争执的事实和证据，写明提出请求事项的理由和法律依据；要论证严密，说理中肯，恰当地引用法律条文。理由是对事实的概括与评说，包括两方面内容：首先应当依事论理，写明被告实施的侵权行为或者双方发生争议的权益的性质、已经造成的后果以及应当承担的民事责任；然后应当依法论理，写明原告提起诉讼所依据的法律条款。阐述理由主要应当注意三点：一是依事论理，应当以事实为根据，抓住重点，击中要害；二是依法论理，应当准确地引用法律条款；三是理由应当与事实、诉讼请求一致，不能出现矛盾。

（3）证据　证据是证明案件事实的真实性、可靠性的依据。列写证据应当注意三点：一是证据的名称应当规范，必须符合法律规定；二是不仅要写明证据的名称，还要写明证据的来源；三是涉及证人证言的，应当写明证人的姓名和住址（另起一行，顶格写）。

4. 结尾和附项

1）写明本诉状所提交的人民法院名称。

2）具状人签名盖章，注明具状的年月日。

3）附项，写清本诉状副本几份，物证几件，书证几种。

【起诉状格式样本】

起　诉　状

原告：（自然人的应写明姓名、性别、出生年月日、民族、籍贯、工作单位、住所、身份证号码）

委托代理人：（若没有工作单位，应写明其姓名、性别、出生年月日、住所）

原告：（法人或其他组织的应写明名称、住所地）

法定代表人或负责人：（姓名、职务、联系电话）

单位工商登记核准号、企业性质、经营范围和方式、开户银行和账号。

委托代理人：（若有工作单位，应写明其姓名和工作单位；若是律师，应写明其姓名和所属的律师事务所）

被告：（参照原告的写法）

简要案情：……

诉讼请求之一：……

1. 请求的理由

　　……（主要指本案的法律关系及法律上的因果关系等）

2. 提供的证据

（1）证据之一：

1）名称或编号……

2）内容、性质及来源……

3）证明对象……

（2）证据之二：……

3. 请求的依据

诉讼请求之一：

　　……（主要指原告认为本案应当适用的法律依据等）

诉讼请求之二：

　　……

诉讼请求之三：

　　……

此致

×××人民法院　　　　　　　　　　××××年××月××日（签名或盖章）

7.2.3　起诉状的写作要求

1. 写作体式要合乎规范

严格依循有关格式的规定，不能随意增减项目，也不能随意安排结构。

2. 诉讼事实要真实可靠

"以事实为依据,以法律为准绳",是法院进行案件审理工作的基本原则。歪曲事实,弄虚作假,有碍于审判工作的顺利进行,要负法律责任。

3. 诉讼证据要确凿无误

无论是物证、书证还是其他证明材料,都要在认真查对后使用;有意提供伪证是要受到法律处罚的。

(1) 诉讼理由要有根据 必须依照有关法律和政策的规定,引用法律条款和政策条文要具体,不能断章取义。

(2) 语言表达要得体 诉讼文书在语言的表达上有较高的要求:一是遣词造句要准确,特别是专门的法律术语有固定的解释,在使用时要恰如其分;二是表述要简洁,用尽可能少的文字摆清事实,讲明道理,不要啰唆拖沓;三是文风要质朴庄重,言之有物,切忌故弄玄虚,卖弄辞藻,滥用文言虚词和成语。特别需要强调的是,原告在起诉第一审经济纠纷案件时,须提供下列一般证明、证据:

1)企业法人、个人合伙、个体工商户的资格证明(营业执照原件,如是复印件,须与原件核对并加注说明后,将原件退还)、开户银行和账号。起诉状上的原、被告名称,须与营业执照、合同印章上的相符合;如不一致或被告主体已变更、合并、关闭,需加以说明,并提供被告现在的准确所在地。

2)法人的法定代表人、委托代理人的身份证明;授权委托书必须写明代理事项和代理权限。

3)合同及与合同有关的文书、电报、信函(包括信封)、图表;变更、补充合同的协议、合同和其他附件,合同签订地及其证明材料。应提供原件,复制件须经过核对。

4)送货、提货、托运、运输、验收、发票等凭证。

5)货款、工程款、运输费、保管费、租赁费、转让费、劳务费、酬金等结算凭证和有关财务账目的复印件。

6)要求赔偿损失的依据及有关证明。

7)要求支付违约金的依据、计算办法及有关证明。

8)起诉前自行协商或通过上级主管部门、仲裁委员会处理的有关凭证。

9)其他与诉讼有关的依据。

(3) 起诉的其他要求 起诉,要向法院递交起诉状和起诉状副本。起诉状可以自己写,也可请律师或其他人代写。如有委托代理人,还要另写授权委托书,写清一般代理或特别授权代理的权限,连同起诉状和起诉状副本、法定代表人身份证明书一并送交人民法院。如有书面经济合同等有关材料,也应附后。在人民法院决定立案受理后,原告还应按规定预交案件受理费。

例文 7-1 起诉状

<h2 style="text-align:center">起 诉 状</h2>

原告李××,女,××××年××月××日出生,汉族,职工,住××市×××路××号。电话:×××××××

被告陈××,男,××××年××月××日出生,汉族,职工,住××市×××路××号。电话:×××××××

诉讼请求

1. 请判令原、被告离婚。
2. 婚生女儿由原告抚养,由被告支付抚养费。
3. 共同财产依法分割,共同债务依法承担(具体见清单)。

事实与理由

原、被告在1990年上半年经人介绍认识,1995年5月18日在××镇人民政府办理结婚登记手续,1997年2月1日生一女,取名×××,现在××小学读书。

婚后,原、被告感情尚好,共同生活一段时间后,被告恶劣脾气暴露无遗,每次酗酒后就动手殴打原告。在原告怀孕5个月时,原告去叫被告回家,被告不顾原告有孕在身,动手殴打原告,还用甘蔗刀吓唬原告。1999年4月,被告开始在夜总会长期包嫖,今年还把坐台女带回家。2000年3月8日,在×××出租私房嫖娼时被×××派出所警察抓住。2001年9月2日,被告又因琐事殴打原告,致使原告头部、鼻部出血,左足多处软组织挫伤,全身多处瘀青。2001年11月9日,被告又乘酒兴殴打原告,还用菜刀背敲打原告头部,至今原告头部常常疼痛。2002年3月19日,被告跑到原告上班处叫原告回家,遭原告拒绝,被告于是就把原告拉到本市人民路中段殴打,致使原告身体多处血肿,软组织挫伤。

原告认为:被告的种种恶劣行径严重伤害了原告的感情,致使原本脆弱的夫妻感情完全破裂,已经没有和好的可能。今原告为解除痛苦,特根据《中华人民共和国婚姻法》第三十二条之规定,向贵院起诉,请依法判如诉请,不胜感激。

证据及证据来源

1. 身份证复印件。
2. 结婚证复印件。
3. 房产证复印件。
4. 财产及债务清单各一份。

此致

×××市人民法院

附:本诉状副本一份

起诉人:李××
2002年11月12日

7.3 上诉状

7.3.1 上诉状的概念、种类及特点

1. 上诉状的概念

上诉状是指诉讼当事人不服地方人民法院第一审判决或裁定,在法定的上诉期限内向上一级人民法院提起上诉,请求撤销、变更原审裁判或者请求重新审理的诉讼文书。

2. 上诉状的种类

依据案件的不同性质,上诉状分为刑事上诉状和民事上诉状两类。

民事上诉状是当事人或者其法定代理人不服人民法院的第一审民事判决、裁定,在法定

上诉期限内,向上一级人民法院提起上诉的书面请求。根据我国民事诉讼法的规定,有权提起上诉的主体,仅限于民事案件的当事人,即一审程序中的原告、被告、第三人等。上诉状针对的是原审判决、裁定认定事实错误、适用法律不当、诉讼程序违法而提起的,并非针对当事人。

3. 上诉状的特点

1)上诉状显示了在各类诉讼活动中,诉讼当事人相互间、诉讼当事人与一审法院间的法律地位是完全平等的。通过上诉状提起上诉是诉讼当事人的合法权利。

2)上诉状的提交,可以引起审判的第二审程序的发生,再次给诉讼当事人提供了保护自己合法权益的机会。

3)上诉有法定的期限。按照《中华人民共和国民事诉讼法》第一百四十七条规定,当事人不服地方人民法院第一审判决的,有权在判决书送达之日起 15 日内向上一级人民法院提起上诉,逾期上诉无效。

7.3.2 上诉状的结构

上诉是一项重要审判制度,也是当事人的重要诉讼权利。上诉状是民事当事人、有独立诉讼请求的第三人或刑事被告人及其法定代理人等,对还没有发生法律效力的第一审判决、裁定不服,为了保护自己的合法权益而请求上一级人民法院对案件进行二审而制作的文书。

上诉状由五个部分组成:

1. 标题

居中写明"民事上诉状"。

2. 当事人的基本情况

分别写明案件上诉人、被上诉人的姓名、性别、年龄、民族(外籍的写国籍)、职业、工作单位及详细地址,以便法院传唤或通知到庭。当事人的顺序,应先写上诉人(如有多人依次写出),后写被上诉人(如有多人依次写出),同时还应将当事人在一审程序中的诉讼地位(即原告、被告或第三人)用括号加以标明。例如,上诉人(原审原告)×××、被上诉人(原审被告)×××。

3. 案由

这是一段具有承上启下作用的文字,包括案由、原审人民法院名称、判决或裁定的年月日、文书字号等内容。按文书格式的规定,应当表述为:"上诉人因×××(案由)一案,不服×××人民法院×××年××月××日×法民初字第×号判决(裁定),现提出上诉。"

4. 上诉请求和上诉理由

(1)上诉请求 上诉请求是指上诉人请求上一级人民法院解决的具体问题。叙写上诉请求应当明确、具体、详尽,写明上诉人请求二审法院依法撤销或者变更原审裁判,以及解决本案民事权益争议的具体要求。

(2)上诉理由 上诉理由是文书的核心内容,应当作为重点进行论述。民事上诉状的上诉理由与起诉状存在严格的区别:上诉状是针对原审裁判进行论述,起诉状则是针对对方当事人的无理之处进行论述。律师代写民事上诉状,必须注意两者的区别,否则文不对题,上诉理由不能成立,上诉请求也失去依据,上诉意见也就不能被法院采纳。

阐述上诉理由要突出重点、抓住要害,一般从下述几方面进行论述:一是针对原审认定事实的错误进行论证。事实是人民法院对案件做出裁决的基础,一审认定的事实如有错误或有出入,或者遗漏了重要事实,或者缺乏证据,做出的裁决就可能不正确。律师代书上诉状应当首先从事实入手,提出与原审认定的事实相对抗的客观事实真相,并列举确凿的证据加以证实。只要能把原审认定的事实部分或全部推翻，必然导致原审裁判部分或全部改变。二是针对原审适用法律的错误进行论证。人民法院审理案件，以事实为依据，以法律为准绳。原审法院适用的法律如果与事实不相适应，或者引用的法律条文不全面，或者曲解了法律条款等，都会导致裁决的错误。律师应当列出适合案件的法律条款，并进行具体论证。三是针对原审违反法定程序进行论证。《中华人民共和国民事诉讼法》第一百五十三条规定：原判决违反法定程序，可能影响案件正确判决的，裁定撤销原判，发回原审人民法院重审。根据这一规定，原审法院在案件审理过程中如果违反了法律规定的诉讼程序，造成案件处理不当，律师陈述上述理由时应当据实提出，作为要求改变原审判决的理由。

在论证方法上，应当先用概括的语言指出一审裁判的错误，然后进行反驳。原审裁判有数项错误的，可以总体指出错误，然后逐项予以反驳；也可以指出一项错误后即予反驳。

总之，上诉理由是民事上诉状的关键，是论证上诉人的上诉请求的依据。上诉理由是否充分，关系到上诉目的能否达到。律师代书上诉状，应当根据本案导致原审裁判错误的具体原因，有针对性地予以反驳。

5. 结尾和附项

结尾主要写明致送上诉法院名称，包括"此致"和"人民法院"字样，上诉人签名或盖章及年月日。写明上诉状的份数，随送证据的名称及件数，证人的姓名、工作单位、职业、住址。

【上诉状格式样本】

民事上诉状

上诉人：

被上诉人：

上诉人因　　一案，不服　人民法院　　年　月　日（　）字号的一审民事判决或裁定，现提出上诉。

上诉请求：

上诉理由：

此致

×××人民法院

　　附：本上诉状副本　份

　　上诉人：×××

年　月　日

【填写说明】

1. 上诉请求　首先要综合叙述案情全貌，接着写明原审裁判结果。其次指明是对原判全部或哪一部分不服。最后写明具体诉讼请求，是要撤销原判、全部改变原判还是部分变更原判。

2. 上诉理由　主要是针对原审裁判而言，而不是针对对方当事人。针对原审判决、裁定论证不服的理由，主要是以下方面：(1)认定事实不清，主要证据不足；(2)原审确定性质不当；(3)适用实体法不当；(4)违反了法定程序。

7.3.3 上诉状的写作要求

（1）指认不当须确切　上诉状的写作一开始就应该将原判与客观事实认真对照，针对原审认定事实不实、不准、不清和不当的地方进行反驳，无论是部分还是全部否定一审判决，都要表述清晰，根据和理由充分，不可含糊或笼统。

（2）引用法律须正确　上诉状还要针对原审运用法律上的疏漏，认真对照法律，恰当地引用能证明上诉状理由的法律条文，使二审人民法院做出正确的判断。

（3）说理陈述须充分　我国法律是两审终审制，因此上诉状事关重大，必须抓住重点，充分说理，力争达到上诉的目的。

例文 7-2　上诉状

上　诉　状

上诉人（原审被告）：××市运输站站长王××。

被上诉人（原审原告）：史××，男，28岁，汉族，××市第一中学教师，住××市×路×号。

上诉人因车祸一案，不服××市××区人民法院2011年3月26日×字第×号民事判决，特提起上诉。现将上诉理由和请求陈述如下：

原审判决认定：史××之子史×，8岁，因扒乘市运输站4吨解放牌汽车，司机姜××明明知晓，却不停车予以制止，而是照开快车，致使史×摔断肋骨，判令被告人赔偿史×全部医疗费用。

上诉人认为上述认定与事实真相不符。

一、史×在××日××时××分确曾扒乘原审被告的4吨解放牌汽车。司机姜××发现后，曾停车劝其不要扒车，史×当场下车。后当车子开动，史×又偷偷地在后车厢铁杆上吊爬汽车。司机姜××发现后准备刹车，严令其不要吊爬汽车。不料史×害怕受斥，急从车上跳下，摔在地上。此时正逢一男青年骑自行车急驰而过，来不及刹车，撞在史×身上，致使其肋骨折断。而该青年因害怕追究事故责任，骑车飞快逃逸。此事有现场目击者居民施××老太太可以证明。出事时，施××老太太曾喊过："自行车撞人！自行车撞人了！"

二、根据市第×人民医院检查证明，史×的肋骨折断，是外物严重撞击所致，而非从车上摔到地上所致。

三、为顾惜被上诉人遭此不幸，在史×住院期间，上诉人一方司机姜××曾携带价值伍拾元的营养品去医院慰问。上诉人也派员工到医院捐助人民币贰佰元，帮助被上诉人减轻医药费负担。但被上诉人竟将此认定为是上诉人做贼心虚，投诉到××市××区人民法院，控告上诉人，请求法院判令上诉人赔偿全部医药费用。上诉人认为原审原告的请求和原审法院判决是无理的。基于上述事实和理由，恳请××市中级人民法院深入调查，弄清事实真相，做出公正而合理的判决。

此致
××市××区人民法院转致××市中级人民法院

上诉人：××市运输站法定代表人　王××（盖章）
××××年××月××日

[附]人证：施××，女，55岁，居民，住××市××路××号

7.4 申诉状

7.4.1 申诉状的概念、种类及特点

1. 申诉状的概念

申诉状是指民事、刑事、行政案件的当事人、被害人及其家属,他们的法定代理人以及其他公民,不服已生效的裁决,向人民法院或人民检察院提出的要求重新审理案件的书状。

《中华人民共和国民事诉讼法》规定:"当事人、法定代理人对已发生法律效力的判决、裁定认为确有错误的,可以向原审人民法院或者上级人民法院申诉,但是不停止判决、裁定的执行。"这是撰写申诉状的法律依据。

2. 申诉状的种类

依据案件的不同性质,申诉状分为刑事申诉状、民事申诉状和行政申诉状三类,都是运用特殊程序维护申诉人合法权益的诉讼文书。本节重点讲民事申诉状。

3. 申诉状的特点

1)申诉状由行政诉讼和民事诉讼的当事人向原审人民法院或上一级人民法院提出;刑事诉讼的当事人、被告人及其家属或其他公民向人民法院或人民检察院提出。

2)申诉状的提出不受时间的限制。

3)申诉期间不停止原裁决的执行。

4)申诉状是申诉人维护自己的合法权益的一种补救性文书,但申诉状的提出并不一定引起审判监督程序的发生。

7.4.2 申诉状的结构

申诉状和上诉状的写法基本相同,其结构包括下列几项:

1. 标题

根据不同案件的性质,居中写明"××申诉状"。

2. 申诉人的基本情况

申诉人的基本情况包括姓名、性别、年龄、民族、籍贯、职业、单位、住址等八个要素。除写明申诉人的身份概况外,还要写明对方当事人的身份概况。

3. 案由

用"申诉人×××因××一案,不服×××人民法院〔××××〕××字第××号刑(民)事判决(裁定),特提出申诉"的语句,引出正文。

4. 申诉的理由和请求

一般先陈述理由,然后提出诉讼请求。这是申诉状的主要部分,应从下列几个方面有选择地阐明申诉理由:

(1)指出原审认定事实有误 原判决有误,常常是因为在认定事实上存在问题,如没有把事实搞清楚就下结论,或原判决所认定的事实不符合实际,或所认定的事实缺乏证据等。如果是这样,那么申诉状就要有理有据地指出,并如实、全面、准确地把事实真相讲清楚,而且要提供充足、有说服力的证据。尤其是对影响到判决和裁定的关键事实或情节,更应如此。

(2)提供新发现的事实和证据 原判决和裁定生效以后,又发现了审判时没有掌握的新事实和证据,而这些事实和证据能有效地否定原判决和裁定。如果是这样,申诉人就可

以把新事实和证据列出来，以此为根据要求纠正原判决和裁定。

（3）提出原审裁决适用法律不当　认定事实没有出入，而适用法律不当，也会导致在案件性质和罪名确定上发生错误，造成量刑的畸重畸轻和裁定的偏差。如果是这样，申诉状就要写清原审判决或裁定什么地方适用法律错误、为什么错误、应当怎样正确援引法律等。

（4）指出原审过程违反诉讼程序　如果原审过程违反诉讼程序，而且影响判决和裁定结果，就要在申诉状中明确指出其违反诉讼程序的具体事实，并且引用法律阐明应如何正确执行诉讼程序。在充分阐明申诉理由后，提出请求事项。如提出要求撤销或变更原判决或裁定，或者要求查处或再审，以纠正原判决或裁定的错误之处。

5. 结尾和附项

结尾包括三项内容：一是申诉状呈送对象，用"此致×××人民法院""此致×××人民检察院""此致×××人民法院（原审法院）转送×××人民法院（上一级人民法院）"等语句表达；二是申诉人签名盖章；三是具状日期。

附项，诸如申诉状副本、向上一级人民法院申诉所附的原判决书或裁定书、新发现的事实证据等。

【申诉状格式样本】

民事（刑事）申诉状

申诉人：姓名、性别、年龄、民族、籍贯、职业、单位、住址、联系电话。（如被告人的辩护人、亲属、其他公民提出申诉，应写明申诉人的姓名和职业、同被告人的关系，还要写出被告人的基本情况）

对方当事人：姓名、性别、年龄、民族、籍贯、职业、单位、住址、联系电话。（此项，在民事申诉状中填写，在刑事申诉状中不写）

申诉人××因×××案，不服×××人民法院〔2005〕××字第××号民（刑）事判决（裁定），特提出申诉。

申诉事实和理由：_____

_____

_____

申诉请求：_____

_____

_____

此致
××人民法院（检察院）

申诉人：×××（签章）
××××年××月××日

附：1. 申诉状副本×份
    2. 书证××件
    3. 物证××件

7.4.3 申诉状的写作要求

(1) 注意新证　在申请再审的过程当中,要特别注意使用新的事实和证据,因为新证可能全部或部分地推翻、改变已经产生的裁判。

(2) 驳证结合　辩驳方法是再审申请书中最常用、最有效的方法。它往往结合论证方法,以事实和法律为依据,抓住原审判决、裁定中的关键性错误,如抓住认定事实的主要证据不足,使用法律不当,违反法定程序,审判人员在审理该案件时有贪污受贿、徇私舞弊、枉法裁判行为等问题不放,有理有据地进行申辩,以使自身的合法权益得到保障。

例文 7-3　申诉状

申　诉　状

申诉人：××市××食品商店。地址：××市××路××号。

法定代表人：×××职务：经理。

被申诉人：××市××贸易公司。地址：××市××路××号。

法定代表人：×××职务：经理。

申诉人因经济合同纠纷一案,不服××市××区人民法院×××年××月××日×法经字〔××××〕第×号判决,特依法提出申诉。

申诉请求：请求××市人民法院依法受理申诉人诉××市××贸易公司因经济合同纠纷致使申诉人遭受经济损失一案,要求撤销原判,重新审理,做出合法、合理之判决。

申诉事实和理由：

申诉人与被申诉人之间因经济合同纠纷一案,经××市××区人民法院审理,该院于 2018 年 6 月 20 日给当事人送达了×法经字〔××××〕第×号民事调解书,该调解书裁定如下：

1. 原告(即本案被申诉人)××市××贸易公司,将 6560 千克的我工业奶粉退还给被告(即本案申诉人)××市××食品商店；被告于 2018 年 2 月 15 日前,将 35250 元货款返还原告。

2. 被告赔偿原告差旅费 185 元、鉴定费 480 元的经济损失(与上项同时给付)。诉讼费 430 元由被告全部负担。

申诉人认为,以上裁定是有背于事理的,是不公正的。因为上述调解书中载有这样一段关键的事实："原告在拿到被告提供的化验单后,又经××市卫生防疫部门的检验允许,将此工业奶粉售给××饮料厂。"调解书中这段记载与一审原告提出的"经济起诉状"记载完全相同。由此可见,本案中申诉人发到被申诉人处的工业奶粉是经过××市卫生防疫站检验认定为"作为工业奶粉可以使用"的合格奶粉,而不是不合格奶粉。据被申诉人自称：被申诉人收到发货的时间是 2018 年 1 月 17 日(见起诉状第×页第×行),于同年 2 月 23 日(见起诉状第×页第×行)送样品到××市卫生防疫站检验,检验结果："作为工业奶粉可以使用"(见起诉状第×页第×行)。以上事实充分证明,申诉方售给被申诉方的工业奶粉是完全合格的。

2018年10月，被申诉方则根据××市卫生防疫站提供的检验报告单，以检验合格为证据，又将这一批工业奶粉顺利转售给××冷饮厂。但是，当该冷饮厂将此工业奶粉用于加工生产冷饮食品并且在已经使用670千克后，于2018年12月23日再次取样到××市卫生防疫站进行检验，此次的检验结果却为"不合格"。于是，××市××贸易公司于2019年1月12日起诉于××市××区人民法院。

对此，申诉人认为，我方售出的同样商品，经过同一检验单位（××市卫生防疫站）的科学检验，前三次的检验结果都是合格奶粉。但转入××冷饮厂并且已经使用了部分奶粉之后再行检验，却成了不合格奶粉。其中造成这一批工业奶粉出现质量问题的责任方究竟是谁，岂不是不言而自明？更何况我方售出的工业奶粉是2018年10月，在此期间被申诉人取样进行检验，结果证明是合格奶粉，被申诉人才将这一批工业奶粉转售给××冷饮厂。至于转到××冷饮厂之后出现什么问题，这与申诉方又有什么关系呢？

因此，申诉人特要求人民法院在查明事实真相的情况下，撤销原判，对本案重新审理，做出公正的裁决。并要求通过人民法院追回××市××贸易公司无理纠缠给我方带来的一切经济损失。

此致
××市人民法院

申诉人：××市××食品商店（公章）

法定代表人：×××（签章）

2019年1月20日

附：1. 本申诉状副本2份
    2. 原审民事调解书复印件1份
    3. 书证4份

7.5 答辩状

7.5.1 答辩状的概念、种类及特点

1. 答辩状的概念

民事答辩状是指民事诉讼的被告或被上诉人根据民事起诉状或民事上诉状的内容，针对原告提出的诉讼请求或上诉人提出的上诉请求做出答复，并依据事实与理由进行辩驳的法律文书。

2. 答辩状的种类

两审终审制是我国的基本审级制度，据此，答辩状可分为两类：一类是一审程序中的答辩状，是被告针对原告的起诉状提出的；另一类是二审程序中的答辩状，是被上诉人针对上诉人的上诉状提出的。如果从案件的性质分类，答辩状可分为民事答辩状和刑事答辩状两种。

3. 答辩状的特点

答辩状的特点主要有答复性和论辩性。

（1）答复性　答辩状的提出是一种应诉的法律行为。诉讼程序的发生是原告或上诉人引起的，原告或上诉人在起诉状或上诉状中对被告进行指控，为维护自身权益，被告或被上诉人就要对这种指控进行回答，因此，答辩状的答复性特点是很明显的。

（2）论辩性　起诉状或上诉状提出原告或上诉人的诉讼请求，并为了证明请求的合理和合法性，要陈述事实讲明理由。而起诉状和上诉状提出的请求，与被告或被上诉人的切身利益相抵触，就要运用答辩状批驳对方，申诉自己的理由，以证明对方请求的荒谬性。这本身就是一种辩论，因此，答辩状具有鲜明的论辩色彩。

7.5.2　答辩状的结构

答辩状由首部、正文和尾部三部分组成。

1. 首部

首部包括标题、当事人的基本情况和案由等几项。

（1）标题　应当居中写明"民事答辩状"。

（2）当事人的基本情况　应当写明答辩人的姓名、性别、出生年月日、民族、职业、工作单位和职务、住址等。答辩人是无诉讼行为能力人的，应当在其项后写明法定代理人的姓名、性别、出生年月日、民族、职业、工作单位和职务、住址及其与答辩人的关系。答辩人是法人或其他组织的，应当写明其名称和所在地址、法定代表人（或主要负责人）的姓名和职务。

（3）案由　应当写明"因××一案，提出答辩如下"。

2. 正文

正文是文书的核心内容，主要写明答辩理由。答辩理由应当针对原告或上诉人的诉讼请求及其所依据的事实与理由进行反驳与辩解。答辩状具有针对性和反驳性。所谓针对性，是指必须针对原告或上诉人的指控；所谓反驳性，是指对原告或上诉人提出的事实与理由据理予以反驳，不能不顾事实与法律盲目反驳。

叙写答辩理由通常应从下面两个方面入手。

（1）针对所写事实不实进行反驳　事实是判断是非的基础，人民法院审理案件必须以事实为依据。起诉状、上诉状叙述的事实可以分为三种情况：一是全部事实都是真实的；二是全部事实都是虚假的；三是部分事实真实、部分事实虚假。叙写答辩状应当分别针对上述三种情况，有所侧重地摘引对方的原话，然后据实答复，用事实进行反驳。

（2）针对适用法律不当进行反驳　无理的诉讼请求难免在说理过程中出现语言逻辑混乱、观点与材料相矛盾、违背人情常理等问题。答辩状只要能够准确地指出这些问题，就可以反驳对方的主张，使对方陷入被动局面。

叙写答辩理由还可以针对原告的诉讼请求向人民法院提出请求。例如，要求人民法院驳回起诉，不予受理；要求人民法院否定原告请求事项的全部或一部分；提出反诉请求等。

3. 尾部

尾部包括结尾和附项。结尾应当写明致送人民法院的名称，答辩人签署，并注明文书制作的年月日。附项主要写明答辩状副本的份数和有关证据的情况。

【答辩状格式样本】

答 辩 状

答辩人：（自然人的应写明姓名、性别、出生年月日、民族、籍贯、工作单位、住所、身份证号码、联系方式）

委托代理人：（若没有工作单位，应写明其姓名、性别、出生年月日、住所）

答辩人：（法人或其他组织的应写明名称、住所地）

法定代表人或负责人：（姓名、职务、联系电话）

单位工商登记核准号、企业性质、经营范围和方式、开户银行和账号。

委托代理人：（若有工作单位，应写明其姓名和工作单位）

委托代理人：（若是律师，应写明其姓名和所属的律师事务所）

答辩人就起诉状，提出答辩如下：

一、答辩人对起诉状中的下列内容不持异议

……

二、答辩人对起诉状中的下列内容持有异议

（一）关于案情部分的异议：……

（二）关于诉讼请求之一的异议：

1. 对请求理由的异议……

2. 对提供的证据的异议……

3. 对请求依据的异议……

（三）关于诉讼请求之二的异议：……

（四）关于诉讼请求之三的异议：……

答辩人的其他答辩意见：（非直接针对起诉状的答辩部分）

……

答辩人的请求：（包括反诉等，反诉请求书写格式与诉讼请求书写格式相同）

……

  此致

××人民法院

××××年××月××日（签名或盖章）

7.5.3 答辩状的写作要求

（1）要有针对性 原告或上诉人在诉状或上诉状中列出的事实和理由，是其提出诉讼请求的论据，驳倒其所列论据，其请求自然不能成立。因此，答辩状一定要有针对性，针对对方提出的事实和理由进行辨析和反驳。切不可抛开对方提出的问题另做文章。

（2）要尊重事实　事实是判案的基础。事实是客观存在的，如原告无理，就一定会歪曲事实，或者隐瞒事实真相。答辩状对此最有力的反驳就是揭示事实真相，并列举出证据。原告有时采用避重就轻、为我所用的办法陈述事实，答辩状要准确进行揭露，把不利对方的事实部分突出出来。如果原告尊重客观事实，真实反映事实真相，答辩状就应承认，决不能无理狡辩。

（3）要熟悉法律　法院判决和裁定，以法律为准绳。撰写答辩状应当熟悉并熟练运用有关法律条文，使自己的理由和主张建立在合法的基础之上。同时，要揭露起诉状或上诉状中引用法律上的谬误，指出其行为的不合法性。"打官司"就是在弄清事实的基础上，让法院判断谁的行为合法、谁的行为违法。

（4）要抓住关键　一个案件常常涉及许多人和事，时间跨度可能很大，但无论多么烦冗复杂，总有一个或几个关键部分。答辩状是针对起诉状或上诉状的诉讼请求而进行的答复和反驳，应当避开枝节，抓住双方在案件中争执的焦点，在关系到胜诉和败诉的关键问题上下功夫，争取主动。这就要求答辩状的撰写者，充分研究事实，掌握证据，分清主次，言简意赅，语语破的。

（5）要尖锐犀利　"打官司"要赢，关键是要有理合法。在有理合法的前提下，语言要讲究尖锐犀利。尖锐犀利不等于挖苦骂人，而是要深刻准确地揭露对方观点的不合理之处，理直气壮地陈述己见，语言精练，不拖泥带水，具有战斗性。

（6）要善于概括　答辩状在进行答复和反驳后，要正面提出对诉讼事实焦点的主张和看法。这一部分要高度概括，用精练准确的语言归纳出答辩人的观点。这需要高度的概括能力，必要时可以分条表述。

例文 7-4　答辩状

答　辩　状

答辩人：××省 B 县××银行

地址：××省 B 县××街×号

法定代表人：×××行长

委托代理人：××××市××律师事务所律师

为××省 A 县××银行×信用社因不服××地区中级人民法院××××年××月××日×字第×号经济纠纷判决提出上诉，我方就其上诉理由答辩如下：

1. 上诉人 A 县××银行×信用社在收贷时，明知借贷人于×在短时间内不可能合法取得 220 万元用来还贷，但上诉人仍然收贷，这种做法实际上默认了借贷人以不法手段筹措还贷的行为。上诉人明知道借贷人一时无力还贷，仍胁迫借贷人迅速还贷，从而诱发了借贷人诈骗的动机。因此，对于我方被骗的贷款，上诉人负有不可推卸的责任。根据《中华人民共和国民法通则》第五十八条规定，以胁迫手段使对方在违背真实意思的情况下所为的恶意串通，损坏国家、集体或者第三人利益的行为，属于无效的民事行为。所以，一审法院判决 A 县××银行×信用社全数返还贷款是符合法律规定的。

2. 我方向个体户于×贷款是为了让他办公司，搞合法经营，但他却把这部分钱用来还贷，违反了贷款专款专用的原则。因此，个体户于×的还贷行为属于无效的民事行为，A县××银行×信用社的收贷行为也是无效的民事行为，他们之间的收还贷行为不受法律保护。

3. 个体户于×在A县办公司时，其不法经营行为已触犯了刑法，早该绳之以法。但A县××银行×信用社为了收回贷款，不到法院控告个体户于×，害怕他一进监狱，就无力还贷，因此放纵了罪犯，为他到我县进行诈骗行为提供了机会，使不法分子得以继续进行买空卖空的诈骗行为，给我方造成了巨大损失。

我们认为一审法院的判决是公正的，上诉人的上诉理由是没有法律根据的，恳请二审人民法院公正审理，维持原判。

此致
××省高级人民法院
　　附：本答辩状副本一份

答辩人：B县××银行(盖章)
××××年××月××日

7.6　书证

7.6.1　书证的概念与特征

1. 书证的概念

书证是一种常见的证据种类，以文字、符号、图案等记载的内容和表达的思想来证明案件事实的书面文件和其他物品就是书证。书证有广义与狭义之分，狭义上的书证主要是指文书，即以书面文字材料为本质特征的证明文书，而广义上的书证则包括文书在内的可通过其客观载体来体现特定思想内容的一切物质材料。我国在立法上，对书证的界定采用的是广义上的概念，三部诉讼法虽都将其列为证据种类之一，但刑事诉讼法将物证与书证合列为一目，而在民事和行政诉讼法中则将它与物证分列。

2. 书证的特征

（1）作为定案证据的书证具有的特征

1）书证是以其记载或表达的思想内容来证明案件事实的。

2）书证的特质载体一般是纸张，但也包括面板、金属、竹木、布料、塑料等。

3）书证的制作方法一般为手写，但也包括打印、雕刻、拼对等。

4）某些书证必须具备法定形式，如身份证、户口簿、承运单等。

5）书证也是一种客观存在的物品，某些证据如果既能以其记载或表达的内容证明案件事实，又能以其外部特征再现案件真实，该种证据则既是书证又是物证。

当事人向法院提供书证时，应当提交原件，如提交原件确有困难，可以提交复制品、照片、副本或节录本。为了便于人民法院审查，当事人提交外文书证时必须附有中文译本。

（2）在理解书证时需要把握的要点

1）书证是在诉讼外形成的而不是在诉讼内形成的，主要是随着案件事实的产生、形成与发展的过程而出现的。需要指出的是，要注意其与诉讼中制作的各种笔录的区别，在司法实践中有的书证是在诉讼开始后由保存该资料的单位摘录提供的，并加盖单位的公章，似乎是在诉讼中形成的，如有些档案的摘录书证等，但这些摘录书证的内容仍是在诉讼前就已形成，只是在诉讼中收集而已。

2）书证在形式上必须是以文字、符号或图案等来记载或表达人的特定思想内容的物质材料，并且，这种以一定方式记载和表达的思想内容，应按照通常标准为人们所认识和理解，这是形成书证的必要前提。

3）这种以文字、符号或图案等来反映出的一定思想内容，必须与待证明的刑事案件事实有关联，能够为法官认定案件事实提供某种信息来源。

4）在实践中理解书证时还须注意其与物证的区别。书证由一定的物质材料所构成，从广义上讲，书证与物证都属于实物证据的范畴之列，二者在存在形式上具有相同性，但二者区别的关键是表现证据事实的方法有所不同，书证是以文字、符号、图案等表明的思想内容来表现证据事实的，而物证则是以其存在状况、物质属性和本身特征来表现证据事实的。如果有的物体留有与案件事实有关联的表现思想内容的文字，又可以其物质或痕迹的特征证明案件事实，则它既是书证又是物证。

5）还须注意打字机打印或复印、印刷的书证与计算机存储资料打印或输出资料的区别。二者区别的关键在于其原始状态的不同。如果文件的原始件是手写的，打印件、复印件或印刷件都是书证；如果复印或印刷的文件的原始件是电子计算机存储的资料，则它属于视听资料。这一点常用于对复制件的可靠性的审查。

7.6.2　公证书的概念、特点、作用及种类

1. 公证书的概念

公证是指国家公证机关根据当事人的申请，对法律行为、有法律意义的文书和事实的真实性及合法性进行证明的活动。这种证明活动，是国家为保证法律的正确实施，预防纠纷，保护公民和法人的合法权益而设立的一项预防性的司法证明制度。公证书是公证机关代表国家进行的证明活动所形成的法律文书，是遵照国家法律规定对公民、法人身份、财产的权利或合法权益的一种特殊保护方法。只有代表国家的公证机关在公证活动中才能使用这种特殊效力的法律文书，其他机关、组织的证明书不能代替公证书。

2. 公证书的特点

1）公证书的权威性比其他证明书要大。一般的证明书只能在特定范围起作用，而公证书的可靠性及其证明能力要比一般的证明书大得多。

2）公证书的使用范围比一般证明书广泛。公证书具有通用性、广泛性的特点，它公证的事项广泛，其效力不受国籍、地域、行政级别、行业范围的限制，在国内外都通用。

3. 公证书的作用

公证制度的基本功能是通过证明活动，维护国家、集体财产和公民个人的合法权益，维护社会主义法制和社会经济秩序的一种手段。公证书的作用如下：

1）保护经济法人的利益，促进经济发展。经济合同类的公证书能够帮助当事人完善法律行为，明确相互权利义务关系，消除纠纷隐患，揭露和防止虚假诈骗行为，达到保护经济法人的经济利益、完善市场经济法律秩序、促进经济发展的目的。

2）保障公民的合法权益，促进社会安定团结。民事权利义务方面的公证书，使公民在身份、财产上的合法权益受到保护，还能预防纠纷，减少诉讼，有利于社会的安定。

3）保护国家、组织、公民在国外的合法权益。随着我国对外开放不断扩大，公证书的效力跨越国界，它可以维护我国公民和法人在国外的合法权益，保护经济、贸易活动，增进友好交往，维护国家主权。

4. 公证书的种类

据统计，我国目前可公证的事项有100多种，大体可分为五大类。

1）证明法律行为。法律行为在社会生活中占有极其重要的地位，对法律行为的公证是公证机关的首要任务。例如，对《经济合同》的证明、对《抚养协议》的证明就是对公民或法人合法行为的证明。

2）证明具有法律意义的事实。具有法律意义的事实是指法律行为以外的、对公证当事人具有法律上的利害关系的客观情况。

主要包括两大类：一类是与当事人意志无关，能够引起民事法律关系产生、变更、消灭的客观现象，如对公民出生、死亡的证明；另一类是与公证当事人在法律上有一定影响的客观事实，如为身份、学历、法人资产状况等做证明的文书。

3）证明有法律意义的文书。有法律意义的文书是指在法律上对于公证当事人有特定意义的文件、证书等文字资料，如对公民的毕业证书、经济法人的商标注册证书等的证明书。

4）赋予某些债权文书以强制执行效力的证明书。债权文书是追偿债款、追还物品的法律文书，公证机关在办理此类公证时，认为它是无疑义的，可在公证书上写明有强制执行效力的文字，使公证书具有特殊的法律效力。

5）保全证据的证明。这类公证书是指公证机关根据当事人申请，对可能灭失或日后难以取得的证据事先收集和固定后做出确认的证明，达到保全证据的目的。

7.6.3　公证书的制作程序

为了保证公证书的质量，使公证书发挥作用，公证书的制作要符合法定程序和格式要求。

公证书是法律文书，要按照"草拟—审核—签发—缮抄（打印）—送达"的程序进行。

1）草拟。由承办公证员把公证活动的结果写出初稿。

2）审核。执笔者或其上级对初稿进行审查、核对、修改。

3）签发。公证机关负责人对公证书文稿进行最后审查及批准生效。

4）缮抄（打印）。由秘书人员把生效的文稿抄正或印刷成正式文本。

5）加盖印章后送达。公证书制成后由公证机关通知当事人来领取，或者派人送给或邮寄给公证当事人。

7.6.4 公证书的结构

根据《中华人民共和国公证暂行条例》和《公证程序规则》的规定，公证书应按照司法部规定或批准的文稿格式写作。据统计，到目前为止，司法部共制定了100多个项目公证书的格式样本。从这些格式样本来看，公证书的格式应包括标题、编号、当事人的基本情况、公证证词、承办公证员签名（盖章）、公证机关公章、出证日期等项目。

公证书全文的结构大体上可分为首部、正文、尾部三大部分。

（1）首部　一般由标题、编号、申请公证当事人的基本情况等项内容组成。

（2）正文　是公证机关的证词，是公证书的主体部分。

（3）尾部　是公证书的落款，由公证机关、印章、承办公证员签名、印章、出证时间等项内容组成。

7.6.5 公证书的写作要求

（1）首部　首部应按公证书的格式要求写明标题、编号、当事人基本情况等项内容。

1）标题要写明"公证书"。按司法部制定的格式样本，公证机关使用的公证书都统一以"公证书"为标题，不必加公证的性质细项。

2）编号由年度、公证机关代号、证书顺序号组成。

3）当事人的基本情况不是所有公证书都要写明，但对于继承权、收养关系、亲属关系的公证书要写明白。

（2）正文　正文的主要内容是公证证词，要写明证明的对象、证明的范围和内容，说明证明所依据的法律法规等项内容。具有强制执行效力的公证书，还应在公证证词中注明，并具体说明责任人履行义务的期限，写明强制执行标的物的名称、种类、数量等情况。

（3）尾部　按公证书的格式要求，在证词结束后右下方写明公证机关名称、承办公证员姓名并加盖印章，方能生效，并写清楚出证时间，时间用汉字书写。

总之，公证书的写作总的要求是一事一证，依法核实，依据格式书写，文字简明确切，防止歧义。

【公证书格式】

学位公证书

〔　　〕××字第××号

根据××大学（或学院）××××年××月××日发给××的第××号学位证书，兹证明××（男或女，××××年××月××日出生）于××××年××月××日被×××大学学位评定委员会授予××学位。

中华人民共和国××省××市公证处
公证员（签名）
××××年××月××日

7.7 判决书

7.7.1 民事判决书的概念

人民法院通过进行审判,根据已查明的事实和证据,依照法律,处理民事纠纷案件做出的书面决定,称民事判决书。民事判决书有一、二审之分。

7.7.2 民事判决书的结构

民事判决书由标题和编号、当事人身份及基本情况、案由、事实和理由、判决正文和结尾六部分构成。

1. 标题和编号

居中写明"×××人民法院民事判决书",另起一行在右侧写明案件顺序号。

2. 当事人身份及基本情况

此部分应写明原告、被告及代理人的姓名、性别、年龄、民族、籍贯、职业、住址等。

3. 案由

案由可写"上列当事人因×××一案,向本院提起公诉,本院受理后于×年×月×日组成合议庭,依法公开(或不公开)进行了审理。查明:……"

4. 事实和理由

此部分主要写明当事人各方关系,纠纷发生的时间、地点、原因、经过、双方争执的焦点,事实陈述、主张和辩论提出的理由及证据,同时写明原告的诉讼请求和被告的答辩。理由部分,写明人民法院认为事实和纠纷性质的根据,人民法院判定是非所依据的法律,同时阐明法庭观点,以理服人。

5. 判决正文

根据事实、理由及法律依据,写明对案件的处理决定。

6. 结尾

此部分可以写:"如不服本判决,可在接到判决书之日起十五日内,向本院提出上诉状及副本×份,上诉于×××级人民法院。"审判长、审判员及书记员署名、日期,并加盖院章。

7.7.3 刑事判决书的概念

刑事判决书有一、二审之分,还分有罪判决、无罪判决。本章着重介绍一审刑事有罪的判决书。案件审理终结,一审人民法院根据已查明的事实和证据,依照法律确认被告人的行为已构成犯罪,应负刑事责任,可处以刑罚,为此而制作的书面决定,称一审刑事有罪判决书。它是对有罪被告人采取刑罚措施的书面依据,是国家保障法律实施的重要形式和手段。

7.7.4 刑事判决书的结构

它的结构与民事判决书相同，由标题和编号、当事人身份及基本情况、案由、事实和理由、判决正文和结尾六部分构成，但要写明"×××人民法院刑事判决书"，另起一行在右侧写明案件顺序号。

例文 7-5　刑事判决书

××省××市中级人民法院刑事判决书

〔××××〕×刑初字第 21 号

公诉机关：××省××市人民检察院。

被告人：文××，男，××××年××月××日生，×族，×××县人，农民，住××县××乡××村，××××年××月××日被刑事拘留，同年××月××日被依法逮捕，现押于××县看守所。

辩护人：代×，××市律师事务所律师。

××省××市人民检察院于××××年××月××日以被告人文××犯故意杀人罪，向本院提起公诉。本院受理后，依法组成合议庭公开开庭审理了本案。××省××市人民检察院代理检察员×××出庭支持公诉，被告人文××及其辩护人代×到庭参加诉讼。本院经合议庭评议，审判委员会进行了讨论并做出决定，现已审理终结。

××省××市人民检察院以×检刑起字〔××××〕第 9 号起诉书，指控被告人文××于××××年××月××日晚因酗酒闹事在其大哥文×训家门前用土制猎枪将本村村民文×佃打死，被告人文××的行为已构成故意杀人罪，应追究其刑事责任，被告人文××对起诉书指控的基本事实供认不讳，辩解其当时并不知枪内有药，开枪的目的只是想吓唬人，没有想打伤或打死人。文××的辩护人认为被告人文××的行为属于间接故意杀人，其罪行当比直接故意杀人轻，文××作案后能投案自首，认罪，悔罪，应予从轻处罚。

经审理查明：××××年××月××日晚，被告人文××酗酒后到其大哥文×训家闹事，被文×训等斥责并撵出，被告人文××恼羞成怒，从其三哥文×永家拿走土制猎枪返回到文×训家门前，扬言要打文×训。其堂兄文×佃闻讯赶来劝阻，遭到文××的辱骂，文×佃欲弯腰捡石块打文××，被文××开枪击中，散弹射入文×佃头部，致文×佃颅脑损伤而死亡，作案后，被告人文××到当地派出所投案自首。

上述事实，有现场见证人张×、张×、徐×、张×的证言证实，被告人文××亦供认不讳；被告人文××当晚酗酒闹事的情况，有证人张×增、张×站、张×信的证言证实；××县公安局对发案现场进行了勘查，现场提取的血迹经检验与死者文×佃的血型一致；××县公安局法院对文×佃的尸体进行了检验，并做出文×佃系被散弹击中颅脑致颅脑损伤而死亡的鉴定结论，另有作案凶器土制长猎枪一支在案作证。

本院认为：被告人文××酗酒闹事，不计后果，开枪打死他人，其行为已构成故意杀人罪，后果严重，应依法严惩。××市人民检察院指控的犯罪事实清楚，证据确凿，罪名成立，应予认定，被告人文××以往曾有在文×永家拿枪出去打猎的经验，应当知道文×永的猎枪平时是装有火药放置的，被告人文××在端枪射击时，对是否会打死他人持放任态度。被告人文××以"当时并不知枪内有药"及"开枪是想吓唬人"而否认故意杀人的辩解不能成立，故不予采纳。文××的辩护人关于文××的行为虽构成故意杀人罪，但属于间接故意杀人以及文××作案后能主动投案自首，可从轻处罚的辩护理由成立，予以采纳，据此，本院为维护社会治安，保护公民的人身权利不受侵犯，打击严重刑事犯罪，依照《中华人民共和国刑法》第××条之规定，判决如下：

被告人文××犯故意杀人罪，判处死刑，缓期二年执行，剥夺政治权利终身。

如不服本判决，可在接到判决书的第 2 天起 10 日内，通过本院或者直接向××省高级人民法院提出上诉。书面上诉的，应交上诉状正本一份，副本两份。

审判长：×××
代理审判员：×××　×××
本件与原本核对无异。
××××年××月××日
书记员：×××

7.8　授权委托书

7.8.1　授权委托书的概念和种类

1. 授权委托书的概念

授权委托书是当事人、法定代表人依法委托他人作为诉讼代理人，向人民法院提交的写明委托事项和委托权限的文书。

2. 授权委托书的种类

授权委托书可分为单位与单位之间的授权委托书和单位与个人之间的授权委托书。

7.8.2　授权委托书的结构

授权委托书由名称、委托人和受委托人基本情况、委托的实质内容和结尾四个部分组成。

1. 名称

名称部分应写明"××委托书"。

2. 委托人和受委托人基本情况

此部分即被代理人和委托代理人的个人基本情况，包括姓名、性别、年龄、民族、籍贯、职业、住址等。

受委托人可以是当事人的近亲属，即夫妻、父母、成年子女和同胞兄弟姐妹；也可以是法律顾问处的律师、人民团体和当事人所在单位推荐的人；或者是人民法院许可的其他公民。未成年或被剥夺政治权利的人，不能担任代理人；参与案件审理的审判人员以及他们的近亲属，不能担任本案的代理人。

3. 委托的实质内容

委托的实质内容包括三个方面。

1）委托代理的案件性质或内容。要写明案件的名称，如继承案、经济合同纠纷案等。

2）根据法律规定，写明"委托人×××自愿委托×××，并经其同意为受委托人"。

3）必须具体说明委托的事项和权限。委托人所委托代理的事项和权限，根据委托人的授权而有所不同。诉讼委托书应说明是全权委托还是部分委托。如果是全权委托，应说明："全权代表委托人出庭进行一切诉讼事宜。"如果是部分委托，则应说明具体的部分事项和权限。不论是何种委托，对于全部或部分放弃诉讼请求、承认诉讼请求、变更诉讼目的、与对方和解、不服判决提起上诉、领取判给的财产等，都必须在诉讼委托书中特别予以说明。其目的是明确责任，以便受委托人按委托人明确的委托权限进行诉讼。如有超越代理权限的行为，对委托人不发生效力。按照诉讼委托书中所规定的代理权所实施的一切诉讼行为，其法律后果均由委托人承担。因此，诉讼委托书在具体说明委托事项和权限时，其法律用语的含义应十分明确，不能笼统，如"给予法律上的帮助"和"部分诉讼代理"等含义不清的用语应当忌用。

4. 结尾

结尾一般包括委托人签名并盖章、受委托人签名并盖章，注明具体时间（年、月、日）。

7.8.3 签发授权委托书的注意事项

当一个法人或一个自然人参与仲裁而法人的法定代表人或自然人本人不能亲自处理仲裁程序中的一些事务时，就需要委托他人代理自己来处理这些事务。受委托的人可能是本公司的了解情况的业务人员，也可能是律师。无论委托人与受委托人是否签订委托合同，都必须向仲裁机构提交一份授权委托书，仲裁机构才会允许代理人代表当事人来处理仲裁程序中的事务。

签发授权委托书之后，代理人在授权范围内所做的一切事情，都由被代理人来承担责任，因此授权委托书是一份很重要的法律文件，签发时需要非常慎重。

授权时间可以是明确的时点，如从××××年××月××日至××××年××月××日，也可以是不具体的时间，如本案件仲裁过程中或从××××年××月××日至本案件终结之日。如果约定了明确的时点，在该时间截止而仲裁程序尚未结束时，则需向仲裁机构另行出具授权委托书或以书面形式通知仲裁机构延长授权的时间。

授权范围可以说是授权委托书中最重要的部分。一般来说，授权范围分为两种：一般授权和特别授权。一般授权指的是代理人仅有代本人处理一般性事务的权力，在仲裁中即指提交、接收仲裁文书，进行调查、出庭辩论等，但不得代当事人行使重要的程序性权利和进行实体处分，如选择仲裁员，选择适用的程序，承认、放弃、变更仲裁请求等。特别授权指是否授予以及授予何种重要的程序性权利和实体处分权利。当事人可以综合考虑各种情况，决定向代理人进行何种授权。代理人如果有当事人的全部授权，即我们通常所说的"全权代理"，就可以在仲裁程序中便宜行事，尤其是在调解的时候，不必时时请示法定代表人，各个文件上都要盖公司的公章等，能够比较快速地推进仲裁。但如果事关重大，不希望代理人有很大的处分权的话，当事人就可以只授予一般的代理权。

无论在诉讼中还是在仲裁中，当事人在进行特别授权时，都需要将特别授权的事项一一列出，而不能笼统地写上"全权代理"。具体到仲裁中，当事人需要明确列出的特别授权事项，对申请人来说有下列几项：提出仲裁请求；选择案件适用的程序及选定仲裁员；承认、放弃、变更仲裁请求（在有反请求的情况下）。

对被申请人来说有下列几项：提出反请求；选择案件适用的程序及选定仲裁员；承认、放弃、变更仲裁请求（在有反请求的情况下）。

当事人的授权当然可以更详细，如在一定金额以下代理人可以和对方和解。但实际上这并没有太大的意义，因为一般情况下，即便是全权的代理人，也会根据事先商定的方案谨慎从事，而不会贸然地行使处分权。

无论怎样，授权委托书是一份重要的法律文件，签发时一定要考虑到各种可能的情形。

【授权委托书样式】

授权委托书

委托人：姓名、性别、年龄、民族、籍贯、职业、工作单位、住址。
受委托人：姓名、性别、年龄、民族、籍贯、职业、工作单位、住址。
为_____一案，根据法律规定，_____自愿委托_____并经其同意为_____人，全权代表委托人出庭进行一切诉讼事宜。

委托人_____（签名并盖章）
受委托人_____（签名并盖章）
_____年____月____日

例文 7-6　授权委托书

授权委托书

委托人：×××　　身份证号码：××××××××××××××××
受委托人：×××　　身份证号码：××××××××××××××××
与委托人关系：×××　联系电话：×××××××××

本人作为××市朝阳区××小区的业主，自愿参加集体收房活动，并对经过集体民主推选的收房工作小组做出如下授权：

一、授权收房工作小组与出卖人（北京永同昌京都房地产有限公司）及物业公司（DM brilliant 国际物业管理顾问公司）就以下问题进行磋商或谈判：

收房流程、验收标准、楼内主体结构部分的工程质量、公用面积分摊和房屋销售面积测绘、办理产权证及相关税费的缴纳、社区公共配套设施完成情况、物业管理合同的签署及前期物业费用的缴纳、限期整修事宜、向出卖人索取违约赔偿金等。

二、本人认可收房工作小组与出卖人、物业公司的谈判结果，有权享受收房工作小组取得的集体收房成果，并自动放弃收房工作小组书面决定放弃的权利，认可收房工作小组签署的相关法律文书。收房小组对外签署之文件，包括但不限于与专业人士（专业律师、专业测绘师等）签署的委托代理合同，与出卖人、物业公司签署的协议、致政府部门的情况反映等，均由组长及业主代表签署，其效力及于全体委托人。

三、授权收房工作小组有权使用业主自愿缴纳的经费，用于聘请相关专业律师和专业测绘人员、电话开支、交通开支等有关集体收房相关工作的费用。资金使用情况应向业主予以公示并接受业主监督。

四、本人认可收房工作小组成员名单如下：组长，副组长，小组成员。

本授权委托书自委托人签字之日起生效，在委托人书面通知解除该授权委托书之前，委托人对收房工作小组的委托代理行为承担完全法律责任。授权期限至最终收房之日截止。

委托人签字：×××

××××年××月××日××时××分

受委托人签字：×××

××××年××月××日××时××分

本章小结

- 法律文书是指一切在法律上有效的或具有法律意义的文件、文书、公文的总称。
- 起诉状是公民、法人或其他组织，认为自己的民事权益受到侵害或者与他人发生争议时，为维护自身的合法民事权益，依据事实和法律，按照法定程序向人民法院提起民事诉讼，要求依法裁判时所提出的书面请求。
- 上诉状是指诉讼当事人不服地方人民法院第一审判决或裁定，在法定的上诉期限内向上一级人民法院提起上诉，请求撤销、变更原审裁判或者请求重新审理的诉讼文书。
- 申诉状是指民事、刑事、行政案件的当事人、被害人及其家属，他们的法定代理人以及其他公民，不服已生效的裁决，向人民法院或人民检察院提出的要求重新审理案件的书状。
- 民事答辩状是指民事诉讼的被告或被上诉人根据民事起诉状或民事上诉状的内容，针对原告提出的诉讼请求或上诉人提出的上诉请求做出答复，并依据事实与理由进行辩驳的法律文书。
- 公证书是公证机关代表国家进行的证明活动所形成的法律文书，是遵照国家法律规定对公民、法人身份、财产的权利或合法权益的一种特殊保护方法。只有代表国家的公证机关在公证活动中才能使用这种特殊效力的法律文书。
- 民事判决书是人民法院通过进行审判，根据已查明的事实和证据，依照法律，处理民事纠纷案件做出的书面决定。
- 授权委托书是当事人、法定代表人依法委托他人作为诉讼代理人，向人民法院提交的写明委托事项和委托权限的文书。

练习题

1. 概念解释

法律文书 起诉状 上诉状 申诉状 答辩状 书证 民事判决书 授权委托书

2. 填空题

（1）法律文书的制作主体为_____、_____和_____。

（2）法律文书是法律领域内的一种专用文书，其基本特征是_____、_____、_____和_____。

（3）申诉状分为_____、_____和_____三类。

（4）起诉状的内容和结构由四个部分组成，它们是_____、_____、_____和_____。

（5）根据我国民事诉讼法的规定，有权提起上诉的主体，仅限于_____。

（6）如果从案件的性质分类，答辩状可分为_____和_____。

（7）我国目前公证的事项有_____种，大体可分为_____大类。

3. 选择题

（1）公民、法人或其他组织，认为自己的民事权益受到侵害或者与他人发生争议时，为维护自身的合法民事权益，依据事实和法律，按照法定程序向人民法院提起民事诉讼，要求依法裁判时所提出的书面请求称（　　）。

A. 申诉状　　　B. 上诉状　　　C. 起诉状　　　D. 答辩状

（2）上诉有法定的期限。按照《中华人民共和国民事诉讼法（1991年）》第一百四十七条规定，（　　）不服地方人民法院第一审判决的，有权在判决书送达之日起十五日内向上一级人民法院提起上诉，逾期上诉无效。

A. 当事人　　　B. 被告　　　C. 原告　　　D. 代理人

（3）在我国民事诉讼中，书证的提供（　　）。

A. 通常情况下由被告人提供

B. 原则上由主张相关事实的当事人负责

C. 由公安机关和司法机关负责

D. 由人民法院负责

（4）如公安机关需要对犯罪嫌疑人进行逮捕，必须首先向主管领导呈送报请批准逮捕书，主管领导同意并签署意见后，公安机关才能制作逮捕证，对（　　）进行逮捕。

A. 当事人　　　B. 被告　　　C. 凶手　　　D. 犯罪嫌疑人

（5）法律文书的性质和作用，决定了它的写作必须（　　）。

A. 真实、准确、完整　　　　　B. 准确、合法、生动

C. 准确、合法、规范　　　　　D. 真实、准确、合法

（6）申诉状是申诉人维护自己合法权益的一种（　　）文书，但申诉状的提出并不一定引起审判监督程序的发生。

A. 补救性　　　B. 规范性　　　C. 据理力争性　　　D. 孤注一掷性

（7）答辩状一定要有（　　），对对方提出的事实和理由进行辨析和反驳。切不可抛开对方提出的问题另做文章。

A. 实事根据　　　B. 确凿证据　　　C. 针对性　　　D. 雄辩的论证

4. 判断题

（1）起诉状必须由自己亲自撰写，法院才会予以受理。　　　　　　　　　　　　　（　　）

(2) 证据是证明案件事实的合法性、有罪性的依据。（　　）
(3) 有意提供伪证是要受到法律处罚的。（　　）
(4) 依据案件的不同性质，上诉状分为刑事上诉状、经济上诉状和民事上诉状三类。（　　）
(5) 当事人、法定代理人对已发生法律效力的判决、裁定认为确有错误的，可以向原审人民法院或者上级人民法院申诉，但是不停止判决、裁定的执行。（　　）
(6) 答辩状的特点主要是它的答复性和论辩性。（　　）
(7) 授权委托书，是当事人、法定代表人依法委托他人作为诉讼代理人，向人民法院提交的写明委托事项和委托权限的文书。（　　）

5. 改错题
(1) 证人证言是人民法院对案件做出裁决的基础。
(2) 只要向法院提出申诉，就一定会引起审判监督程序的发生。
(3) 答辩状具有论证性和说理性。
(4) 授权委托书是普通的法律文件，签发时只要大致交代授权范围即可。
(5) 民事判决书由标题和编号、当事人身份及基本情况、案由、判决正文和结尾五部分构成。
(6) 公检法都能使用公证书这种具有特殊效力的法律文书。

第8章 科技文体写作

 学习目标

通过对本章的学习，理解科技文体的基本概念、特点，重点掌握科技论文、科技报告的写作要领，并能够撰写常用的科技文体。

 本章问题

1. 科技文体写作有什么意义？
2. 学术论文与毕业论文有什么差异？
3. 专利申请书怎么写？

8.1 科技文体写作概述

8.1.1 科技文体的概念和特点

1. 科技文体的概念

科技文体是写作学的一个重要组成部分，是从写作学体系中派生出来的一种以科学技术现象、科学技术活动及其成果为表述内容的一种专业写作。科技写作运用现代写作原理于科学技术领域，融科学技术的丰富内容和系统的写作知识和技能为一体，是以各种实用科技文体为研究对象的一门学问，同时，也是各种科技实用文体写作实践的经验总结。

2. 科技文体的特点

科技文体有许多自己的特点，主要的有四点：

（1）真实性　这是衡量和评价一切科技文章质量高低、价值大小、作用强弱和影响好坏的最主要的标准之一，是一切科技文章的灵魂和生命。科技写作所涉及的内容，主要是自然科学和工程技术领域里有价值的信息。这些信息来自人们科学技术的实践，是人们实践经验的结晶，因此科技写作必须如实反映客观事物的本来面貌，不容许有丝毫的虚构，要能反复验证，经得起时间和实践的检验。

（2）专业性　科技文体有着明确的读者对象和具体的专业范围。从内容上看，其反映的是科学技术领域里某一学科或专业范围里的科技活动和成果，具有明确的专业性；从语言上看，主要使用自然语言符号系统——文字，并辅之以人工语言符号系统——符号、图表、公式、照片等，同时大量使用本专业的术语。离开了这些特点，也就不成为科技文体了。

（3）实用性　科技文体的写作不同于文学创作，其成果不是供人品鉴、欣赏，而是服从并服务于国民经济和科学技术繁荣和发展的需要，它能增长人们的科学技术知识和解决物质生产、工程建设或科研工作中的各种实际问题。因此，科技文体有明显的实用性。

（4）规范性　科技文体在表述科技活动及成果方面有着自己特殊的体式、要求和方法。某些科技文体，如科技论文、科技报告等的格式，已逐步趋向统一、规范。1987年原国家标准局（现为国家标准化管理委员会）颁布了《科学技术报告、学位论文和学术论文的编写格式》《文后参考文献著录规则》《科学技术期刊编排规则》等，这些国家标准对各种科技文体的书写格式、名词、缩语、主题词、符号、表格、计量单位、插图等的使用，以及所包含项目的前后顺序等，都做了规范化、标准化的统一规定，这是撰写科技文体要遵循的标准。

8.1.2　科技文体的种类和作用

1. 科技文体的种类

根据性质、表达方式的不同，科技文体大体可分为以下几种：

1）科技论文，包括学术论文、毕业论文等。
2）科技报告，包括科研开题报告、进度报告、实验报告等。
3）科技管理文书，包括科技鉴定书、专利申请书等。

2. 科技文体的作用

科技文体的作用主要有以下三点：

（1）深化、总结科技成果　科学研究是一种创造性的思维活动，它不仅需要借助仪器、设备等物质条件，更离不开书面语言的运用。科技写作将科研的过程和成果用文字表述出来，由感性认识升华到理性认识，通过选择、运用各种科技信息，精心构思谋篇，最后执笔成文，往往能发现和弥补原先思维的不足，从而引发新的联想，获得新的启发、认识，将科技活动和科技工作引向一个新的境界。同时，任何科学研究其最终获得的成果，只有通过科技论文、科技报告等形式公之于世，才能为社会所公认。可以说，公开发表的科技文章是确认科技工作者取得某项科技成果的依据，也是衡量个人、单位、国家科技水平的标志。如果一项科技成果不能及早写成文章发表，以得到社会的承认，那么，将会是个人或集体、国家的损失。

（2）交流、推广科技信息、成果，促进科学技术转化为社会生产力　科技写作能及时有效地将科技成果和科技信息向社会传播、交流、推广，使之转化为现实的社会生产力。正如茅以升教授所说："先进的科学技术如果不向人民普及，就不能为社会所接受，变为改造世界的物质力量，也就不可能跨越科学研究与实际应用之间的那条河。"党中央、国务院制定的"科教兴国"战略的核心内容之一，就是要千方百计促进和推动科技成果向社会生产力的转化，加速科技、经济一体化的进程。目前，我国科技成果转化率不如发达国家的原因很多，其中一个重要原因就是我国的科技写作没有跟上，未能及时有效地将科技成果和科技信息向社会传播和推广，从而影响其转化为社会生产力。

（3）支持科技事业　现代科学技术日趋群体化、社会化和综合化，一项重要科技任务的确定、组织实施和完成，常常不是一个人或几个人所能承担的，而是需要社会各方面的通力配合、协作。现代科技工作、科技活动与社会各方面的联系十分密切，科技写作可以促进各方统一认识、协调步骤，加强相互联系、合作，同时取得社会各方的了解、重视和支持。

8.1.3 科技文体的语言

由于写作内容、对象、目的、手段的不同,科技文体长期以来形成了自己与众不同的语言特点和风格,被称为科技语体或科学语体。它是科技界(包括自然科学界和社会科学界)交流科技信息、成果时所使用的语体。这种语体突出逻辑性、科学性、简明性的特点,要求纯客观地表述、说明,排斥主观感情色彩,大量使用科技术语、单义,排斥多义。其句式追求简洁、严谨,大量使用陈述句、长句、复句、不完全句,并经常使用符号、公式、图表等人工语言。

8.2 科技论文

8.2.1 科技论文的概念、特点和种类

1. 科技论文的概念

科技论文也称科学论文,或简称论文,它是论述科学技术领域新进展、创造性研究成果的文章。科技论文是科学技术研究成果的记录和总结,是进行推广和交流的手段,是考核科技人员业务能力和学术水平的重要依据之一,也是充实人类科学知识宝库的精神财富。

2. 科技论文的特点

(1) 准确性 科技论文要求表述的论点正确、论据充分而必要、论证严密,推论符合逻辑,数据可靠,计算精确,其得到的结果、结论是实事求是的、客观的,是尊重科学的,不是主观想象或随意编造的。

(2) 创造性 创造性是衡量科技论文价值的根本标准。科技论文的创造性表现在实践上,创造了前人没有的新技术、新方法且效果良好;其表现在理论上,提出了新的观点,达到一定的深度和广度。

(3) 理论性 科技论文重在运用科学原理和方法去阐明研究成果,它的基本内容不只是表述研究对象的外在直观形态和过程,而主要是运用概念、判断、推理、证明等逻辑思维手段,来揭示其本质和发展变化的规律,是对研究成果进行提炼、升华的理论论述,它来自具体的科研实际,但又高于具体的科研实际。

3. 科技论文的种类

科技论文因其性质、功用的不同,可分为学术论文和毕业论文等。

8.2.2 学术论文的概念

学术论文是论述创新性研究成果的书面文章。原国家标准局1987年5月颁布的《科学技术报告、学位论文和学术论文的编写格式》中这样定义:"学术论文是某一学术课题在实验性、理论性或观测性上具有新的科学研究成果或创新见解和知识的科学记录;或是某种已知原理应用于实际中取得新进展的科学总结,用以提供在学术会议上宣读、交流或讨论;或在学术刊物上发表;或作其他用途的书面文件。"学术论文以探讨新理论,介绍新

技术、新方法、新进展为主,具有较高的学术价值。它是科技工作者研究成果的体现,也是考核其业务、评定职称的必要依据。学术论文的篇幅不宜过长,一般控制在3000~6000字为宜。

8.2.3 学术论文的结构

根据原国家标准局1987年5月公布的GB 7713—87《科学技术报告、学位论文和学术论文的编写格式》和GB 7714—87《文后参考文献著录规则》的规定,学术论文的基本格式主要有以下三部分十项内容。

1. 前置部分

前置部分包括标题、作者及所在单位、摘要、关键词等。

1)标题:是以最恰当、最精练的语言,高度概括论文的重要内容。它是论文的"眉目"、精髓所在,要求准确、醒目、简约,既能提挈全文,又能引人注目,便于记忆和引用。《科学技术报告、学位论文和学术论文的编写格式》规定:"题名一般不宜超过20字。"

2)作者及所在单位:论文上署名的作者,应该是那些选定研究课题和制订研究方案、直接参加全部或主要研究工作、做出重要贡献,能对全部内容负责解答的人。个人研究成果,由个人署名;集体研究成果,则按实际贡献大小排列名次。作者单位应写全称,工作单位地址包括所在城市和邮编。

3)摘要:又称概要或内容提要,是用简短的文字对论文的思想内容做不加注释和评论的陈述。正如《科学技术报告、学位论文和学术论文的编写格式》中所说:"摘要应具有独立性和自含性,即不阅读报告、论文的全文,就能获得必要的信息。摘要中有数据、有结论,是一篇完整的短文,可以独立使用,可以引用,可以用于工艺推广。摘要的内容应包含与报告、论文同等量的主要信息,供读者确定有无必要阅读全文,也供文摘等二次文献采用。"摘要的主要内容应该说明本研究的缘起、问题及重要性,研究的目的、方法、结果、实践价值和应用范围等,要忠于原文、突出重点,篇幅一般为300~500字。

4)关键词:关键词是为满足文献标引或检索的需要而从论文中选取的词或词组,其一般是用以表现主题内容的单词或术语。每篇论文选3~5个词,另立一行置于摘要的左下方,并要尽量用《汉语主题词表》提供的规范词。

2. 主体部分

主体部分包括引言、正文、结论、致谢、参考文献等。

1)引言:又称前言、导语等,主要说明为什么研究,简要介绍研究的目的、范围、相关领域中前人已做的工作和知识空白、理论基础、研究设想和方法、实验设计、预期结果和意义等。引言要简明扼要,不要与摘要雷同。

2)正文:即论证部分,也称本论部分,是论文的核心部分,占论文的绝大部分篇幅。它要集中表述研究的成果,作者对问题的分析、对观点的证明,主要在这部分。正文的主要内容包括:研究对象、实验和观测方法及其结果、仪器设备、材料原料、计算方法、运用的原理和定律、统计数据和图表、形成的论点和结论等主要内容。要求论点鲜明,论据充分,论证严密、合乎逻辑,论文的重要学术价值、创新性要在这部分里全面、翔实地反映出来。正文的写法有纵贯式、总分式、递进式、因果式等，可依具体表述内容而定。

3）结论：又称结语、结束语。它是对全文的总结，是论文正文的必然逻辑结果，也是对引言中所提问题的回答。主要阐明研究出什么成果。结论不是各段小结的简单重复，而是更深一步的认识，是从正文全部材料出发，经过推理、判断、归纳等过程而得到的新的总观点。

4）致谢：或称谢辞，是作者对论文形成中做过贡献的、给予帮助的单位或个人予以感谢的文字。一般置于正文之后，另行。致谢应写明致谢原因、对象，语言要诚恳、简洁、恰当。

5）参考文献：学术论文的重要组成部分，是作者在论文中引用的前人的文章、数据、结论等，应按文中出现的先后次序，列出参考文献表。这样做，一是反映论文有真实的科学依据；二是尊重前人的劳动成果；三是便于读者查考相关文献。所列参考文献应是正式出版的，包括书籍、报纸、杂志、网址等，著录格式必须按照国家标准局发布的《文后参考文献著录规则》的要求安排。

3. 附录

附录是学术论文的补充项目，并非每篇论文所必备。凡写入正文可能有损行文的条理性、逻辑性或精练性的材料，如：比正文更为详尽的补充信息，罕见的珍贵资料，某些重要的原始数据、数学推导、计算程序、图表等，均可入附录，并编连续页码。

8.2.4 学术论文的写作过程

学术论文的写作过程包括选题、材料搜集和执笔成文三个步骤。

1. 学术论文的选题

选题就是选择和确立学术论文的研究对象、目标，或者说就是选准所要研究的某一个问题。选题在学术论文的写作中具有重要意义，很多学者都指出：选好题目，是论文成功的一半。从表现形式看，"选题"常常以论文标题的形式表现出来，但"选题"与"标题"还是有区别的：标题，是对论文特定内容的高度概括，直接或间接地体现论文的基本观点或中心思想，通常是在成文以后确定的；选题，则是自己主观所确定的研究对象，随着研究的深入，作者有可能保持原有的选题，也可能改为其他更合适的选题；一个选题可以写成多篇论文，冠以各不相同的标题，但不管怎样，论文的标题必须在所研究的课题内选择和确立。

选题应遵循以下原则：选择有科学价值的价值性原则；选择现实性强的需要性原则；选择主客观条件许可，预期能获得理想效果的可行性原则；选择处于前沿位置的、无人涉猎的创新性原则。

选题的基本方法：第一，从社会实践中选题。科学研究最终要为实际的社会生活服务。社会生活总是不断出现新情况、新问题、新经验，论文作者应关注现实生活中出现的"热点""难点""疑点"，通过深一步调查研究，往往可以选择出较好研究的题目。第二，从查阅文献资料中选题。通过浏览、查阅相关的文献资料，可以及时或全面了解某方面的研究动态、进展、成果，从中得到启发，引发新的思考、问题，从而形成论题。

2. 学术论文的材料搜集

学术论文的选题确定以后，接下来的工作就是围绕选题广泛搜集资料。占有资料具有十分重要的意义：第一，有利于顺利展开研究工作，避免走弯路及不必要的重复研究；第二，在论文写作中加以引用，以丰富自己论文的内容，证明自己观点的正确；第三，没有资料，不了解别人已经做过的工作，很难证明你写这篇论文的必要性，也很难判断论文的科学价值，从而影响人们对论文的评价。

搜集资料的方法常见的有以下几种：

1）实地调查。这是指作者亲自深入现场、置身研究对象之中的观测、考察，是对客观对象不施任何干预条件的一种实地调查研究活动，以获得真实、准确、丰富、生动的第一手资料。

2）查阅文献资料。文献资料是别人用文字或其他手段（如录音、录像、图片等）记录下来的各种知识信息，通常通过书籍、报刊、互联网、文件、会议等途径获得。查阅文献资料，可以及时了解、搜集国内外某项研究的动态，学习、借鉴他人的研究方法、成果，从而在吸取他人优点的基础上，充分发挥自己的聪明才智，创造出新的研究成果。查阅文献资料首先要广泛收集论题所需要的书名、篇名目录及出处（可通过浏览书刊目录、"论文目录索引""研究资料索引"、年鉴等）。其次，对收集到的有关的大量资料做记录（记录方法有：剪贴、写读书笔记、摘要、做记号、制成卡片、复印等）。最后，按一定的思路或实际需要整理、取舍。所记录的内容一定要准确、精练、规范，作者、署名、出处等须写清，以便核查。

3）科学实验。这是根据一定的研究目的，运用相应的物质手段，主动干预、控制对象，模拟自然现象或自然过程，以便在典型环境中或特定条件下获得科学事实的一种研究方法。科学实验是在科学观测基础上发展起来的，是科学观测的延伸和扩充。

搜集资料实际上是向大脑不断地输入并贮存信息。这种信息积累得越多，思路就越开阔，新的观点、新的思考、新的发现只有在各种信息的比较和撞击下才能产生、变为可能，而这个不断深化的过程，也是论文观点逐渐明晰、确立的过程。

3. 学术论文的执笔成文

学术论文的执笔成文主要有以下几个步骤：

1）构思，是指论文作者通过积极思考，梳理自己所要表达的思想和材料，并正确运用各种叙述、说明和论证方法，使思路精确化、简明化、条理化。构思的根本任务就是要确立一个最核心的观点（论点），然后一环扣一环、逐层展开、论证，使文章既言之有物又言之有序、言之有理。

2）列提纲，就是作者将思考好的论文的格局，用文字固定下来，以此作为写论文时遵循的"蓝图"。拟写提纲可以帮助我们从全局出发，分清主次、详略，安排好结构，加强各部分间的逻辑性、严密性、整体性。拟提纲的过程不仅要考虑论文的理论体系，中心论点和分论点之间的关系，论据和论证方法的选用，而且要根据引论、本论、结论三段论式的基本构型，形成全文的基本构架和要点。

拟写提纲的程序：第一，编拟标题。第二，确立中心论点。第三，在中心论点所属下确立几个分论点，最好能写出重要段落的首句。第四，根据段落层次、顺序，选择作为论据的资料，编码备用。

3）拟初稿。根据提纲，围绕中心论点写出论文初稿，这是一项充满创造性思维、复杂的精神劳动过程，它既可以促进作者的思想认识不断深化，又可以对提纲做必要的完善、充实和修改。

起草初稿时，最好先按提纲的顺序，将论文的内容在头脑里一段一段地想清楚，然后再下笔，或一气呵成，或分段完成。可以从引言（前言）起笔，先提出问题，明确全文的基本论点，然后再展开充分论述、论证，最后归纳得出结论。也可以从正文起笔，先写好正文、结论，回过头再写引言。初稿应长于定稿，要尽可能把有关的内容充分表述出来，这样修改才有基础，否则过于单薄、粗略，修改将无处下手。

4）修改定稿，这是论文写作的最后一步，是为了使论文的内容和形式更加完善，为读者和社会负责。人们常说，"好文章是改出来的"，这话不无道理。修改要从总体着眼，从细致处推敲，对论文初稿进行增、删、改、调、润、校、核等，把发现的毛病一一改正。论文的修改可以采取趁热打铁法、冷却法、求助法、诵读法等。

8.2.5 毕业论文的概念

毕业论文是高等院校在校学生在毕业前根据专业培养目标，选择某一课题，在教师指导下撰写出的论文，其目的在于检测、训练学生综合运用所学专业的基础理论知识和基本技能去分析和解决实际问题的能力，提高科学思维水平，初步掌握科学研究和撰写论文的规范和方法。本科生、硕士生、博士生或以同等学力申请学位者的毕业论文，又可称为学位论文，是为了获得学位而提交的毕业论文，经审阅和答辩通过，授予相应的学位（学位分三级：学士、硕士、博士）。

8.2.6 毕业论文与学术论文的区别

毕业论文与学术论文的区别主要有四点：

1）目的不同。学术论文写作的目的，主要是在学术刊物上发表或在学术会议上交流，常以此推动学科的建设、发展，或用以考核科技人员的业务水平及评定技术职称。毕业论文则是大学生在规定时间内必须完成的总结性作业，是对学生进行考核的一种形式，它主要考查学生综合运用所学知识、技能解决实际问题的能力。

2）内容要求不同。学术论文的内容要求集中、深入，主题单一，选材严格，突出创新性，不必详述研究过程。毕业论文则要求系统、具体地介绍研究过程和方法，或充分论述某观点。

3）篇幅要求不同。学术论文的篇幅可长可短，依具体论题而定。毕业论文的篇幅则有字数要求，如学士论文要求在一万字左右，硕士论文要求三四万字，博士论文应在五万字以上。

4）表现方式不同。学术论文的发表是在正式出版的学术刊物上或是在正式的学术会议上交流。毕业论文则是在学校安排、教师指导下完成并经教师或评审组、答辩委员会评审、答辩通过，在内部交流后归档保存。

8.2.7　毕业论文的写作条件

写作毕业论文应具备如下条件：

1）专业知识。毕业论文要研究、解决某一专门性的学术问题，没有专门、系统的专业知识是写不好的。写毕业论文应该是在较全面、系统地接受、掌握了专业的基础知识、技能，较深入地了解了所学专业中的某一门课程，对该学科的研究对象、理论体系、研究方法、学科发展等，特别是对学科研究中的一些基本问题、疑难问题、有争议问题等有了相当的了解、认识，并扎扎实实认真地研读了几本专业基础书后，方可进行，否则很难进入毕业论文的写作。

2）创新意识。写毕业论文不是重复别人的观点、认识，不能满足、停留于已知已有知识，要敢于探索未知的问题，敢于质疑，敢于推翻旧说、通说，或深化、丰富前人的认识、观点等，若无创新意识，人云亦云，也就失去了写作论文的价值。

3）理论思维。毕业论文的写作，必须依赖于理论思维。理论思维具有抽象性、概括性、逻辑性，它不能停留在直观的现象上、感性上，要能抽象概括出事物的本质特征、属性和规律性的联系，并把思维的结果用概念、判断、推理的形式表现出来。进行科学研究，必须具备较好的理论思维能力。

4）正确的研究方法。研究方法就是人们发现新问题、新现象、提出新理论的手段，是人们运用自己的智慧取得研究成果的必要方式。在一般情况下，研究目标一致、研究条件相近、努力程度相同时，研究方法的优劣就成了研究成败的关键了。

8.2.8　毕业论文的结构

毕业论文和学术论文的结构基本一致，所不同的是毕业论文的"摘要"和"引言"部分有着自己特殊的写作要求。

1. 摘要

一种比较简短，字数为300～500，与学术论文摘要相同，置于目录后，正文之前；另一种是较为详细，供学位评审委员会专用，为6000～8000字。

2. 引言

阐述论文选题的理由和意义、论文中心、前人研究成果介绍、学科概念、规律的理论分析、本课题所解决的具体问题、学术地位等。

另外，毕业论文应单独成册，有封面（一般由学校统一印制）、目录。封面包括：标题、指导教师；作者、作者所在院、系、专业；申请的学位、课题研究的专业方向、完成日期等。

8.2.9　毕业论文的答辩

毕业论文答辩是对学位论文的最后检验，是考核学位申请者学术水平和研究能力的重要方式，同时也是授予相应学位的主要依据。论文答辩的目的，在于了解学位申请人论文的撰写过程、选题依据、主要内容、对课题研究的深度和广度，评价其论文质量、研究方法和已达到的水平、存在的问题等，帮助学生进行总结。可以说，论文答辩也是学位申请人的一次再学习、再提高的机会。

当学位论文定稿后，要呈交给指导教师和答辩委员会(或答辩小组)成员审阅，并在答辩委员会(或答辩小组)主持的答辩会上进行答辩。答辩的程序是：答辩委员会(或答辩小组)负责人宣布有关答辩事宜(如规则、要求等)→学位申请者扼要介绍论文内容→答辩委员会(或答辩小组)就论文内容提出问题→答辩人解答→答辩委员会(或答辩小组)作结(确定最后成绩、评语)。通常本科生的答辩时间为20～40分钟，硕士生的答辩时间为30～50分钟，博士生的答辩时间为50～80分钟。答辩一般包括下述几方面内容：

1）确定该选题的理由。
2）前人做了哪些工作？自己提出和解决了什么问题？有什么特色？
3）论文的基本观点和立论的依据。
4）研究中有待解决的问题和下一步打算。

例文8-1 毕业论文

<h3 style="text-align:center">浅谈家庭对孩子性格的影响及其培养</h3>

张丽　××大学　教育系　2000级文秘专业

<h3 style="text-align:center">目　录</h3>

内容摘要
绪论
一、影响孩子性格的因素 ……………………………………………………………… 1
　（一）父母的榜样作用 ……………………………………………………………… 1
　（二）家庭结构对孩子性格的影响 ………………………………………………… 2
　（三）家庭经济状况对孩子性格的影响 …………………………………………… 4
　（四）家庭成员之间的关系对孩子性格的影响 …………………………………… 5
　（五）家庭生活方式对孩子性格的影响 …………………………………………… 5
　（六）家庭教养方式对孩子性格的影响 …………………………………………… 6
二、如何培养孩子良好的性格 ………………………………………………………… 7
　（一）父母应树立良好的榜样作用 ………………………………………………… 7
　（二）努力营造一个民主、文明、愉悦的家庭环境和气氛 ……………………… 8
　（三）采用正确的教养方式 ………………………………………………………… 9
结论 …………………………………………………………………………………… 11
致谢 …………………………………………………………………………………… 12
参考文献 ……………………………………………………………………………… 13

内容摘要

家庭环境与孩子性格的关系已成为当前家教中不可忽视的问题。本文分别从父母的榜样作用、家庭的结构、家庭经济状况、家庭成员之间的关系、家庭生活方式、家庭教养方式等几个方面对孩子性格的影响，进行了阐述，希望家长们能充分认识到家庭环境对孩子性格的影响，以及对孩子一生的影响，如对心理健康、家庭幸福、事业发展及人际交往方面的影响，从而采取有效方法使孩子形成良好的性格！

关键词　心理学　性格　影响

性格是表现在一个人对现实的态度和行为方式中比较稳定而有核心意义的心理特征。性格的形成受多方面因素的影响，包括家庭、学校、社会及自身修养等。而人的性格最初是在家庭中开始形成的，家庭环境对孩子性格的形成具有重要意义。但是目前很多家庭还没有意识到或者没有充分认识到这一点。本文分别从影响孩子性格形成的因素和如何培养孩子良好的性格两方面进行阐述，并提出应该积极地营造民主、文明、愉悦的家庭环境，以保证孩子性格能够正常健康地发展。

一、影响孩子性格的因素

（一）父母的榜样作用

人的性格是在家庭中开始形成的，家庭是个性的摇篮，父母对孩子来说是最为接近、联系最为紧密的。因为孩子在与其家庭成员的亲密交往中，模仿着他们的言行，而父母又是最先给他们树立操行的榜样，他们在父母的帮助下认识周围的世界，并模仿其言行。父母的一言一行都潜移默化影响着孩子，因此，父母的行为对孩子的个性发展和塑造有着重要的影响。例如（略）。

（二）家庭结构对孩子性格的影响

按照组成结构来分类，家庭可以分为以下几个类型：核心家庭、主干家庭和单亲家庭。而在我国现阶段，核心家庭和主干家庭占大多数，尤其是核心家庭在我国城镇约占70%。核心家庭即父母双全、有一个或几个孩子构成的家庭。它的特点和影响（略）。主干家庭特点和影响（略）。单亲家庭特点和影响（略）。

（三）家庭经济状况对孩子性格的影响

家庭经济收入多少和生活水平高低，虽然不是家庭生活幸福和睦的唯一条件，但是，一个家庭的经济收入多少和生活水平高低，是家庭生活是否幸福、和睦的重要条件之一，因而对子女教育也有一定的影响。家庭经济收入多的影响（略），而家庭经济收入少的影响（略）。

（四）家庭成员之间的关系对孩子性格的影响

家庭成员之间的关系如何，决定了家庭生活的气氛、秩序和稳定程度。它对子女的身心健康有着极大的影响（略）。

（五）家庭生活方式对孩子性格的影响

家庭生活方式，主要指家族成员的思想作风，行为准则，家庭成员间的关系，如何待人、接物，生活情趣，爱好追求等，主要表现在对人际关系的态度上和对自己的态度上（略）。

（六）家庭教养方式对孩子性格的影响

家长对子女的教养方式，对子女的身心发展具有重要影响，它决定着孩子性格的形成。比如，家长对子女的态度是支配性的，任何事情都是家长说了算，家长说怎样就怎样，这就会使孩子变得消极、顺从、依赖性强而缺乏独立性；家长溺爱子女，却很少考虑孩子的性格，只关注学习的分数，就会造成子女任性、骄傲，利己主义思想重，缺乏独立精神，情绪不稳定，心理压力大，承受力弱；家长对子女过于保护，则会使孩子缺乏社会性，依赖心理强，胆怯，沉默；家长对子女过于严厉，会使孩子顽固、冷酷，独立性强或是怯懦盲从，不诚实，缺乏自尊；家长如果忽视子女，则造成孩子嫉妒他人，心里不安，创造力差，甚至有厌世、轻生的情绪；如果家长是民主的，孩子则具有独立性，直率，机灵，大胆，有毅力和创造精神；如果家长意见分歧，各行其是，孩子则会无所适从，使他们增加急躁性和挑衅性特征发展的可能性，而且他们还能利用家长的矛盾掩盖自己的缺点，或两面讨好、说谎，投机取巧，导致孩子形成虚伪、两面派人格。

二、如何培养孩子良好的性格

从以上的内容使我们认识到，要想使孩子的性格得到良好的发展，必须有一个良好的家庭环境，家庭环境对孩子性格的形成具有重要意义。那么如何创设一个良好的家庭环境呢？我们应该从以下几方面着手：

（一）父母应树立良好的榜样

（二）努力营造一个民主、文明、愉悦的家庭环境和气氛

1. 要体现民主的气氛。

2. 要体现文明的气氛。

3. 要体现愉悦的气氛。

（三）采用正确的教养方式

无论家庭结构如何，经济条件好坏，关键还在于父母的教养方式。孩子最初是在家庭中接受早期教育的，父母的教养方式给孩子心理发展以深刻而持久的影响。一些专横型的家长使孩子的意见愿望、情感不易表达，正常需要得不到满足，常受父母呵斥和禁止，得不到应有的温暖、尊重，缺少参加社会交往的机会，养成畏惧、缺少安全感、对人不信任、不宽容、利己、暴力倾向、社会适应能力差等特点。而父母溺爱会使孩子受到过分保护，不让孩子承担必要责任和经受身心锻炼，无原则迁就，对孩子不良行为不制止、不教育会让孩子养成任性、妒忌、胆小、自私、不合群、自理能力差但优越感强的特点。所以父母本身应尊重孩子，按孩子的心理特点去教育，而非按个人意愿随心所欲去塑造，使孩子得到尊重、保护又受到良好教育。家长应充当引导者角色，满足正当需要，鼓励社会交往，培养良好品质、积极情感，又对其不当要求、言行及时说服教育，帮助抑制不正当愿望，重视思想上的沟通、情感交流，形成独立、协作、社交等心理品质，防止心理问题的产生。专家建议，父母需要从及时沟通、体贴入微、适当要求、监督学习、奖惩分明等几个方面来促进孩子的学业成绩、自我价值感和心理健康。在家庭生活中，父母若采用民主式的教养方法，孩子会对自己充满信心，他们会认为自己很能干，会因家长经常性的肯定而感到生活阳光明媚，他们接纳自己，并积极地用行动去证实自己。

当然，孩子的性格形成不仅仅在于家庭环境，还包括其他方面的因素，如学校环境与社会环境等，这些因素也对孩子性格的形成有着重要的影响。因此，我们还应积极配合学校和社会，使三者的教育目的相一致，这样才能使孩子身心得以充分发展，具备良好的心理素质去适应未来的社会。

综上所述，可以看出家庭因素对孩子性格的形成起着非常重要的作用，尤其是父母对孩子的教养方式对孩子性格的形成起着至关重要的作用。希望家长们能充分认识到家庭环境对孩子性格的影响，以及对孩子一生的影响，从而采取有效方法使孩子形成良好的性格，健康成长。

致谢（略）

参考文献（略）

8.3 科技报告

8.3.1 科技报告的概念、特点及种类

1. 科技报告的概念

科技报告是科学技术报告的简称，它是在某一科技专题范围内表达研究成果、工作成果或是反映科研和工作进展情况的一种常用的陈述性文体，是科技工作者在工作实践中的书面报告。科技报告是以客观的科学技术研究和科学技术事实为写作对象，是研究、考察、实验、观测结果的如实记录和文字体现。它的主要作用是向社会或主管部门报告科学研究和技术发展的情况，向同行提供新的发现或发明的信息。

2. 科技报告的特点

科技报告有如下特点：

（1）实践性　科技报告是以大量的科学技术实践的过程及其成果为依据的。撰写科技报告，就是要如实反映科学技术实践的情况，它既可以反映科技观测、实验、考察和可行性研究等的成果，也可以反映科技研究工作的进展、过程、存在的问题及研究失败的原因。因此，可以说没有科学技术实践，就不可能有科技报告。

（2）告知性　所谓告知，就是告诉、知会的意思，即述说情况，让人知晓。科技报告一般告知的对象有以下几种：一是向上级主管部门和科研资助单位告知科研工作的新动向、新进展、新成果，以便取得了解、指导和支持；二是向同行、合作者和社会告知科学研究的情况及取得的成果，以交流、促进科技事业的进步；三是学生向指导教师和学校有关部门告知自己科学研究的情况，以锻炼科研基本功，为今后撰写正式科学技术报告打下良好的基础。

（3）快捷性　科技报告一般篇幅较短，不需要做深入的学术探讨和理论分析，只需将科研的进展情况和成果如实报道即可，写作时间短，完稿快，不像科技论文要花费较长的时间，经过较多烦琐的编辑印发程序。因此，科技报告越来越受到如今学术界的重视及广泛应用。

3. 科技报告的种类

可从不同的角度对科技报告进行分类：按时间分，可以分为月报、季度报告、年终报告，还可分为初级报告、进度报告、终结报告；按具体的内容分，可以分为科研开题报告、科研进展报告、科技成果报告、科技实验报告、技术专题报告、可行性研究报告、科技政策研究报告等。

8.3.2 开题报告的概念

开题报告又称科研计划任务书，是科技人员对计划开展的科研课题在一定时期内的计划、安排、打算的书面陈述报告。科研开题报告是科研课题申报者向有关部门和委托单位陈述开辟新的研究课题的理由和意义，为主管部门批准、支持，检查科研进展、经费使用、人员安排等情况及科研人员顺利开展课题计划研究提供科学依据。

撰写科研开题报告，可以帮助我们更清楚地了解自己为什么要做这个课题，究竟想做什么，想得到什么结果，以及怎样做，能否达到自己的预想目标，这样就使课题目标的达

成有了可能性,避免了盲目性,提高了科研效率。

8.3.3 开题报告的结构

科研开题报告一般包括以下五个部分:

1. 封面

在科研开题报告的封面(首页),应依次写明科研课题的名称(由课题名称和文种构成,如例文 8-2)、承担单位(个人)、申请金额、协作单位,课题负责人和主要合作者、起止时间、填表日期等。左上方标上类号(是应用研究、开发研究,还是基础研究)、编号、密级。

2. 目录

如果是较大、较复杂的科研课题,可以将内容编排成目录,以方便查阅。课题小的、简单的可以省略此项。

3. 正文

这是科研开题报告的主体部分,通常包括以下内容:课题研究的特定对象、研究的目的意义,研究的内容,国内外研究概况和趋势,基本思路或技术方案,预期成果和提供成果的形式,实现本课题的目标所具备的条件(过去的研究基础,已有的主要设备,现有的研究技术力量),课题经费预算,成果应用前景预测,承担单位和主要协作单位分工,主管部门或委托单位审查意见(由主管部门或委托单位填写)等。

4. 结尾

结尾由报送单位(加盖公章)、课题负责人签名和报送日期三部分组成,写在开题报告末尾的右下方。

5. 附件

附件可填写课题负责人和主要合作者的简历,要求按人填写主要学历、职称和从事研究工作的资历、已发表的有关论著和科研成果名称,并注明出处等。

8.3.4 开题报告的写作要求

1) 强调课题研究的必要性。科研开题报告应紧紧围绕课题开题的依据、已具备的条件来写,重点写好研究的目的、意义、重要性、可行性、迫切性及预期的成果、影响等,使主管部门深信此项研究势在必行,从而促成本研究课题的顺利通过。

2) 表现课题研究的创新性。撰写科研开题报告要突出本课题研究的特色,与国内外同行相比本课题研究有什么独到之处,着重表明前人未曾有过的新思想、新理论、新观点和新的研究方法、手段,体现其创新性。

3) 语言表达的具体性。科研开题报告的语言一定要准确、具体、完整,尽量使用通俗易懂的语言,切忌罗列专业性太强的术语,让有关读者费解。其语气应中肯确切,文字要精简,行款要合乎规范。

例文 8-2 开题报告

磁化节能燃烧技术科研开题报告

一、课题的意义

根据磁场和电场对燃烧过程有明显影响的理论分析,运用磁场强化燃烧有可能达到节约能源的目的。据日本专利报道，采用对燃料进行磁化处理的办法，在内燃机上获得大幅度节油效果：节油10%，增大动力20%，减少黑烟50%。这是一项新技术，国外应用尚不广泛，国内尚未开始研究。如果在国内试验成功，并进一步发展运用于内燃机、工业窑炉、锅炉等热设备，则会产生巨大的节能效果。我院从20××年起即开展关于"新型燃料装置"的一系列研究，现正在探讨节能的新途径，具有从事本课题研究的基础。

二、课题的内容

本课题从磁化技术的实际应用入手，先取得一定的节油效果，然后进行理论研究，并逐步扩大范围。课题内容主要有：

①磁化方法的原理；②磁铁性能；③磁化对油质的影响；④磁化油的雾化过程和燃烧过程；⑤磁化燃烧装置的设计；⑥分别用汽油、柴油、原油、重油进行试验；⑦节油效果的测定和分析；⑧应用于对其他燃料的探讨。

技术关键：

①该技术中磁铁性能及研制；②磁化油的火焰性能的精确测定；③磁化燃料机的实验。

三、现有条件

正在准备探索性实验研究，包括磁铁研制、磁化油的雾化性能及燃烧性能的测定；原燃烧实验具有一般实验所需的仪器设备，尚需补充少量特殊设备；我院精密合金教研室可以提供各种磁铁。

四、主要措施

（1）实验室研究：在喷油嘴前管路上装设特殊的磁化器；测定磁化油的雾化质量和火焰性能。

（2）工业实验用汽油：在汽车上实验；柴油：在柴油机和某些烧柴油的工业炉上实验；重油：在工业炉上实验。

五、进度安排（略）

六、经费预算

20××年：经费自筹；20××年：科技费3万元、技措费1万元；20××年：科技费2万元、技措费0.5万元。合计：6.5万元。

七、关键设备和材料

20××年科技费主要用于：高速火焰摄影机1万元；材料费0.3万元；实验台控制系统1.5万元；计算、化验费0.2万元。

八、承担单位和主要协作单位

承担单位：××工学院热能工程系

协作单位：××工学院精密合金教研室(负责磁铁研制)

　　　　　××市东方阀门厂(负责磁化器生产)

九、项目负责人和参加人员(略)

十、同行专家评议意见(略)

十一、主管部门审查意见(略)

8.3.5 科研进度报告的概念

科研进度报告是科研课题执行人在科研过程中向科研主管部门、资助(委托)单位如实汇报课题研究工作进展情况及阶段性研究成果的书面报告。

科研进度报告可分为定期报告和不定期报告两种。定期报告有月报、季报、半年报告、年报告等；不定期报告有进展报告或在课题研究遇到困难、取得一定成果时所写的报告。

写科研进度报告，可以及时总结科研课题实施的进展情况，以使科研课题执行人能回顾、总结经验，加强与协作单位的联系、沟通，同时便于接受主管部门或资助（委托）单位的检查、监督，以决策今后的发展方向。

8.3.6 科研进度报告的结构

1. 标题

标题通常由课题名称加文种组成（见例文 8-3），不能缩写。

2. 正文

这是科研进度报告的主体，一般由前言、主体和结尾三部分组成，且常按"过去—现在—将来"的时间顺序安排报告的内容。

1）前言。前言一般是课题概述，包括课题任务的来源、起止时间、课题要求等（此项内容只在科研任务开始后的第一次进度报告中写，后续的进度报告可以不写），或联系和回顾前一阶段的工作情况。

2）主体。主体一般先写本阶段研究工作的内容要求、计划完成情况、主要数据及存在的问题。然后是对本阶段工作进度的总体评价，包括成绩和问题的原因、评价。最后是对下一阶段工作的计划、意见或展望。

3）结尾。参加课题研究人员姓名、职称及报告时间。

8.3.7 科研进度报告的写作要求

1）内容要求新、客观。科研进度报告每次都应有新的内容，以引起相关人员的注意，切忌千篇一律，旧调重弹，同时要真实、实事求是地反映研究情况，对取得的成果要恰当地评价，对存在的问题不能回避或弄虚作假。

2）表述要简洁、灵活。科研进度报告的写作要注意主题鲜明、中心突出、言简意赅，其重点应放在"研究计划已完成情况"和"未能按计划完成的工作"两部分上。在编写方法上要灵活，对单一的研究课题，可采用时序式编写法，按任务完成时间的先后写，对内容较多的科研课题，可采用任务分项式编写，也可两者结合起来编写。

例文 8-3 科研进度报告

稀土在易切削钢中的应用及作用机理

稀土在易切削钢中的应用及作用机理这一课题，任务来源于××部，计划在 20××年至 20××年期间完成。现已部分地完成了任务，具体情况如下：

一、计划完成情况

1. 对 Re-S 系马氏体不锈易切削钢已完成的研究工作

（1）不同 Re、S 含量对 Cr13 型马氏体不锈钢夹杂物的组成、形状、大小与分布的影响；对切削力量的影响；对加工表面光洁度的影响；对硬质合金刀具磨损的影响；对切削处理性的影响。

(2) 不同 Re、S 含量对 Cr13 型马氏体不锈钢耐蚀性的影响。

腐蚀介质：$4H_2S$，36% HCl，65% HSO_3，5% NaCl，5% Na，32.5% HO_3。

腐蚀时间：240～360 小时。

2. 未能按计划完成的工作

炉外喷吹 Re-S，Re-S-Ca，Re-S-Pb 的易切削合金渗碳钢的试验研究。

因冶炼设备的限制，喷粉试验未成功；炉温未控制好，炉衬经 Ar 气冲刷保证不了钢的质量，主要原因是夹杂物过多。

拟于 20××年第一季度在 150 千克感应炉上再次试验。

二、达到的技术指标及取得的经济效益

1. 找出了最佳的 Re、S 的含量。加入适量的 Re、S 可使得 3C″13 钢马氏体不锈钢的切削性能大为改善。切削力下降 6～15 千克，光洁度提高 1～2 级。

2. 可明显改善含硫钢的耐蚀性。如：含 SO·O5%，含 ReO·O4% 的 3C″13 钢除在 H_2SO_4 中以外，在上述各介质中的耐蚀性均优于基础钢（$3Cr_{13}$）。

三、存在的问题及建议

1. 由于找不到合作的生产厂及用户，使得几年来取得的一些可喜的试验结果只停留在实验室的阶段，得不到工业试验的机会，妨碍了可能的实际应用。此问题两年多来虽多次向××部汇报、请求，均未见效果。现再次要求尽快协作解决。

2. 经费奇缺，两年来仅拨给×××××元，今年分文未给，严重妨碍了科研工作的进行。强烈呼吁 20××年能拨给一定的经费。

参加人员×××（教授）

×××（副教授）

×××（工程师）

×××（技术员）

××××年××月××日

8.3.8 实验报告的概念

实验报告是如实描述、记录某科研课题过程和结果的一种书面报告。具体地说，在科研活动中，为了检验某种科学理论或假说，进行创造发明和解决实际问题，往往都要进行科学实验，通过观测、分析、综合、判断，真实地将实验过程和结果记录下来，写成文章，这就是实验报告。实验报告具有创新性、确证性、实践性及纪实性的特点，其必须在科学实验的基础上进行。对实验过程及结果的真实记录，有利于不断积累研究资料，总结研究成果，提高实验者的观察能力和分析问题、解决问题的能力，培养理论联系实际的学风和实事求是的科学态度。

实验报告有教学实验报告和科研实验报告之分。前者是在教师的指导下重复科学史上前人已经做过的实验而写出的实验报告，后者则是科技人员在科学研究活动中对创造性科研实验过程及结果的记录，具有十分重要的科学价值。

8.3.9 实验报告的结构

因学科及实验内容的不同，实验报告在写法上也存在一定的差异，但大体均包含以下几项基本内容：

1. 实验名称

实验名称即实验报告的标题，要用最简练的文字反映实验的基本内容。

2. 作者及单位名称

作者指该实验的主要参与者，按其贡献大小先后排列，并在作者姓名的左边或底下标出作者的工作单位（此项亦可置于正文之后）。

3. 摘要

摘要重点阐释实验结果中最优试样的质量和性能，突出几个结论，实际就是实验结果和分析部分的概述，不加任何说明。

4. 引言

引言相当于实验报告的开头，一般用概括性的语言描述研究的对象、实验的背景和条件，也可说明实验结果的正负效应等。

5. 正文

正文通常包括以下内容：

1）实验目的，说明为什么要进行此项实验，实验的意义、作用。语言应短小精悍。

2）实验要求，具体列出实验应掌握的内容、应获得的数据、应达到的目标等。

3）实验原理，主要内容包括实验涉及的重要概念，实验依据的重要定律、公式及据此推算的重要结果。实验原理是进行实验的理论依据，不同专业的实验有完全不同的写作要求。如化学实验常给出反映方程式。

4）实验设备或材料，应列出每项实验所需的仪器设备、原材料。仪器设备应标明规格型号，原材料应标明化学成分。有时，对不常见的仪器要给以具体说明。化学实验中的试剂，应标明形态、浓度、成分等。

5）实验步骤，指的是实验进行的程序，一般多按操作时间先后划分成几步进行，并在前面标注上序号；操作过程的说明，要简单、明了、准确。

6）数据记录，要求是实验中的原始数据。从仪器表中读取数据时，要根据仪器表的最小刻度单位或准确度决定实验数据的有效数字位数。数据都要列表加以整理。列表时，表格一定要精心设计，使其易于显示数据的变化规律及参数之间的相互关系。项目栏要列出测物理量的名称、代号及量纲单位，说明栏中的小数点要上下对齐。根据需要，还应制作相应的图形、图案，以更清晰地反映实验的过程和结果。

7）误差分析。在实验中，由于实验条件、测量仪器、测量方法以及测量技术等因素的影响，测量值与客观真值之间往往存在着差值，这个差值叫作误差。因此，要对测量值与客观真值进行误差分析以消除误差。

8）实验结果，是整个实验的核心部分，写作时应将数据整理好，并列出表格，分好类，按一定顺序安排数字、表格及图，并给以必要的说明。为了表达准确，最好采用专业术语。同时，引用的数据要真实，结论要可靠，图表要符合规范，数字的记录方法和处理方法必须符合规定。

6. 结论或讨论

结论是根据实验结果所做出的最后判断，并将实验结果逐条列出，叙述时应该采用肯定的语气，可以引用关键性数据，一般不应再列出图和表格。

讨论是对思考题的回答，对异常现象或数据的解释，对实验方法及装置提出改进建议。一般分条逐项进行讨论，说明也比较简单。如影响实验的根本因素是什么？实验中发现了哪些规律？实验中观察到哪些现象？如何解释？将实验结果与理论结果相对照，解释它们之间存在的差异，并进行误差分析。若没必要讨论，也可以略去。

7. 参考文献

参考文献应详细列出进行此次实验所参考的主要科技文献，既为本次实验提供理论依据，又为本次实验的顺利进行而感谢前人的劳动。

8.3.10 实验报告写作要求

1）要有严肃认真的科学态度。科学实验是一项十分严肃认真的实践活动，来不得半点马虎、虚构或捏造。必须充分依据科学，细心观察、客观记录、周全分析，得出的结论要实事求是。

2）要认真做好实验。要写好实验报告，最关键的还是要做好实验，认真记录各种现象和数据，这是撰写实验报告的基础和前提。若实验做得不成功，实验报告就无任何价值了。

3）要采用恰当的表达方法。撰写实验报告应尽量采用说明的表达方式及符合科学规范的专业用语，从而使内容合乎实验实际，语言简洁明了。另外，图和表也是表达实验结果的有效手段，它比单纯的文字叙述更直观、简练，而且实验装置和操作原理有时相当复杂，如用文字表达，很难做到清晰明白，所以要充分发挥图表的示意功能。

例文 8-4　实验报告

稀土在铬鞣、染色中的作用

魏纯亚

（西安市人民制革厂）

摘要

通过氯化稀土用于初鞣、复鞣过程的对比实验表明，在鞣制过程中加入稀土，不仅可增加染料的结合量，而且革的颜色鲜艳、光泽柔和，同时稀土还具有一定的助鞣、填充作用。

关键词：稀土　染色　助鞣

中图法分类号：TS544（TS57）

1. 引言　采用传统的铬鞣方法，会产生大量的废铬液，对人体、生态环境造成一定程度的危害，因此，一些试图替代重铬酸盐或尽量减少其用量的材料、工艺或方法便应运而生。氯化稀土用于鞣制，不仅可以减少红矾用量，增加皮对铬络合物的吸收，减少废液铬含量，减少污染，同时可降低生产成本；而且产品具有色泽鲜艳、均匀，绒毛丝光感强等特点。

2. 实验材料及设备　（1）猪、羊蓝皮；（2）混合氯化稀土（包头冶炼厂）；（3）自配蓝矾液；（4）酸性黑、直接黑 TBRN、酸性枣红；（5）试验用小转鼓。

2.1　稀土的溶解性能实验（略）

2.2　稀土用于山羊服装革复鞣过程（略）

2.3　稀土用于猪皮软面革

为了进一步搞清稀土对鞣制、染色的作用，我们又进行了三组对比实验，每批做 5 张，在鞣制后期加入 1% 氯化稀土，红矾用量减少 0.5%（Cr_2O_3），同时染料用量减少 1/3，即用 2%，染枣红色。复鞣工艺相同（略）。

由此可见，稀土对于改善染色效果很明显。特别是在复鞣后期加入稀土，产品手感柔软，染料吸收充分，颜色鲜艳、均匀，但松面情况稍重一些，填充效果差一些。而在初鞣后期加入，皮松面程度降低，但手感很挺实，具有一定的填充效果。而不加稀土的产品，颜色浅淡，绒毛没有丝光感。

稀土元素大都是 +3 价，电荷多，但半径大，极化率居中，故稀土离子大都是交界酸。根据 HSAB 原则，稀土离子易中和交界酸生成稳定的络合物。酸性染料和直接性染料分子中都含有磺酸基，$-SO_3^-$ 是交界酸，所以在稀土染色中稀土离子可以和酸性染料、直接性染料结合而生成络合物。在染色前加入稀土不仅能使染料与稀土离子均匀结合，革色均匀一致，而且增加了染料的结合量，提高了染料利用率，降低了成本。目前，全染色皮生产量不断扩大，相信稀土的应用前景将更为广阔。本篇的目的旨在起到抛砖引玉的作用，提出的现象、问题、看法供大家参考。

3. 结论（略）

参考文献（略）

（引自《中国皮革学会会刊》）

8.4　专利申请书

专利是专利权的简称，是一个法律概念，有特定的内容和特定的适用范围。

8.4.1　专利申请书的概念与特点

1. 专利申请书的概念

专利是指发明人对其发明所享有的一种权利，即国家主管机关依法授予发明人或申请人的，在一定期限内禁止他人未经允许制造、使用、销售其专利产品或使用其专利方法的权利。根据我国专利法的规定，我国实行三种专利：发明专利、实用新型专利、外观设计专利。其中，发明是指对产品、方法或者其改进所提出的新的技术方案；实用新型是指对产品的形状、构造或者其结合所提出的适于实用的新的技术方案；外观设计是指对产品的形状、图案或者其结合，以及色彩与形状、图案的结合所做出的富有美感并适于工业上应用的新设计。专利具有时间限定性、地域限定性、独占性、公告性等特点。专利权对于保护发明创造者的合法权益，调动人们的积极性去从事发明创造活动起到了积极、重要的作用。同时，专利权制度也促进了发明创造的推广、生产力的提高和整个社会的繁荣与进步。因此，我国在党的十一届三中全会以后，就着手筹建专利制度，并于 1984 年 3 月 12 日由第六届全国人民代表大会常务委员会第四次会议通过了《中华人民共和国专利法》（以下简称《专利法》），以后又经三次修改、完善。2001 年 6 月，国务院又通过并颁布了《中华人民共和国专利法实施细则》，以后也经过两次修订。专利制度的建立为我国科技兴国、依法治国迈出了重要的一步。随着社会的发展，经济体制改革的深入，科技的进步，市场经济的发展，专利法的实施及不断完善，人们从事发明创造的热情日益高涨，发明创造活动蓬勃兴起，申请专利的人和企业也越来越多。我国专利法中的"发明创造"是发明、实用新型、外观设计的合称，发明创造专利就是指这三种专利。《专利法》明确规定："申请发明或实用新型专利的，应当提交请求书、说明书及其摘要和权利要求书等文件""申请外观设计专利的，应当提交请求书以及该外观设计的图片或照片等文件，并且应当写明使用外观设计的产品及所属的类别"。由此可见，所谓专利申请书，是专利申请人向国家专利局申请授予其发明创造专利权时所提交的一系列书面文件的总称，它是申请专利权的必要手段，也是被批准和授予专利权的基本依据。

2. 专利申请书的特点

专利申请书作为法定文件，有许多自己独特的特点，主要表现在以下几点：

（1）发明创造性 这是专利申请书内容的首要的和突出特点，没有发明创造性，专利申请书就没有了存在价值和意义，也不可能获得批准。所谓发明创造性，主要体现在三个方面，即新颖性、创造性和实用性。所谓新颖性，是指在申请日以前，没有同样的发明、实用新型、外观设计在国内外出版物上公开发表过、在国内外公开使用过或者以其他方式为公众所知，也没有同样的发明、实用新型和外观设计由他人向专利局提出过申请并记载在申请日以后公布的专利申请文件中。所谓创造性，是指同申请日以前已有的技术相比，该发明有突出的实质性特点和显著的进步，该实用新型有实质性特点和进步。简而言之，它要具有与众不同的自己独特的地方，为他人所没有、为自己所独有的个性，否则就不能说具有创造性。所谓实用性，是指该发明、实用新型和外观设计是所属技术领域的技术员能够制造或者使用，并能产生积极效果的技术方案。新颖性、创造性、实用性三者合在一起被称为专利的三性或专利性。

（2）事项的单一性 这是指一份专利申请书只限于申请一项专利权，属于一个总的发明构想的两项以上的发明或者实用新型，可以作为一个申请提出。一件外观设计专利申请，应当只限于一种产品的一项外观设计，用于同一类别并成套出售或者使用产品的两项以上外观设计的，可以作为一个申请提出。不允许在一份专利申请书中同时提出两个或两个以上互不相关的发明、实用新型和外观设计的专利申请书。

（3）内容和格式的规范性 专利法及其实施细则对专利申请书的格式和内容、撰写方式和顺序等都有明确的规定，写作时都要遵照执行。如对发明或者实用新型专利申请说明书的撰写方式和顺序，专利法实施细则要求除应当首先写明发明或者实用新型的名称外，还应按顺序写明以下几个部分：技术领域、背景技术、发明或者实用新型的内容、附图说明和具体实施方式等。

8.4.2 专利申请书的结构

专利申请前准备工作的核心是起草一份专利申请文件。专利法规定申请发明或实用新型专利的，应当提交请求书、说明书及其摘要和权利要求书等文件；申请外观设计专利的，应当提交请求书以及该外观设计的图片或照片等文件。这些文件因为内容、作用的不同而在写法上各有差异，下面分别加以介绍。

1. 专利请求书

它是申请人请求专利局启动审批程序和授予专利的文书。我国专利请求书主要有三种：发明专利请求书、实用新型专利请求书、外观设计专利请求书。这三种请求书的格式均为表格式,用于表明请求授予专利的愿望,由国家专利局统一制定。

例文 8-5 发明专利请求书、实用新型专利请求书、外观设计专利请求书样例,见表 8-1~表 8-3。

表 8-1 发明专利请求书

请按照本表背面"填表注意事项"正确填写本表各栏					此框内容由专利局填写	
⑥ 发明 名称					① 申请号　　（发明）	
					② 分案 提交日	
⑦ 发明人					③ 申请日	
					④ 费减 审批	
					⑤ 挂号号码	
⑧ 申请人	第一署名申请人	姓名或名称				
		单位代码或个人身份证号				
		国籍或居所地国家或地区			电话	
		地址	邮政编码	省、自治区、直辖市名称	市(县)名称	
			城区(乡)、街道、门牌号			
	第二申请人	姓名或名称				
		国籍或居所地国家或地区			电话	
		邮政编码		地址		
	第三申请人	姓名或名称				
		国籍或居所地国家或地区			电话	
		邮政编码		地址		
⑨ 联系人	姓名				电话	
	邮政编码			地址		
⑩ 确定非第一署名申请人为代表人声明　　特声明第____署名申请人为申请人的代表人						
⑪ 代理	代理机构	名称				代码
		邮政编码		电话		
		地址				
	代理人1	姓名		代理人2	姓名	
		工作证号			工作证号	
		电话			电话	
⑫ 分案申请	原申请号:		针对的分案申请号:		原申请日:　年　月　日	

（续）

⑬ 发明名称					
⑭ 生物材料样品保藏	保藏单位			地址	
	保藏日期　年　月　日			保藏编号	分类命名
	本申请涉及的生物材料样品的保藏信息在说明书第____页中				
⑮ 要求优先权声明	在先申请国别或地区	在先申请日	在先申请号	⑯ 不丧失新颖性宽限期声明	□ 已在中国政府主办或承认的国际展览会上首次展出 □ 已在规定的学术会议或技术会议上首次发表 □ 他人未经申请人同意而泄露其内容
				⑰ 保密请求	□ 本专利申请可能涉及国家重大利益，请求保密处理 □ 是否已提交保密证明材料
⑱ 申请文件清单 1. 请求书　　　　份　每份　　页 2. 说明书摘要　　份　每份　　页 3. 摘要附图　　　份　每份　　页 4. 权利要求书　　份　每份　　页 5. 说明书　　　　份　每份　　页 （其中序列表　份　每份　　页） 6. 说明书附图　　份　每份　　页 权利要求的项数　　　　项			⑲ 附加文件清单 □ 费用减缓请求书　　　　份　每份　　页 □ 费用减缓请求证明　　　份　每份　　页 □ 提前公开声明　　　　　份　每份　　页 □ 实质审查请求书　　　　份　每份　　页 □ 实质审查参考资料　　　份　每份　　页 □ 转让证明 □ 专利代理委托书　　　　份　每份　　页 □ 在先申请文件副本　　　份数　共　　页 □ 在先申请文件副本首页译文　份　每份　　页 □ 原申请文件副本　　　　份　每份　　页 □ 核苷酸或氨基酸序列表　□光盘　□软盘 □ 其他证明文件（注明文件名称） □		
⑳ 全体申请人或专利代理机构签章 年　月　日			㉑ 专利局对文件清单的审核 年　月　日		

（英文信息）

(续)

发明名称	中文	
	英文	
申请人名称及地址		
发明人姓名		

填表注意事项

一、申请发明专利，应当提交发明专利请求书、权利要求书、说明书、说明书摘要，有附图的应同时提交附图及摘要附图。申请文件应当一式两份。（表格可在国家知识产权局网站 www.sipo.gov.cn 下载）

二、本表应使用国家公布的中文简化汉字填写，表中文字应当打字或者印刷，字迹为黑色。外国人姓名、名称、地名无统一译文时，应同时在请求书英文信息表中注明原文。

三、本表中方格□供填表人选择使用，若有方格后所述内容的，应在方格内做标记。

四、本表中所有地址栏，本国的地址应包括所在地区的邮政编码，以及省（自治区）、市（自治州）、区、街道门牌号码和电话号码，或者省（自治区）、县（自治县）、镇（乡）、街道门牌号码和电话号码，或者直辖市、区、街道门牌号码和电话号码。有邮政信箱的，可以按规定使用邮政信箱。外国的地址应当注明国别、市（县、州），并附具外文详细地址。

五、申请人请求减缓申请费，应当在提交申请文件的同时提交费用减缓请求书及有关证明文件。

六、填表说明

1. 本表第①、②、③、④、⑤、㉑栏由专利局填写。

2. 本表第⑥、⑬栏发明名称应简短、准确，一般不得超过25个字。

3. 本表第⑦栏发明人应当是个人。发明人有两个以上的应先自左向右、再自上而下依次填写。发明人可以请求专利局不公布其姓名。如提出不公布姓名，应当在此栏所填写的相应发明人后面注明"（不公布姓名）"。

4. 本表第⑧栏申请人是单位的，应填写单位正式全称，并与所使用的公章上的单位名称一致。申请人是个人的，应填写本人真实姓名，不得使用笔名或其他非正式的姓名。申请人为多个，又未委托专利代理机构，除在请求书中另有声明以外，以请求书中指明的第一署名申请人为代表人。第一署名申请人是单位的，应填写单位代码；第一署名申请人是个人的，应填写个人身份证号码。

5. 本表第⑨栏，未委托专利代理机构的，指定的联系人是代替申请人接收专利局所发信函的收件人，申请人是单位且没有委托专利代理机构的，应当填写联系人，其他情形下可以不填写联系人，联系人只能填写一人，填写联系人的，还需要同时填写联系人的通信地址、邮政编码和电话号码；请求书中未指明联系人的，第一署名申请人为收件人；申请人有两个以上（含两个）时，请求书中另有声明指定非第一署名申请人为代表人的，收件人为该代表人。

6. 申请人指定非第一署名申请人为代表人时，应在第⑩栏指明被确定的代表人。

代表人的权利：除直接涉及共有权利的手续外，代表人可以代表全体申请人办理在专利局的各种事务。

7. 本表第⑪栏，申请人委托专利代理机构的，还应填写已在国家知识产权局注册的专利代理机构名称并注明注册代码。专利代理机构指定的代理人不得超过两人，同时注明专利代理人工作证的证书号码。

8. 申请人提出分案申请时，还应填写本表第⑫栏。本申请为再次分案申请的，还应填写所针对的分案申请的申请号。

9. 申请涉及生物材料的发明专利，还应填写本表第⑭栏，并提交生物材料样品保藏证明和存活证明。

10. 申请人要求外国或者本国优先权的，还应填写本表第⑮栏。

11. 申请人要求不丧失新颖性宽限期的，还应填写本表第⑯栏，自申请日起两个月内提交证明文件。

12. 申请人要求保密处理的，应填写本表第⑰栏。

13. 申请人应当按实际提交的文件名称、份数、页数及权利要求项数正确填写本表第⑱、⑲栏。请求书按A4纸型计算页数。专利局将按实收的文件数量逐项核实。

14. 申请人委托专利代理机构的，本表第⑳栏应加盖专利代理机构公章。申请人未委托专利代理机构的，本表第⑳栏应由全体申请人签字或盖章；申请人为单位的，应加盖单位公章。两份请求书中的申请人或专利代理机构的签字或盖章应当一致，不得为复印件。

15. 发明人、申请人、要求优先权声明的内容本表填写不下时，应使用专利局统一制定的附页续写。

表 8-2 实用新型专利请求书

请按照本表背面"填表注意事项"正确填写本表各栏				此框内容由专利局填写	
⑥ 实用新型名称				① 申请号　　（实用新型）	
				② 分案提交日	
⑦ 发明人				③ 申请日	
				④ 费减审批	
				⑤ 挂号号码	
⑧ 申请人	第一署名申请人	姓名或名称			
		单位代码或个人身份证号			
		国籍或居所地国家或地区		电话	
		地址	邮政编码	省、自治区、直辖市名称	市(县)名称
			城区(乡)、街道、门牌号		
	第二申请人	姓名或名称			
		国籍或居所地国家或地区		电话	
		邮政编码		地址	
	第三申请人	姓名或名称			
		国籍或居所地国家或地区		电话	
		邮政编码		地址	
⑨ 联系人	姓名			电话	
	邮政编码			地址	
⑩ 确定非第一署名申请人为代表人声明　　特声明第____署名申请人为申请人的代表人					
⑪ 代理机构　代理人	代理机构	名称			代码
		邮政编码		电话	
		地址			
	代理人1	姓名		代理人1	姓名
		工作证号			工作证号
		电话			电话
⑫ 分案申请	原申请号：		针对的分案申请号：	原申请日：　年　月　日	

（续）

⑬ 实用新型名称	

⑭ 要求优先权声明	在先申请国别或地区	在先申请日	在先申请号	⑮ 不丧失新颖性宽限期声明	□ 已在中国政府主办或承认的国际展览会上首次展出 □ 已在规定的学术会议或技术会议上首次发表 □ 他人未经申请人同意而泄露其内容

⑯ 申请文件清单 1. 请求书　　　　份　每份　　　页 2. 说明书摘要　　份　每份　　　页 3. 摘要附图　　　份　每份　　　页 4. 权利要求书　　份　每份　　　页 5. 说明书　　　　份　每份　　　页 6. 说明书附图　　份　每份　　　页 权利要求的项数　　　　项	⑰ 附加文件清单 □ 费用减缓请求书　　　　份　每份　　　页 □ 费用减缓请求证明　　　份　每份　　　页 □ 转让证明　　　　　　　份　每份　　　页 □ 专利代理委托书　　　　份　每份　　　页 □ 在先申请文件副本　　　份数　共　　　页 □ 原申请文件副本　　　　份　每份　　　页 □ 在先申请文件副本首页译文　份　每份　　页 □ 其他证明文件(注明文件名称) □ □
⑱ 全体申请人或专利代理机构签章 　　　　　　　　　　　　年　月　日	⑲ 专利局对文件清单的审核 　　　　　　　　　　　　年　月　日

(英文信息)

(续)

实用新型名称	中文	
	英文	
申请人名称及地址		
发明人姓名		

填表注意事项

一、申请实用新型专利，应当提交实用新型专利请求书、权利要求书、说明书、说明书附图、说明书摘要、摘要附图。申请文件应当一式两份。（表格可在国家知识产权局网站 www.sipo.gov.cn 下载）

二、本表应使用国家公布的中文简化汉字填写，表中文字应当打字或者印刷，字迹为黑色。外国人姓名、名称、地名无统一译文时，应同时在请求书英文信息表中注明原文。

三、本表中方格□供填表人选择使用，若有方格后所述内容的，应在方格内做标记。

四、本表中所有地址栏，本国的地址应包括所在地区的邮政编码，以及省（自治区）、市（自治州）、区、街道门牌号码和电话号码，或者省（自治区）、县（自治县）、镇（乡）、街道门牌号码和电话号码，或者直辖市、区、街道门牌号码和电话号码。有邮政信箱的，可以按规定使用邮政信箱。外国的地址应当注明国别、市（县、州），并附具外文详细地址。

五、申请人请求减缓申请费，应当在提交申请文件的同时提交费用减缓请求书及有关证明文件。

六、填表说明

1. 本表第①、②、③、④、⑤、⑲栏由专利局填写。

2. 本表第⑥、⑬栏发明名称应简短、准确，一般不得超过 25 个字。

3. 本表第⑦栏发明人应当是个人。发明人有两个以上的应先自左向右、再自上而下依次填写。发明人可以请求专利局不公布其姓名。如提出不公布姓名，应当在此栏所填写的相应发明人后面注明"（不公布姓名）"。

4. 本表第⑧栏申请人是单位的，应填写单位正式全称，并与所使用的公章上的单位名称一致。申请人是个人的，应填写本人真实姓名，不得使用笔名或其他非正式的姓名。申请人为多个，又未委托专利代理机构，除在请求书中另有声明以外，以请求书中指明的第一署名申请人为代表人。第一署名申请人是单位的，应填写单位代码；第一署名申请人是个人的，应填写个人身份证号码。

5. 本表第⑨栏，未委托专利代理机构的，指定的联系人是代替申请人接收专利局所发信函的收件人，申请人是单位且没有委托专利代理机构的，应当填写联系人，其他情形下可以不填写联系人，联系人只能填写一人，填写联系人的，还需要同时填写联系人的通信地址、邮政编码和电话号码；请求书中未指明联系人的，第一署名申请人为收件人；申请人有两个以上（含两个）时，请求书中另有声明指定非第一署名申请人为代表人的，收件人为该代表人。

6. 申请人指定非第一署名申请人为代表人时，应在第⑩栏指明被确定的代表人。

代表人的权利：除直接涉及共有权利的事项外，代表人可以代表全体申请人办理在专利局的各种事务。

7. 本表第⑪栏，申请人委托专利代理机构的，还应填写已在国家知识产权局注册的专利代理机构名称并注明注册代码。专利代理机构指定的代理人不得超过两人，同时注明专利代理人工作证的证书号码。

8. 申请人提出分案申请时，还应填写本表第⑫栏。本申请为再次分案申请的，还应填写所针对的分案申请的申请号。

9. 申请人要求外国或者本国优先权的，还应填写本表第⑭栏。

10. 申请人要求不丧失新颖性宽限期的，还应填写本表第⑮栏。自申请日起两个月内提交证明文件。

11. 申请人应当按实际提交的文件名称、份数、页数及权利要求项数正确填写本表第⑯、⑰栏。请求书按 A4 纸型计算页数。专利局将按实收的文件数量逐项核实。

12. 申请人委托专利代理机构的，本表第⑱栏应加盖专利代理机构公章。申请人未委托专利代理机构的，本表第⑱栏应由全体申请人签字或盖章；申请人为单位的，应加盖单位公章。两份请求书中的申请人或专利代理机构的签字或盖章应当一致，不得为复印件。

13. 发明人、申请人、要求优先权声明的内容本表填写不下时，应使用专利局统一制定的附页续写。

表 8-3　外观设计专利请求书

请按照本表背面"填表注意事项"正确填写本表各栏			此框内容由专利局填写	
⑥使用该外观设计的产品名称			① 申请号　（外观设计）	
:::			② 分案提交日	
⑦设计人			③ 申请日	
:::			④ 费减审批	
:::			⑤ 挂号号码	
⑧申请人	第一署名申请人	姓名或名称		
:::	:::	单位代码或个人身份证号		
:::	:::	国籍或居所地国家或地区		电话
:::	:::	地址	邮政编码	省、自治区、直辖市名称	市(县)名称
:::	:::	:::	城区(乡)、街道、门牌号		
:::	第二申请人	姓名或名称		
:::	:::	国籍或居所地国家或地区		电话
:::	:::	邮政编码	地址	
:::	第三申请人	姓名或名称		
:::	:::	国籍或居所地国家或地区		电话
:::	:::	邮政编码	地址	
⑨联系人	姓名		电话	
:::	邮政编码		地址	
⑩ 确定非第一署名申请人为代表人声明　　特声明第____署名申请人为申请人的代表人				
⑪代理	代理机构	名称		代码	
:::	:::	邮政编码	电话		
:::	:::	地址		
:::	代理人1	姓名	代理人2	姓名	
:::	:::	工作证号	:::	工作证号	
:::	:::	电话	:::	电话	
⑫ 分案申请	原申请号：	针对的分案申请号：	原申请日：　年　月　日	

（续）

⑬ 使用该外观设计的产品名称				⑭ 产品所属类别	
⑮ 要求优先权声明	在先申请国别或地区	在先申请日	在先申请号	⑯ 不丧失新颖性宽限期声明	□ 已在中国政府主办或承认的国际展览会上首次展出
					□ 已在规定的学术会议或技术会议上首次发表
					□ 他人未经申请人同意而泄露其内容

⑰ 申请文件清单 1. 请求书　　　份　每份　　　页 2. 图片或照片　份　每份　　　页 3. 简要说明　　份　每份　　　页 图片或照片每份　　页　共　　幅	⑱ 附加文件清单 □ 费用减缓请求书　　份　每份　　页 □ 费用减缓请求证明　份　每份　　页 □ 转让证明　　　　　份　每份　　页 □ 专利代理委托书　　份　每份　　页 □ 在先申请文件副本　份数　共　　页 □ 在先申请文件副本首页译文　份　每份　　页 □ 原申请文件副本　　份　每份　　页 □ 其他证明文件（注明文件名称） 　□ 　□
⑲ 全体申请人或专利代理机构签章 　　　　　　　　年　　月　　日	⑳ 专利局对文件清单的审核 　　　　　　　　年　　月　　日

(英文信息)

(续)

使用该外观设计的产品名称	中文	
	英文	
申请人名称及地址		
设计人姓名		

填表注意事项

一、申请外观设计专利,应当提交外观设计专利请求书、外观设计图片或照片,必要时应当同时提交外观设计简要说明。申请文件应当一式两份。(表格可在国家知识产权局网站 www.sipo.gov.cn 下载)

二、本表应使用国家公布的中文简化汉字填写,表中文字应当打字或者印刷,字迹为黑色。外国人姓名、名称、地名无统一译文时,应同时在请求书英文信息表中注明原文。

三、本表中方格□供填表人选择使用,若有方格后所述内容的,应在方格内做标记。

四、本表中所有地址栏,本国的地址应包括所在地区的邮政编码,以及省(自治区)、市(自治州)、区、街道门牌号码和电话号码,或者省(自治区)、县(自治县)、镇(乡)、街道门牌号码和电话号码,或者直辖市、区、街道门牌号码和电话号码。有邮政信箱的,可以按规定使用邮政信箱。外国的地址应当注明国别、市(县、州),并附具外文详细地址。

五、申请人请求减缓申请费,应当在提交申请文件的同时提交费用减缓请求书及有关证明文件。

六、填表说明

1. 本表第①、②、③、④、⑤、⑳栏由专利局填写。

2. 本表第⑥、⑬栏使用该外观设计的产品名称应简短、准确地表明请求保护的产品。产品名称以1~10个字为宜,一般不得超过20个字。第⑭栏应按国际外观设计分类表上的分类号填写。

3. 本表第⑦栏设计人应当是个人。设计人有两个以上的应先自左向右、再自上而下依次填写。设计人可以请求专利局不公布其姓名。如提出不公布姓名,应当在此栏所填写的相应设计人后面注明"(不公布姓名)"。

4. 本表第⑧栏申请人是单位的,应填写单位正式全称,并与所使用的公章上的单位名称一致。申请人是个人的,应填写本人真实姓名,不得使用笔名或其他非正式的姓名。申请人为多个,又未委托专利代理机构,除在请求书中另有声明以外,以请求书中指明的第一署名申请人为代表人。第一署名申请人是单位的,应填写单位代码;第一署名申请人是个人的,应填写个人身份证号码。

5. 本表第⑨栏,未委托专利代理机构的,指定的联系人是代替申请人接收专利局所发信函的收件人,申请人是单位且没有委托专利代理机构的,应当填写联系人,其他情形下可以不填写联系人,联系人只能填写一人,填写联系人的,还需要同时填写联系人的通信地址、邮政编码和电话号码;请求书中未指明联系人的,第一署名申请人为收件人;申请人有两个以上(含两个)时,请求书中另有声明指定非第一署名申请人为代表人的,收件人为该代表人。

6. 申请人指定非第一署名申请人为代表人时,应在第⑩栏指明被确定的代表人。代表人的权利:除直接涉及共有权利的手续外,代表人可以代表全体申请人办理在专利局的各种事务。

7. 本表第⑪栏,申请人委托专利代理机构的,还应填写已在国家知识产权局注册的专利代理机构名称并注明注册代码。专利代理机构指定的代理人不得超过两人,同时注明专利代理人工作证的证书号码。

8. 申请人提出分案申请时,还应填写本表第⑫栏。本申请为再次分案申请的,还应填写所针对的分案申请的申请号。

9. 本表第⑭栏,申请人应按国际外观设计分类表填写大类和小类,不明确产品所属类别的,应写明产品所属领域、用途、使用方法或使用场所。

10. 申请人要求外国优先权的,还应填写本表第⑮栏。

11. 申请人要求不丧失新颖性宽限期的,应填写本表第⑯栏。自申请日起两个月内提交证明文件。

12. 申请人应当按实际提交的文件名称、份数、页数等正确填写本表第⑰、⑱栏。请求书按A4纸型计算页数。专利局将按实收的文件数量逐项核实。

13. 申请人委托专利代理机构的,本表第⑲栏应加盖专利代理机构公章。申请人未委托专利代理机构的,本表第⑲栏应由全体申请人签字或盖章;申请人为单位的,应加盖单位公章。两份请求书中的申请人或专利代理机构的签字或盖章应当一致,不得为复印件。

14. 设计人、申请人、要求优先权声明的内容本表填写不下时,应使用专利局统一制定的附页续写。

通过上述三种表格的比较，可以看出三个专利请求书大体相似，只有个别栏目稍有差别。差别最大的地方是，外观设计专利请求书不要求提交文件。三个专利请求书都要求按栏目填写上各自的名称、发明人、申请人、代理人、优先权请求和申请日等。要求依项填写，不得空缺或胡乱填写。

2. 专利说明书及其摘要

专利说明书是说明专利的基本内容和技术要点的文书。它没有专门的表格，但却是专利申请书中的主要部分。专利法实施细则对专利说明书的内容进行了专门的规定，包括发明或实用新型的名称、所属的技术领域、背景技术、申报发明或实用新型的目的、发明或者实用新型的内容，以及与现有技术相比所具有的优点或积极效果、必要的附图说明、具体的实施方案等。专利说明书的目的是为了向社会公开其发明创造，并请求专利保护，对权利要求书所确定的保护范围提供支持，对最新科技成果的资料记载。写作时，要注意内容的完整、清楚和具体，语言上要用词准确，语句清楚，不能用"如权利要求……所述的……"的引用语。使用的术语应是本技术领域中通用表述。计量单位也应是国家法定的计量单位，而且不能使用商业性宣传用语。说明摘要的基本功能是为了供专利局发表公报及读者检索，其内容要体现申报发明或实用新型所属的技术领域、需要解决的技术问题、主要技术特征和用途等，可以附图或包含最能说明技术特征的化学式。全文不超过200字，所以写作时，要求语言精练，具有高度的概括性，摘其要点说明本发明或实用新型的基本点，一般用"本发明的要点在于……"的句型表述。

3. 权利要求书

权利要求书是请求专利技术得到法律保护的文书。其作用在于确定专利权的保护范围。在授予专利权后，表明国家授予专利权人何种保护范围。专利法规定，权利要求书应当以说明书为依据，说明要求专利保护的范围。权利要求书通常由一项或者若干项权利要求组成，按撰写方式的不同，可以分为独立权利要求和从属权利要求两种。

（1）独立权利要求　独立权利要求是从整体上反映一项发明或实用新型主要技术特征的权利要求。独立权利要求分前序与特征两部分：

1）前序部分，说明发明或实用新型所属的技术领域，以及与现有技术中密切相关的技术特征。

2）特征部分，说明发明或者实用新型区别于最接近的现有技术的技术特征。常使用"本申请专利的特征是……"或者类似的语言，说明本专利的技术特征。这些特征与前序说明一起构成本专利要求保护的技术特征。

（2）从属权利要求　从属权利要求即就前一项或多项权利要求所提出的从属性权利要求。从属权利要求分引用和特征两部分：

1）引用部分，要引用前项权利要求的编号，如"根据权利要求，所述的……其特征在于……"。

2）特征部分，要写明申请专利附加的技术特征，对引用部分的技术特征做进一步的限定，也常以"本申请专利的特征是……"开头。

写作权利要求书时，还要注意以下几点：

① 要以专利说明书为依据，用申请专利的技术特征来表明要求专利保护的范围。专利说明书中没有记载的不允许写入权利要求书中。记载在权利要求书中的每一个技术特

征，都会对该权利要求的保护范围产生一定的限定作用，也就是说，一项权利要求所包括的技术特征越少，其限定作用越小，该权利要求的保护范围越大。

② 语言要简明、清楚。每一项权利都要简明清楚，每项权利要求所确定的保护范围也应简明清楚。这就要求语言符合逻辑，要使用规范术语，用词要准确，不使用容易产生歧义的语言，也不使用模糊的语言。除记载技术特征外，不对原因或理由做不必要的描述或使用商业性宣传用语。

8.4.3 专利申请书的写作要求

1. 要符合国家法律、社会公德，不妨害公共利益

国家对发明创造授予专利权的目的是有利于其推广应用，有利于科技进步和创新，有利于社会的文明进步和社会的和谐。因此，我国专利法第5条明确规定："对违反国家法律、社会公德或者妨害公共利益的发明创造，不授予专利权。"这是为了维护国家和社会的利益，防止可能引起扰乱社会、导致犯罪或者造成其他不安因素的发明创造被授予专利权而做出的规定。这里的"违反国家法律"的发明创造，是指那些发明创造的目的本身是法律所明文禁止的或是与国家法律相违背的，如用于赌博的设备、机器或工具等。"违反社会公德"的发明创造是指那些有悖于社会公德的或破坏社会公德建设的发明创造，如淫秽的外观设计等。"妨害公共利益"的发明创造，是指那些发明创造的公布或实施会给国家和整个社会带来危害的发明创造，如严重地污染环境、损害珍贵资源、破坏生态平衡、致人伤残或造成其他危害的发明创造。

2. 要考虑专利申请有无必要性

这主要是从经济效益和保护形式两方面考虑。如果一项发明创造的市场需求量大或者转让实施以后能带来较大的经济效益或社会效益，就应当申请专利，否则没必要申请专利而费时、费钱、费力。如果一项发明创造的产品容易被仿制或者工艺、配方容易被测试和分析，从而使技术所有人受到损失，则应申请专利，否则就不要申请专利。因为专利权是有期限的，我国专利法规定：发明专利权的期限是20年，实用新型专利权的期限和外观设计专利权的期限为10年，均自申请日起计算。专利权一旦终止，任何人将可随意使用该发明创造。所以如果一项发明创造很难查证他人侵权行为，如某些方法发明，或者是他人很难仿制的发明，如某种药物，发明人就不一定需要申请专利，而应该采用技术秘密保护方法，使自己得到更有效的保护，获得更大的收益。

3. 要考虑有无获得专利的可能性

并非所有的发明创造都能取得专利权，因为授予专利的发明创造是有法定标准的，除了前面谈到的合法和不得妨害公共利益外，还要考虑两点：一是要对照专利法判断一下自己的发明创造是否属于专利法保护的技术领域。我国专利法第25条就对不属于专利权保护的技术领域做了明确的限定，如科学发现、智力活动的规则和方法、疾病的诊断和治疗方法以及动植物品种等。如果不属于被保护的技术领域，就不宜申请专利；二是要考虑自己的发明创造是否具备发明创造的"三性"，即新颖性、先进性和实用性。其中的新颖性和先进性证明，可以通过查阅国内外的专利文献检索工具以及调查本领域已有的技术现状获得，如我国的《发明专利报》《实用新型专利公报》《外观设计专利公报》及各种专业文摘等，国外的重要检索工具有美国的《工程索引》《化学文摘》等。可以通过比较来论证自己

发明创造的新颖性和先进性。比较时，一定要用与自己的发明创造最为接近的技术背景，也就是在自己发明创造之前最为先进的、最为接近的技术作为比较对象，来说明自己发明创造的新颖性和先进性。具备了专利的三性，就可以申请专利了。如果通过查阅文献检索和有关文件知道别人已经申请专利了，就不能再申请了。

4. 要按规定的格式、内容和顺序写作

对于专利申请文件，专利法和实施细则对每个部分的格式、内容要求和写作顺序都有明确的规定和要求。写作时，一定要认真学习专利法，熟悉各种写作要求，依项填写清楚，不漏项，不胡乱填写。对有的看似简单的项目，也要认真填写。像专利请求书，虽然是一张表格，但要求也是很严格的，如填写发明创造名称时，必须注明是方法，还是产品或外观。名称应贴切、具体、简明、无歧义。填申请人姓名时，如果申请人是法人，还应写明法人代表的名字等。除了按照专利法和实施细则的要求填写外，还要注意申请书各类文件应相互照应，前后一致。各种计量单位、数字符号要符合国家标准。科技术语应采用本领域通用术语。外国人名、地名和科技术语无统一中文译文的，应当标注原文。在中国提交的专利申请书一律使用中文。

例文8-6　专利申请书

一种热桥丝式高温电雷管

请求书（略）

申请号为85100858；申请日为1985年4月1日；申请人为北京工业学院；发明人为刘伟钦、劳允亮、曾象志、赵象玉；专利代理机构为北京工业学院专利代理事务所；代理人为顾映芬。

说明书摘要

一种热桥丝式高温电雷管

用于地下勘探，尤其是油田深井所用的爆破器材。本发明是一种热桥丝式电雷管，它所用点火药、扩爆药、炸药是耐高温的改性苦味酸钾和改性氮化铝。其装药密度逐步增高。这种耐热雷管，在环境温度260℃（500°F）时能持续4小时后仍可靠引爆。该产品在20000伏，充电电容475微微法，串联电阻5000欧对底脚—壳放电，产品仍不引爆，防静电效果好。所用材料来源广泛、价格便宜，制造工艺简单。

说明书

一种热桥丝式高温电雷管。

用于地下勘探，尤其是油田深井所用的爆破器材。

一般油井的深度不深时，用普通的雷管即可，油井深度越深其温度越高。如5千米的井下温度约为200℃，普通雷管就不能使用，必须采用高温电雷管。

根据现有技术资料看，参阅1979年12月美国杜邦公司所公开发表的资料，该公司所用的E—114雷管，其高温性能是260℃（500°F）温度下，1小时能正常发火，其常规发火电流为1安培。它是一种普通的桥丝式电雷管，耐高温的时间太短。

本发明是用于油田深井开采石油，其高温性能优于杜邦公司E—114雷管。

本发明产品结构详见附图（略）。

高温电雷管是由套管（1）、脚线（2）、壳体（3）、电极塞（4）、桥丝（5）、点火药（6）、扩爆药(7)、炸药(8)、底帽(9)组成。

其装药结构及药的成分(略)。

当在雷管底端插入导爆索,用1安培直流电或220伏交流电通电后,雷管即爆炸,达到引爆雷管的目的。该雷管的安全电流为400毫安。

实施例:

温度(℃)　加热时间(小时)　加热后做发火实验结果:
温度(℃)	加热时间(小时)	加热后做发火实验结果
220	4	正常引爆
240	4	正常引爆
250	4	正常引爆
260	4	正常引爆
270	4	正常引爆

贮存性能:通常贮存5年以上,雷管性能符合要求。

从上述可以看出,美国E—114雷管,在260℃时,只能耐热1小时,而本发明能耐热4小时。

该产品在20000伏,充电电容475微微法,串联电阻5000欧对脚—壳放电,产品仍不引爆,防静电效果好。所用原材料来源广泛,价格便宜,制造工艺简单。

说明书附图(略)。

权利要求书

1. 一种用套管(1)、脚线(2)、壳体(3)、电极塞(4)、桥丝(5)、点火药(6)、扩爆药(7)、炸药(8)、底帽(9)组成的热桥丝式高温电雷管,其特征在于:所设计的装药结构,接触桥丝一端的第一层装药为点火药,其成分为改性苦味酸钾[分子式为$(NO_2)_2C_6H_2OK$],第二层装药是扩爆药(7),其成分为改性氮化铝,第三层装药是炸药(8),其成分为改性苦味酸钾,将上述药剂分别压装于壳体内,并在装药底部扣一金属底帽。

2. 根据权利要求,所述的热桥丝式高温电雷管,其特征在于:点火药和扩爆药的压药压力为250千克/平方厘米,炸药的压药压力为$(475±25)$千克/平方厘米。

(齐鲁、赵华著《最新实用文体写作》)

本章小结

● 科技论文也称科学论文,或简称论文,它是论述科学技术领域新进展、创造性研究成果的文章。

学术论文是论述创新性研究成果的书面文章。

● 毕业论文是高等院校在校学生临毕业前根据专业培养目标,选择某一课题,在教师指导下撰写出的论文。

● 科技报告是科学技术报告的简称,它是在某一科技专题范围内表达研究成果、工作成果或是反映科研和工作进展情况的一种常用的陈述性文体。其中的开题报告又称科研计划任务书,是科技人员对计划开展的科研课题在一定时期内的计划、安排、打算的书面陈述报告。

- 科研进度报告是科研课题执行人在科研过程中向科研主管部门、资助(委托)单位如实汇报课题研究工作进展情况及阶段性研究成果的书面报告。
- 实验报告是如实描述、记录某科研课题过程和结果的一种书面报告。
- 专利申请书,是专利申请人向国家专利局申请授予其发明创造专利权时所提交的一系列书面文件的总称,它是申请专利权的必要手段,也是被批准和授予专利权的基本依据。

练习题

1. 综合训练

(1) 概念解释

科技文体　学术论文　毕业论文　开题报告　专利申请书

(2) 填空题

1) 科技文体的特点是_____、_____、_____、_____；其种类包括_____、_____、_____等。

2) 科技论文的特点是_____、_____、_____,其结构通常包括_____、_____、_____、_____、_____、_____、_____、_____、_____、_____10项。

3) 学术论文的选题原则是_____、_____、_____、_____等,其一般的方法有_____、_____等。

4) 毕业论文的写作目的是_____,其资料来源有_____、_____、_____等方法。

5) 进度报告的写作结构一般包括_____、_____、_____、_____、_____等部分,其重点应放在_____、_____两部分上。

6) 专利申请书是一系列文件的总称,其中包括_____、_____、_____和_____等。

(3) 选择题

1) 科技文体的语言主要使用自然语言符号系统——文字,并辅之以如下人工语言符号系统_____。

A. 符号　　　　B. 图表　　　　C. 公式　　　　D. 照片

2) 学术论文的写作目的是(　　)。

A. 在学术刊物上发表　　　　B. 在学术会议上交流

C. 考核科技人员的业务　　　D. 评定学位

3) 毕业论文的内容要求(　　)。

A. 主题单一　　　　　　　　B. 详述研究过程

C. 选材宽泛　　　　　　　　D. 突出创新性

4) 毕业论文的篇幅有字数要求,如学士论文要求在(　　)左右,硕士论文要求三四万字,博士论文应在五万字以上。

A. 三千字　　　B. 六千字　　　C. 八千字　　　D. 一万字

5) 拟写毕业论文提纲的顺序是(　　)。

A. 标题　　　　　　　　　　B. 写出重要段落的首句

C. 确立分论点　　　　　　　D. 确立中心论点

6) 科研开题报告的封面(首页),应依次写明(　　)。

A. 科研课题的名称　　　　　B. 承担单位、个人

C. 协作单位　　　　　　　　D. 起迄时间、填表日期

7）查阅文献资料的步骤是（   ）。

A. 广泛收集论题所需要的书名、篇名目录、出处

B. 对收集到的有关的大量资料做记录

C. 按一定的思路或实际需要整理、取舍

D. 编写搜集资料目录

8）参考文献是学术论文的重要组成部分，列出参考文献表是为了（   ）。

A. 反映论文有真实的科学依据

B. 尊重前人的劳动成果

C. 便于读者查考相关文献

D. 遵守国家标准局发布的《文后参考文献著录规则》

（4）判断题

1）科技文体的写作类似于文学创作。   （   ）

2）科技论文的篇幅一般在3000～6000字之间为宜。   （   ）

3）实验报告有教学实验报告和科研实验报告之分。   （   ）

4）拟写提纲就是作者将思考好的论文的格局，用文字固定下来，并根据引论、本论、结论三段论式的构型，形成全文的基本构架和要点。   （   ）

5）毕业论文正文的写法有纵贯式、总分式、递进式、因果式等。   （   ）

6）学术论文要求系统、具体地介绍研究过程和方法或充分论述学术观点。 （   ）

（5）改错题

1）实验报告是在教师的指导下重复科学史上前人已经做过的实验，是对创造性科研实验过程及结果的记录，具有十分重要的科学价值。

2）科技论文写作中的集材方法有：剪贴、写读书笔记、列提纲、录音、制作卡片、复印等。

3）毕业论文后所列参考文献应是正式出版的书籍。

4）从表现形式看，学术论文的"选题"常常以论文标题的形式表现出来，所以"选题"与"标题"没有区别。

5）学术论文、毕业论文的初稿应该短于定稿。

6）科技成果鉴定证书一般由国家科委或专利局组织鉴定、审批、颁发。

7）科研进度报告的主体，一般按现在、过去、将来的时间顺序写作，其中"将来"部分是重点。

（6）简答题

1）试谈谈科技论文选题的重要性，及如何确立选题。

2）毕业论文的写作必须具备什么条件？

3）修改论文初稿的方式有哪些？一般从哪些方面修改？

4）实验报告的写作要求是什么？

5）专利申请书的写作要求是什么？

2. 实践题

选取自己感兴趣的社会问题，写一篇2000～4000字的论文。

附　录

党政机关公文处理工作条例

第一章　总　则

第一条　为了适应中国共产党机关和国家行政机关(以下简称党政机关)工作需要，推进党政机关公文处理工作科学化、制度化、规范化，制定本条例。

第二条　本条例适用于各级党政机关公文处理工作。

第三条　党政机关公文是党政机关实施领导、履行职能、处理公务的具有特定效力和规范体式的文书，是传达贯彻党和国家方针政策，公布法规和规章，指导、布置和商洽工作，请示和答复问题，报告、通报和交流情况等的重要工具。

第四条　公文处理工作是指公文拟制、办理、管理等一系列相互关联、衔接有序的工作。

第五条　公文处理工作应当坚持实事求是、准确规范、精简高效、安全保密的原则。

第六条　各级党政机关应当高度重视公文处理工作，加强组织领导，强化队伍建设，设立文秘部门或者由专人负责公文处理工作。

第七条　各级党政机关办公厅(室)主管本机关的公文处理工作，并对下级机关的公文处理工作进行业务指导和督促检查。

第二章　公文种类

第八条　公文种类主要有：

(一)决议。适用于会议讨论通过的重大决策事项。

(二)决定。适用于对重要事项作出决策和部署、奖惩有关单位和人员、变更或者撤销下级机关不适当的决定事项。

(三)命令(令)。适用于公布行政法规和规章、宣布施行重大强制性措施、批准授予和晋升衔级、嘉奖有关单位和人员。

(四)公报。适用于公布重要决定或者重大事项。

(五)公告。适用于向国内外宣布重要事项或者法定事项。

(六)通告。适用于在一定范围内公布应当遵守或者周知的事项。

(七)意见。适用于对重要问题提出见解和处理办法。

(八)通知。适用于发布、传达要求下级机关执行和有关单位周知或者执行的事项，批转、转发公文。

(九)通报。适用于表彰先进、批评错误、传达重要精神和告知重要情况。

（十）报告。适用于向上级机关汇报工作、反映情况，回复上级机关的询问。

（十一）请示。适用于向上级机关请求指示、批准。

（十二）批复。适用于答复下级机关请示事项。

（十三）议案。适用于各级人民政府按照法律程序向同级人民代表大会或者人民代表大会常务委员会提请审议事项。

（十四）函。适用于不相隶属机关之间商洽工作、询问和答复问题、请求批准和答复审批事项。

（十五）纪要。适用于记载会议主要情况和议定事项。

第三章 公 文 格 式

第九条 公文一般由份号、密级和保密期限、紧急程度、发文机关标志、发文字号、签发人、标题、主送机关、正文、附件说明、发文机关署名、成文日期、印章、附注、附件、抄送机关、印发机关和印发日期、页码等组成。

（一）份号。公文印制份数的顺序号。涉密公文应当标注份号。

（二）密级和保密期限。公文的秘密等级和保密的期限。

涉密公文应当根据涉密程度分别标注"绝密""机密""秘密"和保密期限。

（三）紧急程度。公文送达和办理的时限要求。根据紧急程度，紧急公文应当分别标注"特急""加急"，电报应当分别标注"特提""特急""加急""平急"。

（四）发文机关标志。由发文机关全称或者规范化简称加"文件"二字组成，也可以使用发文机关全称或者规范化简称。联合行文时，发文机关标志可以并用联合发文机关名称，也可以单独用主办机关名称。

（五）发文字号。由发文机关代字、年份、发文顺序号组成。联合行文时，使用主办机关的发文字号。

（六）签发人。上行文应当标注签发人姓名。

（七）标题。由发文机关名称、事由和文种组成。

（八）主送机关。公文的主要受理机关，应当使用机关全称、规范化简称或者同类型机关统称。

（九）正文。公文的主体，用来表述公文的内容。

（十）附件说明。公文附件的顺序号和名称。

（十一）发文机关署名。署发文机关全称或者规范化简称。

（十二）成文日期。署会议通过或者发文机关负责人签发的日期。联合行文时，署最后签发机关负责人签发的日期。

（十三）印章。公文中有发文机关署名的，应当加盖发文机关印章，并与署名机关相符。有特定发文机关标志的普发性公文和电报可以不加盖印章。

（十四）附注。公文印发传达范围等需要说明的事项。

（十五）附件。公文正文的说明、补充或者参考资料。

（十六）抄送机关。除主送机关外需要执行或者知晓公文内容的其他机关，应当使用机关全称、规范化简称或者同类型机关统称。

(十七)印发机关和印发日期。公文的送印机关和送印日期。

(十八)页码。公文页数顺序号。

第十条 公文的版式按照《党政机关公文格式》国家标准执行。

第十一条 公文使用的汉字、数字、外文字符、计量单位和标点符号等,按照有关国家标准和规定执行。民族自治地方的公文,可以并用汉字和当地通用的少数民族文字。

第十二条 公文用纸幅面采用国际标准 A4 型。特殊形式的公文用纸幅面,根据实际需要确定。

第四章 行 文 规 则

第十三条 行文应当确有必要,讲求实效,注重针对性和可操作性。

第十四条 行文关系根据隶属关系和职权范围确定。一般不得越级行文,特殊情况需要越级行文的,应当同时抄送被越过的机关。

第十五条 向上级机关行文,应当遵循以下规则:

(一)原则上主送一个上级机关,根据需要同时抄送相关上级机关和同级机关,不抄送下级机关。

(二)党委、政府的部门向上级主管部门请示、报告重大事项,应当经本级党委、政府同意或者授权;属于部门职权范围内的事项应当直接报送上级主管部门。

(三)下级机关的请示事项,如需以本机关名义向上级机关请示,应当提出倾向性意见后上报,不得原文转报上级机关。

(四)请示应当一文一事。不得在报告等非请示性公文中夹带请示事项。

(五)除上级机关负责人直接交办事项外,不得以本机关名义向上级机关负责人报送公文,不得以本机关负责人名义向上级机关报送公文。

(六)受双重领导的机关向一个上级机关行文,必要时抄送另一个上级机关。

第十六条 向下级机关行文,应当遵循以下规则:

(一)主送受理机关,根据需要抄送相关机关。重要行文应当同时抄送发文机关的直接上级机关。

(二)党委、政府的办公厅(室)根据本级党委、政府授权,可以向下级党委、政府行文,其他部门和单位不得向下级党委、政府发布指令性公文或者在公文中向下级党委、政府提出指令性要求。需经政府审批的具体事项,经政府同意后可以由政府职能部门行文,文中须注明已经政府同意。

(三)党委、政府的部门在各自职权范围内可以向下级党委、政府的相关部门行文。

(四)涉及多个部门职权范围内的事务,部门之间未协商一致的,不得向下行文;擅自行文的,上级机关应当责令其纠正或者撤销。

(五)上级机关向受双重领导的下级机关行文,必要时抄送该下级机关的另一个上级机关。

第十七条 同级党政机关、党政机关与其他同级机关必要时可以联合行文。属于党委、政府各自职权范围内的工作,不得联合行文。

党委、政府的部门依据职权可以相互行文。部门内设机构除办公厅(室)外不得对外正式行文。

第五章 公文拟制

第十八条 公文拟制包括公文的起草、审核、签发等程序。

第十九条 公文起草应当做到：

（一）符合国家法律法规和党的路线方针政策，完整准确体现发文机关意图，并同现行有关公文相衔接。

（二）一切从实际出发，分析问题实事求是，所提政策措施和办法切实可行。

（三）内容简洁，主题突出，观点鲜明，结构严谨，表述准确，文字精练。

（四）文种正确，格式规范。

（五）深入调查研究，充分进行论证，广泛听取意见。

（六）公文涉及其他地区或者部门职权范围内的事项，起草单位必须征求相关地区或者部门意见，力求达成一致。

（七）机关负责人应当主持、指导重要公文起草工作。

第二十条 公文文稿签发前，应当由发文机关办公厅（室）进行审核。审核的重点是：

（一）行文理由是否充分，行文依据是否准确。

（二）内容是否符合国家法律法规和党的路线方针政策；是否完整准确体现发文机关意图；是否同现行有关公文相衔接；所提政策措施和办法是否切实可行。

（三）涉及有关地区或者部门职权范围内的事项是否经过充分协商并达成一致意见。

（四）文种是否正确，格式是否规范；人名、地名、时间、数字、段落顺序、引文等是否准确；文字、数字、计量单位和标点符号等用法是否规范。

（五）其他内容是否符合公文起草的有关要求。

需要发文机关审议的重要公文文稿，审议前由发文机关办公厅（室）进行初核。

第二十一条 经审核不宜发文的公文文稿，应当退回起草单位并说明理由；符合发文条件但内容需作进一步研究和修改的，由起草单位修改后重新报送。

第二十二条 公文应当经本机关负责人审批签发。重要公文和上行文由机关主要负责人签发。党委、政府的办公厅（室）根据党委、政府授权制发的公文，由受权机关主要负责人签发或者按照有关规定签发。签发人签发公文，应当签署意见、姓名和完整日期；圈阅或者签名的，视为同意。联合发文由所有联署机关的负责人会签。

第六章 公文办理

第二十三条 公文办理包括收文办理、发文办理和整理归档。

第二十四条 收文办理主要程序是：

（一）签收。对收到的公文应当逐件清点，核对无误后签字或者盖章，并注明签收时间。

（二）登记。对公文的主要信息和办理情况应当详细记载。

（三）初审。对收到的公文应当进行初审。初审的重点是：是否应当由本机关办理，是否符合行文规则，文种、格式是否符合要求，涉及其他地区或者部门职权范围内的事项是否已经协商、会签，是否符合公文起草的其他要求。经初审不符合规定的公文，应当及时退回来文单位并说明理由。

（四）承办。阅知性公文应当根据公文内容、要求和工作需要确定范围后分送。批办性公文应当提出拟办意见报本机关负责人批示或者转有关部门办理；需要两个以上部门办理的，应当明确主办部门。紧急公文应当明确办理时限。承办部门对交办的公文应当及时办理，有明确办理时限要求的应当在规定时限内办理完毕。

（五）传阅。根据领导批示和工作需要将公文及时送传阅对象阅知或者批示。办理公文传阅应当随时掌握公文去向，不得漏传、误传、延误。

（六）催办。及时了解掌握公文的办理进展情况，督促承办部门按期办结。紧急公文或者重要公文应当由专人负责催办。

（七）答复。公文的办理结果应当及时答复来文单位，并根据需要告知相关单位。

第二十五条　发文办理主要程序是：

（一）复核。已经发文机关负责人签批的公文，印发前应当对公文的审批手续、内容、文种、格式等进行复核；需作实质性修改的，应当报原签批人复审。

（二）登记。对复核后的公文，应当确定发文字号、分送范围和印制份数并详细记载。

（三）印制。公文印制必须确保质量和时效。涉密公文应当在符合保密要求的场所印制。

（四）核发。公文印制完毕，应当对公文的文字、格式和印刷质量进行检查后分发。

第二十六条　涉密公文应当通过机要交通、邮政机要通信、城市机要文件交换站或者收发件机关机要收发人员进行传递，通过密码电报或者符合国家保密规定的计算机信息系统进行传输。

第二十七条　需要归档的公文及有关材料，应当根据有关档案法律法规以及机关档案管理规定，及时收集齐全、整理归档。两个以上机关联合办理的公文，原件由主办机关归档，相关机关保存复制件。机关负责人兼任其他机关职务的，在履行所兼职务过程中形成的公文，由其兼职机关归档。

第七章　公　文　管　理

第二十八条　各级党政机关应当建立健全本机关公文管理制度，确保管理严格规范，充分发挥公文效用。

第二十九条　党政机关公文由文秘部门或者专人统一管理。设立党委（党组）的县级以上单位应当建立机要保密室和机要阅文室，并按照有关保密规定配备工作人员和必要的安全保密设施设备。

第三十条　公文确定密级前，应当按照拟定的密级先行采取保密措施。确定密级后，应当按照所定密级严格管理。绝密级公文应当由专人管理。

公文的密级需要变更或者解除的，由原确定密级的机关或者其上级机关决定。

第三十一条　公文的印发传达范围应当按照发文机关的要求执行；需要变更的，应当经发文机关批准。

涉密公文公开发布前应当履行解密程序。公开发布的时间、形式和渠道，由发文机关确定。

经批准公开发布的公文，同发文机关正式印发的公文具有同等效力。

第三十二条　复制、汇编机密级、秘密级公文，应当符合有关规定并经本机关负责人批准。绝密级公文一般不得复制、汇编，确有工作需要的，应当经发文机关或者其上级机关批准。

复制、汇编的公文视同原件管理。复制件应当加盖复制机关戳记。翻印件应当注明翻印的机关名称、日期。汇编本的密级按照编入公文的最高密级标注。

第三十三条　公文的撤销和废止，由发文机关、上级机关或者权力机关根据职权范围和有关法律法规决定。公文被撤销的，视为自始无效；公文被废止的，视为自废止之日起失效。

第三十四条　涉密公文应当按照发文机关的要求和有关规定进行清退或者销毁。

第三十五条　不具备归档和保存价值的公文，经批准后可以销毁。销毁涉密公文必须严格按照有关规定履行审批登记手续，确保不丢失、不漏销。个人不得私自销毁、留存涉密公文。

第三十六条　机关合并时，全部公文应当随之合并管理；机关撤销时，需要归档的公文经整理后按照有关规定移交档案管理部门。

工作人员离岗离职时，所在机关应当督促其将暂存、借用的公文按照有关规定移交、清退。

第三十七条　新设立的机关应当向本级党委、政府的办公厅（室）提出发文立户申请。经审查符合条件的，列为发文单位，机关合并或者撤销时，相应进行调整。

第八章　附　　则

第三十八条　党政机关公文含电子公文。电子公文处理工作的具体办法另行制定。

第三十九条　法规、规章方面的公文，依照有关规定处理。外事方面的公文，依照外事主管部门的有关规定处理。

第四十条　其他机关和单位的公文处理工作，可以参照本条例执行。

第四十一条　本条例由中共中央办公厅、国务院办公厅负责解释。

第四十二条　本条例自2012年7月1日起施行。1996年5月3日中共中央办公厅发布的《中国共产党机关公文处理条例》和2000年8月24日国务院发布的《国家行政机关公文处理办法》停止执行。

参 考 文 献

[1] 朱悦雄. 应用写作病文评析与修改[M]. 广州：广东高等教育出版社，2004.
[2] 杨文丰. 高职应用写作[M]. 北京：高等教育出版社，2006.
[3] 张德实. 应用写作[M]. 北京：高等教育出版社，2005.
[4] 董小玉. 现代实用写作训练教程[M]. 北京：高等教育出版社，2003.
[5] 郑秀珍，等. 应用写作[M]. 武汉：华中科技大学出版社，2006.
[6] 诸孝正，等. 新应用写作[M]. 广州：广东人民出版社，2001.
[7] 教育部高等教育司. 应用写作[M]. 北京：高等教育出版社，2001.
[8] 马国辉. 应用文写作实务[M]. 上海：立信会计出版社，2004.
[9] 江少川. 新编大学实用写作[M]. 北京：北京大学出版社，2002.
[10] 裴显生，王殿松. 应用写作[M]. 北京：高等教育出版社，2002.
[11] 李化德. 现代常用公文导写[M]. 重庆：重庆出版社，2004.
[12] 姬瑞环. 新编公文写作与处理教程[M]. 北京：北京广播学院出版社，2003.
[13] 成汝信，刘玉君，黄泽才. 应用写作[M]. 广州：广东高等教育出版社，2002.
[14] 岳海翔. 公文应用写作一点通[M]. 北京：中国言实出版社，2004.
[15] 陈子典. 应用文书写作[M]. 广州：暨南大学出版社，2004.
[16] 毕耕. 现代应用写作[M]. 武汉：武汉大学出版社，2003.
[17] 苏平，钟萌. 应用文写作教程[M]. 北京：北京工业大学出版社，2003.
[18] 诸孝正，陈妙云. 应用写作[M]. 广州：广东高等教育出版社，2003.
[19] 罗超，关韶云. 应用文写作教程[M]. 广州：暨南大学出版社，2005.
[20] 万鄂湘. 实用法律应用文写作大全[M]. 武汉：湖北辞书出版社，2000.
[21] 陈浩. 现代应用文写作大全[M]. 北京：中国大百科全书出版社，2005.
[22] 韦锋. 法律文书规范写作[M]. 重庆：重庆出版社，2005.
[23] 何永刚. 财经应用文[M]. 北京：中国财政经济出版社，1998.
[24] 张达芝. 应用写作教程[M]. 杭州：浙江大学出版社，2004.
[25] 竹潜民. 应用写作案例实训教程[M]. 杭州：浙江大学出版社，2004.
[26] 郝维. 应用文写作教程[M]. 北京：商务印书馆，2004.
[27] 刘金同，范晓梅. 应用文写作教程[M]. 北京：清华大学出版社，2006.
[28] 刘洪英，李彤实. 应用文写作[M]. 北京：清华大学出版社，2006.
[29] 彭亮，张福建. 应用文写作[M]. 北京：北京理工大学出版社，2006.
[30] 陈利加. 新编应用写作教程[M]. 广州：中山大学出版社，2004.
[31] 杨金忠，郭上玲. 应用文写作[M]. 北京：中国轻工业出版社，2004.
[32] 张保忠，岳海翔. 公文写作技巧法与赏析[M]. 广州：广东经济出版社，2003.
[33] 陈荣林. 中国应用文实用大全[M]. 南京：南京大学出版社，2000.
[34] 阳晴. 新编实用文体大全[M]. 北京：气象出版社，2001.
[35] 严恩萱，杨遵贤，严考亮. 实用对联5000副[M]. 上海：上海远东出版社，2004.
[36] 梁石，孟庆志，王艾仁. 中国古今实用对联大全[M]. 北京：中国文艺出版社，1988.
[37] 重阳. 古今楹联大观[M]. 北京：农村读物出版社，1993.
[38] 尹均生. 中国写作大辞典[M]. 北京：中国检察出版社，1998.
[39] 欧阳周，陶琪. 现代实用科技写作[M]. 长沙：中南大学出版社，2005.

[40] 戴夏燕，辛华．应用文写作[M]．西安：西北大学出版社，2004．
[41] 余国瑞．科技写作[M]．北京：高等教育出版社，1999．
[42] 肖时开，吴汝舟．实用科技论文和科技文件写作[M]．济南：山东人民出版社，2002．
[43] 杨达寿．实用科技写作[M]．杭州：浙江大学出版社，1990．
[44] 张耀辉．大学应用写作[M]．上海：上海交通大学出版社，1999．
[45] 杨安翔，赵锁龙．现代应用文写作教程[M]．南京：东南大学出版社，2004．
[46] 刘葆金．经济应用文写作[M]．南京：东南大学出版社，2003．
[47] 陈果安，徐新平．毕业论文导写[M]．长沙：湖南师范大学出版社，1999．
[48] 陈荣邦，王明利，杨瑞杰．实用文体写作教程[M]．郑州：郑州大学出版社，2011．
[49] 贾勇．应用文体写作[M]．2版．北京：科学出版社，2012．
[50] 郑立新．应用文写作[M]．大连：东北财经大学出版社，2012．
[51] 颜华．应用文写作[M]．北京：清华大学出版社，2012．
[52] 郭英立．经济应用文写作[M]．北京：清华大学出版社，2012．
[53] 余效诚，崔文凯．经济应用文写作[M]．北京：清华大学出版社，2012．
[54] 柯正来，刘永，王达政．经济实务应用文写作[M]．北京：清华大学出版社，2011．